20世纪以来

李梦阳研究

郝润华 师海军◎主编 【20SHIJI YILAI LIMENGYANG YANJIU】

人民出版社

主　　编：

郝润华　师海军

编委会成员名单：

闫晓峰　中共庆城县委书记

解　平　庆城县人民政府县长

刘建民　庆城县人大常委会主任

王　超　庆城县政协主席

刘文戈　原庆城县政协主席

郭一锋　庆城县政府副县长

目　录

三 诗文创作研究

四 文献考证及其他研究

20 世纪以来李梦阳研究综述(代前言)

李梦阳(1473—1530)字天赐,又字献吉,号空同子。庆阳(今甘肃庆城县)人,弘治五年陕西乡试第一,弘治六年(1493)中进士,授户部郎中。武宗时,代尚书韩文疏草弹劾宦官刘瑾,构祸下狱几危,以气节名世。刘瑾诛,起任江西提学副使。又因事夺职。中年后寓居开封,潜心创作。李梦阳一生五次下狱,跌宕坎坷,但创作异常勤奋,有《空同集》66 卷,现存诗二千多首,文五百余篇,是明代著名诗人、作家、文学理论家,是明代文学流派"前七子"领袖。对李梦阳及其文学的研究,自古不衰。20 世纪是国内外学术界研究李梦阳的高潮时期,国内对李梦阳的研究以 20 世纪 70、80 年代之交为分水岭。此前是将其放在"七子"派中进行综合考察,基本对李梦阳文学创作与思想持否定观点;80 年代以后则开始专门研究,成果逐渐增多,观点转向基本肯定,研究方法趋向多样化,研究角度及观点也越来越新颖。以下对 20 世纪以来的国内外李梦阳研究基本情况略作总结与回顾。

一 将李梦阳置于"七子"派的研究

20 世纪初至 70 年代末,学术界始终将李梦阳置于"前七子"中进行整体研究,专门的李梦阳研究成果甚少。20 世纪初对"前后七子"及复古运动的研究几乎是从一片攻击声中开始。其中批评最猛烈的是陈独秀,他把明"前后七子"及归、方、刘、姚视为使中国近代文学"未及出胎,竟而流产,以至今日中国之文学,委琐陈腐,远不能与欧洲比肩"的"十八妖魔"。认为"七子之诗,刻意模古,直谓之抄袭可也";"直无一字存在之价值"。① 胡适的《文学改良刍议》和《历史的文

---

① 陈独秀:《文学革命论》,《新青年》第 2 卷第 6 号,1917 年。

学观念论》,则将复古运动和明代的八股取士相提并论,认为二者同是白话文的反动,是使言文合一的机会在明代夭折的罪魁祸首。

但是,随着"五·四"新文化运动高潮的渐渐平息,30 年代起,人们开始对复古运动进行较为平和的思考,出现了一些客观分析评价的论著。学者们一般从复古运动产生的原因入手,肯定其冲破台阁体腐朽文风、促进文体变革的初衷、意义和作用。曹聚仁《明代前后七子的复古运动有着怎样的社会背景》(《文学百题》,生活书店 1935 年版)一文从社会政治背景、运动性质和文学发展三方面说明了复古运动产生的原因。肯定"前后七子的复古运动,毕竟是士大夫阶级本身的反抗运动"。陈子展《什么叫做公安派和竟陵派,他们的作风和影响怎样》(《文学百题》,生活书店 1935 年版)一文,也分析了复古与时代政治的关系。钱基博《明代文学》(商务印书馆 1933 年版)和宋佩韦《明文学史》(商务印书馆 1934 年版)"引言"都谈到复古对变革文体的作用。乔立《明诗正变论》(《天府新论》1994 年第 3 期)则结合时代背景,进一步从历史文化渊源和社会审美心理两方面探讨复古运动的原因。郑振铎《插图本中国文学史》和刘大杰《袁中郎的诗文观》从创新性和革命性方面肯定了复古运动的初衷。前者认为"七子"派"惊世骇俗的主张,冲破了以前陈腐平庸的罗网"①。后者则称:"针对台阁体流行的文坛,持了革命的旗帜的,是李梦阳、何景明这般人的复古运动。他们这种革命的思潮是可贵的。"②茅盾《夜读偶记》,提出:"我们不能把前后七子的复古运动,看成仅仅是文体改革运动,而必须充分估计它的政治改革和思想解放的意义。"③

然而,与此同时,学者们也指出这一文学运动的缺点。如郑振铎认为,复古运动的结果是"引导一部分的群众入于更黑暗的一层魔障中去了"。这一魔障便是"剽袭雷同,徒为貌似"④。对"七子"文论刻意模古和诗文创作模拟剽窃的弊病,都毫不留情予以指陈。1955 年,北京大学中文系编《中国文学史》痛诋"七子"的两种倾向:一是否认文学的时代特点。二是主张用模仿代替创作,公开地剽窃与抄袭。60 年代,游国恩等编《中国文学史》,批评"前七子""抛弃了唐、宋

---

① 郑振铎:《插图本中国文学史》,人民文学出版社 1963 年版,第 819 页。
② 刘大杰:《袁中郎的诗文观》,《袁中郎全集》,时代图书公司 1934 年版。
③ 茅盾:《夜读偶记》,百花文艺出版社 1958 年版,第 22 页。
④ 郑振铎:《插图本中国文学史》,人民文学出版社 1963 年版,第 819 页。

以来文学发展的既成传统，走上了盲目尊古道路。他们的创作一味以模仿剽窃为能，成为毫无灵魂的假古董"①。中国科学院文研所编的《中国文学史》则批评复古派，认为"七子"派"并没有起推动文学向前发展的作用。它的社会影响也是不好的，可以说它和八股文异曲同工，同样束缚人的思想，使人脱离现实"②。由此看出，20 世纪 80 年代以前，学界对明代"七子"复古运动的基本态度是：从社会文化思潮方面肯定其"破旧"作用的同时，对其文学领域内的表现，特别是其对于晚明文艺思潮的影响方面，基本持否定态度。40 年代，郭绍虞在引证李梦阳一系列主情的言论后，曾说过："由上文所引各文言之，简直可称为公安派的论调。"③可以算是一个例外。

20 世纪 80 年代起，学界开始重视"七子"派对晚明文学的影响。对其在文学领域内"立新"的表现，与此前的评价略有不同，开始转向基本肯定的态度。章培恒《对古典文学研究的展望》（《复旦学报》1984 年第 5 期）一文不同意"前后七子是晚明文学革新思潮的对立面"的说法，提出李梦阳"主张诗歌必须从真实的感情出发，真诗在于民间，推崇民间小曲和《西厢记》，这都是跟晚明文学革新思潮一脉相通的。由于他的时代较早，在这些方面甚至可以说是晚明文学革新思潮的先驱"。作者继而在《李梦阳与晚明文学新思潮》（《安徽师范大学学报》1986 年第 8 期）一文中进一步论述了这一问题，并廓清了自古以来对李梦阳在复古问题上的一些误解。

在这样的研究氛围下，90 年代以来，关于"七子"派的研究更加广泛和深入，研究方法也趋向多样化。除传统批评方法外，又运用了比较文学、接受美学、心理学、文化学等多种研究方法。尤其值得注意的是：学者们用比较文学的研究方法，探讨"七子"复古运动与所谓"中国文艺复兴"之间的关系。这方面，史小军的研究较为突出。他在《明代七子派复古运动新探》（《陕西师范大学学报》1993 年第 4 期）和《明代七子派与中国文艺复兴》（《人文杂志》1994 年第 6 期）中认为：中国文艺复兴的历史从晚明正式开始直到鸦片战争前夕才宣告结束，而"七子"派则是这一文艺复兴的先声。在另一篇文章《明代七子派文学复古运动与

---

① 游国恩等编：《中国文学史》，人民文学出版社 1964 年版，第 980 页。
② 中国科学院文学研究所编：《中国文学史》，人民文学出版社 1962 年版，第 880 页。
③ 郭绍虞：《中国文学批评史》下卷，商务印书馆 1948 年版，第 184 页。

儒学复兴》(《人文杂志》2001 年第 3 期)中,作者指出:"同唐代古文运动一样,明代七子派文学复古运动也具有复兴文学和儒学的双重目的。"黄卓越《前七子乐府诗制作与明中期的民间化运动》(《中国文化研究》2003 年第 3 期)一文认为,"前七子通过向古代学习的口号而对唐以前的诗歌做了全面的发掘,涵盖各类诗体,又在每类诗体的习效中包容有特定的意义指向。过去对七子派的非议,往往首先从创作学的角度摘其'模仿主义'之弊,而不顾其他角度的分析与探测,以至也无法明其模仿的真实企意。然而,经由对前七子乐府诗的疏解,则可看到在对这一诗体模拟的背后所寄寓的丰富社会要求,及对明中期始的民间化运动所作的积极反应"。

复古运动的失败原因是被关注和研究较多的另一问题。王承丹《前七子衰微的内部原因探析》(《南都学坛》1996 年第 2 期)认为,"前七子"进入消歇期的主要内部原因"首先是这一流派诗文理论所带有的严重矛盾性,其次是领袖人物与主要成员之间发生的论战,第三是由以上两个原因所引发的诸多复古派成员的分化、转向"。

"七子"派的诗歌意象理论也受到学界关注。史小军《试论明代七子派的诗歌格调理论》(《陕西师范大学学报》1999 年第 2 期)指出,李梦阳的诗歌理论明显受到严羽"以禅喻诗"观点的影响。邓程《明代复古与创新的理论根源》(《辽宁师范大学学报》2003 年第 4 期)认为:"明以后诗论有两大派:以禅宗'悟'为中心概念的一派和以李梦阳'法'为中心概念的另一派。前者主创新,对语言不信任的程度远过于道家对语言的不信任,后者则强调复古。但这两派均没有抓住意象这一中心问题,这是两派均告失败的根源。"

复古派文论中的若干重要概念和命题如"格调"、"真诗在民间"、"文必秦汉、诗必盛唐"等,也得到关注。这方面的文章有:查清华《明七子派"格调高古"的美学特征》(《上海师范大学学报》2002 年第 4 期)、白汉坤《从明七子派看〈沧浪诗话〉》(《广西社会科学》2002 年第 2 期)、陈文新《"真诗在民间"——明代诗学对同一命题的多重阐释》(《杭州师范学院学报》2001 年第 5 期)等。黄卓越《前七子文复秦汉说的几个意义向度》(《中国文化研究》2005 年第 1 期)一文则对以李梦阳为首的前七子文复秦汉的几个范畴进行了分析,认为"文复秦汉"与"文必秦汉"有着实质的差异,该文对于准确把握"前七子"的文学复古运动具有借鉴意义。

此外，章伟《文论往来高义伸——论明七子的文学复古运动》（《中山大学学报》2003 年第 1 期）和孙学堂《论明七子的文化人格》（《兰州大学学报》2003 年第 1 期）等文，对明"七子"进行多视角的综合研究。其中孙文认为李梦阳属于"狂"者，体现着主体精神的高扬和个性自由的发舒。但在其"怨与怒"的背后，仍然深蕴着儒家的传统理念，与当时和稍后蓬勃发展起来的追求主体精神和个性自由的市民意识尚相隔较远。何景明与李梦阳之争，"体现的正是前七子初获释放的主体精神与未能消解的拘执理念之间的内在矛盾"。上述研究对于"七子"都以肯定居多。袁行霈主编《中国文学史》也认为"七子"的复古主张"反映出对文学本身一种新的理解"。只有陈伯海主编《近四百年中国文学思潮史》第三章第一节对复古派诗文基本持批评态度。

近年来，许多学者也关注到"前七子"与其他文学派别的关系，如李双华写有《吴中派与七子派——略论明中叶吴中诗派的文学史意义》（《学术论坛》2006 年第 7 期），作者认为："明中叶李梦阳崛起文坛，倡导复古，其目的是要重振传统悠久的古典主义文风，其真正批评的对象是宋元以来文学的世俗化趋势，而吴中作家正是这种趋势的重要代表。"王小舒《明清主流诗学的转移——论王渔洋对明代七子派的继承》（《文史哲》2005 年第 5 期）认为，"王渔洋所继承的不是七子派中的主流一脉，而是崇尚古澹的非主流一支"。谢旭硕士论文《七子派文学理论与阳明心学关系研究》（陕西师范大学 2004 年）认为"七子派文学理论与阳明心学的发展几乎同步，作为明代文学领域内与思想领域内最具代表性的理论学说，二者之间必然有着内在的联系"。

90 年代以后的前后"七子"研究成果颇多，如廖可斌《明代文学复古运动研究》（上海古籍出版社 1994 年版）与《复古派与明代文学思潮》（台湾文津出版社 1994 年版）、陈书录《明代前后七子研究》（江西人民出版社 1994 年版）、黄卓越《明永乐至嘉靖初诗文观研究》（北京师范大学出版社 2001 年版）等著作中，都有对李梦阳及其文学的专门研究。这一时期有关"七子"派研究的论文数量也很可观，限于篇幅，此不赘述。

二　对李梦阳及其文学的专门研究

对李梦阳的专门研究在 20 世纪 80 年代以后蔚然成风，研究内容主要包括以下几个方面：

（一）李梦阳生平及交游研究

这一研究是从著名历史公案——康海《中山狼》杂剧是否为讽刺李梦阳而作入手。蒋星煜《读〈明史〉随笔》（《随笔》第 11 期）和《康海〈中山狼〉杂剧并非为讥刺李梦阳而作》①首开其序。马美信、韩结根《〈中山狼〉杂剧与康、李关系考辨》（《复旦学报》1989 年第 1 期）一文认可蒋星煜的观点，并详细考察明代有关《中山狼》和康海关系的记载材料，勾勒出这一问题形成的四条轨迹。指出"李梦阳和康海自始至终保持良好的关系和深厚的友谊，可见康海写《中山狼》谴责李梦阳忘恩负义是某些人捕风捉影臆想出来的"。最后指出：马中锡作小说《中山狼传》、王九思作院本《中山狼》及康海作《中山狼》杂剧，三人都是政治舞台上的失败者，在社会矛盾尖锐、竞争激烈的封建社会产生巨大的失落感，因而将批判的矛头指向权贵佞臣和整个社会，与李梦阳无关。持相同观点的还有辛雨《〈中山狼传〉的公案》（《学林漫录》第 2 集）、刘致中《关于〈中山狼〉杂剧的作者问题》（《文学遗产》1990 年第 4 期）、王公望《李梦阳与康海》（《甘肃社会科学》1997 年第 4 期）和《论〈中山狼传〉和〈中山狼〉杂剧并非讽刺李梦阳——兼论〈中山狼传〉之作者及李梦阳同康海、王九思之关系》（《甘肃社会科学》2001 年第 4 期）二文、景宏业《〈中山狼传〉的创作时间及本事考》（《文学遗产》1998 年第 2 期）等。其中景文认为《中山狼传》的创作时间是明孝宗弘治十四年（1501）三月后，中山狼的原型是成化末到弘治十三年以都指挥同知先后任分守北路、分守西路参将，弘治十四年，因功升都指挥使，充副总兵官，被马中锡称为"奔兢无耻，外媚内黠"，并在任宣府巡抚期间"以盗贼之心，倡优之口目之"的白玉。马中锡的继任者因轻信副将白玉，"倚为心腹，任为耳目"，言无不听，计无不从，结果却被其"潜芟暗薙"；"卒至酿成祸患，曾无一人肯为雍公言者"；而更令人可悲的是"雍亦至竟不悟小人之不可近也"。辞官乡居的马中锡从学生李咨的信中得知雍泰去职的原因，于是，他感于雍泰、白玉之事，再参照自己一生的所见所闻及亲身经历，挥笔写下《中山狼传》。

在李梦阳生平事迹的研究方面，唐景绅《关于李梦阳的生卒年代》（《社会科学》1980 年第 3 期），对于李梦阳生卒年几种不同记载作出考证，认为："李梦阳

---

① 蒋星煜：《中国戏曲史钩沉》，中州古籍出版社 1982 年版。

生于成化八年十二月七日，换算成公历为一四七三年一月五日；卒于嘉靖八年阴历除夕，换算成公历为一五三〇年一月二十八日。"王公望对李梦阳生平研究成果颇丰，除上举两文外，从 1993 年到 1996 年，他连续发表《李梦阳〈空同集〉人名笺证》(《甘肃社会科学》同题之一、二、三、四)，对《空同集》中相关 51 位人物的本事进行了考释，对李梦阳的生平也有一定的梳理。《李梦阳生平若干事实的考索辨误》(《社科纵横》1996 年第 3 期)，对李梦阳生卒年、中乡试和成进士的年龄和时间、中进士后授官时间和第一次下狱之事以及正德间在江西任提学副使被劾之事进行详细考证，纠正了《明史》、《中国大百科全书·中国文学卷》及各种文学史等书中的记载错误。《李梦阳生平考辨二题》(《甘肃社会科学》1999 年第 1 期)对任官江西时被举劾之原因和宁王宸濠党争之谜进行了考辨。《李梦阳与何景明》(《社科纵横》2001 年第 3 期)从文学作品特别是李、何二人的诗文交往入手，详细分析李、何二人的交游。黄长椿《李梦阳年里考》(《江西师范大学学报》1982 年第 2 期)，对李梦阳的籍贯进行了考察。王兴亚《明代李梦阳的籍里与两地乡试》(《黄河科技学院学报》2008 年第 3 期)，在梳理有关资料的基础上，对李梦阳的籍里庆阳与扶沟分别作出考证，并利用明代科举文献，对李梦阳在陕西、河南两次参加乡试问题进行了考察。师海军、郝润华《李梦阳早年二三事考辨》(《理论界》2010 年第 2 期)，对李梦阳二次名字的改动、随父至阜平的时间以及寓居开封的时间等问题做了考辨澄清。

这一时期还产生了三部李梦阳年谱，即梁赞宏《李梦阳年谱》(复旦大学 1987 年硕士论文)、王公望《李梦阳年谱简编》(《甘肃社会科学》2001 年辑刊)以及杨永康《李梦阳年谱》(新华出版社 2001 年版)，在前人研究基础上，分别对李梦阳生平行迹及创作历程作出考证研究。

此外，薛正昌《李梦阳全传》(长春出版社 1999 年版)以文学写作的笔法，描写李梦阳一生的文学创作活动和仕途经历，情节曲折，是一篇有较强学术性和可读性的传记小说。

李琳《李梦阳文学思想的发展与演变》(首都师大 2007 年硕士论文)、郭平安《李梦阳研究》(陕西师大 2009 年博士论文)中，对李梦阳生平及交游在吸收前人成果的基础上也有所考述。

（二）李梦阳文学理论研究

对于李梦阳文学理论的研究，在前述"七子"派研究中已形成大体统一的认识,即:批判其复古主张的同时,肯定其主情理论和"真诗在民间"之说。专门研究的文章是在接受这一认识的前提下进行的。如陈建华《晚明文学的先驱——李梦阳》(《学术月刊》1986 年第 8 期),指出李梦阳"理欲同行"的情欲观和以真情为核心的文学理论与晚明文学思潮相通。于兴汉《李梦阳诗学思想辨析》(《山西师大学报》1994 年第 1 期)也是此类文章的代表。此后黄果泉《李梦阳诗学思想的格调说》(《河南师范大学学报》1994 年第 2 期)认为,李梦阳晚年所作《诗集自序》表明他"经过长时间的探索和思考之后,终于扬弃了'格调说',发出了'真诗乃在民间'的侃论,完成了他诗学思想一次新的飞跃"。曾中辉《浅论明代文学尊情观的发展脉络》(《江西师范大学学报》1998 年 2 月)在肯定其主情论的前提下,认为李梦阳对"情"的理解并未超出传统诗论所涉及的范围,缺乏新的内容。

李梦阳晚年在《诗集自序》中,援引王叔武之言,倡言"真诗乃在民间",这一论点引起研究者的兴趣。陈文新《真诗在民间——明代诗学对同一命题的多重阐释》(《杭州师范学院学报》2001 年第 5 期),将李梦阳文论研究推向深入化。文章认为:李梦阳提出"真诗乃在民间",包含了多方面的意蕴。其一,"真诗乃在民间"的理论前提是"诗、乐一体"说。真情经由自然和谐的音乐表达出来,才具动人心魄的魅力。李梦阳对"音"的重视与他对创作者的真实感情的重视是相互联系的。其二,这一命题含有扬"风"而抑"雅"、"颂"的意味。其三,"真诗乃在民间"的命题,还含有尊唐诗抑宋诗的意味。文章最后认为,李梦阳"真诗乃在民间"理论的要害是对真情的重视。他所关注的"真诗乃在民间"之"真",在于坦率表达不受礼义拘束的私生活领域中的情怀,这与中国古典诗歌所抒发的公共生活领域的情怀有本质的区别。

值得注意的是,在对李氏复古理论的批评声中,也有对其复古运动持肯定意见者。如程建忠《李梦阳"复古"别议》(《成都大学学报》2000 年第 1 期),文章通过分析时代背景,认为李氏复古理论对于扫荡当时颓败华靡的文风起到了一定的积极作用。

此外,杨德贵《关于李梦阳与何景明的文学论争》(《中州学刊》1998 年第 6 期)从三方面介绍了李、何论争,即:1. 关于"法"的论争;2. "因袭"与"创造"之争;3. 粗豪与俊逸之别。文章援引了王世贞"二子之言虽中若戈矛,而功等药石"的评价,也引用纪昀"梦阳雄迈之气与景明谐雅之音,亦各有所长,正不妨离之双美,不必更分左右祖也"的观点,但行文中处处表现出扬何抑李的倾向。

张金环《相似人格的不同哲学内涵——李贽与李梦阳文学思想对立的根源》(《齐鲁学刊》2006 年第 3 期),认为李梦阳"豪杰人格"以传统儒学的伦理道德为基础,李贽"豪杰人格"却以自然人性之"真"为基础,这正是二人文学思想走向复古与性灵之对立的根源。郭平安《李梦阳文学复古思想的时代意义》(《西安交通大学学报》2008 年第 5 期),从三方面分析李梦阳文学复古思想的形成及意义,认为李梦阳文学思想是名副其实的文学创新主义思想。

史小军、杨毅鸿《试论李梦阳评点〈石淙诗稿〉的诗学价值》(《暨南学报》2008 年第 5 期),认为李梦阳对杨一清诗歌的评点不仅有助于了解杨一清诗歌,体现李梦阳诗学主张,并为研究明中叶文学复古运动提供了参考。杨海波《李梦阳文学思想本体论》(《甘肃社会科学》2008 年第 6 期),认为李梦阳始终强调诗歌的本位立场,坚持诗歌的本位特征,故其文学思想才有意义。

李琳《李梦阳文学思想的发展与演变》(首都师大 2007 年硕士论文)、郭平安《李梦阳研究》(陕西师大 2009 年博士论文)等论著中,对李梦阳诗歌观甚至文学理论与思想都有系统的考察探讨。限于篇幅,在此不赘。

(三)李梦阳诗文创作研究及《空同集》版本研究

长期以来,学界对李梦阳的诗文创作基本持否定态度,认为其模拟剽窃,缺乏创新和真情。因而相对于其生平和文学理论来说,李梦阳诗文创作的研究显得较为薄弱。然而,从 20 世纪 80 年代起,有人开始对其诗文创作表现出一定的积极态度,如南玉印《李梦阳古文评价》(《兰州大学学报》1984 年第 3 期)认为:《空同集》中的 302 篇古文,除字义、解、对等几篇短文内容空洞、无艺术性可言外,其余绝大多数都有比较充实的内容,有不少篇章思想深刻,笔墨洗练,章法讲究,值得重视。文章分别从思想和内容方面对李梦阳古文进行了分析,认为李梦阳古文在艺术上有七大特色,文章也指出了李梦阳古文的缺点。李素冰《李梦阳(1473—1529)散文研究》(香港大学 1998 硕士论文),则对李梦阳散文的传承与艺术特质作出综合的考察分析。

李梦阳诗歌创作特点也引起了学界关注,盛敏《李梦阳诗歌研究》(郑州大学 2006 年硕士论文),以李梦阳诗歌为研究对象,剖析其对于儒家学术与诗学思想的承继与创新,并肯定李梦阳对明代中州诗风的开启及影响。明人即提出李梦阳律诗尊杜,究竟其模拟情形如何,郝润华、邱旭《试论李梦阳对杜甫七律的追摹及创获》(《甘肃社会科学》2009 年第 4 期),对此问题进行了较详细的论述,认为李梦阳创作虽模拟杜律,但也有超越,不应一概而论。

许结《明代"唐无赋"说辨析——兼论明赋创作与复古思潮》(《文学遗产》1994 年第 4 期),对李梦阳"唐无赋"说理论做了辨析,并以李梦阳为主考察明赋创作情况。郝润华、许琰《模拟与新变:李梦阳骚体赋的创作特点及成就》(《首都师大学报》2010 年第 5 期),对于李梦阳追步屈赋,从三方面做了较细致考察,认为李梦阳在赋的创作上既能继承屈骚传统,同时在题材、艺术风格等方面颇具特色,显示了明代辞赋的发展与新变。

在文献研究方面,梁临川《李梦阳〈弘德集〉的编定年代》(《上海大学学报》1990 年第 2 期),对李梦阳生前所编《弘德集》的编订年代进行了考证,指出《弘德集》编订在嘉靖四年。另一篇《李梦阳的两篇佚文》(《文献》1992 年第 3 期),则从有关文献中辑出二篇李梦阳《空同集》中所未收的佚文。王公望《李梦阳著作明代刻行述略》一文(《图书与情报》1998 年第 3 期),详细考证李梦阳生前诗文的四个单刻本,也考证其全集在李梦阳殁后刊刻流传的情况。郝润华、李如冰《李梦阳诗文集流传及版本考辨》①,对明、清时期李梦阳诗文集的编辑、刊刻、流传及版本情况做了详细考证梳理,并纠正了前人研究中的不确说法。

其他方面,钱茂伟《论明中叶史学风气的变化》(《史学史研究》2001 年第 2 期),对李梦阳的史学成就进行了探索,认为李梦阳《论史答王监察书》,既开了"《史》、《汉》"以下之史"一代不如一代"之说,也开启了明代改编前史的风气。嘉靖以后兴起的宋元史、晋史改编风气,瞿景淳、王世贞、钱谦益、吴炎等人的史学观点,都可从此找到理论源头。

此外,由于明代李梦阳的文学地位及影响,也使得周边国家与地区文人对其有积极接受,曹春茹《李梦阳诗文东传朝鲜半岛及对古代朝鲜文学的影响考论》(《甘肃社会科学》2009 年第 4 期),即从三个方面论述李梦阳诗文东传朝鲜的情况及其对朝鲜诗文创作与理论的影响。

内地及港、澳的李梦阳研究正在稳步向前的同时,中国台湾的李梦阳及"七子"派研究也取得了较为丰硕的成果。简锦松的硕士论文《李何诗论研究》(台湾大学 1980 年)对李梦阳、何景明的文学理论进行了全面深入的研究。随后其

---

① 南京大学古典文献研究所编:《古典文献研究》第 12 辑,凤凰出版社 2009 年版。

《明代文学批评研究》（台湾学生书局 1989 年版）一书，又扩展到整个明代中期的文学理论。其中有关李梦阳及"前七子"提出了几个颇有启发意义的观点，如，认为李梦阳及其复古派大多是关中河洛人，形成了北学文学理论，对苏州地区的文学理论与创作影响巨大。还认为李梦阳在诗歌创作理论上所提出的"法"，乃指"音之法度"，他称诗为"歌吟"，可见其"真诗在民间"的实质。其主要观点的提出对于内地学者 90 年代以来的研究具有启发作用。其他论著还有：陈国球《唐诗选本与明代复古诗论》（《东方文化》1983 年）《唐诗的传承——明代复古诗论研究》（学生书局 1990 年版）《明代复古派唐诗论研究》（北京大学出版社 2007 年版）、黄继立《从格调到神韵——论王渔洋对李（梦阳）、何（景明）、徐（祯卿）、李（攀龙）诸人诗学的态度》（《中国古典文学研究》2002 年第 7 期）、侯雅文《论李梦阳以"和"为中心的诗学体系——以"和"为依据所规制的诗歌本质与功能》（《东华人文学报》2006 年第 8 期）以及朱怡菁《李梦阳辞赋研究》（政治大学 2004 年硕士论文）、曾秀云《李梦阳作品评议——以〈明诗纪事〉为考察对象》（《孔孟月刊》2009 年第 6 期）等。侯文从"和"的概念出发对李梦阳的诗学体系进行探讨，并对关于李梦阳"复古"的说法予以质疑。朱文则对李梦阳的辞赋作品及其成就作出总体分析探讨。

值得注意的是，国外学术界对于李梦阳的研究也比较重视。如，早在 1929 年日本著名学者铃木虎雄即撰成《李梦阳年谱略》，对李梦阳生平行迹做了梳理，并写有论文《王阳明との交涉及空同集に就て》（《艺文》1929 年第 20 卷第 1 号）。文中对李梦阳与王阳明的交游进行了考证，并对在日本流传的《空同集》主要版本做了介绍与考述，具有域外李梦阳研究的开山之功。至 60 年代，又有吉川幸次郎的《李梦阳の一侧面——古文辞の庶民性》一文（《吉川幸次郎全集》第 15 卷，筑摩书房 1969 年版），对李梦阳的诗文进行了全面考察，认为，由于其下层知识分子家庭的出身，使李梦阳的文学创作深深打上了"庶民"的烙印。70 年代有桥本尧《倒立の构图——李梦阳と古文辞の原点》（《岛根大学法文学部纪要文学科编》第 3 号，1975 年版），在吉川文的基础上提出了自己的见解。至 90 年代有松村昂的文章《李梦阳诗论》（京都大学《中国文学报》第 51 期，1997 年版），对于李梦阳的出身、文化背景、创作特点、儒家文学观及诗歌理论进行了较全面深入的研究，是一篇具有总结性的文章。总之，日本学者对李梦阳的研究较为深入，观点和角度也较新颖。韩国方面则有元钟礼《李梦阳绝句美感范畴之分布》①,对李梦阳的绝句分类作出统计分析,并指出其对盛唐绝句的继承与超越,以此展开对李梦阳绝句美感范畴的探讨,最后指出"雄壮风格在李梦阳绝句当中只占有三分之一左右"。

综上可见,20 世纪以来国内外学术界对于李梦阳研究取得了可喜的成就,尤其是 80 年代以来对李梦阳以及"前后七子"的研究蔚为可观,产生了许多成果,提出了一些新的见解。然而,值得注意的是,成果虽丰,但其中不乏人云亦云者、炒冷饭者或空疏泛论者,焦点也多集中于李梦阳文学思想与理论的研究,对李梦阳生平与文学创作以及影响研究方面还显得较为薄弱,所以,在今后的研究中尚需注意如下几个问题:

首先,在基本资料建设方面。在重视李梦阳研究的基础上,需要校点笺注整理出一部颇具权威的"李梦阳诗文集",由此提供对李梦阳及其文学创作深入探讨的基本作品依据,进而推进对李梦阳的全面深入研究。因为,李梦阳毕竟是明代文学史上的大家,留给后世的诗文作品约有二千二百多篇,作品内容异常丰富,而目前人们多是依赖《四库全书》中所收录的《空同子集》66 卷。这种研究底本的单一化严重影响了研究的质量。除外,由于李梦阳在明代文学地位甚高,明、清文人评论李梦阳及"前七子"的材料十分丰富,因此,在《明诗纪事》、《明诗话全编》等已有成果的基础上,尚需编纂出最全面的李梦阳及"前后七子"的研究资料汇编,由此展开对李梦阳及"前后七子"文学创作及理论的全面整体把握与认识。

其次,在李梦阳文学创作研究的量化与深化方面。如前所述,20 世纪 80 年代以来,学界对李梦阳生平及创作也做了研究,但成果数量不多,深入反思不够,也未达到全面系统的程度。据笔者粗略统计,这一时期在李梦阳诗文创作研究方面,较有力度的论文约有十余篇,数量略显不足。因此,学界需运用多种方法对李梦阳的生平行迹、交游及诗文创作等进行全面深入研究。这一时期尽管产生了一些较有分量的文章,但在李梦阳文学理论与思想方面基本沿袭传统看法,在观点上实质性突破不够,所以,对于李梦阳研究的系统性与总体性把握方面,也需要进一步深化、理性化。需要在全面分析李梦阳作品的基础上,得出客观公允、新颖的学术观点,并揭示李梦阳对中国古代文学的贡献与总体成就,包括对

① 何永康、陈书录主编:《首届明代文学国际研讨会论文集》,南京师范大学出版社 2004 年版。

李梦阳"诗必盛唐，文必秦汉"理论意义进行全面深刻认识与评价，以及对李梦阳拟古问题作出重新审视。

再次，研究领域的开拓。李梦阳研究不单单是其个人在文学史上的地位问题，还涉及到他与明代学术思潮、科举制度、地域文化之间①，与吴中文人、"前后七子"之间以及西北文人之间的种种关系，甚至李梦阳对唐代文学的继承问题，对宋代文学的态度问题，李梦阳与同时作家的比较问题，等等，也需作出探讨。就其文学作品本身，从文献学、文体学、阐释学等角度进行深入、细致研究，包括具体作品系年、与文友的交游及作家作品考证等。尽管学界个别文章有所论及，但仍需要进一步开拓研究。这不仅需要横向、纵向对比，还需与其他学科进行交叉研究。总之，李梦阳研究还有很大空间需要我们不断开拓。

为了直观地总结过去一段时期的李梦阳研究成就，展示 20 世纪以来各个阶段李梦阳及其文学研究的基本情况，我们分四个部分按内容与时间先后选录国内外（包括大陆、港澳台及国外）1911 年至 2011 年（主要是 20 世纪 80 年代之后，此前论文较少）期间发表的李梦阳研究论文 36 篇，在力求保持论文发表时的原貌的基础上，均按统一格式进行编排（如将注释一律改为脚注）。由于有些论文发表时文字错误较多，我们这次也做了文字上的校改，但文中内容未加改动，以示文责自负。书后附"20 世纪以来李梦阳研究论著目录索引"，供读者查阅检索。需要说明的是：这份论著索引我们有意将一些"前七子"研究的成果也收录在内，意在为读者提供更多、更全面的李梦阳研究资料信息。在论文的选录方面，除论文质量之外，我们还考虑到发表时间、篇幅长短、内容代表性以及发表期刊等因素。尽管我们查阅了几乎 20 世纪以来的全部有关李梦阳论著，在此基础上进行认真筛选，并对已入选论文做了校对、编排，但由于时间及学识所限，书中难免有百疏一密、挂一漏万之嫌，选录遗漏或其他问题在所难免，希望得到读者和同行专家的批评！

---

① 黄长椿：《李梦阳与明代江西的文化教育》（《江西社会科学》1983 年第 3 期）、史小军：《论明代前七子的关学品行》（《文艺研究》2005 年第 6 期）、师海军：《明中期关陇作家群研究》（西北大学 2010 年博士论文）等。

一　生平、交游研究

关于李梦阳的生卒年代

唐景绅

　　李梦阳,字献吉,又字天赐,号空同子,甘肃庆阳人。曾任户部主事、员外郎、郎中、江西按察司提学副使。他是明代著名的古文学家,前七子的首领,著有《空同集》。政治上,他敢于和贵戚、宦竖斗争,曾因弹劾"势如翼虎"的外戚张鹤龄,与户部尚书韩文等一起定谋除去刘瑾等八虎,并代韩文起草奏疏而两次入狱。无论在政治上文学上他都有重要的地位,在甘肃古代历史人物中是个佼佼者。

　　李梦阳的生卒年代,明代人的记载已有歧异,近人的文学史著作中也说法不一。刘大杰同志和文学研究所主编的《中国文学史》作一四七二———一五二九年;游国恩同志主编的《中国文学史》作一四七二———一五二七年;最近出版的《辞海》作一四七三———一五三〇年。孰是孰非,应当辨正。

　　先谈生年。安汰《李空同先生年表》:"成化八年壬辰十二月癸丑七日己巳,公生于庆阳里舍。"①《年表》作者在说明中写道:"空同……为余姑广武郡君之婿,接姻连戚,余素知其平生。"②安汰开封人,李梦阳亦长期旅居开封,两人又有亲戚关系,对他的生卒应该是清楚的。崔铣《空同李公墓志铭》:"空同子以成化壬辰十二月七日生。"③与年表吻合。

　　李梦阳在自己的诗文中多次直接或间接地提到他的出生年月日。他为亡妻左氏写的《墓志铭》说:"广武郡君成化乙未十月己丑生左氏于汴邸……左氏生

---

　　①　《空同集》卷67。《空同集》有多种版本,这里引的是邓云霄、潘之恒校刊本。下同。
　　②　《空同集》卷67。
　　③　《空同集》卷67。

十六年归李氏……是时李子生十有九年矣。"①乙未为成化十一年。左氏十六岁结婚,时梦阳十九岁,长左氏三岁,梦阳当生于成化八年。《戊辰生日》:"三十七年吾底事,弹歌不为食无鱼。"②《丁丑除夕》:"明朝行年四十七。"③《辛巳生日》:"吾今五十头半霜,大儿已壮孙已长。"④《甲申元日试笔柬友》:"人生五十惊衰丑,五十从今又数三。"⑤戊辰为正德三年,李梦阳三十七岁;丁丑为正德十二年,四十六岁;辛巳为正德十六年,五十岁;甲申为嘉靖三年,五十三岁;分别上推三十六、四十五、四十九和五十二个年头,均为成化八年。《生日写怀》:"腊日明朝是,浮生此岁过。"⑥腊日即阴历十二月八日,腊日前一天当然是十二月七日。从以上所引诗文,足以证明李梦阳确实生于成化八年十二月七日。

成化八年为一四七二年,但这年的腊月七日换算成公历却是一四七三年一月五日。刘大杰等同志疏忽于把阴历换算成阳历,结果将李梦阳的生年由一四七三年误为一四七二年。

李梦阳的卒年比生年更为复杂,近人有一五二七年、一五二九年、一五三〇年三种说法,明代人的记载也有三种说法。

安浤《李空同先生年表》:"(嘉靖)八年己丑,公年五十八岁。夏,疾果作,乃就医京口。……七月渡淮,寓杨相国南园。钱医疗之,少愈。五岳山人黄省曾迎公京口,公与之论文赋诗。八月,还登金山寺,题诗。九月抵家,疾复作。……至十二月晦日,将易箦,作自赞……书毕而逝。"⑦崔铣《空同李公墓志铭》:"空同子……嘉靖己丑九月二十有九日卒。"⑧以上都说梦阳卒于嘉靖己丑,即嘉靖八年,不过具体日期相差整整三个月。袁袠《李空同先生传》:"嘉靖辛卯,就医京口,还大梁,病卒。"⑨睦樫《空同先生传》:"嘉靖辛卯,迎医京口,还遂卒,年五十有九。"两人都说梦阳卒于嘉靖辛卯,即嘉靖十年。睦樫更具体说明梦阳终年五

---

① 《空同集》卷45《封宜人亡妻左氏墓志铭》。
② 《空同集》卷32。
③ 《空同集》卷32。
④ 《空同集》卷32。
⑤ 《空同集》卷29。
⑥ 《空同集》卷23。
⑦ 《空同集》卷67。
⑧ 《空同集》卷67。
⑨ 《空同集》卷67。

十九岁。

以上三种说法，哪一说对呢？我们认为还是安磥说得对。这不仅因为《年表》对李梦阳的得病、京口就医、与黄省曾会面、登金山寺题诗、病逝经过等的叙述比较详实，而且可以从其他资料包括李梦阳自己的著作中得到印证。

黄省曾与李梦阳有亲密的师友关系。他对李空同的诗文推崇备至，尊之为"游艺之巨工"、"摛翰之鸿匠"。梦阳病重时以全部诗文手稿委托他整理。《空同集》最早版本就是由他刻印的，可见二人友谊之深。嘉靖九年三月《空同集》付刻，黄省曾为集作序，说："先生于戊子之冬以手编全集寄我姑苏……既而先生问医南下，邀余京口……乃得论襟于绿云之亭，品文于大岘之山，并馆逾旬，雪涕成别……岁之除夕，先生告徂。"①戊子为嘉靖七年。这年冬年，李梦阳以文集手稿寄苏州黄省曾寓邸，既而乘梦阳南下就医之机，两人会面于京口，以文理推之，会面时间在嘉靖八年。黄省曾的序文作于嘉靖九年三月，那末，"岁之除夕，先生告徂"，这个除夕，只能是嘉靖八年的除夕。由此可见，关于李梦阳南下就医，在京口会见黄省曾，两人论文赋诗以及梦阳逝世日期等主要情节，《年表》和《空同先生集序》完全一致，只是《年表》对这些问题的交代更为详尽而已。

《空同集》载有李梦阳在京口所作诗五首：《金山》（三首）、《己丑八月京口逢五岳山人》、《京口杨相国园赠五岳山人》。②《京口杨相国园赠五岳山人》有"卧病思知己，奉君惬素闻"之句，说明李梦阳当时确系重病在身而南下治病的。《金山》二："历险仍攀阁，穷高更指台。一身银汉上，四望镜波开。吴楚地形状，江淮秋气来。暮潮益滚滚，风叶下崔嵬。"其中"江淮秋气来"、"风叶下崔嵬"两句，说明诗人所写已是江南秋色景象了。《己丑八月京口逢五岳山人》这首诗的题目本身足以证明，李梦阳与黄省曾会面时间为己丑（嘉靖八年）八月。以上几首诗反映的李梦阳在京口的活动，都与《年表》"七月渡淮"、"五岳山人黄省曾迎公京口"、"八月，还登金山寺，题诗"等记载相符。

通过以上资料的分析和相互比证，我们认为李梦阳当卒于嘉靖八年除夕，而卒于嘉靖八年九月、嘉靖十年两种说法都是不确切的。

那末《李空同先生传》和《空同先生传》为什么把李梦阳的卒年由嘉靖八年

①　《空同先生集序》。
②　《空同集》卷 27。

误为嘉靖十年呢？我们认为都是由于作者把他中举人和进士的年龄搞错了的缘故。《空同先生传》："公年十八，举乡试第一，明年为弘治癸丑，登进士第。"《李空同先生传》："年十八，举乡试第一，明年弘治癸丑，举进士。"两篇传记的作者都说李梦阳十八岁中举人，次年连科中进士。癸丑为弘治六年，如果这年李梦阳十九岁，上推十八个年头为生年，那末他的生年就不是前面说的成化八年，而是成化十一年。生年推迟了，卒年也就相应后延。但如果按睦樟所说李梦阳终年五十九岁，则卒年也不应是嘉靖十年。总之，由于把李梦阳中举人和进士的年龄搞错，就使他的生卒年都弄得混乱不堪。

关于李梦阳参加科举考试的经过，《年表》有详细记载："（弘治）二年己酉，公年十八岁，以儒士应河南乡试，不第。""（弘治）五年壬子，公年二十一岁，举陕西乡试第一，与洵阳张凤翔同榜。""（弘治）六年癸丑，公年二十二岁，登毛澄榜进士第。"这里说得非常清楚，李梦阳两次参加乡试，第一次弘治二年在河南考的，年十八岁，未中式。三年后参加陕西乡试，以第一名中式，年二十一岁。次年弘治六年，连科中进士，年二十二岁。前引《封宜人亡妻左氏墓志铭》也说：李梦阳十九岁结婚，"明年为弘治辛亥，左氏生子枝。逾年壬子，李子举陕西乡试第一，癸丑登进士第"。他中进士在结婚后的第三年，即二十二岁。上推二十一个年头为生年，恰恰是我们前面说的成化八年。

崔铣《空同李公墓志铭》何以将李梦阳的去世日期由嘉靖八年除夕误为九月二十九日，原因不太清楚。据推测，极大可能是将《年表》"九月抵家，疾复作"，即李梦阳从京口返回河南的日期误为逝世日期所致。崔铣，河南安阳人，嘉靖初年任国子监祭酒，在议大礼时，因弹劾张璁、桂尊而去职。他与李梦阳之间并无很深的私人交往，梦阳去世时他又赋闲在家，所以撰写墓志铭时把日期搞错是可以理解的。李梦阳答黄彬问疾诗："平生逸气横云海，一病侵冬历夏秋。小儿弄人古有此，君子知命今何忧。亲从江国迎医返，满拟家园赋雪游。载酒为君何日起，东原松竹翠修修。"[①]李梦阳于嘉靖七年秋得病，次年病重，故有"一病侵冬历夏秋"之句。"亲从江国迎医返，满拟家园赋雪游"及"载酒为君何日起，东原松竹翠修修"两句，说明诗作于李梦阳从京口回开封之后的隆冬季节。这时诗人病得很厉害，所以百感交集，慨叹不已。"平生逸气横云海"是说他早年

---

① 《空同集》卷67，《李空同先生年表》引。

的抱负。"小儿弄人古有此,君子知命今何忧"则是发泄对迫害他的刘瑾之流阉宦小人的愤愤不平。这首诗亦足以证明嘉靖八年冬李梦阳尚在人世,崔铣说他卒于这年九月二十九日是不确切的。

综上所述,李梦阳生于成化八年十二月七日,换算成公历为一四七三年一月五日;卒于嘉靖八年阴历除夕,换算成公历为一五三〇年一月二十八日。刘大杰同志和文学研究所《中国文学史》把他的卒年误为一五二九年,同样是疏忽于换算所致。至于游国恩同志主编的《中国文学史》把卒年定为一五二七年,不知所据,这里就不加讨论了。

(《社会科学》1980 年第 3 期)

为李梦阳辨诬

——谈明杂剧《中山狼》

张　中

　　明代著名杂剧《中山狼》,是否康海所作? 是否影射李梦阳? 这是中国文学史上聚讼多年的一段公案。

　　青木正儿《中国近世戏曲史》云:"就余所知范围之中,以《中山狼》杂剧为康海之作者,以明末《盛明杂剧》为最早,清黄文旸《曲海目》亦取此说。然通览《剧说》卷三所举'关于康海与中山狼'之明何元朗、戒庵、清朱竹垞、王阮亭四家之说,及《小说考证》所引《瓠滕》之说,大要皆同。概云:'康海尝救李献吉之难,后海得罪,献吉不之救,两人之师马中锡撰《中山狼传》,讽刺献吉忘恩,其文载马中锡《东田集》。'又谓'康海《对山集·读中山狼传》诗有"平生爱物未筹量,那记当年救此狼"句,则《中山狼传》为讽刺此事者无疑。'诸说所言,皆举马中锡有《中山狼传》,而不言康海有《中山狼》杂剧。余虽未获见马中锡《东田集》,然《古今说海》中有无名氏之《中山狼传》,殆即为马中锡之文也。大意与杂剧无所异,其与杂剧有极深之关系也无疑。且明何元朗、王世贞、王骥德等比较评论王康二家之北曲时,皆仅举王之《杜甫游春》,不云康有《中山狼》,盖诸家所评论者,为康之散曲,而非杂剧也。以此等诸说并合考之,'时人作杂剧刺之'之说,或为稳当欤? 抑康海私作而秘其名欤? 姑存疑。"他对于《中山狼》杂剧是否康海所作,是否写康海与李梦阳(献吉)之间的事,都是不肯定的。

　　赵景深先生购得一部陕西武功县藏版的《康对山先生文集》,据此提出一些不同的看法:"我想,《中山狼》杂剧也许是康海作的。嘉靖刘储秀序《康对山文集》,说康海'其他乐府传奇,亦皆可录;然各有别乘,已传于世。'我疑心这里所谓的传奇就是指《中山狼》杂剧。因为康海戏曲,只此一种,此外就没有别的作品。"赵先生认为《中山狼》杂剧不像是写康海救李梦阳事。因为文集中有一篇马理所写的《对山先生墓志铭》,谈到康海救李梦阳事甚详,"只是不曾提到李梦阳不救康海的话"。康海对于因牵涉刘瑾事免官这种耻辱,是未尝一刻忘怀的,在书简中时常提起。"奇怪的是,尽管他发牢骚,却没有一句埋怨李梦阳,说他不够交情。他的《友论》也只说到不要交'淫亵狎媚'的朋友,也不曾暗含着指斥忘恩负义者的话。王九思的《对山集旧序》开端云:'呜呼! 朋友之道,缺绝久矣。昔人有言,一死一生,乃见交情。'以下叙的是张孟独、吴六泉、翁东崖三个人怎样的够朋友,替康海刊印文集,也不曾提到李梦阳不救康海的事。我想,中山狼的故事,本是流传世界各国的一个民间故事,康海也许取为题材,借以讽世,不见得一定是指李梦阳说的吧?"(见赵景深《明清曲谈》,《读康对山文集》)

赵先生所购武功县藏版《康集》,是乾隆二十六年的版本。我看过这个版本,确如赵先生所言。但是,此书仅十卷,只是康作的一个选本或残本,康海的很多重要诗文都没有收进去。我另找到一部康熙五十一年古邠贻谷堂重梓的《明状元康对山先生全集》(下简称康熙版《对山集》),全书共四十五卷,诗文远较后出的乾隆本完备。下面据此本及其他材料谈谈我的意见。

康海弘治十五年中状元,授修撰,"与(李)梦阳辈相倡和,訾议诸先达,忌者颇众"(《明史》)。文人学士"称说国朝状元,率推毂关中康先生,谓其文章气节有古豪杰之风"(南轩《对山先生集序》)。但由于他"才高性直,言行不切于规矩","胪唱第一,旋遭放废,以山水声伎自娱"(见康熙版《对山集》,马逸姿《重刻康对山先生全集叙》)。在这种情况下,康海与其好友兼儿女亲家王九思,在努力以诗文名家的同时,寄情于粉墨歌管,从事于戏剧创作。《明史》云:"海、九思同里、同官,同以瑾党废。每相聚沜东鄠、杜间,挟声伎酣饮,制乐造歌曲,自比俳优,以寄其拂郁。九思尝重赀购乐工学琵琶,海弹挡尤善。后人传相仿效⋯⋯"王九思写过《中山狼》院本,只有一折。康海作《中山狼》杂剧(四折)与之声应气求,共抒感慨,是很可能的事。

《中山狼》杂剧写得才气横溢,感慨甚深。确如青木正儿所评:"四折均排场紧密,宾白无寸隙,曲辞语语本色,直摩元人之垒,断非万历以后人所能为。"考察当时文人的创作经历、才情个性,除了"有古豪杰之风","以山水声伎自娱",能够"制乐造歌曲,自比俳优"的康海,似亦莫能他属。更何况《盛明杂剧》已有著录,康海集中又有《读〈中山狼传〉》诗,都是重要的佐证。因此,康海的著作权似没有多少可以怀疑之处。

至于说《中山狼》杂剧系讽刺李梦阳不救康海，这纯属诬蔑不实之词。

从赵景深先生所购乾隆版《对山集》，是看不出康、李之间的直接关系的。康熙版《对山集》中则有乾隆版所没有的五律《怀李二献吉》一首、五律《怀李献吉二首》、七律《送空同子还山》一首、五绝《赠李献吉往宁夏饷军十首》、七绝《寄献吉》一首。可以看出，康、李关系相当密切。《怀李二献吉》云："李生当世杰，文赋似班扬。有志摧奸宄，无能立庙廊。飘零低汗水，落魄问衡阳。空抱灵均意，谁人草荐章？"对李梦阳的人品才学都十分推许。《寄献吉》云："炎威赫赫汗如泉，秦女弹筝乘曙天。愿逐南风作云雨，却令凉思到君前。"关怀之忱，溢于行间。像这样挚重的友情，为当时文人中所少见。

古人云：文字之交，深于骨肉。从见于个人文集的诗文信札，常可看出一个人与别人的真实关系。特别是像康海这样一个刚正暴烈的人，他是不屑装假的。康海"琵琶击客"的轶事曾传诵一时。康海援救李梦阳一事，也正表现了他这种豪侠性格。康熙版《对山集》卷二十一有一篇康海《与王子衡书》云："去秋有一客相过，极言彼所以拳拳于仆之意。方在杯酒间，仆变色大骂，声彻四邻。仆岂彼之所宜论邪？昨见自彼来者，云彼已深衔于我。此不知仆正欲其衔也。即此可以再见不肖之心矣！"像这样一个嫉恶如仇，一语可爆的人物，如果真有康海尝救李梦阳杀头之难，而康海罹难，李"反嫉害对山"之事或类似的事，那他绝不会原谅李梦阳。怒火当早已见诸诗文或信札，而不会去借用不便明言的杂剧。

康熙版《对山集》中关于李梦阳的诗，有些作于刘瑾被诛以后。当时，康海因"坐党"，落职闲居，同王九思纵情歌管于泮东鄠、杜间。李梦阳起任故官，迁江西提学副使，后又因故落职，"遂以冠带闲住"。"梦阳既家居，益跅弛负气，治园池，招宾客，日纵侠少射猎繁台、晋丘间，自号空同子，名震海内"(《明史》)。康海的《怀李献吉二首》、《怀李二献吉》、《送空同子还山》，皆作于此时。时已正德后期，康海因刘瑾事入狱，出狱已事隔多年，《中山狼传》的作者马中锡也已死于狱中多年。康、李之间时正情好日笃，康很希望有人"草荐章"，使自己这个"有志摧奸宄"的朋友能再"立庙廊"，康、李仇隙之说，岂非子虚乌有！

尤其值得注意的是，李梦阳死后三年(嘉靖十一年)，康海写《渼陂先生集序》犹言："我明文章之盛，莫极于弘治时。所以反古俗而变流靡者，惟时有六人焉：北郡李献吉、信阳何仲默、鄠杜王敬夫、仪封王子衡、吴兴徐昌谷、济南边廷实。金辉玉映,光照宇内,而予亦窃附于诸公之间……"这无异于在李梦阳的身后,为他做盖棺之论。在这里,康海俨然把李梦阳看作当时的文坛盟主,褒重之情,溢于言表。所谓康、李嫌隙之说,岂非凭空捏造?

青木正儿所云康海《读〈中山狼传〉》诗,康熙版《对山集》卷十八有其全文:"平生爱物未筹量,那计当时救此狼。笑我救狼狼噬我,物情人意各无妨。"诗意所括虽不可确知,但绝不能以此证明中山狼为讽刺李梦阳"无疑"。《觚膌》的作者钮秀早已对此作过辩驳:"夫对山(康海)之救献吉,原非望报于献吉也;献吉即有忮忌,何至若中山狼之甚乎?"

我翻检了明、清几种李梦阳文集,明嘉靖九年版《空同先生全集》和万历版《崆峒集》都收录了李梦阳关于康海的诗:《寄康修撰海二首》、《赠王康边何四子》、《康状元话武功山水》、《小至康状元弟河路过赍其兄书见示》,以及送给康海密友王九思的诗《夜别王检讨九思》。万历版《何仲默先生诗集》卷三有《六子诗》并序,六子指王九思、康海、李梦阳、边贡等。卷四有《答献吉二首》,又有《中秋十七夜留康德涵饮二首》。由此,结合康熙版《对山集》中康海送李梦阳的十几首诗,更可看出,康海、李梦阳一直关系密切,并不像后人凭空捏造的那样。

嘉靖九年版《空同先生全集》第四十二卷有《将仕郎平阳府经历司知事赠儒林郎翰林院修撰康长公墓碑》一文,这康长公,即康海的父亲康镛。古代的墓志不像今天的追悼会悼词,可以由官方推举某人去作。它是由死者的至亲选托自己认为最可信赖的人或最有声望的人去作的。古人不以先人墓志轻易托人,更何况康海这样的当朝状元、一代人杰。这篇墓志有力地证明康、李之间的友谊,有深厚的思想基础。他们在一生中一直歌诗往返,情怀眷眷,是因为有共同的思想和经历,绝非常人应酬可比。

还有一个更为重要的证据:明代历仕成化、弘治、正德、嘉靖四朝的名臣杨一清有一部《石淙诗钞》,为李梦阳、康海合编。书前署名为"门人北地李梦阳、武功康海同辑"。书中有杨一清称赞李、康的诗,有李、康对杨诗的许多评语。卷四《殿撰康德涵(海)谒予平凉行台》七律二首,称赞康:"一疏承恩出禁闱,入关人道状元归。光生梓里明宫锦,春溢慈颜坐暖晖。""冀北千金收骏骨,关西多士有龙头。"诗末有李的批语:"梦阳曰:二诗深稳。"由此亦可见李、康之情。此书编成于李梦阳晚年。方鹏为《诗钞》所作序,写于嘉靖七年。《诗钞》的最后一卷作于嘉靖八年(1529年)。李梦阳于同年去世,杨一清于次年去世。这时,《中山狼传》的作者马中锡已死于狱中十七年,他的事迹和文章早已风行海内,广为人知。由此亦可见,"中山狼"与李梦阳全无关系。

所谓"康海尝救李献吉之难,后海得罪,献吉不之救,两人之师马中锡撰《中山狼传》,讽刺献吉忘恩"云云,全是凭空杜撰。康、李有同师之谊,这是对的。明人雷跃龙《石淙杨文襄公传》记载:杨一清弘治十五年擢升都察院左副都御史,督理陕西马政,"创正学书院,选英俊居其中,躬自教督。所拔识李梦阳,以文学召擢;状元康海、吕构(一书作柟)、名士马理、张璩皆与焉"(见《关中奏议全集》卷首)。而马中锡为李、康"两人之师",则毫无史实可据。马中锡一生活动不出京畿、山东一带,与京西诸人很少关系。康海为陕西人,李梦阳为甘肃人,这两位关西人物和马中锡不可能有师弟关系,更不可能同出马门。无论康、李文集、传记,都找不出马中锡为"两人之师"的任何痕迹。康集中只有一处提到马中锡,是以马和其他数人并列,用他们的冤案为例批评朝政的。从中看不出康对马有什么特殊的私人关系或个人感情。这也足证"中山狼"与康、李、马之说纯系小说家言。

根据各方面的情况来看,有关康、李和中山狼的传说,很可能是有人看到《对山集》中有《读〈中山狼传〉》的诗,由"那计当年救此狼"语考稽康海生平,由此得出了一种无聊的推想。后来王渔洋《池北偶谈》说马中锡《中山狼传》因此而作,又有人推测康海杂剧亦因此而作,于是以讹传讹,遂成数百年来文坛一大冤案,盖皆"未深考矣"。

其实,细勘《中山狼》杂剧,虽情节、语言与《中山狼传》有相同之处,但其创作意图却明显不同(关于马中锡《中山狼传》,我另有文章考证,兹不赘述)。

《中山狼》杂剧的结尾处有一段点明其主题(着重号系原文作者加——本书编者)的话,《传》文中是没有的:

末(东郭先生):丈人,那世上负恩的尽多,何止这一个中山狼么?

(沽美酒)休道是这贪狼反面皮,俺只怕尽世把心亏,少什么短箭难防暗里随,把恩情反成仇敌,只落得自伤悲。

(老)(杖藜老人):先生说的是,那世上负恩的好不多也。那负君的受了朝廷大俸大禄,不干得一些儿事。使着他的奸邪贪佞,误国殃民,把铁桶般江山败坏,不可收拾。那负亲的,受了爹娘抚养,不能报答,只道爹娘没些挣挫,便待折骨还爷,割肉还母,才得亨通,又道爹娘亏他抬举,却不思身从何来。那负师的,大模大样,把个师傅做陌路人相看,不思做蒙童时节,教你读书识字,那师傅浪费他多少心来。那负朋友的,受他的周济,亏他的游扬,真是如胶似漆,刎颈之交。稍觉冷落,却便别处去趋炎赶热,把穷交故友撇在脑后。那负亲戚的,傍他吃,靠他穿,贫穷与你资助,患难与你扶持,才竖得起脊梁,便颠番面皮,转眼无情,却又自怀穷、忧人富,刺地的妒忌,暗地所算他。你看世上那些负恩的却不个个是这中山狼么?

(末)(太平令):怪不得那私恩小惠,却教人便叫扬疾,若没个天公算计,险些儿被么废得意。俺不索含悲忍气,从今后见机莫痴。呀,把这负心的中山狼做傍州例。

这里分明是在指斥负君、负亲、负师、负友、负亲戚等社会现象。矛头指向了许多官场人物,而非确指某人。如果我们根据前人一些不负责任的附会之说,把《中山狼》杂剧和李梦阳扯在一起,这不仅厚诬古人,也大大地削减了这部杂剧的思想意义和艺术价值。

李梦阳是明代文坛"前七子"之首,在当时影响很大,算得上是中国文学史上一位重要人物。他的诗,由于当时的共同风尚,拟古痕迹很重。但其人品德行则向为论者首肯。弘治十八年,李梦阳应诏上书,陈二病、三害、六渐,凡五千余言,揭发外戚寿宁侯张鹤龄"招纳无赖,罔利贼民,势如翼虎"。因此得罪了皇亲国戚,被系锦衣狱,险些送命。但他蒙救出狱后,继续斗争,毫不退缩。"途遇寿宁侯,詈之,击以马箠,堕二齿,寿宁侯不敢校也"(《明史》)。这种刚正的性格与康海有相同之处。正德年间,他又与尚书韩文密谋尽除宦官刘瑾等八虎,再次被逮入狱,几死于难。后来又曾两次陷于缧绁。万历年间,以刚直著名的李三才校印《空同集》,对他的人品十分称赏,说"余每诵其诗,想见其人"(李三才:《合刻李何二先生诗序》)。他的诗,"以气骨胜","诗格高绝,而无卑弱之病"(胡应麟:《诗薮》),对于纠正台阁体、茶陵派的弊病起了积极作用,不可完全抹杀。关于李梦阳与《中山狼》的传说,悖违史实,淆乱视听,不仅歪曲和丑化了李梦阳与康海之间生死不渝的友谊,而且直接打击了明代中叶敢于和宦官外戚坚持斗争的政治集团,所涉甚多,故不可不为之辨诬。

(《西北师大学报(社会科学版)》1982年第2期)

康海《中山狼》杂剧并非为讥刺李梦阳而作

——兼谈《中山狼传》小说之作者

蒋星煜

　　明代戏曲家康海、王九思、汪廷讷、陈与郊都写过杂剧《中山狼》,明末清初时李玉又在传奇《一捧雪》中采用这一情节写了一个折子。解放以后,各戏曲剧种也编演了同一题材的《东郭先生》,由于作品形象地深刻地揭示了对豺狼不能讲仁义这一真理,受到了读者、观众的赞赏。

　　值得注意的是古典文学和古典戏曲的论著对于王九思、汪廷讷、陈与郊、李玉诸人写东郭先生误救中山狼这一点并未加论列,而对于康海,有些人则认为他写《中山狼》是讽刺李梦阳的。例如傅惜华《明代杂剧全目》①就说:"梦阳下狱,书片纸告海曰:'对山救我!'海乃谒瑾说之,明日得释。后刘瑾败,海坐刘党,梦阳议论稍过严,遂落职为民。"②又说:"论者谓其《中山狼》一剧,即诋李梦阳之作。"③有的论著又把马中锡和小说《中山狼传》也卷了进来,使问题更为复杂化。认为马中锡写了讽刺李梦阳的小说《中山狼传》,康海又是根据马中锡的小说改编的。当然,这两个问题也有联系,但事实仍是两个问题。本文主要谈康海与李梦阳的关系以及《中山狼》是否为讽刺李梦阳的作品的问题。

　　最早把《中山狼》这一作品和康海救李梦阳事件相联系的是明代何良俊。他说:"李空同为韩贯道草疏,极为切直,刘瑾切齿,必欲置之于死,赖康浒西营

---

①　见该书《康海》条。第 83 页引文中"对山"为康海的号。
②　见该书第十三章《明代杂剧》第一节《明初杂剧》,第 343 页。
③　见该书第 888 页。

救而脱。后浒西得罪,空同议论严刻,马中锡作《中山狼》以诋之。"①这一则记载并未指明这《中山狼》是小说还是杂剧,既然没有"传"字,当然指杂剧的可能较多。也许是因为当时《盛明杂剧》尚未问世,现在流传的康海《中山狼》杂剧弄不清谁是作者,就此肯定为马中锡的作品了。

明末时,沈泰辑《盛明杂剧》,其中《中山狼》署"关中对山康海编",孟称舜辑《酹江集》,其中《中山狼》署"明康海著"。后来梁维枢《玉剑尊闻》、王士祯《池北偶谈》诸书便指明了马中锡所写的是小说《中山狼传》了。《池北偶谈》这一则记载原文如下:

> 《中山狼传》,见马中锡《东田集》。东田,河间故城人,正德间右都御史。康德涵、李献吉②,皆其门生也。按《对山集》有《读中山狼传》诗曰:"平生爱物未筹量,那记当年救此狼。"③则此《传》为马刺空同而作无疑。

目前,一般古典文学、古典戏曲论著大部分以此为依据,有的并加以引用。

要澄清问题,非把有关这一历史事件的情况核实不可。

一、康海营救李梦阳的经过

正德元年(1506),朱厚照即位以后,太监马永成、刘瑾等操纵朝政,当时任户部郎中的李梦阳代尚书韩文草拟奏疏,对马永成、刘瑾等人的罪行进行揭发,但未有结果。刘瑾做了司礼监,权势更大,处心积虑要对李梦阳报复。到了正德二年(1507),把李梦阳等四十八人解职,令归故乡。刘瑾仍不甘心,第二年又矫旨把李梦阳逮捕来京,拟加杀害。李梦阳确是依靠康海的救援才幸免于难。

康海营救李梦阳的经过,明代张治道《翰林院修撰康公海行状》④、李开先

---

① 这一节记载不见于后人根据何良俊《四友斋丛说》辑录的《曲论》诸书,也不见于《四友斋丛说》原书。这里是转引焦循的《剧说》。但作者姓名不详的明代笔记《嵩阳杂记》中有一条记载与此基本相同,末句为"人作《中山狼传》诋之"。引文中"空同"为李梦阳的号,"浒西"为康海的号。

② 德涵为康海字,献吉为李梦阳字。

③ 此诗为七言绝句,除王士祯所引两句外,其三、四两句为"笑我救狼狼噬我,物情人意各无妨"。原载康熙刻张太微编19卷本《明状元康对山先生全集》卷18。流传较广的10卷本《康对山文集》未收此诗。

④ 焦竑:《国朝献征录》卷21。

《对山康修撰传》①和马理《对山先生墓志铭》②三文均有详细记载,内容大致相同,都强调了刘瑾一直企图把康海罗致在自己身边,而康海清高自持,不与刘瑾来往,为了营救李梦阳,不惜忍受委屈而去叩见刘瑾,刘瑾隆重接待,康海向刘瑾盛称李梦阳之才华,李梦阳始被释放。《对山康修撰传》并说:"崆峒扯衣襟,噬指血密书,告急于君曰:'非吾友,他弗能救。'君因与王渼陂计曰:'许友以死,分也。奈老母何?'王言:'罢官已矣!谅不及母。'君慨然:'果如是,吾何惜一官而弃二命。'遂入白于瑾。"和《明书·康海传》所说"瑾慕海,尝欲招致门下,而海不往"也有矛盾。假使"瑾慕海"有此事实,那末康海往见刘瑾决不会有生命危险的。《明书·康海传》为了夸张康海的豪迈和刘瑾对康海的谦恭,竟说刘瑾欲仿高力士为李太白脱靴故事而为康海脱靴,更是荒诞不经了。

当我们接触更多史料,尤是接触到当时人为李梦阳所写的一些传记碑铭时,发现情况便和上述四篇文章的记载有着很大的距离,崔铣《明江西按察司提学副使空同李公墓志铭》③说:

> 是时瑾敬礼修撰康子,康子谓瑾曰:"李生能法皇祖为文,杀之大失天下学者望。"瑾嬖人姜达亦申理,瑾乃贤空同子,既释则又欲用之选部,空同子托以痼疾,康子为力请得免。

不仅李梦阳的得救非康海一人之力,也有"嬖人姜达"所起的作用在内;同时从行文的语气来看,康海也不是为救李梦阳而和刘瑾交往,他们之间似乎早有联系了。

袁袠《李空同先生传》④又说:

> 公之内弟左国玉者,间行徒步从公,上书康状元海,勉以大义,赖力救得免,放归大梁。

这"勉以大义"说明了李梦阳求救于康海并不是苦苦哀求,而是义正词严的,当然更不至于咬破指头写什么血书。

完全根据有关李梦阳的一些传记、碑铭来判断当时的情况,也许缺乏说服力,但是再探索一下康海被解职的原因,便可以看出关于这一事件的记载,有关

---

① 《闲居集》之十。
② 10 卷本《康对山文集》卷首。
③ 万历邓云霄、潘之恒刊本;《空同集》卷 67。
④ 万历邓云霄、潘之恒刊本;《空同集》卷 67。

康海的一些传记、碑铭都过分美化了康海,而有关李梦阳的一些传记、碑铭则比较符合客观事实。

二、康海去官的原因

据《明实录·武宗正德实录》卷六十七,刘瑾被处死以后,"科道等官复自劾不职,因劾内外官为瑾奸党者二十六人",其中康海等"俱黜为民",王九思等"降二级调外任"。

康海何以列名于刘瑾奸党之内?他自己没有作什么具体的说明,在《亡妻安人尚氏墓志铭》①中说,"瑾伏诛,言官论予为编氓",含糊其词。在《答王汝言》②信中说:"每遇士大夫率肆言毋讳,不知触人遭怒已厚,乃竟以罢官,至罔为奸人之党。"把自己被罢官的原因,说成是得罪了士大夫,因此被列于奸人之党。究竟是何事得罪了士大夫,仍旧含糊其词。

康海自己也没有把被罢官、被列于奸人之党的原因归结于营救李梦阳一事。张治道《翰林院修撰康公海行状》说康海"以才名致谤,口语招谗",因而被"指为瑾党"。李开先《对山康修撰传》和马理《对山先生墓志铭》,便都说康海因营救李梦阳而去官的了。

记载了康海去官的实际原因的是《明实录·武宗正德实录》:

> 降原调副使宁杲为山西右参议,杲为佥都御史,抚治真定时,强贼张茂于内丘县劫丁忧修撰康海财物。海,刘瑾乡人也,素与厚,贻书于瑾,嘱其捕贼。瑾令所司停顺德知府郭纮及捕盗官俸督责之;又以杲勘报稽延,遂降官。海言于纮曰:"所失非吾财,皆瑾寄橐也。"纮乃敛诸州县民财至数千两,偿海。海复书于瑾,其事乃已。后瑾败,海竟坐罢。③

这记载说明了康海去官和营救李梦阳毫无关系,而且康海和刘瑾一向交谊深厚。康海对郭纮所说的一番话也暴露了他自己人格的低下,被抢财物如果是刘瑾所有,那末康海当然是刘瑾私党;如果财物属康海己有,而又能诈称"皆瑾寄橐",

---

① 10卷本《康对山文集》卷7。
② 10卷本《康对山文集》卷2。
③ 《明实录·武宗正德实录》卷65。

借刘瑾的权势而威胁郭纴,那末他和刘瑾也绝不是泛泛之交。这一个因"勘报稽延"而被刘瑾降官的佥都御史宁杲却也是刘瑾的私党,刘瑾竟然因为康海的缘故而处分宁杲,不言而喻,康海和刘瑾的关系比宁杲和刘瑾的关系更近、更亲密。

《明史·宁杲传》、王世贞《弇州山人四部稿》和某些笔记小说也记载了这一件事,但说成为"对山奔丧过内丘,盗劫其资,刘瑾闻之,责捕甚急,诡言:劫者,瑾所寄橐也。有司惧,敛民财偿之"①。把责任全部推给了刘瑾。

张治道和李开先也知道康海这事难免为后世所责难,因此分别替他辩解,前者在《翰林院修撰康公海行状》中说:"又谓:先生还家时被劫,有司为追捕其所亡。盖追捕所亡,有司素重其名,且为翰林而追捕之也,先生何与焉?"后者在《对山康修撰传》中说:"言者又以其过顺德,遇盗失财,非借瑾势,有司何以督捕过严,追给翻溢其数,当时附瑾者,不一年,由郎署府守即至正卿,君为修撰八年,不陟一阶,是果瑾党耶!"这些辩解,除了承认"追给翻溢其数",可以补充《明实录·明武宗正德实录》之外,再没有任何具体的内容了。

三、康海和李梦阳的交谊

康海和李梦阳是弘治、正德年间两个著名的文学家。

康海的父亲康镛死后,李梦阳还为康镛写了墓志铭。康海和李梦阳两个人之间有着较深的友谊。李梦阳曾写《寄康修撰海》一诗,抒发了"荆棘高蔽天,白曜翳以阴。鸡食鸾凤饥,蛾眉谗妒深"的感慨,以康海为知己,向他倾诉。

李梦阳遭刘瑾暗害,被逮进京,内弟左国玉一路随行,并向康海处求救。李梦阳在被捕期间有酬答左国玑的《寄答内弟玑九日繁台见忆》一诗,说"临危始识交亲重,处世空嗟行路难。一勺涂鳞终放掷,九天归翼待扶抟"②,对于亲友的关怀表示感激,同时把自己的命运也寄托在亲友身上。我认为当时李梦阳心目中的亲友,不仅仅是指左国玉、左国玑兄弟,也包括了康海。李梦阳的被释放,对康海的盛情自然会永志不忘。

---

① 这些记载内容基本一致,这里引的是焦循《剧说》。
② 万历刊本《空同集》卷11。

　　康海于正德五年(1510)八月去官,九月间吏部奏复一批三年以来被降调或解职的内外大小文职官员,马中锡重新被起用①。第二年正月,闲住为民的李梦阳始由南京御史周期雍奏复署郎中之职,二月间始被任为江西副使②。

　　事实证明康海的去官,李梦阳不能负任何责任,因为当时李梦阳对朝政根本没有发言权,他即使有心要替康海转圜,能力上也有困难。因此明代何良俊诸人说"后浒西得罪,空同议论严刻",今人傅惜华《明代杂剧全目》诸书说"后刘瑾败,海坐刘党,梦阳议论稍过严,遂落职为民",都是不符合实际情况的臆测。

　　李梦阳基本上还是一个方正耿直的人,他在江西做副使的时间并不长久,后来也没有再迁升,又因宸濠的关系解职了。因此,康海的没有被再度起用,他也不能负任何责任。

　　正德十三年(1518)小至日,康海的弟弟康河走访李梦阳,面交康海的书信一件,李梦阳欣喜之余,写了一首诗:

　　　　侵晓书云云四生,向昏潆雨散孤城。敲门怪尔关西使,匹马缘谁淮上行。
扳柳弄梅今日事,望乡怀友百年情。传言且共阳回喜,天意分明欲太平。③
充分流露了对故人殷切的怀念之情,并且憧憬着和康海一同迎接太平盛世。康海和李梦阳之间并无芥蒂,这首诗也可以作证。

　　马理《对山先生墓志铭》记载康海救李梦阳的经过情况,有许多细节的描绘,赵景深先生注意到了此文"只是不曾提到李梦阳不救康海的话"。其实不仅这篇墓志铭是如此,张治道《翰林院修撰康公海行状》、李开先《对山康修撰传》也都没有说李梦阳不救康海。

　　早在清初,也有人发现了李梦阳对康海忘恩负义之说的虚妄。朱彝尊曾说:"考之康、李未尝隙末,黄才伯有《读林见素救空同奏疏》诗云:'怜才不是云庄老,愁杀中山猎后狼。'然当日所訾,乃负见素耳。"④勉强把李梦阳所"负义"的对象解释成为林俊。

　　清末时,俞樾指出了李梦阳负林俊之说也不可靠⑤,理由相当充分;但他没

①　《明实录·武宗正德实录》卷67。
②　《明实录·武宗正德实录》卷71、72。
③　万历刊本《空同集》卷32《小至喜康状元弟河路过,赍其兄书见示》。
④　《静志居诗话》。
⑤　《茶香室三钞》。

有对史料多加分析研究,因此重新又陷入了李梦阳不救康海的这一种以讹传讹的说法。

四、《东田文集》中《中山狼传》的由来

一般的说法,认为《中山狼传》是明人马中锡作。现在流传的马中锡《东田文集》卷三为《杂著》,其中第二篇为《中山狼传》。能不能就以此为依据,肯定《中山狼传》为马中锡所作呢? 甚至肯定《中山狼传》为马中锡讥刺李梦阳对康海的忘恩负义呢?

按马中锡死于正德七年(1512),当时因为他含冤不白,也没有人替他收集、整理遗作;最早的一部马中锡的集子刻于嘉靖五年(1526),虽然上距马中锡之死仅十四年,但据孙绪所写序文说"遗稿"已"十丧七八"了。这部集子名《东田漫稿》,篇幅不算小,所收全部为诗歌,当然没有《中山狼传》在内。

《东田文集》则是清代康熙四十六年(1707)马中锡的同乡人贾棠所刻的《马东田、孙沙溪两公遗集》的单刻本,也就是《畿辅丛书》①本。兼收诗文,但所收诗不及《东田漫稿》二分之一。这部《东田文集》是收了《中山狼传》的。

紧接在《中山狼传》后面,是一篇《里妇寓言》,故事写汉武帝时汲黯出巡河南,矫旨开仓救灾,恐回朝之后要被处以死刑,于是求教于东郭先生。东郭先生就对汲黯讲了一个妇人怀孕而又怕生产、最后安然产下胎儿的故事。汲黯有所领悟而去。

虽然《中山狼传》和《里妇寓言》都是写的东郭先生,但相异之点却更多,前者时代背景为战国,后者时代背景为汉武帝时;前者东郭先生为被批判对象墨家,后者系颇为幽默风趣的机智人物;前者故事情节紧张、复杂,后者故事简单、平淡。很难说明这是同出于一人之手笔。

康熙二十六年(1687),顾茂伦评辑《明文英华》一书,在卷四中收了《中山狼传》一文,也具名马中锡。此书序文谈到明代成化、弘治时文集编刻不多,作品有散失之虞。嘉靖以后文集又编刻太多,失之芜杂,所以感到有编刻选集的必要。《中山狼

---

① 贾棠于康熙四十六年刊印者为《马东田、孙沙溪两公遗集》,今流传最广之《东田文集》为《畿辅丛书》本,系将《马东田、孙沙溪两公遗集》中马中锡作品部分单独刊印而成书。

传》文后又附了《玉剑尊闻》中一则有关记载,说是马中锡为讥刺李梦阳而写。我认为顾茂伦很可能根据这条记载而选录了《中山狼传》,并署了马中锡之名。

现在再补充说明一个问题:清代乾隆年间朝廷编纂《四库全书》,马中锡的《东田漫稿》和《东田文集》均曾被采进,但收了没有《中山狼传》的《东田漫稿》,未收有《中山狼传》的《东田文集》。看来《四库全书》的编纂者认为《东田漫稿》较《东田文集》为可靠。

从马中锡一生的经历来分析,我们也能得到一些值得重视的线索。

王士祯在《池北偶谈》中说康海和李梦阳都是马中锡的门生,也是很牵强的。因为马中锡在弘治初年做过陕西督学副使,但到弘治五年(1492)便调升为大理寺右少卿了①。康海是陕西武功县人,这一年刚入学,弘治八年(1495)才中乡举,李梦阳则是弘治六年(1493)中的乡举。严格地说,不能算是马中锡的门生。而且康海遭厄运时,李梦阳权势有限,也并不是故意坐视不救。

有一种说法认为李梦阳虽然并未对康海忘恩负义,但对林俊却确是忘恩负义、以怨报德的。因此认为有可能是马中锡为了讥刺李梦阳不救林俊而写的《中山狼传》。历史事实并非如此,林俊营救李梦阳在正德六年(1511),那时李梦阳因宸濠一案受到了株连,在此以后,李梦阳便一直闲居在家乡,而林俊则继续在朝为官,他们之间彼此酬唱的诗歌倒保存了下来,林俊受过李梦阳的讥讽或打击的记载则一篇也未发现。

马中锡于正德五年(1510)重新被起用以后,朝廷派他镇压刘六、刘七诸人领导的农民起义,他认为农民起义的原因是朝廷的暴政,因此主张招抚,反对血腥镇压。正因为如此,农民起义军到马中锡家乡故城活动时,乃相约"毋犯马都堂家"。马中锡因此而受到了朝野的攻击和诽谤,被捕入狱。正德七年(1512)死于狱中。即使李梦阳曾经以怨报德而不救康海,不救林俊,马中锡也很少可能因此而写《中山狼传》以讽刺李梦阳了。

我认为贾棠编《东田文集》时,所以收进《中山狼传》,有可能是误信何良俊《四友斋丛说》、王士祯《池北偶谈》以及《嵩阳杂记》、《玉剑尊闻》诸书中的记载,也可能受了顾茂伦的《明文英华》的影响。

清代钮琇在《觚賸》一书中说:"夫对山之救献吉,原非望报于献吉也;献吉即

---

① 《明史》卷187《马中锡传》。

有忮忌,何至若中山狼之甚乎? 况其文体丰茂,非宋人不办。马东田或有憾于献吉,书此相诮,遂以为撰自东田。"他认为康海与李梦阳的关系并不那么坏,李梦阳并没有像中山狼那样忘恩负义。并且认为《中山狼传》是宋人作品。他的推测是马中锡可能利用这篇文章讽刺李梦阳,于是就被误认为是这篇文章的作者了。

那末,《中山狼传》是不是宋人作品呢?

五、宋代谢良作《中山狼传》的可能性

钮琇不仅一般地考证了《中山狼传》为宋代人作,而且说:"《中山狼传》为宋谢良所著,虽游戏之笔,当时必有所指,而不欲明言,托此以抒愤耳。"但并没有提出他的根据。

我们知道,明代嘉靖二十三年(1544)刻本陆楫所辑《古今说海》中收了《中山狼传》,署名宋代谢良,但也未说从何书选出,未提任何根据。

《古今说海》本《中山狼传》较《东田文集》本和《明文英华》本的《中山狼传》少了二百七十四个字,所以郑振铎在为《世界文库》第四册所收《中山狼传》写的跋文中称之为简本。而称后者两种本子为繁本,例如丈人劝东郭先生杀狼时所说的"从井以救人,解衣以活友,于彼计则得,其如就死地何! 先生其类乎? 仁陷于愚,固君子之所不与也",这一段话就是繁本所有而简本所无者。

郑振铎根据《中山狼传》不仅作者有二说,而且还有简本、繁本之不同这一点,作出了他自己的解释,认为"疑系马中锡改旧本为之"①,这是一种折衷的说法,既承认《中山狼传》为宋代谢良原作,也承认马中锡是改编者,也可以作为作者。他自己在论述中国古典戏曲时,基本上是把马中锡作为小说作者的,马中锡为何要改编,或者说扩写这篇小说呢? 郑振铎没有提出根据,也未作推测。

关于谢良其人,生平经历如何? 有何著作问世,各书极少记载,因此要从谢良的有关材料来证实《中山狼传》是他的作品,更存在着一系列困难。

明末清初刊本《合刻三志》②收了《中山狼传》,后面有胡元瑞的跋文,说:"此传有谓谢叠山作者,有谓马子良作者,俱非也。"这篇跋文造成了更大的混

---

① 《世界文库》第4册中《中山狼传》所附之郑振铎跋文。
② 此书为罕见之善本,国内仅有三部,究系明末刻本或清初刻本,尚无定论。

乱。按谢叠山即宋亡后不肯出仕元朝的谢枋得，跋文对谢枋得于何时何地因何而作《中山狼传》一节无说明，亦未明确谢良是否即谢枋得。又马子良亦为诸书所不载，另有其人？抑即指马中锡？亦极不明确。而事实上马中锡迄未用"子良"二字作为名号也。

六、唐代姚合作《中山狼传》的可能性

明末清初刻本冰华居士辑《合刻三志》一书，于"志寓类"收了《中山狼传》，原署"唐姚合撰、程羽文校阅"。

《合刻三志》序文说："稗官家无虑什百，唯《虞初》、《齐谐》、《夷坚》三志称焉。"又说："且寓辞在若灭若没，故怪异梦幻一流为尤胜……故汇三家，多弃彼就此。"说明了此书所收作品系分别从《虞初志》、《齐谐志》、《夷坚志》三书选入，但此三书均未收《中山狼传》，更谈不上署名问题了。

至于冰华居士其人，姓名、生平、著述均无可查考。

不言而喻，校阅者程羽文是主张或默认此文为唐代姚合所作的。程羽文又为《盛明杂剧》写了序文，而此书是收了康海的《中山狼》杂剧的，程羽文在序中说了"若康对山、汪南溟、梁伯龙、王辰玉诸君子，胸中有磊磊者，故借长啸以发舒其不平，应自不可磨灭"。仅仅指出那些杂剧都是有感而作，也未接触康海《中山狼》所依据之材料与小说原作者。

胡元瑞为《合刻三志》中《中山狼传》所写按语，排除了谢叠山作、马子良作两说，认为唐代姚合所作，但仍未提根据，未作考证。

关于姚合作一说，我做了以下的探索：

姚合为唐代著名诗人之一，河南陕县人。名相姚崇之孙。生于大历十年（775），在元和年间曾任陕西武功县主簿，所以人称"姚武功"。他的诗刻意求工，具有显著特点，人称"武功体"。姚合在武功县主簿任上，写了《县居诗三十首》和《游春诗十二首》①，是他主要作品的一部分。

宋代祥符八年（1015），张及由殿中丞调任武功知县，把姚合这两组诗刻了石碑。到了治平间，因为石碑年久剥落，知县王颐又以五种字体同时写了这两

①　见《姚少监集》。

组诗,重新刻了石碑。

从以上情况足以说明,姚合的作品在武功县流传较广,影响较深。

康海曾编过一部《武功县志》,被认为是简明扼要的志书的范本,王士祯、宋荦诸人给予很高的评价①。此书篇幅不多,却对姚合生平做了极详细的记载,并收进了《县居诗三十首》、《游春诗十二首》,为张及和王颐所写传略中则以石刻姚合之诗作为他们二人的主要政绩。由于康海对姚合的作品十分重视,如果姚合写了《中山狼传》,康海根据此文编为杂剧的可能性是有的。

当然,《中山狼传》为唐代姚合作一说仍无确证,但是其可能性并不少于宋代谢良作或明代马中锡作,这一点我们也应该承认。

七、以三说并存为宜

由于《合刻三志》甚为罕见,《明文英华》影响稍广,而《东田文集》颇为流行,于是《中山狼传》为明代马中锡所作说几乎成了定论。"文化大革命"前,中国科学院文学研究所《中国文学简史》、北京大学中国文学系《中国文学史》都是这样处理的。

能够把明代马中锡作与宋代谢良作二说并存的书相当少。

我觉得定为唐代姚合作,根据仍嫌不足,但不应无视此一说。故认为以三说并存为宜。

郑振铎先生曾写《中山狼故事之变异》一文,介绍了欧洲与亚洲各国古代中山狼类型民间传说之异同。此文最早发表于《小说月报》之《中国文学研究》专辑,青木正儿《中国近世戏曲史》曾摘录而作为附录。此文对于故事起源于哪一国亦未有定论,但似乎都早于明代。我想如果小说《中山狼传》为唐代姚合所作,那末也很可能起源于中国的。

(《中国戏曲史钩沉》,中州书画社 1982 年版)

---

① 乾隆辛巳《新刊康对山先生武功县志》卷首。

《中山狼》杂剧与康、李关系考辨

马美信　韩结根

康海的《中山狼》杂剧是否为讽刺李梦阳所作,是历来聚讼纷纭,难以解决的问题。蒋星煜先生撰有《康海〈中山狼〉杂剧并非为讥刺李梦阳而作》一文,证明康海写《中山狼》杂剧与李梦阳无关。蒋文的结论是对的,但论证有不少疏漏之处。本文拟在蒋文的基础上,对此问题做进一步的考证,澄清一些事实的真相,揭示康海《中山狼》杂剧的创作主旨。

一

正德元年,武宗朱厚照即位,宦官马永成、高凤、罗祥、魏彬、丘聚、谷大用、张永、刘瑾等八人用事,时人称为八虎。户部郎中李梦阳代尚书韩文草拟奏疏,弹劾阉党,请诛马永成等人。由于内阁群僚意见不一,事未成,刘瑾等人权势更炽。正德二年,李梦阳被降为山西布政司经历,勒致仕。正德三年,刘瑾又翻旧账,找借口把李梦阳逮捕入狱,拟加杀害。康海找刘瑾为李梦阳说情,李梦阳才幸免于难。正德五年,刘瑾伏诛,康海被列为阉党,废籍为民。

最早把《中山狼》与康海援救李梦阳一事联系起来的是黄佐。他在《董大理恬传》中详细叙述了他在南京任职时听马理所说康海营救李梦阳的经过,最后说:"其后空同反嫉害对山,知者至为《中山狼传》刺空同,然对山未尝仇空同也。"这句话有三层意思:首先肯定李梦阳有恩不报,反嫉害康海;其次肯定《中山狼传》是讽刺李梦阳的,但未说明作者是谁;最后认为康海并不记仇李梦阳,暗示《中山狼传》并非康海所作。黄佐,字才伯,生于弘治三年,卒于嘉靖四十五年。正德十六年进士,选庶吉士,授编修,寻进侍读,掌南京翰林院。召为右谕德,擢南京国子祭酒。母忧除服,起少詹事。谒大学士夏言,与论河套事不合,罢归。黄佐在南京任职的时间当在嘉靖二十一年之前,黄佐听马理讲康海、李梦阳事也在此以前。在我们接触到的提及《中山狼》与康、李关系的材料中,此条是最早,也是最直接的。

何良俊的《四友斋丛说》明确提出《中山狼传》的作者是马中锡,说他写此传的目的是讽刺李梦阳:

> 李空同与韩贯道草疏,极为切直。刘瑾切齿,必欲置之于死,赖康浒西营救而脱。后浒西得罪,空同议论稍过严刻,马中锡作《中山狼传》以诋之。

《四友斋丛说》初刻于隆庆三年,何良俊自序云:“所藏书四万卷,涉猎殆遍……如此盖二十五年所。何子年已几四十,无所试。何子遂得心疾,每一发动则性理错迕。与人论难,稍不当意,辄大肆垢詈,时一出诡异语。其言事亦甚狂戾,不复有伦脊。即此十六卷所载是也。”朱大韶初刻本《序》亦云:“以故公之所负,竟不能少展其志以见之功绪,晚稍试冷局,即弃去……公固已倦游,而阅世者益习,壮怀雄辩,复粹而成秩。”何良俊生于正德元年,卒于万历元年,他撰写《四友斋丛说》当在嘉靖二十五年左右。此书的记载也不是第一手材料,可能转抄自《嵩阳杂识》。《嵩阳杂识》是如此记载的:

> 李空同与韩贯道草疏,刘瑾切齿,必欲置之死。赖康浒西营救而脱。后浒西得罪,空同议论稍过严,人作《中山狼传》以诋之。

此条文字与《四友斋丛说》基本相同,《嵩阳杂识》未指明《中山狼传》的作者,《四友斋丛说》则坐实是马中锡。

在传抄材料的过程中加以主观猜测和臆改,在明代学者中是常有的事。王世贞在《弇山堂别集·史乘考误》中,转录了黄佐《董大理恬传》中康海营救李梦阳的一段文字,把最后一句改为:“其后献吉反嫉害德涵,优伶至为《中山狼》杂剧以刺献吉,然德涵未尝仇献吉也。”原文中的“知者”成为“优伶”,《中山狼传》变成了《中山狼》杂剧。王世贞还进一步肯定,马中锡作《中山狼传》,王九思作《中山狼》杂剧,都是为讽刺李梦阳而作的,但未说康海作《中山狼》杂剧。

李开先《对山康修撰传》提到康海的著作有《武功志》、《张氏族谱》、《沜东乐府》、《纳凉余兴》、《春游余录》、《对山集》、《王兰卿传奇》、《即景余录》等。此传只提到康海的杂剧《王兰卿真烈传》,未提起《中山狼》。在嘉靖三十九年至隆庆二年之间所作的《康王王唐四子补传》中,李开先才提到康海作《中山狼传》：“（康）数次援人于死地，弗望报也。而获生者反造谤焉。因为《差差辞》及《中山狼传》，而后咎有所归矣。”李开先首先把康海同《中山狼传》联系在一起，但未说明《中山狼传》是小说还是杂剧。

作于嘉靖年间的《四友斋丛说》，也只说康海作《王兰卿传》，未提及《中山狼》：“康对山词迭宕，然不及王蕴藉。如渼陂《杜甫游春》杂剧，虽金、元人犹当北面，何况近代。以《王兰卿传》校之，不逮远矣。”此《王兰卿传》即为《王兰卿传奇》无疑。

万历前、中期的笔记和戏曲论著，也都未提到康海作《中山狼》杂剧。如王骥德《曲律》只说康海擅长北曲，有《沜东乐府》传世，徐复祚的《曲论》也是推崇康海的散曲而未涉及他的戏曲创作。直至万历后期，沈德符《万历野获编》才明确说：“填词出才人余技，本游戏笔墨间耳，然亦有寓意讥讪者。如王渼陂之《杜甫游春》，则指李西涯及杨石斋、贾南坞三相；康对山之《中山狼》，则指李崆峒。”

崇祯年间，祁彪佳在《远山堂剧品》中第一次著录康海的《中山狼》杂剧，并说：“中山狼一事，而对山、禹阳、昌朝竞演之，良由世上负心者多耳。曲有浑灏之气，白多醒豁之语，位置于元剧，在《硃砂担》、《乔踏碓》间。三剧中，以此为最。”崇祯六年刊行的《新镌古今名剧酹江集》收有《中山狼》杂剧，署“明康海著”。明末沈泰辑《盛明杂剧》，其中《东郭先生误救中山狼》署“关中对山康海编”。至此，《中山狼》杂剧的著作权才正式归于康海名下。

清代以来，康海写《中山狼》杂剧讥刺李梦阳的说法日渐普遍，从《曲海总目提要》到《明代杂剧全目》，及至《中国大百科全书·戏曲卷》，皆持此观点。

通过材料的排比，我们可以勾勒出这一问题形成的轨迹，不知名者写《中山狼传》讥刺李梦阳，此事与康海无关→马中锡作《中山狼传》，王九思作《中山狼》杂剧，未提及康海写《中山狼》→康海作《中山狼传》讥刺李梦阳，未明确是小说还是戏曲→康海作《中山狼》杂剧讥刺李梦阳。

二

认为康海《中山狼》杂剧是讽刺李梦阳的人提出一个逻辑推理：康海为营救李梦阳而去官，李梦阳非但不加救援，反而嫉害康海；所以康海写《中山狼》谴责李梦阳的忘恩负义。这个推理看似顺理成章，实际上是不成立的。康海并非为营救李梦阳而去官,李梦阳也非忘恩负义之徒,康海《中山狼》杂剧不是为讥刺李梦阳而作的。

李开先《对山康修撰传》和马理《对山先生墓志铭》都说康海因营救李梦阳而去官,蒋星煜先生《康海〈中山狼〉杂剧并非为讥刺李梦阳而作》一文力辩其非,认为康海是被列为阉党而去官的。我们认为,康海去官的直接原因有两条:一是和刘瑾的关系,一是得罪了馆阁诸公。康海营救李梦阳不是他去官的直接原因,但也不是说没有一点关系。

康海和刘瑾同是陕西人。刘瑾独擅朝政后,为培植自己的势力,竭力牢笼同乡,结成党羽。康海作为明代第一个陕西籍状元,受到刘瑾的青睐和笼络是在情理中的事。康海弘治十五年应试及第,次年便请假回乡,在京时间不长,当时刘瑾尚未操纵朝纲,所以康海即使认识刘瑾,也不会有太多的交往。正德元年康海返京任职,此时刘瑾任司礼监,权势日重,两人有所交往。张治道《翰林院修撰康公海行状》、马理《对山先生墓志铭》和李开先《对山康修撰传》强调康海在正德三年营救李梦阳前与刘瑾没有交往,而且拒绝刘瑾的拉拢,深为刘瑾衔恨,这样的说法不符合事实。据《明史·张敷华传》载,正德二年,康海曾为搭救张敷华,去向刘瑾说情。正德元年,张敷华任左都御史,曾上奏疏弹劾刘瑾等人。《明史》云:

> 既而朝事大变,宦官势益张。至除夕朝罢,忽传旨与杨守随俱致仕。敷华即日就道。至徐州洪,坐小艇,触石几溺死。瑾恨未已,欲借湖广仓储湮烂,坐以赃罪。修撰康海过瑾曰:"吾秦人爱张公如父母,公忍相薄耶?"瑾意稍解,犹坐敷华奸党,与守随等榜名朝堂。明年六月病且革,衣冠揖家庙,就榻而卒。

张敷华卒于正德三年,康海救他是正德二年的事情。如果康海与刘瑾素无交情,不会去为张敷华说情,刘瑾也不会放过张敷华。

在康海和刘瑾的交往中,康海失财复得之事最受人非难。张治道的行状,李开先的传皆有记述,但语焉不详,似以曲笔为死者讳。马理《翰林院修撰康公海传》说得比较明白:

> 海遭内艰而归也,及顺德,遇盗而失财,则捕盗者欲追财以还,犹覆水而不可收。后瑾败,忌者谓海交瑾,故失财而复获,遂罢其官而禁锢。

《明武宗正德实录》记载得最为详尽:

降原调副使宁杲为山西右参议。杲为金都御史抚治真定时,强贼张茂于内丘县劫丁忧修撰康海财物。海,刘瑾乡人也,素与厚,贻书于瑾,嘱其捕贼。瑾令所司停顺德知府郭绖及捕盗官俸督责之;又以杲勘报稽迟,遂降官。海言于绖曰:"所失非吾财,皆瑾寄橐也。"绖乃敛诸州县民财至数千两,偿海。海复书于瑾,其事乃已。后瑾败,海竟坐罢。

蒋星煜先生据此指出:宁杲是刘瑾的私党,却为康海失银一事降职,可见康海与刘瑾的关系非同一般。康海失银是正德三年的事情,宁杲降职在正德五年,两者之间并无联系。宁杲降职的原因,《明实录》记载得很清楚:正德五年三月,"得旨:杲不与尚义协力追捕,乃重复敷陈已奏贼数,穿窬狡狯,饰罪希恩,其停俸戴罪以图后效"。正德五年四月,"兵部复言杲等及长芦捕盗御史崔哲不能并力灭贼,请命给事中一人往按贼所残破,别议黜罚。从之。"《明实录》中关于宁杲因康海失银而降职的记载是失实的。关于康海以己之物,托为权阉寄橐,迹类无赖,黄云眉《明史考证》已为之辩诬。

康海以同乡的身分与刘瑾交往,被列为刘瑾私党,康海为营救李梦阳而向刘瑾求情,自然也是他屈身谀权的一条罪状,因此康海去官不能说和李梦阳没有一点关系。

康海虽与刘瑾往来,但并不是刘瑾私党。政治上的独裁者总要收揽一些知名的文人墨客作为点缀,刘瑾也不例外。张治道《祭对山文》云:"瑾虽奸宦,亦知文采之当重,有道不可忽也,常思见先生,极其敬慕,且欲其来而与之论议,而先生不之往。其或往也,诙谐规劝如视同列,瑾无不从。"康海在与刘瑾交往中未丧失士人气节和独立的人格,没有曲意奉承巴结刘瑾以图高官厚爵。张治道《翰林院修撰康公海行状》载:

一日,瑾令亲密者谓先生曰:主上欲以汝为吏部侍郎。先生曰:我服官才五越岁矣,翰林未有五越岁而升部堂者,请为我辞之。事遂寝。

康海自己在给彭泽的信中说:

瑾之用事也,盖尝数以崇秩诱我矣。当是时持数千金寿瑾者不能得一级,而彼自区区于我,我因能谈笑而却之,使饕餮巇崄之人卒不敢加于我,此其心与事亦雄且甚矣。当朝大臣盖皆耳闻目见而熟知其然,方台谏论列之际,出于一时仓卒,未暇差别。

康海并不热衷于仕宦。弘治十五年他状元及第,授修撰,第二年就请假回家,一住三年,正德元年才回京述职。在京仅二年多,即因丁母忧回乡。他一生仅做了三年翰林冷官,而且许多时间花在吟诗作文上,在政治上并没有什么追求和作为。把康海列为刘瑾私党,实在有些冤枉。

康海被罢官去职的另一重要原因,是他得罪了馆阁诸公,尤其是执掌朝政和文坛多年的李东阳。张治道《翰林院修撰康公海行状》云:

> 是时李西涯为中台,以文衡自任,而一时为文者皆出其门,每一诗文出,无不模效窃仿,以为前无古人,先生独不之仿,乃与鄠杜王敬夫、北郡李献吉、信阳何仲默、吴下徐昌谷为文社,讨论文艺,诵说先王。西涯闻之,益大衔之。

康海曾对以李东阳为首的台阁体提出尖锐的批评:"本朝诗文自成化以来,在馆阁者倡为浮靡流丽之作,海内翕然宗之,文气大坏,不知其不可也。"(王九思《翰林院修撰康公神道碑》)明代无论在政治或文学上,门户之见甚深,派别斗争甚烈。康海这种动摇李东阳文坛盟主的言论,必然会引起李东阳及其门生的不满和诽谤。胡缵宗《西玄集序》云:"弘治间,李按察梦阳谓诗必宗少陵,康修撰海谓文必祖马迁,而献吉、德涵因得罪世之君子矣。"霍韬在给康海的信中说:"自李东阳妒忌海内贤才,论人则取其软靡者,论文则取其絮烂者,一时贱儒鄙夫奔走其门,士习遂至极坏,而号为自立有守者率亦挛缩小器,沾沾硁硁而已,无怪乎百口一声讪诋对山、空同也。"李东阳以宰辅身份主盟文坛,把文学与政事夹缠在一起。何良俊指出,李梦阳和康海等人自立门户,不为李东阳所牢笼,因此在仕路上偃蹇不达。

康海还有二件事得罪了李东阳。王九思《明翰林院修撰康公神道碑》云:

> 其年(正德三年)秋,太安人弃养,公将西归合葬平阳公。诸翰林之葬其亲者,铭、表、碑、传无弗谒诸馆阁诸公者,公独不然。或劝之,乃大怒曰:"孝其亲者在文章之必传耳,官爵何为?"于是自述状,以二三友生为之刻集,既成,题曰《康长公世行叙述》,遍送馆阁诸公,诸公见之无弗怪且怒者。

康海不满当时台阁体软滑流靡的文风,所以不请馆阁诸公为其父撰写碑传志铭,而是自为行状,请王九思作志铭,李梦阳作墓表,段炅作传。"一时文出,见者无不惊叹,以为汉文复作,可以洗近文之陋矣。西涯见之,益大衔之"(张治道《翰林院修撰康公海行状》)。

康海状元及第后,声望籍甚,向他求教请益的人很多,秉性耿介直率的康海变得更加傲岸自负。他好面斥人过,有不如意事辄怒骂不止,引起了一些人的嫉恨,于是发生了另一件使李东阳等国老更下不了台的事情。马理《对山先生墓志铭》说:

> 故同志进者畏服而忌焉。多就而正所业者,忌者遂以国老文就正于公,公即革其质易其文而授之,所存者十不一二。忌者乃又以呈国老,故诸国老咸病公。

汤显祖也曾涂改过一代宗师王世贞的文章。有人把涂抹过的文章送给王世贞,王世贞一笑了之,说:"随之,汤生标涂吾文,他日有标涂汤生文者。"李东阳却没有王世贞那样豁达大度,他是要记恨报复的,"庚午,孽寺瑾伏辜,言者弹劾朝士,亦滥及公。是时李西涯为相,素嫉公,遂落公为民"。

康海罢官的两个原因是互相联系的。正因为康海与刘瑾有交往,给李东阳等人抓住了把柄;如果康海不得罪馆阁诸公,李东阳等人肯援手相助,康海也不至于名列阉党。当时依附刘瑾的人很多,并未一一追究。何良俊说:"康海浒西得罪,虽则出于罣误,亦由其持身不严。"这种说法比较中肯。

三

康海弘治十五年进士及第,授翰林院修撰之后,结识了李梦阳,并与王九思、何景明、徐祯卿等人结为文社,作诗论艺,时人常以康、李并称。弘治十六年,李梦阳去宁夏饷军,康海作《赠李献吉往宁夏饷军十首》,诗云:"君诗清且新,予诗芜而杂。愧予偃蹇人,望望不相合。""相合才几时,君去速于驶。中夜相思君,不断如流水"。正德三年秋,李梦阳经康海营救出狱回乡,康海又作诗相送:"相逢复去岂不惜,奈尔翩翩羽翰长。青春辞阙意无限,皓首著书情未央。柳色全归燕子日,菊花遍发野人乡。红尘亦有思归者,莫道云山路渺茫。"(《送空同子还山》)同年,李梦阳应康海请撰写其父康镛墓碑。

正德五年康海去官,康、李的关系并未受影响,他们继续保持着交往,友情很深。这是证明《中山狼》杂剧与李梦阳无关的关键。

康海从未因丢官失职而怨恨李梦阳,而是多次表示了对李梦阳的思念和关心。正德五年秋,康海作《怀李献吉》两首,约李梦阳共游五岳,其诗云:

> 独坐看山色,长歌上夕台。秋空鸿雁过,露冷菊花开。汾水情人去,茅

山道士来。明年游五岳，期尔共啣杯。

不作云车吏，甘从沣沂游。看花开曲槛，近水狎浮鸥。南国严夫子，青门召隐侯。栖身先有计，长醉复何求。

"汴水情人去"、"甘从沣沂游"两句说明康海写此诗时正在陕西，李梦阳在河南。康海自正德三年丁母忧回家，正德五年八月被废籍为民，此后一直生活在沣水之泮。李梦阳正德三年出狱后，回到河南居处，正德六年四月赴江西任提学副使。据此，康海诗当作于正德三年八月至正德六年四月间。"南国严夫子，青门召隐侯"云云，指两人赋闲在家，未在朝廷任职，可知此书作于正德五年八月之后。诗中提到"明年游五岳"，康海丁母忧，至正德五年方守制期满。正德三、四年，康海不会写诗约李梦阳明年出游。此诗也不可能写于正德六年。从诗中所写景物看，当作于秋天。正德六年秋天李梦阳已重返仕途，在江西任提学副使，与诗意不合。而且李梦阳在任上无暇游五岳，康海也不会约他。由此可以确定，此诗作于正德五年秋天。康海刚被罢免官职，就想到李梦阳，约他出游，可见两人情谊之深，也可见康海胸襟之豁达。

正德八年，康海作《有怀十君子词》，其中有怀李梦阳一首：

见来书，知心绪。风波尚险，将就何如？万里途，千江路，孤影翛翛无依处。那些个待诏公车，春风舞雩，东华细雨，不索踟蹰。

这组散曲前有一小序："戊辰冬，予以忧归，同游诸君子每有赠慰于予。间有旅寄殊方者，或涉中途相吊。交契既深，谊分益洽。暇日追惟其意，撰此曲十首，命曰《有怀十君子词》。"康海把李梦阳视作"交契既深，谊分益洽"的密友。这组散曲中有"怀可泉"一首，称胡缵宗为潼川刺史。据何栋《胡公墓志铭》，胡缵宗任潼川知州在正德七年，则此散曲不可能作于正德七年之前。又据"怀溪田"："二十年待价沽诸，骊龙抱珠，枯田望雨，试看何如"，康海写此曲时马理尚未登第。马理是正德九年的进士，则此散曲写作的时间至迟在正德八年。"怀空同"曲中，"那些个待诏公车"等句，说明李梦阳当时在江西提学副使任上。"风波尚险"，指正德八年李梦阳与陈金、江万实相奏讦事。正德八年九月，康海在给朱应登信中提到这件事："小人坐享清誉而君子厚被污辱，欲天下亡事，安可得哉？李献吉被论尤惨，至有以败坏风俗言者。於乎，献吉岂斯人哉！"（《康对山集》万历本卷二十三）康海对李梦阳横遭谗谤而忿忿不平，对李梦阳的处境表示同情，对李梦阳的人格寄于信任。

李梦阳出狱后,对康海一直感激在心。正德五年冬,他听到康海遭到弹劾,立即写诗慰问,对康海落职表示深切的同情和关怀。诗云:

> 晨步城西岗,遥望终南岑。荆棘高蔽天,白曜翳以阴。鸡食鸾凤饥,蛾眉谗妒深。荮菲遗下体,一别成飞沉。出门眺四郑,莽莽悲风吟。海水有可测,伤哉谁谅心。

> 少阴盛霜雪,崎阻鸿雁飞。荷斧入林谷,日暮谁共归。林树窈冥冥,径路多虎黑。北斗横寒岑,邙野风振悲。欲往河无梁,念子忽如迷。荣耀在须臾,亡没谁复知。思附玄鹤翼,从子以高飞。

假如李梦阳在背后嫉恨康海,害得他落职丢官,当面又假惺惺地表示同情,疾呼"鸡食鸾凤饥,蛾眉谗妒深",那末李梦阳就是一个口蜜腹剑的伪君子。然而李梦阳并不是这样的卑鄙小人。正德九年,李梦阳再次在江西下狱。他在狱中写信给何景明,谈到受谤下狱的经过,最后说:

> 自仆雁此难,友朋多不复通书问。结交在急难,徒好亦何益?仆交游遍四海矣,赤心朋友惟世恩、德涵与仲默耳。其难如此,可悲可叹。

李梦阳在给何景明信中把康海视作难得的赤心朋友,这当是肺腑之言,不是当面说得好听的门面话。从此信中可看出,李梦阳对康海的搭救之恩是铭记在心的。

李梦阳与康海自始至终保持良好的关系和深厚的情谊,可见康海写《中山狼》谴责李梦阳忘恩负义是某些人捕风捉影臆想出来的。这些人捕捉的风影也许源自李梦阳正德五年所撰《左舜钦墓志铭》。李梦阳在此文中谈到他入狱出狱的详细经过:

> 前余雁首祸,黜还。寻被钩织,械系北行。厥势雷轰山崩,人人自保窜匿,若将及之。舜钦独力疾从,酷暑无昼夜行饥渴。盖是时瑾威权炽矣,顾颇独礼修撰康海敬之。于是舜钦为书上康子,累数十百言,其大要有四:瑾持天下衡,必不以私怨杀人,一;又为天下惜才,必不忍杀李子,二;又康子必匡瑾以古大臣之业,三;又康李义交也,即为之死诤不为过,四。康子为敛容谢焉。

左舜钦名国玉,李梦阳内弟。李梦阳在此文中突出了左国玉在营救他出狱过程中的作用,对康海只是一笔带过。吕楠对此提出责难:"(李)尝犯宦官刘瑾,系狱几死,先生(康海)用策解脱。李既免死后,著他人文字,日擅其美。李,名士也,犹且不识,况其他也。"(《翰林院修撰康公墓表》)王世贞在《弇山堂别集·

史乘考误》中转录了吕楠这一段话,文字稍有不同:"(李)尝犯宦官刘瑾,系狱九死,先生既用策脱之,李后著文,令他人擅其美。李,名士也,犹且不识,况其他乎？至许宗鲁为传,尽削之。"吕楠的责难是没有道理的。在营救李梦阳出狱过程中,除了康海和左国玉,出过力的还有李梦阳的兄长孟和、刘瑾的家丁姜达等人,李梦阳在《左舜钦墓志铭》中皆未提及,但不能说李梦阳对这些人都忘恩负义。李梦阳给左国玉写墓志铭,多说死者几句好话,强调死者与自己关系密切,本是常情。当时有些人并不赞同吕楠的说法,许宗鲁为康海作传时就删去了这一段文字。后人却以此为依据,经过辗转传说,就变成李梦阳嫉恨康海了。

四

说康海《中山狼》杂剧为讥刺李梦阳而作,大多出于传闻之词,仅见诸于小说笔记,而无确可靠的史料佐证,因此许多人对这种说法并不相信。钱谦益《列朝诗集小传·康修撰海》详述了康海救援李梦阳的情况,避而不谈康海曾作《中山狼》杂剧。焦循《剧说》辑录了许多康海的材料,也未提及康海作《中山狼》讥刺李梦阳事,而是说"大抵对山意气高迈,救李一事尤为独绝,故士君子乐道之",语气之中流露出他对康、李关系的种种传说并不以为然。朱彝尊《静志居诗话》对此明确表示怀疑:

> 考之康、李未尝隙末,黄才伯有《读林见素救空同奏疏》云:"怜才不是云庄老,愁杀中山猎后狼。"然则当日所訾,乃负见素耳。

俞樾已辩李梦阳负林俊之说非是,此处不赘。朱彝尊认为康、李未尝隙末,康海不会作剧讥刺李梦阳,却是有道理的。

余嘉锡《四库提要辩证》极力证明康海《中山狼》杂剧确实针对李梦阳而作,其主要依据是王士禛在《池北偶谈》中所引康海《读中山狼传》诗中的两句:"平生爱物未筹量,那记当年救此狼",认为"海此诗愤怒之气跃然纸上,几乎切齿痛骂。则黄佐谓德涵未尝仇献吉,彝尊谓康、李未尝隙末者,殆皆不然也"。康海诗的全文是:"平生爱物未筹量,那记当年救此狼。笑我救狼狼噬我,物情人意各无妨。"康海作此诗,当然是有感而发的,但没有证据可以说明这种感慨是针对李梦阳的。"物情人意各无妨",意谓爱物救狼符合人意,狼负心吃人也是物情。物情人意不相同,大家各行其事罢了。这首诗表达了作者对社会现实的不满,同时流露出在现实面前无可奈何、故作豁达的消极情绪。

除了康海的《中山狼》杂剧,同时还有马中锡写的小说《中山狼传》、王九思写的单折剧《中山狼》。以中山狼为题材的作品集中出现,自有其社会原因。明代弘治年间,政治比较清明,社会比较安定,被史家称为"弘治中兴"。明武宗继位后,荒淫无度,不理朝政。宦官擅权,扰乱朝纲,刘瑾变易迭法,任情黜陟,奸佞之徒青云直上。如张綵因依附刘瑾,数年间便升至吏部尚书,太子太保。正直之士遭排挤打击,如马文升、刘大夏、杨一清等皆谪发输边,破家赔累。正德以后,党争越演越烈。嘉靖初"大礼仪"之争,把许多先朝老臣打了下去,张璁、桂萼迎合帝意,骤成新贵。内阁宰辅互相倾轧,费宏表面随顺杨廷和,暗里拆他的台,不久便取而代之为首辅。杨一清在"大礼仪"中支持张、桂,被召入内阁为首辅,以不归附张、桂,一年即离去。宰相结纳言官以排斥异己,阿党比周,培植个人势力,群臣各找靠山,门户之见日深。在明中叶动荡纷乱的政治舞台上,人们纵横捭阖,勾心斗角,争权夺利,机诈百出。为了权势名位,今日同道,明日可以反目成仇;今日师友,明日变成冤家对头。明中叶以后,随着商品经济的发展和资本主义萌芽的产生,社会意识和风尚开始发生变化,维系人际关系的传统道德观念逐渐淡薄。为了现实的利益,忘君、忘亲、忘师、忘友的事时有发生。顾炎武《天下郡国利病书》卷三十三引《歙县风土论》说:

> 国家厚泽深仁,重熙累洽,至于宏治,盖蓁隆矣。……寻至正德末嘉靖初,则稍异矣。商贾既多,土田不重。操赀交接,起落不常。能者方成,拙者乃毁。东家已富,西家自贫。高下失均,锱铢共竞。互相凌夺,各自张皇。于是诈伪萌矣,讦争起矣,纷华染矣,靡汰臻矣。

在竞争激烈的社会中,失败者总会产生失落感,对现实采取冷峻的批判态度。马中锡、王九思和康海一样,都是政治舞台上的失败者。

马中锡一生大起大落,成化十一年成进士,任刑科给事中,因疏斥万贵妃弟通骄横,受杖于朝。又尝劾汪直违恣罪,受到排挤,他自己说:"继因天变,尽复论列,又忤近倖权奸,日进谗言,备见摈挤。"(《东田文集》卷一《乞休疏》)正德元年任兵部侍郎,刘瑾私党朱瀛滥冒边功,他坚决反对,得罪了刘瑾,改任南京工部。第二年被勒令致仕。正德三年,刘瑾又借口马中锡巡抚辽东时管理仓粟不善,把他逮系诏狱,械送辽东,责偿所收腐粟。次年被斥为民。他在给陈元溥信中说:"顷罹患难,旧游无相顾者,继为编氓,亦无一人通一言一字者。"(《东田文

集》卷三）刘瑾伏诛，起抚大同。正德六年，复任右都御史，进左都御史提督军
务，因征剿刘六、刘七农民起义失机，遭御史吴堂弹劾，说他拥兵不进，名曰提督
军务，其实自保身家。马中锡上疏鸣冤，自陈兵力不足、征抚两难之状。正德七
年，下狱论死。马中锡从他坎坷的经历中看透人世的险恶，仕途的峻嶒，在《狻
猊图》一诗中，发出"平生不识负嵎虎，末路乃遭当道狼。仰天长啸重展玩，安得
借我悬中堂"的感叹。他写《中山狼传》确是讽刺时世之作，矛头指向当道而立
的权贵佞臣，和李梦阳毫无关系。

王九思写《中山狼》院本，也与自身经历有关。王九思在正德初任吏部郎
中，刘瑾伏诛，以瑾党谪寿州同知。在寿州仅一年，因天灾复遭弹劾，罢官而去。
王九思自述其事曰："辛未冬十二月，上乃用谏臣议，议盖曰寿州同知前在翰林，
得出为吏部，为吏部而狼藉贿赂，破坏选法，宜罢弃去，应上天之变。"（《渼陂集》
卷八《送丰原学先生序》）并对这种不公正的待遇表示极大的愤懑。但他写《中
山狼》，也不是针对李梦阳的。王九思遭贬谪后，仍和李梦阳保持着良好的关
系，他在寿州作《十四夜月与李二献吉饮》诗云："万户秋风砧杵哀，殊乡今夕故
人来。竹间凉露潇潇下，楼上浮烟细细回。地僻柴门无过客，家贫樽酒有余杯。
疏帘碧簟须同醉，明月青天为尔开。"嘉靖十年，王九思作《渼陂集自序》时还提
到他和李梦阳的交情："予始为翰林时，诗学靡丽，文体萎弱，其后德涵、献吉道
予易其习焉。献吉改正予诗者，稿今尚在也。而文由德涵改正者尤多。"张宗孟
《中山狼院本序》明确指出此剧乃感时之作，"先生所谓狼者，盖不可指寻，大抵
世之遇此狼者不少"。

康海的《中山狼》杂剧是根据马中锡的《中山狼传》改编的。剧中的许多对
白，是把《中山狼传》的文言翻成白话。如东郭先生对赵简子说的一段话，《中山
狼传》云：

> 然尝闻之："大道以多歧亡羊。"夫羊，童子可制之，如是其训也，尚以多
> 歧而亡；狼非羊比，而中山之歧可以亡羊者何限？乃区区循大道以求之，不
> 几于守株缘木乎？

康海《中山狼》杂剧云：

> 俺闻的古人说，"大道以多歧亡羊"。想起来羊乃至驯之畜，一个小厮
> 儿，便可制伏，尚且途路多歧，走的来没寻处。这狼怎比羊的驯扰。况这中
> 山的歧路恁多，那处不走的狼去？却在这官塘大路里寻觅。这不似缘木求

鱼、守株待兔么?

所不同的是,康海《中山狼》杂剧比《中山狼传》更明确地把批判的矛头指向整个社会。此剧批判中山狼"馋眼脑天生毒,狠辣的心肠和那胆底儿虚,才得个皮毛抖擞,便把恩来负",但作者的主旨却是说明"世上负恩的尽多,何止这一个中山狼","休道是这贪狼反面皮,俺只怕尽世里把心亏,少什么短箭难防暗里随,把恩情番成仇敌。"作者最后列举了负君、负亲、负师、负友种种现象,来说明社会的混浊和人心的险恶。最后点明主旨的一大段,是《中山狼传》所没有的。如把此剧仅看作个人恩怨的发泄,就大大缩小了剧本的思想意义。

(《复旦学报(社会科学版)》1989 年第 1 期)

李梦阳《空同集》人名笺证(之一)

王公望

〔说明〕李梦阳(1473—1530),字献吉,号空同子,庆阳(今甘肃庆阳县)人,徙居开封(今河南开封市)。明弘治七年(1494)进士。历官户部主事、员外郎、郎中,曾因代尚书韩文草疏弹劾宦官刘瑾,被下狱。瑾诛后,正德六年(1511)起为江西提学副使,九年以事夺职家居。李梦阳是倡导文学复古运动"前七子"①的代表人物,因此,考证他的人事关系及交游动向,对研究其一生的政治、文学活动特别是文学复古运动,至为重要。现仅以《空同集》(明万历壬寅本)所载之友朋交往,择其重要者予以笺证,所引诗文在括号内标明《空同集》卷数,以便考稽。

顾　璘

《二月四日部署钱徐、顾二子》(20)、《顾侯寄陈留公砥柱障子并行予为作歌》(21)、《顾子谪全州赠二首》(25)、《寄顾台州二首》(35)诗中之"顾子"、"顾侯"、"顾台州"均指顾璘。"徐子"当指徐祯卿。"陈留公",身世不详。顾、徐二人,《明史》卷二八六、《列朝诗集》有传。按《明文海》卷四七五之文徵明《故资善大夫南京刑部尚书公墓志铭》:顾璘,字华玉,别号东桥居士,直隶吴县(今江苏吴县)人。其高祖时,因"匠作隶工部",遂为应天府上元(今南京市)籍。顾为

①　指明弘治、正德时期以李梦阳、何景明、徐祯卿、王廷相、边贡、康海和王九思七人所形成的文学流派。他们以复古为号召,倡言"文必秦、汉,诗必盛唐",反对"台阁体",在当时,有一定的积极意义。因区别于后来的李攀龙、王世贞等七人("后七子"),故称"前七子"。

弘治丙辰(1496)进士。《二月四日部署钱徐、顾二子》句云:"春日载阳官署幽,东吴二子(望按:徐昌卿亦为吴县人)过我游。庭空日斜吏人散,令我意气倾南州。徐郎近买洞庭柂,顾子亦具钱塘舟。浮生飘转若飞藿,倏忽聚散谁能谋。"按此诗所云,李当在弘治乙丑(1505)徐祯卿中进士后,同其相识的。王守仁《徐昌谷墓志铭》①云:"昌谷名祯卿,世为姑苏人,始举进士,为大理评事②,不能其职,于是以亲老求便地为养。"《列朝诗集·徐博士祯卿传》亦云:"弘治乙丑举进士,除大理寺左寺副,乞徙南就养。"所以《二月四日部署钱……》诗有"自从去年识徐顾"、"徐郎近买洞庭柂"之句。其次,据顾璘墓志铭,顾是在弘治壬戌(1502)官南京吏部验封司主事,稽勋郎中后,同李梦阳相识的。按"顾子亦具钱塘舟"之诗句,可能此诗是写于顾至北京述职,同李相会,准备南返之时,时当正德初。按朱安淮《李空同先生年表》(《空同集》万历壬寅刻本附录一),李时正由户部贵州司员外郎升为广东司郎中。正如《朝正倡和诗跋》(59)云:"余时承乏郎署",相与倡和者有储静夫、边贡、徐昌谷、何仲默诸人,其在南都有顾华玉、朱升之等人。又据顾璘墓志铭载,正德癸酉(1513)谪全州(今广西全州),故《顾子谪全州赠二首》之二有"君得人文地,相传是此州。山连夜郎密,瘴入桂林收"之句。按:时梦阳正在江西任上。顾亦有《章江留别李宪副献吉、屠少参文魁》(《顾华玉集·浮湘稿》)诗。其句云:"弭棹适洪都,果谐心所求。良友始邂逅,道言互赓酬。"复次,据顾之墓志铭:正德丙子(1516)顾官台州(今浙江临海县)知府,故《寄顾台州》其二句云:"怪字分符坐赤城,东南遥寄海霞生。梅开莫寄西来使,春到烦求碧玉精。"望按:赤城,此当指浙江天台县北六里之山。孔灵符《会稽记》云:"赤城山土色皆赤,岩岫连沓,状似云霞。"时李已去职开封家居。顾之《寄李献吉二首》(《顾华玉集·息园存稿》)其一云:"一醉洪都金屈卮,再吟台海赤霞辞。梁王台上青春月,共折桃花未有期。"回顾了同李在"洪都(今南昌市)"、开封(按:顾之墓志铭,顾在正德己巳(1509)曾官河南开封知府)的聚会。又据顾之墓志铭云:"顾官南曹时,益淬励精进,居六年,而誉有闻。""所雅游若李崆峒献吉,若何大复仲默,若朱升之、徐昌谷,皆海内名流。一时诗名震

---

① 《王文成全书》卷25。

② 黄云眉:《明史考证》(七):"作大理评事,非,徐祯卿举进士在二甲,授大理寺副,固当时制也。"

迭,不啻李、杜复出,而公颉颃其间,不知其孰为高下。"顾所撰《国宝新编》,为李梦阳、何大复、徐昌谷、朱升之等十三人立传。首为李梦阳立传。"赞曰:黄初响绝,诗道中微,唐兴,二杰大发厥机,世岂不远知,继者希桓桓。李君生也实后,上沂《风》、《雅》,志则多有,一鸣惊人,千古为友。"褒扬李梦阳文学复古之功绩。再如顾璘《论诗书》云:"国朝自弘治间,诗学盛其间,名家可数,今亡去有集传也者三人:李献吉、何仲默、徐昌谷,三人各有所长,李气雄,何才逸,徐情深。皆准则古人,锻炼成体,纯驳优劣,可略而言,大抵皆作家也。今虽后贤翘起,孰不同归许哉!然三贤皆余友,尝共讲习而商订之者,知其渊源所自,李主杜(甫),何主李(白),徐主盛唐王(维)、岑(参)诸公,皆因质就长,各勤陶铸,是以立体成家,咸归伟丽,夫岂苟然而已哉!"由上述评价,可见顾同李梦阳等人之关系。

王廷相

《寄王赣榆》(25)、《送王子如淞(松)江》(26)诗之中"王赣榆"、"王子"均指王廷相。望按:王廷相,字子衡,别号平崖,又号浚州,河南仪封(今兰考县)人。《明史》卷 194、《列朝诗集》有传。据《少保王肃敏公传》、《浚川王公行状》①等记载:正德八年(1513)王由巡按陕西改调北畿学政。然当年十二月,被太监廖堂诬陷,诏逮下狱。虽经吏部尚书杨一清等抗疏论救。可是,仍于次年(1514)"谪赣榆县丞"。故《寄王赣榆》云:"自汝谪东县,朝朝看海头。书才一纸别,别已十年周。"望按:据《明通鉴》:正德九年(1514)五月,梦阳被罢职闲住,返回开封。此首诗当写于此时。又据其《行状》:正德十二年(1517)春,王升任松江府同知。因此,《送王子如淞(松)江》诗句云:"宝剑寒无色,苍茫海上行。异书探战伐,高论动公卿。何日为毛遂,前身是贾生。谁怜同学子,章句独虚名。"据《王氏家藏集》,王廷相亦有《酬李献吉用来韵》、《四友叹》等诗文,以示同李的关系。如《四友叹》之一句云:"献吉迹转晦,幽求日深造。礼乐百年余,词苑见古调。"再如:王廷相在任兵部右侍郎兼右金都御史时,曾于嘉靖七年至

---

① 高拱:《前荣禄大夫太子太保兵部尚书兼都察院左都御史掌院事浚川王公行状》,《高文襄公文集》卷 4。

八年之间,上《举用吕柟、崔铣、李梦阳疏》①,称赞李梦阳"气节高迈,文章古雅",此三人"皆当世之贤杰也"。李梦阳殁后,王还应李之外甥、凤阳太守曹嘉的请求,为《空同集》作序。其中云:"……若空同李子献吉,以供宏统辩之才,成沉博传丽之文,厥思超玄,厥调寡和,游精于秦汉,割正于六朝,执符于雅谟,参变于诸子,以柔澹为上乘,以沉著为三昧,以雄浑为神枢,以蕴藉为堂奥,会诠往古之典,成一家之言。巨者日融,小者星列,长者江流,阔者海受,洋洋岩岩,冥冥燿燿,无所不及。后有知言之选,叹赏不暇,尚安能为之昂抑哉!"这里,充分肯定并评价了李梦阳的文学成就。所以,张卤《少保王肃敏公传》云:"公与大梁李梦阳、信阳何景明、武功康海、东吴徐缙、鄠杜王九思以古文倡,而成化以前纤弱靡之习一为丕变。"褒扬王廷相与李梦阳等人倡导古文运动之功绩。

朱应登

《酬提学朱君以巡历诸什见寄》(12)、《章氏芳园饯朱应登》(30)、《凌溪先生墓志铭》(47)等诗文之"朱君"、"凌溪先生"均指朱应登。望按:朱应登,字升之,宝应(今江苏宝应县)人。号凌溪子。《明史》卷二八六、《列朝诗集》有传。朱于弘治十三年(1499)进士,先后官南京户部主事,陕西、云南提学副使,云南左参政等职。《凌溪先生墓志铭》是朱殁后李梦阳应其弟应辰之请求而撰写的,其中云:朱生于成化十三年(1487),卒于嘉靖五年。年二十②,举进士,当时,顾璘、刘麟、徐祯卿,号称"江东三才子"。朱"乃并奋竞骋吴、楚之间,歘为俊国,一时笃古之士,争慕响臻,争与之交。"所以,《朝正倡和诗跋》(59)云:诗倡和莫盛于弘治,时"古学渐兴,士彬彬乎盛矣",而"承乏郎署"的李梦阳所与倡和的有储静夫(罐)、边廷实(贡)、徐昌谷(祯卿)、何仲默(景明)等,"其在南都则顾华玉、朱升之其尤也"。《章园饯会诗引》(56)又云:"曩予会升之河西关"(据《封宜人亡妻左氏墓志铭》(45):"壬戌(1502),李子榷舟河西务。"③)有"倾盖之雅"之

---

① 《浚川奏议集》卷3。

② 望按:据《明清进士题名碑录》、《列朝诗集》,均云朱为弘治己未科(1499)进士,当23岁。《凌溪先生墓志铭》当误。

③ 在天津市武清县西北北运河西岸。元代曾在此设漕运司;明代户部曾在此设钞(税)关。见《明史·食货志》。

感。又云:朱应登、顾璘、刘麟之诗,受六朝诗风影响。《列朝诗集·朱曰藩(按:系朱应登子)传》亦云:"当李、何崛起之日,南方文士与相应和者,昌谷、华玉、升之三人,而升之尤为献吉所推许。"据朱应登《凌溪集》(明刻清印本)诗中自注,正德辛末(1511),朱以按察使副使提学陕西,故《酬……朱君以巡历诸什见寄》有"自蒙新什惠,披玩忘晨哺。……浏浏回中吟,宛游秦陇隅。清渭韵攸攸,南山笔巍如。谁云篇目寡,已包千里余。读既摇我心,倘附西飞凫"之句。可见是对朱寄示咏陇诸作后的酬答。再据朱之墓志铭云:朱应登是在(赴北京)"报政将归"之时,同李梦阳等人会面的。这正如《章园饯会诗引》(56)云:"章园之会,宾一人,升之;主三人,(刘)元端,(边)廷实,其一予也。园主一人,千户伦是也。……时升之报政将归,赠留之言皆不可少,予诵杜甫'千章草林消'之句,为五阄,令侍子拈送焉!予即得'千'字,右旋而成句。"故《章氏芳园饯朱应登》有"细雨林塘花可怜,况有美酒斗十千。……朝廷岂料更新主,尘世难逢感昔年"之句。

刘　麟

　　《赠刘主事麟二首》(17)、《相逢行赠刘按察麟》(21)、《赠刘君按察云南》(35)等诗中之"刘主事麟"、"刘按察麟"、"刘君"均指刘麟。望按:当时称刘麟者进士有二人。但据《明清进士题名碑录》:一是江西新淦(今清江县)人,成化廿三年进士,另一是南京(今南京市)人,本系江西安仁(今余江县),即上述诗所指。此人字元端,号南坦,《明史》卷一九四、《列朝诗集》有传。据《国朝列卿纪》之《刘麟行实》,刘麟自弘治九年(1496)中进士后,曾被授刑部观政。曾和同年进士陆昆等人抗疏,以救劾外戚张氏之给事中庞泮等人而闻名。"丁母忧,制除,除刑部河南司主事"。弘治十八年(1505),升本司员外郎。正德二年(1507),升刑部山东司郎中。三年(1508),出为绍兴知府近五年。然宦官刘瑾"衔公在部时,以事触忤。及出守,又不修谒,摭郎中时琐事,罢为民"。因寓湖州(今浙江吴兴县)。所以,李之《赠刘主事麟二首》,可能写于此时。如其一句云:"驾舟越洪川,飘风扬其波。白日不可驻,浮云一何多。……怅我平生友,伤此欲如何。"此后,刘瑾被诛,麟起补西安知府,又因父亡,服阕,至正德九年升陕西左参政,十年迁云南按察使。时李梦阳已赋闲开封。刘麟由陕西经河南去云南。所以,在开封同李梦阳会面话别。正如《相逢行赠刘按察麟》云:"一别六年不相见,风尘欻觏刘郎面。西关官亭车马都,使君骢马朱雀符。有虔秉钺映交衢,把臂道故情郁纡。仰视高天白日徂,忆昔同殿含香趋。万事反覆难具铺,秋风飒飒响枯树。蛟龙立斗黄河怒,舟子无忧浃旬阻。大夫且试登高赋,城南柳径梁王苑。庙门书院松林晚,此时与子临高台。……"诗句回忆了昔日同刘麟的交往。《赠刘君按察云南》亦当写于此时。当然,《章园饯会诗引》(56)也谈到了李梦阳同刘麟的关系,其中云:"今百年化成人士咸于六朝之友,是习是尚,其在南都尤为盛,予所知者,顾华玉、升之、元瑞皆是也。南朝本六朝地,习而尚之,固宜。……"刘麟之《清惠集》亦有与李梦阳的书简和诗,如《上兴别墅答李学宪四首》之二云:"坐深杨柳水边枝,似懒都忘是昔时。寄得诗来如对话,不知雷电满龙池。"

崔 铣

《寄崔内史病还邺》(26)、《春日寄题崔学士后渠书屋七首》(同上)、《为崔后渠咏录竹亭》(33)诗中之"崔内史"、"崔学士"、"崔后渠"均指崔铣。按:崔铣,号子锺,又字仲凫,号后渠、少石、洹野,河南安阳人。《明史》卷二八二有传。崔与李梦阳过从甚密。《明文海》卷四三二之徐缙《明江西按察司副使空同李公墓表》云:李病危时,"遗言曰:'知我者邺郡司成崔子,吴郡少宰徐(望按:指徐缙)也。我即死,崔当为铭,徐为表,我无憾矣!'"因此,李殁后,崔即撰《江西按察司副使空同李君墓志铭》,而《明故中奉大夫四川右参政崔公墓志铭》(47),即是李为铣父崔陞所撰之墓铭。按此墓铭记载,铣祖父刚时,迁居安阳。崔铣为崔陞之长子。据《明文海》卷四三八沈一贯《南京礼部右侍郎赠礼部尚书谥文敏后渠崔公神道碑铭》云:铣为弘治乙丑(1505)进士,翰林院庶吉士编修,曾校《孝宗实录》,后被刘瑾矫旨调南京吏部验封主事。瑾除,复官北京。李东阳掌内阁时,铣曾上书提出悟主、救民、荐贤、理财、强兵等主张。满九载,升侍读告归。又《崔铣行实》云:崔铣"掌廷试卷",正德丙子(1516),为"经筵讲说官……各历三考,晋侍读。丁丑(1517)春,罢经筵,引疾求归。少傅梁储素重铣,固留之。乃三为会试同考,事峻,得归。……己卯(1519),作后渠书屋,董耕授徒,删定二程遗书,作郡书。"再《明史·崔铣传》云:"瑾败,召复故官,充经筵讲官,进侍读,引疾归,作后渠书屋,读书讲学其中。"如上,其墓志铭、行实和本传三者所载事实相吻合,故《寄崔内史病还邺》当写于崔首次因病罢仕归安阳之后。又据崔之《神道碑铭》曰崔铣被起复,当在"嘉靖改元"之际,嘉靖三年(1524),因上疏议大礼忤旨,且劾权贵张璁、桂萼,被令致仕。再次起复,时当嘉靖十八年(1539)。此时,李梦阳故世已十年。因此,亦可断李前面所写诸诗,当于崔首次因病归邺之后。如《春日寄题崔学士……七首》、《为崔后渠咏录竹亭》等诗,当写于正德"己卯(1519)"之后,当然,由崔之文集《洹词》中也可窥见与李之关系。如《祭李献吉文》,其中云:"铣壮而谈君,强而定交,奈何一水为隔,竟十年而弗觌。南望陨涕,缀词写哀,惟君鉴之。"

殷云霄

《故人殷进士特使自寿张来,兼致怀作,仆离群远遁,颇有游涉之志,酬美订约,遂有此寄》(16)、《寄殷给事中歌》(20)、《送殷进士病危归》(30)等诗中之"殷进士"、"殷给事中"均指殷云霄。望按:殷云霄,字近夫,号石川,寿张(今山东寿张县)人。《明史》卷二八六、《列朝诗集》有传。据崔铣《洹词》卷三之《殷近夫墓志铭》云:殷卒于正德丙子(1516),殁时三十七岁,以此推算,当生于成化庚子(1480)年。殷在弘治乙丑(1505)中进士后,因疾归里,于本县石川,作畜艾堂,读书其中。所以,《送殷进士病危免归》有"鲁川西流石齿齿,川上茅堂千树林。春行不费风雩咏,日暮聊为梁父吟"之句。据《封宜人亡妻左氏墓志铭》(45),李梦阳时由户部主事升为员外郎。后来,李由江西去官归开封。因有《故人殷进士特使自寿张来,兼致怀作……酬美订约,遂有此寄》诗。正德辛未(1511),殷病愈至京师,先后官靖江、青田知县,升南京工科给事中之后,曾书告李。所以《寄殷给事中歌》有"金陵虽隔黄金台,汝翙紫盖临三台。……忆昔匹马长安走,殷何徐陆皆吾友。楚姬娉婷华色并,殷生凌眉独方口。何郎短小亦不丑,仳离今各经年久"。据《朝正倡和诗跋》(59)等诗文:"殷何徐陆"当指殷云霄(殷之墓志铭云:"近夫既长,修眉碧目,口可容拳,体羸而骨健。")、何景明(《列朝诗集·何景明传》云:"形貌短小,且秃并也。")、徐祯卿、陆深等人。且"殷何徐陆"之文集中,均有与李梦阳酬倡之诗文,又按:李之《刻海愚录序》(51)云:"《海愚录》者,殷子(云霄)录其友所赠之辞也。海愚者何,殷子不忘人之海而以愚自居也。李子曰：'往在京师，见殷子予善焉，其病归也，予赠之七言八句一章。在大梁（开封），殷书来约泰山之游，予赠之五言长诗一章。后殷子拜南（按：南京）科给事中，以书别我，予赠之七言长诗一章。……'"由此来看，李与殷云霄酬答诗的写作时间，亦甚清楚。

左国玑

《丙子生日答内弟玑》（26，下同）、《己卯元日内弟玑见过二首》、《早春酬内弟玑》（30，下同）、《寄答内弟玑九日繁台见忆》等诗中之"内弟玑"即指左国玑。《列朝诗集》有传，甚简。望按：左国玑，字舜齐，号中川，祥符（今属河南开封市）人。李梦阳岳父左梦麟之次子。据《明故朝列大夫宗人府仪宾左公迁葬志铭》（45）云："公有四子，长曰国璇，年十三岁；次曰国玑，年十一岁。……"李梦阳门生、左国玑之同窗李濂所撰《左舜齐传》（明嘉靖刻本《左舜齐诗》卷首）云："幼师其姊夫李公梦阳，李公奇其才，挈之京师，俾受《毛诗》，……作诗赋古文，出语辄惊人，顾不甚攻举业，年几四十，始举于乡，数试礼部不第，嘉靖庚子（1540）夏六月，饮南郭水亭，醉归而病，病数日而卒，时年六十一。……"又云："嵩渚子（李濂别号）曰：'余总角时，与左生同读书吹台①，又同肄习白塔墟中，盖知己也。左公长余十余岁，余兄事之。"又李褒《左舜齐诗序》（《左舜齐诗》卷首）云："自正德以来，以李献吉之诗、左舜齐国玑之书、平山张路之画，为大梁三绝。……舜齐从献吉游，献吉集中与之诗甚多。"明万历壬寅（1602）刻本《空同集》所附卷六八亦有左国玑《结肠篇题语》，其中云："《结肠篇》三阙，李兄为予姊作者也。……正德丙子（1516）夏五月。"按《封宜人亡妻左氏墓志铭》（45）：李梦阳妻左氏卒于"正德丙子五月丁未"。李乃"赋结肠之篇"，即作《结肠篇三首》（22）。

（《甘肃社会科学》1993 年第 6 期）

---

① 吹台本晋师旷吹台，后有繁姓居侧，因名繁台。见《渊鉴类函·东京记》；汉梁孝王增筑后，称梁台，俗称二姑台。明弘治时，改祀禹其上，遂称禹庙、禹王台，见清周城：《宋东京考》卷 10、16。其遗址在今开封市内。

李梦阳《空同集》人名笺证(之二)

王公望

徐祯卿

《赠徐祯卿》(11)、《赠徐子》(15)、《二月四日部署宴饯徐、顾二子》(20,下同)、《徐子将适湖湘,余实恋恋难别,走笔长句,述一代文人之盛兼寓祝望焉耳》、《风夕柬徐子》(25,下同)、《酬寄徐子秋日登镜光阁见忆》、《酬徐子春日登楼见寄》、《南阳宅访徐祯卿》、《徐子过别因而留宿》(26)、《仆思李白落雁之游,徐亦有知章鉴湖之请,念人悲离,申此短赠徐子者祯卿也》(35)、《与徐氏论文书》(62)、《徐迪功集序》(52)等诗文中之"徐子"、"徐氏"、"徐迪功"均指徐祯卿①。望按:徐祯卿为弘治十八年(1505)进士,有《迪功集》十六卷,《明史》有传。徐在中进士前曾数次入京应试,但同李梦阳的相识却是在中进士之后。王守仁《徐昌谷墓志铭》(《王文成全书》卷二五、文渊阁《四库全书》本)云:"始昌谷与李梦阳、何景明数子友,相与砥砺于辞章……";又《与徐氏论文书》云:"闻足下来举进士,愈益喜,计得一朝侍也。前过陆子渊(按:名深,上海人,弘治十八年进士),子渊出足下文示仆……方伏谒足下,会足下不以仆鄙薄,幸使使临教曰:'窃欲自附于下,执事如即(皮)日休、(陆)龟蒙辈,走之愿也。'""足下文"可能指《徐迪功别稿》②。由此说明,此时李与徐已经相识,二人之论辩于此开始。再《徐迪功别稿序》亦云:"《徐氏别稿》五卷,吴郡徐昌谷所著,皆未第时语也。予见昌谷《谈艺录》及古赋歌颂,谓其有自得之妙;及览斯稿,顾殊不类……

---

① 见《李梦阳〈空同集〉人名笺证》(之一)顾璘条,《甘肃社会科学》1993 年第 6 期。
② 见《徐昌谷全集》,上海图书馆藏万历四十七年周文萃序刻本。

间问诸昌谷，曰：'嘻，子其知予哉！请书之，以警予志。'予曰：'诺。'遂书之。……弘治乙丑秋九月一日，北郡李梦阳题。"由此亦说明李与徐是在弘治十八年相识的。据《明实录》、朱国祯《皇明大政记》和《国榷》：正德二年正月，李梦阳被降职为山西布政司经历。可见，《空同集》中李与徐之酬唱诗及《与徐氏论文书》，当写于正德元年年末以前。故《二月部署饯徐、顾二子》《徐子将适湖湘，余突恋恋难别，走笔长句……》当作于正德元年。正如《重与献吉书》①云："仆以摄提格之岁仲春南徂，出齐鲁之郊，经淮沛之墟。……""摄提格"，按《尔雅·释天》："太岁在寅曰摄提格。"即寅年之别称，是为正德元年，由此知徐祯卿是在此年仲春（农历二月）离开京城去湖湘的。《诒古镜书》(62)云："姑苏徐昌谷纂外史湘郡，濒行，关西李子持古镜为赆，复为书以诒之。……"可见徐离京前曾同李梦阳话别的。另外，《徐迪功集序》云："《徐迪功集》六卷并《谈艺录》，子容寄我豫章，予即豫章刊焉，印传同好，意表迪功文云。初迪功亡京师也，予在梁，子容讣予曰：'昌谷遗言，子序其遗文……'"按：徐祯卿之《墓志铭》："正德辛未（六年）三月丙寅，太学博士徐昌谷卒。……"按：《皇明大政记》：正德六年三月"起李梦阳江西提学副使"；又《汛彭蠡赋》(2)自序曰："正德六年夏五月，李子赴官江西南道彭蠡之湖。……"由上说明，李梦阳是在正德六年五月以后至江西豫章（今南昌市）的。故《徐迪功集》六卷并《谈艺录》的刻梓时间，当在正德六年至七年（王重民：《中国善本书提要》，上海古籍出版社1983年版），《徐迪功集序》所撰时间似应当于此时。

边　贡

《发京别钱、边二子》(20)、《卧病酬边君天坛步月见怀之作》(23)、《繁台书院同边子三首》(25)、《边君生日来访，时近中秋，不虞雷电二首》(26)、《郊斋逢人日，有怀边、何二子》(30，下同)、《柬边子变前韵》、《仲春繁台饮钱醉归，口占呈陈、边二使君》、《乙亥元日柬台省何、边二使君，边卧病久》(32，下同)、《乙亥元夕忆旧，柬边子卧病不会》、《牡丹赏旧，柬边、王二子》(33)等诗中之"边子"、"边君"、"边使君"当指边贡。"钱子"、"陈使君"，何人不详。"何子"、"何使

---

① 《迪功集》卷6，《四库全书》本。

君"指何孟春。望按：边贡，字廷实，历城（今山东济南市）人。弘治九年（1496）进士。按《国朝列卿纪·边贡行实》：嘉靖壬辰（十一年）卒，"卒年五十七"，以此推算当生于成化十二年（1476）。边贡曾官太常寺博士、兵部给事中、河南卫辉知府，陕西、河南提学副使、南京太常寺卿、南京刑部右侍郎、南京户部尚书。有《华泉集》十四卷，《明史》有传。李之《朝正倡和诗跋》(59)曾提及同边贡诸人的关系。除《发京别钱、边二子》、《卧病酬边君，……》作于李在京师时，其余诗作从内容和诗题来看，当写于李自江西解职，赋闲开封之后。据《明故奉训大夫代州知州边公合葬志铭》(44)："奉训大夫代州知州边公（注：边节）既卒之四年，是为正德甲戌（九年），而其子贡复按察副使提学于河南。"又《边贡行实》亦云：边在正德九年（1514）被授为河南提学副使。所以，《边君生日来访……》及以下诸诗当写于这个时期。再如《乙亥元日柬台省何、边二使君……》、《乙亥元夕忆旧……》当作于正德十年（1515），时何孟春已官太仆寺少卿（此前何为河南左参政）。又何孟春曾有《乙亥元日次春献吉见怀之作兼柬边廷实》（《何文简公文集》卷五）诗。

何孟春

《访何职方孟春新居二首》(30)、《赠何君迁太仆少卿》(30)、《何公四图诗序并诗》(52)、《赠何君迁太仆少卿序》(54)、《送何职方序》(55)等诗文中之"何职方"、"何君"、"何公"均指何孟春。望按：何孟春，字子元，郴州（今湖南郴州市）人。与李梦阳为同科（弘治六年癸丑，1493）进士，世称燕泉先生。有《何文简公文集》（郭崇嗣编次，明万历时邵城校刊）十八卷行世。《明史》、《列朝诗集》有传。其《文集》卷首所载赵贤《何文简公文集序》云："公在正德间，尝与何（景明）、李（梦阳）诸君子赓唱……"据顾璘《前吏部侍郎燕泉先生何公墓碑》（文渊阁《四库全书》本《顾华玉集》）云："公以丙申（1536）年五月三日卒，春秋六十有三。"以此上溯推算，何当生于成化甲午（1474）年。按：何中进士后，曾官兵部职司主事，时李梦阳为户部主事。李之《朝正倡和诗跋》(59)曾叙及"承乏郎署"时，同何孟春等人倡兴"古学"（古文）的情况，何曾由兵部员外郎、郎中出理陕西马政，后官河南左参政、太仆寺卿、右副都御史巡抚云南、南京兵部右侍郎。李之《乙亥元日柬台省何、边二使君，边卧病久》诗云："烟和日翠且重楼，汹泅绮罗悲此州。碧草可容漳浦卧，官梅真忆广陵游。来鸿去燕催今昔，柏叶薇花阻应酬。兴发春山能约住，冰开仙楫拟乘流。"乙亥是为正德十年（1515），按：《明史·何孟春传》、顾璘《……何公墓碑》等记载：何时为太仆寺少卿（此前为河南左参政）。又据《国朝列卿纪·边贡行实》：边贡时为河南按察司提学副使。所以，何接李之酬唱诗后，即有《乙亥元日次春献吉见怀之作兼柬边廷实》（《何文简公文集》卷五）诗云："病余无力赋登楼，信美谁教滞此州。旧日李边再合时，陶谢入同游春花。已约先春赏笔札，难忘隔岁酬咫尺。繁台未能去，欲于何处更风流。"（自注：繁台在汴城外，李屡约游不果，而来诗有"兴发春山能约住，水闻仙楫拟乘流"之句，故以答之）《访何职方孟春新居二首》，当作于何任兵部职方司郎中之时。何曾有《李献吉过余新居席上限韵作》（《文集》卷二）诗，其诗句云："旅食又京华，不知春已暮。……借宅长安街，图书且安寓。""即曹十年中，人物半新故"。由此推算，《访何职方……》诗，似当作于弘治十五年后。其次，《明史·何孟春传》云：弘治末年，何由兵部职方司郎中，出理陕西马政。又《送何职方序》："新天子即位，锐意戎政，乃敕司马卿属数焉于边镇，而榆、宁、肃三镇则以郴阳（即郴州）何君。……"可知此序当作于正德初。再据《国朝列卿纪》卷一五〇、卷一五三：何自正德九年（1514）后，由河南左参政升太仆寺少卿。十三年，升太仆寺卿。本年，升巡抚云南右副都御史。故《赠何君迁太仆少卿》及《序》的所作时间亦很清楚。《何公四图诗序并诗》，当作于何孟春升任云南巡抚之时。

储 巏

《答太仆储公见赠》（30，下同）、《酬储太仆见赠》诗中之"储公"当指储巏。望按：储巏，字静夫，号柴墟，泰州（今江苏泰州市）人。据《通议大夫南京吏部左侍郎储公行状》（《顾华玉集》）：储巏生于天顺元年（1457），卒于正德八年（1513）。储系成化二十年（1484）进士，曾官户部侍郎、南京吏部郎中。弘治十年（1497），升太仆寺少卿；弘治十四年（1501），起复仍补旧职。弘治十八年（1505），升为太仆寺卿。著有《柴墟文集》十五卷等。《明史》有传。以上酬答储巏之诗，当作于储任太仆寺官职之时。《朝正倡和诗跋》（59）也提及同储诸人倡导文学复古的情况。《四库全书总目》云："巏尝与李梦阳、何景明、徐祯卿相倡和，其诗规仿陶、韦，文亦恬雅。至于才力富健，则不及梦阳也。"

李 濂

《空同集》之《台馆访李秀才濂》(25)、《寄李濂兼呈何子》(同上)、《生日答李濂秀才》(30)、《郊园夏集别李沔阳》(31,下同)、《李沔阳饮后,田郑二子复集于斯庄,望见陂水骤落,众颇讶之》、《田居嘲答李沔阳》、《赠李沔阳二首》(35)等诗中之"李秀才濂"、"李沔阳"均指李濂。望按:李濂,字川父,号嵩渚山人,祥符(今属河南开封市)人。《明史》有传,甚简略。据陈柏《嵩渚李先生墓碑》(《明文海》卷四三四)云:李濂生于弘治戊申(1488),卒于嘉靖丙寅(1566),享年七十九岁。少年时"尝与郡中豪俊,载酒上吹台①,出夷门②驰,昔人走马地,感愤为《怀古篇》,击筑而和,闻者壮之。尝作《理情赋》,李献吉自左舜齐(即左国玑,李梦阳妻弟)见之,辄叹曰:'其班、马之俦乎!'缔为忘年交。"又其《墓碑》云:李濂在正德癸酉(1513)为河南乡试第一名,次年,举进士。此后,与何景明、薛君采组织都亭社,相互酬唱。正德乙亥(1515),李濂官沔阳(今湖北仙桃市)知州。在沔阳居官的六年时间,除政事外,"暇则开阁与诸生谈艺,遂令文体翕然丕变"(《墓碑》),故《郊园夏集别李沔阳》等以下之诗,当写于李濂为官沔阳时期(包括李回开封时间)。时李梦阳早已由江西解职,赋闲开封。如《赠李沔阳》其二句云:"楚人抽棘霸江湖,万载孤城剖一符。从此沔阳为渤海,直教云梦作蓬壶。"再如《台馆访李秀才濂》,当写于李梦阳早期在开封授徒之时,其中句云:"李生梁国彦,少小事沉冥。春日古台上,独行枫树青。"而《生日答李濂秀才》句云:"千里共为青眼客,百年余是白头人。"当写于正德癸酉(1513)年,李濂中解元之前,时李梦阳尚在江西任上。《明史·文苑传》云:李濂"以古文名于时,初受知梦阳,后不屑附和",是说在文学观点上李濂后来同李梦阳有所不同。如其《论诗》诗云:"唐人无选宋无诗,后进轻狂肆贬词。真趣盎然流肺腑,底须摹拟失神奇。"故《四库全书总目》云:"(《嵩渚集》)乃濂所自订,皆于七子之外,挺然自为一格。大抵笔锋踔厉,泉涌飙驰,而裁剪尚疏,不免才多之患。"李濂后官宁波同知、山西按察司金事、提学。嘉靖五年(1526),辞官归里,肆力于著述。

---

① 见《李梦阳〈空同集〉人名笺证》(之一)。
② 古大梁城有十二门,东称夷门。详见周城:《宋东京考》卷11、17。

所著除《嵩渚集》外，另有《祥符文献志》、《汴京遗迹志》、《李氏族谱》、《勾异记》、《居室记》、《医史》等，又参与纂修《河南通志》。

郑 作

《赠郑生三首》(10)、《雪東郑生》(20，下同)、《寄郑生歌》、《郑生山游归，予作此歌》、《赠郑生》(21)、《送郑生南归二首》(25)、《送郑生》(26，下同)、《中秋别郑生》、《雪中郑生见访》、《别郑生》、《再送郑生》、《寄郑生》、《和郑生行经凤阳》(27，下同)、《郑生至自泰山》、《立春東郑生问其愁病》、《闻郑生死丰沛舟中》(28)、《喜郑生至自京师，传崔、陆、徐、何诸人消息》(30，下同)、《繁台冬日喜郑生归集》、《秋雨郑、左二子晚宴》、《郑生闻予种树有成，便冒雪携酒来看，郑时有江东之行》(31，下同)、《乙酉除夕答郑生兄弟见赠之作》、《送郑生》(34，下同)、《戏郑生求欧帖看》、《送酒郑生》、《東郑生》(35)、《方山精舍记》(48，下同)、《潜庵记》、《方山子祭文》(64) 等诗文中之"郑生"、"方山子"即指郑作，《明史》无传。望按：《方山子集序》(51) 云："方山子集者，集歙郑生之诗也。郑生，名作，字宜述，号方山子。尝读书方山（注：安徽宣城县西北青弋江东岸，隔江为芜湖县境）中，已弃去为商，挟束书、弄扁舟、孤琴、短剑，往来宋梁间……"、"识者谓郑生虽商而实非商也。……其为诗，才敏兴速，援笔辄成""空同子每抑之曰：不精不取，郑生乃兀坐沉思，炼句证诗；亦往往入格"。《列朝诗集·郑作传》亦云："李空同流寓汴中，招致门下，论诗较射，过从无虚日。其他王公大人，不置眼底。周王（按：周定王朱橚之后代，具体何人不详）闻其名，召见，长揖不拜，王礼而遣之。嘉靖五年，病痰，别空同南归，殁于丰沛舟中。……诗数千篇，空同选得二百余，序而传之。"清刻本《歙县志》："郑作……双桥人，以诗见知李崆峒、何大复，相与倡和甚多。"如其《答空同子观射见赠之作》(《列朝诗集》)诗云："我骑白鼻骢，君载青油车。行行城南道，联翩走风沙。停车下马对相揖，弯弓抽矢向西立。……"

林 俊

《暮春逢林子邂逅殊邦，复有东西之感，念旧写怀，辄尽本韵》(15)、《寄赠林都御史二首》(25)、《见素林公以咏怀六章见寄,触事叙歌,辄成篇什数,亦如之,末首专赠林公》(31,下同)、《寄赠司寇林公还山》、《林公诗序》(51)、《奉林公书》(63)等诗文中之"林子"、"林都御史"、"见素林公"、"林公"当指林俊。望按:林俊,字待用,号见素,莆田(今福建莆田市)人。成化十四年(1478)进士,曾官刑部员外郎、云南副使、湖广按察使、南京右佥都御史提督操江、右副都御史巡抚江西、四川,工部、刑部尚书,著有《见素集》廿八卷,《明史》有传。按杨一清《林俊墓志铭》(《见素集》附录):林俊生于景泰三年(1452),卒于嘉靖六年(1527),享年七十六岁。《明史·李梦阳传》云:"宸濠反诛,御史周宣劾梦阳党逆,被逮。大学士杨廷和、(刑部)尚书林俊力救之,坐前作《书院记》(按:《阳春书院记》),削籍。"据《国榷》卷五二:梦阳此次被劾下狱当在正德十六年五月,时林俊被起用为工部尚书,旋改为刑部尚书(《弇山堂别集》卷五〇)。因此,有林俊鼎力相救之事。又朱安湫《李空同先生年表》①云:"后濠败,辞连公,忌者复欲挤之,独刑部尚书林公俊,毅然曰:'夫李献吉有何罪,不过人妒其文名耳,遂得免焉。'"崔铣《明江西按察司提学副使空同李公墓志铭》②、袁袠《李空同先生传》③及《李开先集·李崆峒传》均提及林俊救助之事。《李崆峒传》云:"林都御史北上,曾以诗六首见贻,崆峒乃如数奉和,(林)至京,改任刑部尚书。"证之《明通鉴》、《国榷》,林俊被起用亦在正德十六年五月,故《见素林公以咏怀六章见寄……数亦如之,末首专赠林公》当作于此后。再如《寄赠司寇林公还山》,据《明通鉴》:嘉靖二年七月"庚寅,刑部尚书林俊致仕"之记载,当作于此年。

杭 淮

《酬秦子以曩与杭子并舟别诗见示,余览词,悲离怆然,婴心匪惟,人事乖迕,信手二十二韵,无论工拙并寄杭子》(15)、《杭刑部淮谈其师鼎》(25)、《答杭双溪渡河见寄》(31,下同)、《双溪方伯夏初见过,就饮石几,留诗次韵》、《东庄再赠杭子兼呈其兄泽西年友》、《同双溪方伯咏石几》(33)、《春日东庄要杭子》

---

① 见明万历壬寅本《空同集》附录。
② 见明万历壬寅本《空同集》附录。
③ 见明万历壬寅本《空同集》附录。

(35,下同)、《柬双溪方伯》等诗中之"杭子"、"杭刑部淮"、"杭双溪"、"双溪方伯"均指杭淮。"秦子"指秦金,无锡(今江苏无锡市)人,与李梦阳为同科(弘治六年)进士,《明史》有传。望按:杭淮,字东卿,别称双溪,宜兴(今江苏宜兴县)人。其兄济,字世卿,别号泽西,与李梦阳为同科(弘治六年)进士。曾官福建提学副使、参政、布政使,有《泽西集》。据《国榷》卷五六记载:杭淮卒于嘉靖十七(1538)年,享年七十七岁,以此上溯推算,当生于天顺八年(1462)。依《国朝列卿纪》卷九九《杭淮行实》:杭淮为弘治十二年(1499)进士,曾官刑部主事、湖广按察使、河南左布政使、南京太仆卿、总督南京粮储右副都御史。著有《双溪集》八卷。李之《朝正倡和诗跋》(69)曾叙及在户部时,曾同"宜兴杭氏兄弟"唱和,正如《四库全书总目》卷二○五云:"(淮)与兄济并负诗名,与李梦阳、徐祯卿、王守仁、陆深诸人递相唱和。其诗格清体健。在弘治、正德之际,不高谈古调,亦不沿袭陈言,颇谐中道。"杭淮曾有《秋日渡河喜会李崆峒》(《双溪集》卷八)诗。而李梦阳《答杭双溪渡河见寄》诗句有"藩公赴镇东来日,野老扶筇北上时"、"豫州河岳元中土,汉法封疆是重司。廿载别君今幸此,柴门能倒故人卮"。以此推算,当作嘉靖元年即杭淮由湖广按察使升任河南布政使之时。按《国朝列卿纪·杭淮行实》:杭淮在嘉靖四年由河南左布政使升为南京太仆寺卿。又朱安㳽《李空同先生年表》(《空同集》明万历壬寅本):"(嘉靖)二年癸未,公年五十二岁。……是岁置边村别墅。"故《双溪方伯夏初见过……》》、《东庄再赠杭子兼呈其兄……》》、《同双溪方伯咏石几》、《春日东庄要杭子》、《柬双溪方伯》等诗章当写于嘉靖元年至嘉靖四年,杭淮任河南布政使期间。淮升任南京太仆寺卿后,曾作《中州迁南太仆正携酒李献吉庄酌别》,(《杭双溪诗集》,文渊阁《四库全书》本)诗。

袁 褧

《相逢行赠袁永之》(16)、《观袁永之乐府,戏裁子夜歌寄之》(34)诗中之"袁永之"即指袁褧。望按:袁褧,字永之,别号胥台山人,吴县(今江苏吴江市)人。据文徵明《广西提学佥事袁君墓志铭》(《明文海》卷四三五)云:袁生于弘治十五年(1502),卒于嘉靖廿六年(1547)。嘉靖五年(1526)中进士后,即被选为翰林院庶吉士,授刑部、兵部主事,因兵部火灾,下诏狱,谪戍潮州。后官南京武选主事、职方员外郎、广西提学佥事。著有《胥台先生集》(《袁永之集》)廿一卷、《皇明献实》二十卷、《吴中先贤传》等。据《……袁君墓志铭》云：袁任主事时，"有诏以京朝官考各省乡试，君被命主试河南。……"因之，以仰慕梦阳而相识。正如袁袠《李空同先生传》①云："余戊子（按：是为嘉靖七年）岁，使大梁（今开封市），以书投先生，辱赋答《相逢行》，一见甚欢，谈宴累日夜，是后人从大梁来，先生必有书遗。辛卯（按：是为嘉靖十年，李已亡故），以所著集见托，属纩之日，遗言必袁生表吾墓，而先生之子伯材（按：长子李枝）驰书京师曰：'亡父落落大节，世或未尽知，子必传之。'"因此，袁以门生之礼为李梦阳作传。

徐　缙

《赠徐、陆二子》(自注：徐名缙，字子容，姑苏人；陆即深也)(11)、《秋夜徐编修宅宴别醉歌》(20)、《寄徐编修缙》(30)、《晚过序公戏赠并喜徐编修缙迹访二首》(35)诗中之徐缙，《明史》无传。望按：据文渊阁《四库全书》本《皇甫司勋集》卷四七之《徐文敏公祠碑》，徐缙号崦西，弘治十八年(1505)进士，正德二年由翰林院庶吉士授编修(《国榷》)。又据《弇山堂别集》卷四六载：徐缙在嘉靖五年(1526)任侍学，后升詹事府少詹事、吏部左侍郎。按《祠碑》云：徐在翰苑时"与北郡李子梦阳、大梁何子景明、长洲徐子祯卿、邺郡崔子铣定交，笔札扬榷文艺……"相互赓唱。按李梦阳之仕宦经历，《赠徐、陆二子》当写于弘治十八年即徐缙中进士后。而《秋夜徐编修宅宴别……》、《晚过序公戏赠并喜徐编修缙迹访……》似应写于正德三年被刘瑾矫诏第三次下狱获释之后。因据《封宜人亡妻左氏墓志铭》(45)，李梦阳在正德二年正月被逐出京（降官、致仕），同妻左氏回到开封。而"正德戊辰年（三年）五月，（被刘瑾）……矫旨诏狱"(《空同集·离愤》五首自序)，即由开封北上至京城入狱的，故应作于此次下狱获释之后，而由《寄徐编修缙》之"密勿原先谐大轴，渔樵久已属闲身"之诗句，大约写于此次返回开封之后。同时，《空同集》万历壬寅本(34)和嘉靖九年本(36)均在《薜荔园》、《思乐堂》、《石假山》、《水鉴楼》、《风竹轩》、《蕉石亭》、《观耕台》、《蔷薇

---

① 见明万历壬寅本《空同集》附录。

洞》、《荷花》、《柏屏》、《留月峰》、《通泠桥》、《花源》、《钓矶》等咏景诗前面标有
《寄咏徐学士园诗十四首》诗题,其"徐学士"当指徐缙。另外,徐缙所撰《明江西
按察副使空同李公墓表》(《明文海》卷四三二)亦云:"空同李公卒于大梁,讣至
京师,其友人缙为位以哭,复絮酒束刍,使使往奠之。既,客从大梁来,附其子枝
所述年谱,且道公遗言曰:'知我者邺郡司成崔子(按:崔铣)、吴郡少宰(按:吏部
侍郎的俗称)徐子也。我即死,崔当为铭,徐为表,我无憾矣!'嗟呼,公实命我,
我忍以不文辞耶,则为之表其墓。"由此足见李同徐缙之关系。

(《甘肃社会科学》1994 年第 5 期)

李梦阳《空同集》人名笺证(之三)

王公望

李东阳

《少傅西涯相公六十寿诗三十八韵》(28)诗中之"少傅西涯相公"即指李东阳。望按:李东阳(1447—1516),字宾之,号西涯,祖籍茶陵(今湖南茶陵县)人。天顺八年(1463)进士。成化时,授编修,以礼部左侍郎兼文渊阁大学士入内阁。至正德时,累官至吏部尚书兼华盖殿大学士。著有《怀麓堂集》一百卷。《明史》有传。据法式善《李文正公年谱》云:正德元年(1506)六月九日,当为李东阳六十寿辰。《明史·宰辅年表》:弘治十八年(1505)五月,武宗继位。七月,李东阳加少傅兼太子太傅。故梦阳《六十寿诗》所撰时间已明。其次,李东阳曾是李梦阳弘治六年(1493)参加会试时的主考官(《弇山堂别集》卷八二)。故《徐子将适湖湘余实恋恋难别,走笔长句,述一代文人之盛》(20)诗中有"我师崛起杨与李"之句。按《诗薮》云:杨指杨一清,李则指李东阳。李东阳是当时文坛茶陵派的代表人物,对复古派的崛起有一定之影响。

刘 健

《酬赠阁老刘公》三首(26),诗中之"阁老刘公"即指刘健。望按:刘健(1433—1526),字希贤,号悔庵,洛阳(今河南洛阳市)人。天顺四年(1460)进士。弘治四年(1491)以礼部尚书入内阁。累官至吏部尚书兼太子太师、华盖殿大学士。《明史》有传。《酬赠阁老》诗其二有"大号更嘉靖,明公会古稀"句,盖赠诗当写于嘉靖元年(1522),时刘健致仕赋闲已十六年。

杨一清

《在狱闻余师杨公诬逮获释,踊跃成咏十韵》(28)、《奉寄邃庵相公之作》(31)、《石淙精舍记》(49)、《邃庵辞》(61)、《奉邃庵先生书十篇》(63)诗文中之"杨公"、"邃庵相公"、"石淙"、"邃庵先生"皆指杨一清。望按:杨一清(1454—1530),字应宁,号邃庵、石淙。祖籍云南安宁,寄籍丹徒(今江苏丹徒县),寓居京口(今镇江市)。成化八年(1472)进士。历官陕西提学副使、陕西巡抚兼三边(陕、甘、宁)总制,户部、吏部、兵部尚书,曾以大学士两度入内阁。后以左柱国、华盖殿大学士致仕。著有《关中奏议》、《石淙类稿》、《石淙诗钞》等。《明史》有传。据《明通鉴》卷四一云:李梦阳在正德元年因代户部尚书韩文草拟劾宦官刘瑾等人的疏稿,于次年,被降为山西布政司经历,勒令致仕。正德三年,刘瑾又藉此事,矫旨将梦阳械系至京,下狱。《国榷》卷四六云:杨一清在正德二年致仕(第一次)。同上书卷四七又:正德三年四月,杨被诬以"筑边太费"遭逮捕,然而,由于王鏊、李东阳竭力申救,得释,放归。故《在狱闻余师杨公诬逮获释……》诗当写于正德三年梦阳系狱之时。《邃庵辞》自序有"后夫子提学关辅,愚始得随乡邦士……窃科等辄复违去,不得从容左右,如庵中诸子卒业,以立于世,而有私幸,究绪论遵显,则若有自得焉者"、"以自弃乃作《邃庵辞》,以志愚衷"。据此,"庵中诸子"当指张潜等人。《陕西通志》云:张字用昭,华州人。按:有说迁自岷州,弘治九年进士,官至山东左参政。《渼陂集》之《明故大中大夫山东布政司左参政张公墓铭》云:东谷(天水东柯谷)人;胡缵宗《鸟鼠山人小集》之《祭张大参潜文》亦云岷州东谷人。按:弘治五年秋,陕西乡试,梦阳名为榜首(解元),张凤翔(《空同集》有张光世传)、张潜列后而中,而潜在弘治九年中进士后,其年授户部山东司主事。此时,梦阳父母连丧,尚在守阕,至弘治十一年,始授官主事。故《邃庵辞》当撰于梦阳授官之前;《奉寄邃庵相公……》诗有"征书北阙朝朝下,不见东山起谢安。黄阁两朝(弘治、正德)心自赤,苍生四海泪曾干"句。按《明通鉴》卷四三:杨一清在正德五年又被起复,至十一年第二次致仕。嘉靖时,下书征召,于三年(1524)又起复为兵部尚书总制三边军务。《奉寄……》诗所撰时间当明。《石淙精舍记》可能系梦阳自江西罢职归开封后的赋闲之作。《奉邃庵先生书十篇》所撰时间不一。如:书信其一有"今送门子造伪章二事,勘官勘,咸有下落,无我干矣。"信中是谈自己在正德八年,江西被诬,至次年春,自南康府(今星子县)赴广信(今上饶市)就狱听勘始末。证之李撰《广信狱记·后记》(49)、《国榷》卷四九、《明通鉴》卷四五等记载,当撰于自广信出狱,在南昌听候处置之时,可能在正德九年五月前(《明实录》云:梦阳在此年五月癸酉罢官);书信其二有"去年室人丧亡"语,按《封宜人亡妻左氏墓志铭》(45)云:梦阳妻左氏卒于"正德丙子五月丁未",此信无疑撰于正德十二年;书信其三有"戊寅(正德十三年)再举一儿,去年一乳两儿"语。据朱安涊《李空同先生年表》云:李在左氏卒后当年,娶继室宋氏。正德十三年,次子楚生;十五年,三子梁、四子柱,双生。此信当写于正德十六年。其余书信笺证从略。

何景明

《送何舍人赍诏南纪诸镇》(20,下同)、《送仲副使赴陕西》、《得何子过湖南消息》(25,下同)、《何子至自滇》、《答何子问讯三首》、《忆何子》(自注:其兄时为巴陵知县)、《阻明港寄何子二首》、《繁台秋饯何子》(26,下同)、《再饯何子》、《简何舍人二十韵》(28)、《九日寄何舍人景明》(30,下同)、《病间闻何舍人梦故山有感》、《过李氏荷亭会何子》、《春望简何舍人》(31)、《赠何舍人》(34)、《驳何氏论文书》(62,下同)、《再与何氏书》、《与何子书》(63)等诗文中之"何舍人"、"仲副使"、"何子"、"何氏"当指何景明。望按:何景明(1483—1521),字仲默,号白坡,又号大复山人,信阳(今河南信阳市)人。弘治十五年(1502)进士。官至陕西提学副使。著有《大复集》三十八卷。《明史》有传。何与李梦阳均为"前七子"复古派之首要人物。孟洋《中顺大夫陕西按察司提学副使大复何君墓志铭》(摘藻堂《四库全书荟要·大复集附录》)云:弘治甲子(1504),被授中书舍人。次年(1505)五月,明孝宗死,武宗继位,奉哀诏使贵州、云南。故《送何舍人赍诏……》诗有"先皇乘龙去不返,悲风惨淡吹宸极"、"此时九道使臣出,舍人亦辄螭头笔"等句,当撰于此时。《得何子过湖南……》、《忆何子》(按:自注所云:《大复集》卷三七《亡兄东昌公行状》:景明长兄景韶,时为湖南巴陵知县)诗,当撰于何奉使云贵的这段时期。正德元年(1506),何景明返回北京,作《自滇蜀归,李户部马舍人见访》诗,李梦阳酬以《何子至自滇》诗。按:《大复何君墓志铭》:正德十三年(1518),何升陕西提学副使,由京师赴任,经开封,李遂有《送仲副使赴陕西》(按:何之墓志铭、行状,其在同母兄弟中排行第二,异母兄弟中排行第四)、《繁台秋饯何子》("十年内供奉,万里竟关西")、《再饯何子》("他日关中使,无忘汴上音")等诗。《答何子问讯三首》诗其一有"伊汝投簪日,怜余胃网罗","万死还乡井,潜身茸薜萝"句,当撰于正德三年梦阳因正德元年劾刘瑾事,此年被械系至京师,出狱归河南之后。按:何景明墓志铭,由于刘瑾权倾当朝,"丁卯(正德三年),何君恐祸及,谢病归"、"戊辰(正德四年),何君免",因此,此时何已去官在家。故《答何子问讯》诗其三有"弱冠真怜汝,投闲更可哀。山高桐柏观,水曲范滂台"诗句。其他诗文笺证,因限于篇幅,从略。

孟　洋

《赠孟明府自桂林量移汶上》(25)、《赠孟监司返任三首》(26)、《寄孟洋谪桂林教授》(30)、《九子咏其九·孟行人望之》诗中之"孟明府"、"孟监司"、"孟行人"均指孟洋。望按:孟洋(1483—1534),字望之,有涯,信阳(今河南信阳市)人。弘治十八年(1505)进士。曾官行人司行人、陕西右参政、右佥都御史兼宁夏巡抚、总督南京粮储侍郎都御史、南京大理寺卿。著有《孟有涯集》十七卷。《明史》无传。严嵩《南京大理寺卿孟公墓志铭》(《钤山堂集》卷二九)云:"为行人时,公之内弟何子仲默方有俊名,与其群李献吉、王子衡、崔子锺、田勤甫及公,日切劘为文章,扬榷风雅以相振。"据《国榷》卷四九云:正德八年三月,"试监察御史孟洋下狱。洋论大学士梁储屡被劾,当去。礼部尚书靳贵阴求入阁,上责其排陷,谪桂林教授"。故《寄孟洋谪……》诗所撰时间已明。此后,孟由桂林府教授升迁为汶上(今山东汶山县)县令,故有《赠孟明府自桂林……》诗相酬。又据《孟公墓志铭》云:"嘉靖更化,……乃起公(按:《国朝列卿纪·孟洋行实》正德十四年三月"湖广按察使佥事以疾去")山东佥事,升布政参议……",所以《赠监司赴任三首》其一有"勇辞知至性,强起为名时。气节聊城箭,文章孔庙碑"之句。

曹　嘉

《戊子元夕示曹甥》(23)、《送甥嘉侄木会试》(26)、《送甥嘉之茂州次玉溪侍御韵三首》(27,下同)、《甥嘉北来出其谒逢干庙之作予为和之嘉时谪茂州判》、《小至后寄甥嘉》(31,下同)、《阎、曹二子发京,侄木与之同舟而下,有诗纪之,予亦和此篇》、《甥嘉谪官过汴儆舍而居,以时炎热》诗中之"甥嘉"、"曹子"即指曹嘉。"侄木"指李梦阳兄梦和之长子。"阎子"指阎闳,山东临清州人,正德十二年(1517)进士。望按:曹嘉字仲礼,扶沟(今河南扶沟县)人,梦阳大姐夫曹经子,正德十二年进士。曾以御史言事出补大名府推官,复职后,以言事谪昌邑知县,降茂州判官。此后官山西提学副使、江西右布政使。著有《漫山集》。传见《中州人物考》、《列朝诗集》和《明诗综》。按《送侄木甥嘉会试》之"二子趋南省,同车向北燕","合浦珠光会,丰城宝气连"诗句来看,可能作于正德八年的秋末,时梦阳居官江西。其次,李梦阳《嘉靖集》中《阎、曹二子发京,侄木与之同舟而下,有诗纪之,予亦和此篇》诗自注云:"阎,蒙自县丞;曹,茂州判。"据《明通鉴》卷五〇:嘉靖二年"三月,御史曹嘉上疏列廷臣为四等,谪昌邑知县。"又《罪惟录》卷一二云:嘉靖二年"三月,御史曹嘉疏别廷臣四等……坐侵越,(再)谪茂州判官。"故《阎、曹二子发京……》、《送甥嘉之茂州……》、《甥嘉北来出其谒逢干庙》诸诗,当撰于此年之夏季。

吕 柟

《发京吕状元送出城》(25)诗中之"吕状元"即吕柟。望按:吕柟(1479—1542),字大栋、仲木,号泾野,高陵(今陕西高陵县)人。正德三年(1508)进士,赐状元,授修撰。因触犯宦官刘瑾,引疾去。瑾诛复官,至国子监祭酒、南京礼部右侍郎。信守程朱理学,著有《泾野子内篇》、《吕泾野先生语录》,《明史》有传。《发京吕状元送出城》诗,当撰于正德三年自狱中获释后,年末由京师返开封之际。

王九思

《送王子归鄠杜》(21)、《夜别王检讨九思》(30)诗中之"王子"即王九思。望按:王九思(1468—1551),字敬夫,号渼陂,鄠县(今陕西户县)人。弘治九年(1496)进士。曾官翰林院检讨、吏部郎中、寿州同知。著有《渼陂集》、《渼陂续集》及《中山狼》院本等,《明史》有传。王九思亦为复古派"前七子"之一。《李开先集·渼陂王检讨传》云:王曾自称梦阳、康海都曾分别为其改诗稿和文稿。《列朝诗集·王寿州九思传》亦云:王初"效馆阁体","既而,康、李辈出,倡导古学……敬夫舍所学而从之"。按《国榷》卷四三:王在弘治十一年十月,由庶吉士被授为检讨,李此时"服阕,如京师"(朱安㳆:《李空同先生年表》),尚未任官职。故《送王子归鄠杜》诗有"贤兄已上苍龙阁,令弟犹甘饱藜藿"、"归家早铸双龙剑,提携来献明光宫"之句。又《李开先集·唐王王唐四子外传》云:王九思在"壬戌(1502),廷试进士,充堂卷官。……甲子(1504)请告,省父母"。而据《李空同先生年表》云:梦阳在癸亥(1504)"奉命饷宁夏军,便道归庆阳"。故《夜别王检讨九思》诗大概写于次年返京师、由宁夏经陕西之时。其诗有"露白秋城角夜哀,朔云边月满燕台。仙人阁在银河上,嬴女箫从碧落来"句。王九思步其韵亦有《十四夜月与李二献吉饮》(《渼陂集》卷五)诗云:"万户秋风砧杵哀,殊乡今夕故人来"等句。

秦国声

《七夕遇秦子咏赠》(15,下同)、《酬秦子以曩与杭子并舟别诗见示余览词悲离怆然婴心匪惟人事乖连,信手二十二韵,无论工拙并寄杭子》、《送秦子》(25)、《秦君饯送诗序》(52)诗文中之"秦子"、"秦君"即指秦金。望按:秦金(1467—1544),字国声,号凤山,无锡(今江苏无锡市)人。弘治六年(1493)进士。历官河南按察司提学副使、右参政、分守大梁道,都察院右副都御史兼湖广巡抚、南京户部尚书及工部尚书等。著有《凤山诗集》,《明史》有传。按《国朝列卿纪》卷三四《秦金行实》:"戊辰(1508),礼部以会试同考官请,金以族人多入试,辞不返。是岁,升河南按察司副使,提督学政。"《秦君饯送诗序》有"无锡秦君为河南提学副使,而饯者为之赋嵩山……"等语,故此序撰于何时亦很清楚。又其《行实》云:"庚午(1510),升左参政,分守大梁道。……是岁升山东右布政使。"故《送秦子》有"梁国秋砧满,范阳风叶稀"、"北路蓟门古,寒天易水微"之句,由此看当写于秦离河南赴山东上任前夕。其他如《七夕遇秦子……》、《酬秦子以曩与杭子(按:杭淮,已见《空同集笺证》之二)并舟别诗,见示……》诗均当撰于秦任河南提学副使、左参政时期。

王 綖

《赋得古别离送龙湫子》(7)诗之"龙湫子"即指王綖。李梦阳有《九子咏》之二《王户部邃伯綖》(12)诗。望按:王綖,字邃伯,号龙湫子,开州(今河南濮阳市)人。据韩邦奇《通议大夫大理寺卿龙湫王公墓志铭》:王綖生于成化十三年(1477),卒于嘉靖十六年(1537)。按《国朝列卿纪》卷九一《王綖行实》:王为弘治十八年(1505)进士,曾官户部主事、郎中,正德间,升河南卫辉知府,嘉靖时,官至大理寺卿、山东参政。《国朝列卿纪》有其行实。传见《(嘉靖)开州志》(天一阁明代方志影印本)、《山西通志》。《送龙湫子》诗,最早收入李氏《嘉靖集》。按王綖墓志铭:嘉靖初,以副使起复河南,曾参与平定进入河南的王堂(按:山东矿工)起义军。嘉靖二年,升山西右参政,故《……送龙湫子》诗当撰于此时。《题三王词翰后》(59)文中之"龙湫子"当指此人。

王崇庆

《寄赠端溪子二首》(10)诗之"端溪子"当指王崇庆。望按:王崇庆(1484—1565),字端徵,号端溪、海樵子,开州(今河南濮阳市)人。正德三年(1508)进士。据《国朝列卿纪》所载其行实、《赵浚谷文集》之《海樵子序》、《王端溪关西诗序》等云:王曾官户部主事、河南按察司副使、四川左布政使、南京礼部尚书。著有《海樵子集》、纂修《开州志》。《明史》无传。按《国朝列卿纪》卷一三三其行实:王在嘉靖初任河南提学副使。《(嘉靖)开州志》又云:王在"嘉靖四年,以年老归养",而梦阳之《嘉靖集》(嘉靖刻本标有"元年、二年、三年"之写作年代)辑有《寄赠端溪子二首》诗,故此诗当撰于嘉靖三年前。再《题三王词翰后》(59)文中之"端溪子"即指此人。

王 溱

《寄赠玉溪子》(10)、《送甥嘉之茂州次玉溪侍御韵三首》(27,下同)、《秋日吕公西园同玉溪侍御二首》、《西园酒半会玉溪侍御瓜代报至再赋二首》诗中之

"玉溪子"、"玉溪侍御"当指王溱；"甥嘉"当指李梦阳大姐夫曹经（《族谱·外传》，见《空同集》）之子曹嘉。望按：王溱，字公济，号玉溪子，开州（今河南濮阳市）人。正德六年（1511）进士，曾官山西沁水知县、监察御史、江西南康知府。著有《玉溪诗集》。见明天一阁藏本影印本之《（正德）南康府志》、《（嘉靖）开州志》，《寄赠玉溪子》有"悠悠组暑月，眷眷念君子。霍云停复飞，汾水荡而驶。山西回夕阳，皎如觏光美"之句，当撰寄赠于王溱任职沁水县时期。据《国榷》卷四九：正德十年王溱被简为试监察御史（任职南京都察院）。又据李梦阳《禹庙碑》（41）云："是时监察御史澶州（金称澶州，后称开州至明代，见《读史方舆纪要》卷十六"大名府"）王子会按河南……王子名溱，以嘉靖元年春，按河南。明年秋，代去。"按："代"即"瓜代"，即指当年任职到次年瓜熟时任职期满，由别人接任（见《左传·庄公八年》）。再据本文李梦阳写给曹嘉诗的笺证，可知《送甥嘉之茂州……》及《秋日……同玉溪侍御二首》、《……会玉溪侍御瓜代报至再赋二首》诸诗，当撰于嘉靖二年。再《题三王词翰后》（59）文中之"玉溪子"当指此人。

毛伯温

《寄毛监察》（26）、《正月二日台卿李公监察毛公袁公枉驾而顾，毛归有作，辄次其韵二首》（30，下同）、《和毛监察登明远楼之作》、《送毛监察还朝是时皇帝狩于杨河》（31）、《毛监察登楼诗跋》（59）诗文中之"毛监察"、"毛公"当指毛伯温。望按：毛伯温（1482—1544），字汝砺（一作汝厉），吉水（今江西吉水县）人。正德三年（1508）进士。曾官监察御史巡按河南。嘉靖时，曾官兵部尚书，征安南。著有《毛襄懋集》十八卷、《东塘诗集》十卷。《明史》有传。据《明诗综》卷三三云："东堂（按：毛伯温）数与李献吉、方思道（按：方豪）相酬和，故其诗颇具风格。"陈鹤徵《皇明辅世篇·毛伯温传》亦云："（正德）丙子（1506）巡按河南。"据此可知，毛在正德十一年以监察御史按河南。证之以《空同集》卷四一《大梁书院碑》有"都御史内江李公、监察御史吉水毛公实倡之，而提学副使历城边公（按：边贡）赞之"等语。"内江李公"当指李充嗣。望按：李充嗣，字士修，内江（今四川内江市）人。成化二十三年（1487）进士，《明史》有传。据《明督抚年表》所引《明实录》：正德十年十月丁巳，顺天府尹李充嗣右副都御史巡抚河南，至十七年七月丙午,改(巡抚)应天。故《正月二日台卿李公监察毛公……》诗当撰于正德十一年。"毛公"当指毛伯温。按制:监察御史巡按地方期限是一年。故《和毛监察登明远楼……》、《毛监察登楼诗跋》亦当写于正德十一年。按朱国祯《皇明大政记》卷二四:正德十二年九月,"上猎大同阳和卫城"(《明史·武宗本纪》、《国榷》、《明通鉴》均云:阳和。《空同集》卷三一误讹为阳河),故《送毛监察还朝……》当写于正德十二年。《寄毛监察》可能写于毛伯温自河南离任之后。

王尚纲

《赠苍谷子》(10)诗之"苍谷子"当指王尚纲。《九子咏》(12)其三《王职方锦夫尚纲》诗句云:"职方昔垂髫,邂逅在梁汝。"望按:王尚纲(1478—1531),字锦夫,号苍谷,郏县(今河南郏县)人。弘治十五年(1502)进士。曾官兵部职方司主事、吏部郎中,山西、四川、陕西参政,浙江右布政使。有《苍谷先生全集》十二卷。据《全集》所附王缜《明故浙江右布政苍谷王子墓志铭》和樊鹏《中顺大夫陕西提学副使何大复先生行状》(《大复集》附录)云:王尚纲与何大复为姻家。因之,当时所交有李梦阳、王廷相、何瑭、崔铣、王缜诸人。《赠苍谷子》诗句云:"玄云翳白日,积阴何漫漫。风气日以凄,泥雨常不干。漂箨委川涂,百卉良可叹。览物怀伊人,抚时悲凉寒。……"而王尚纲步其韵,作《玄云篇寄李空同》(《苍谷先生全集》卷二),其诗句云:"玄云翳白日,淫雨竟弥漫。颓垣连百雉,户牖何曾干。菱荇牵草木,鹍鸡起长叹。迢遥望空同,剑倚秋风寒。"

严 嵩

《钤山堂歌》(19)、《题严编修东堂新成》(30)诗中之"严编修"当指严嵩。望按:严嵩(1480—1569),字惟中、勉庵,号介溪,分宜(今江西分宜县)人。弘治十八年(1505)中进士,正德二年翰林院庶吉士,授编修。三年,因疾告归,读书分宜之钤山八年(按:《钤山堂集》卷二七《杂记·北上志》云:"予卧疴钤山八稔……";《明史》本传称:严嵩"读书钤山十年"。《列朝诗集·严少师嵩传》又云:"居钤山之东堂,读书屏居者七年。"以上当以《杂记》为正确),后起复。嘉靖二十一年（1542）起，由礼部尚书兼华英殿大学士晋太子太师、华盖殿大学士，居宰辅。因恃宠揽权，聚敛贪贿，滥杀谏臣，树植私党，于嘉靖四十一年（1562）被令致仕。著有《钤山堂集》四十卷，《明史》有传。朱国祯《涌幢小品》卷二"天人"云："李献吉督学江西，试士袁州（今宜春县）毕，严介溪来见，时严方读书钤山堂，有盛名，献吉亦垂重之。……"《明诗综》卷二八《诗话》云："分宜通籍即见知于献吉、仲默，旋请假还里，读书钤山者七年。献吉远访之山中，作《钤山堂歌》以赠于时。"《钤山堂集》卷三有《奉献酬空同先生垂访见诒》七律一首，有"病来浑与故人疏，珍重能劳长者车"之句。再《题严编修东堂……》有"城居市远同村僻，堂构春成属燕忙"、"喜即系舟临秀浦，恨犹挂笏背钤冈"之句。钤冈亦钤山之别名。《题严编修……》诗亦当写于李督学江西时期。

（《甘肃社会科学》1995 年第 5 期）

李、何之争时间考

魏 强

李梦阳与何景明之间关于诗歌创作的论辩是明中叶以来人们关注的热点话题,个中的曲直,方家多有轩轾,不暇细说,但自李开先的《何大复传》出①,李、何因论辩而绝交,就成为共识。然正德九年(1514)三月李梦阳江西狱后,在《与何子书》中感慨世道人情,举何景明、康海和钱荣为"赤心朋友"②,不长时间却因论文而绝交,不免使人费解。因此要弄清绝交说是否准确,确定李、何二人论辩的时间就变得非常重要。论辩时间的确定,可以帮助我们从李、何二人的作品出发来界定二人在论辩后的关系,而不是人云亦云。

一

关于李、何之争的时间,主要有三种说法:清人刘海涵的正德五年(1510)说③;范志新的正德八年(1513)至正德十二年(1517)说④;付瑛⑤、王公望⑥等的正德十三年(1518)后说。刘海涵的说法明显有误,与何景明《与李空同论诗书》中"空同丙寅间诗为合,江西以后诗为离"⑦矛盾。范志新据同文中"自仆游从,获睹作述,今且十余年来矣",推断为正德八年至十二年之间,由于"十余年"概

---

① 李开先:《李开先集·空同先生传》,中华书局 1959 年版,第 606 页。
② 《空同集》卷 2,文渊阁《四库全书》本。
③ 《明代名人年谱·何大复先生年谱》,国家图书馆出版社 2006 年版。
④ 范志新:《何景明诗歌理论》,《信阳师范学院学报》1985 年第 3 期。
⑤ 付瑛:《李梦阳与何景明论争时间初探》,《信阳师范学院学报》1985 年第 2 期。
⑥ 王公望:《李梦阳与何景明》,《社科纵横》2001 年第 5 期。
⑦ 《大复集》卷 32,文渊阁《四库全书》本。

念的模糊性，且没有其他佐证，结论不能服人。付瑛与王公望梳理李、何二人的作品，发现二人在十三年仍有酬唱，甚至数量不少，再结合范文中提到的依据，断为正德十三年后。其中特别举出何景明正德十三年秋赴陕西提学副使任，道过开封受到李梦阳的款待并赋诗三首送别一事，有一定的说服力。

李、何二人论辩前后共四封信，李梦阳的第一封信已经佚失，现存三封信分别是：何景明对李的第一封信的回信，接信后李梦阳对何的反驳信及发信后不待回音又撰《再与何氏书》，这封信是最后一封，其后何景明没有应答，论辩戛然而止。如果署明时间，这三封信应该是确定论辩时间的最好依据。可惜，三封书信均没有署时间，就给确定李、何论辩的时间增加了不小难度。然而这三封书信都是作者互相辩难中的产物，这一特殊性决定了作者行文谨慎，措词用语必经反复推敲，因此文中的一些时间词，对界定论辩时间尤为有用。

在三封信中，有价值的时间概念有三处，分别为上文所举的何景明《与李空同论诗书》中的两处，另外就是李梦阳的《再与何氏书》中："夫子近作，乖与先法者，何也？盖其诗读之若抟沙弄泥，散而不莹，又粗者弗雅也，如《月蚀诗》'妖遮赤道行'是耳，然阔大者鲜把持，又无针线。"①这封信是李、何论辩的最后一封，李梦阳批驳何景明的"近作"《月蚀诗》"若抟沙弄泥，散而不莹，又粗者弗雅也"。李的评价是否准确，暂且不论，但这段话却透露出一个非常重要的信息：李梦阳的这封信与何景明《月蚀诗》的创作时间相距应该很近，所以才称其"近作"。如果《月蚀诗》的创作时间能确定，那么李梦阳第三封信的时间也就可以确定。查《大复集》，《月蚀诗》在卷二十二，是一首五言律诗，原题为《六月望月食》，李梦阳所举的是前两句："未月黄衢厄，妖遮赤道行。"从诗题即可看出，这是一首描绘六月间发生月食的诗，有很强的时间性。日食、月食在封建社会都有特殊的意义，史官对于每一次的日食、月食都会有记载。查《武宗实录》，在正德一朝，虽然多次发生月食，但仅在"正德十年（1515）六月庚午夜月食，既山西清源、交城二县地震"②，余皆不在六月。再查谈迁的《国榷》卷四十八同样记载："武宗正德十年六月庚午夜月食，既清源、交城县地震。"③两个记载，一个官史、

---

① 《空同集》卷61，文渊阁《四库全书》本。
② 《武宗实录》卷49，"中央研究院"历史语言研究所影印，上海书店1984年版。
③ 《国榷》，上海古籍出版社1958年版。

一个私史都记载了在正德十年六月庚午发生了月食,那么可以肯定何景明的《六月望月食》描绘的就是这次月食。据此,李梦阳《再与何氏书》的写作时间应该与正德十年六月相距不远,因为李梦阳是先看到诗歌后才写信的,而这首诗题目的时间性又非常强,他如果对诗题、诗意没有研究,是不会滥称"近作"的,因此李梦阳的第三封信写作时间可能就在随后的七八月间,但无论如何不会到正德十一年(1516),隔年之作古人不会称"近作"。如果论辩发生在正德十三年后,这首诗就已经过去四个年头,称其"近作",显然不合情理,何况是在论辩之中。因此,正德十年是李、何论辩的下限。

二

正德八年(1513)李梦阳陷于"江西狱"不能自拔,因何景明援手于正德九年三月得脱,出狱后,有《与何子书》答谢,称何景明等为"赤心朋友",考虑到《再与何氏书》是二人论辩的最后一封信,此前已经连续往返有三封书信,那么他们论辩开始时间应该在正德九年三月后。何景明《与李空同论诗书》中称"自仆游从,获睹作述,今且十余年来矣"。刘海涵的《何大复先生年谱》把李、何二人的"游从"时间定为弘治十六年(1503),然据李梦阳《封宜人亡妻左氏墓志铭》①记载,自己在弘治十一年(1498)到京后,十五年"榷舟河西务",河西即榆林。十六年又出京"饷军宁夏",每次都携夫人左氏同往,并顺道归省大梁。如果离京时间短,李梦阳是不会携妻的,因为都是西北差事,舟车劳顿,非常人所能忍受,何况妇人。那么如此反常理的举动,只能有一种解释,即李梦阳每次离京的时间都比较长,故而携夫人前往。如果是这样,那么李、何二人,如何景明所说的"自仆游从,获睹作述,今且十余年矣"中的"游从"时间应该从弘治十七年(1504)始,因为此后李梦阳一直在京,直到正德二年(1507)被贬山西。这里有必要澄清一个问题,即李、何二人相识的时间与"游从"的时间是不一样的。"游从"则是一种比较密切的交往活动,相识不等于有密切的友谊关系,"游从"则比相识的友谊程度要高,何景明在此所说的"游从",指他们公事之余,指摘时事、谈文论艺、倡言复古的密切交游阶段,不是一般的泛泛之交。回到何景明《与李空同论诗

---

① 《空同集》卷 45,文渊阁《四库全书》本。

书》中的"自仆游从,获睹作述,今且十余年矣"这句话①,按王公望的说法,李、何二人相识于弘治十六年(1503),从这年算起,"十余年矣"恰好是正德十三年(1518)左右,他把正德十三年后作为李、何论辩的起始年。这样算就有问题,因为按整年算,从弘治十六年到正德十三年恰好是十五年,古人对十五年是不会说成"十余年矣"的;如果按年份算,则是十六年,古人对于超过十六的数字也不会说成"十余"的,何况是十三年后。"十余年矣",一般针对刚刚过十年的一种笼统的说法。这样结合上述李梦阳的行踪,可以肯定李、何二人"游从"的时间应以弘治十七年(1504)起为妥,如此算来,"十余年"恰好是正德十年(1515)左右。

在《再与何氏书》末尾,李梦阳对于何景明的另两首诗也提出批评,不过没有称其"近作",可见李梦阳对于三首诗的创作时间是有把握的:"且仲默'神女赋'、'帝妃篇'、'南游日'、'北上年'四句连用,古有此法乎?'水亭菡萏'、'风殿薜萝'意不一致乎?"李梦阳所举的另两首诗的诗句出自《大复集》卷二十一,也是两首五言律诗,题目分别是《访子容自荆州使回二首》《同川甫寺中避暑》,都属"京集"②。前首诗中的子容是徐缙,江苏吴县人,弘治十八年进士,是李梦阳、何景明的诗友。这首诗是徐缙出使湖南回京后,何景明的慰酬之作。李梦阳批评的四句为"彩云神女赋,斑竹帝妃篇。吊古南游日,忧时北上年"③。那么这首诗的写作时间呢?检索《大复集》,在卷十三有《醉歌赠子容使湖南便道归省兼讯献吉(李梦阳)》诗,这是何景明送徐缙出使湖南时的诗作,其中最后几句对确定徐缙出使的时间很有帮助。其为:"眼中何人最知己,十年之交吾与李。李生近买阳羡田,又欲鼓柁襄阳船。风尘落日倘相遇,为我问讯江湖前。"诗中的李生就是李梦阳。据李梦阳《封宜人亡妻左氏墓志铭》记载,"甲戌,李子以与江御史构,从理官于上饶……是年,李子官复罢,道浔阳就左氏,泝江入汉,至于襄阳,将居矣"④。甲戌即正德九年(1514),李梦阳在正德九年三月罢官后想到襄

---

① 《大复集》卷32,文渊阁《四库全书》本。

② 《大复集》按何景明创作的地域分为京集(北京时作)、家集(在信阳老家作)、秦集(提学陕西作)。

③ 郭预衡主编《中国历代文论选》和蔡景康编《明代文论选》都把"神女赋"、"帝妃篇"标点为《神女赋》和《帝妃篇》,有误,吴文治主编《明诗话全编》标点正确。

④ 《空同集》卷45,文渊阁《四库全书》本。

阳居住,因此何景明的这首送别徐缙的诗,才有"李生近买阳羡田,又欲鼓枻襄阳船。风尘落日倘相遇,为我问讯江湖前"句,据此可以肯定这首送诗写于正德九年三月后,那么迎诗《访子容自荆州使回二首》,必定写于正德九年秋天或正德十年秋天,因诗中有"入秋翻署湿,过午复云雷"句。在《醉歌赠子容使湖南便道归省兼讯献吉》有"眼中何人最知己,十年之交吾与李"句,也为我们提供了一个有用信息,即何景明明确说他与李梦阳有十年的友谊,而这首诗作于正德九年,如果从正德九年上推,十年就是弘治十七年,这也和我们上文中认为李、何二人在弘治十七年才"游从"是一致的。

后首诗中的川甫是李濂,河南祥符人。正德八年(1513)河南乡试第一,九年成进士,曾师事李梦阳。李梦阳批评的两句为"水堂蒄苔折,风殿薜萝开"。李梦阳所举诗句与何景明《大复集》中有异,一为"水亭",一为"水堂"。李濂在家乡与李梦阳过往甚密,正德九年(1514)到京城后又与何景明结社聚会,谈文论艺,李濂与李、何二人之间酬唱的作品很多。根据李濂中进士的时间,结合诗题"避暑",推断何景明的这首《同川甫寺中避暑》作于正德九年夏天或正德十年(1514)夏天,应该不会错,因为其集有《丙子春出京酬赵汝含刘瑞卿诸同年郊饯》,丙子是正德十一年(1516),李濂这一年春天出京任沔阳知府。北京的暑天一般在农历六七两月,也就是说这首诗最早作于正德九年六月。可以看出,李梦阳批驳何景明的三首诗都写于正德九年至正德十年间,如果不是巧合,那么只能说明他们的论辩就发生在这个时候。至此,关于李、何之争的时间,可以肯定为正德九年到正德十年七八月间,至迟到正德十年底。

三

确定了论辩时间,那么李、何之间因论辩而绝交的说法就值得商榷。正德十一年(1516),李梦阳夫人左氏去世后,何景明有《结肠赋》慰藉。正德十三年(1518),何景明道过开封,李梦阳热情款待并有诗相送,说明二人关系并未因论辩而绝交。当然论辩对于二人的交情有影响,但从二人一生的君子风度、论辩的时间及其后二人诗歌往还的创作实践看,绝无绝交之说。翻检与二人同时同调人的文集,几乎没有关于此次论辩的记述,现存最早的记述是俞弁成于嘉靖七年的《山樵暇语》中"何景明《答李献吉论诗书》其略云……"①，而这也是何景明去世八年《大复集》梓刻印行后的事。由于书信是两个人之间的交流，具有一定隐私性，当事者本人不公开，别人是很难了解深入。因此，李、何二人之间的论辩尽管为他们身边的密友所了解，但为世人所知，恐怕是其身后文集刊刻行世后的事，而李开先的传记撰写更晚。李开先在《康王王唐四子补传》云："初予欲为康、王、王、唐四子作传，屡次致书其家，索其志状不可得也，遂据平素所见，并刻行文集，漫然为之。"②可见李开先也是据文集和自己闻见写传，其中关于绝交的可信度不免使人怀疑。二人之间的论辩戛然而止的原因，因缺少文献，尚难清楚。但李梦阳携夫人"左氏归，归而左氏病，逾年骨立，死。死之日正德丙子五月丁未"③。李梦阳夫人左氏在正德十年（1515）下半年病重，李梦阳与夫人情深意笃，论辩停止与此应该有联系。

（《苏州大学学报（哲学社会科学版）》2008 年第 3 期）

---

① 《山樵暇语》卷 1，涵芬楼影印华亭朱象玄手抄本。
② 李开先：《李开先集·空同先生传》，中华书局 1959 年版，第 606 页。
③ 《空同集》卷 45，文渊阁《四库全书》本。

明代李梦阳的籍里与两地乡试

王兴亚

李梦阳是明代著名文学家,与何景明、徐祯卿、边贡、朱应登、顾璘、陈沂、郑善夫、康海、王九思号称十才子,又与何景明、徐祯卿、边贡、王九思、王廷相等称七才子①,号称"一代词人之冠"②。《明进士题名碑》载他为陕西庆阳卫籍,河南扶沟县人③。他与张平山、左国玑被时人称为"中州三杰"④。今人言其籍贯有庆阳与开封、扶沟三说。同一人物,籍贯上如此分歧,人们不能不问,究竟何说为是呢?

一、李梦阳籍贯三说

李梦阳为明代著名文学家,历来为文史研究者所关注。今人编写的辞书对他的籍贯都有著录,但由于编者依据所见材料不同,对其籍贯的著录也就有所不同,概括地说,主要有三说:

1. 庆阳说

南京大学历史系《中国历代名人辞典》编写组编撰的《中国历代名人辞典》李梦阳条:明朝文学家。字献吉,号空同子,庆阳(今甘肃庆阳)人⑤。

---

① 张廷玉:《明史》卷 286,中华书局 1987 年版,第 7348 页。
② 尹守衡:《明史窃》卷 94,《中国野史集成》第 12 册,巴蜀书社 2001 年版。
③ 《国朝历科题名碑录》,清嘉庆四年刻本,第 9 页。
④ 《如梦录》,中州古籍出版社 1983 年版,第 51 页。
⑤ 南京大学历史系《中国历代名人辞典》编写组:《中国历代名人辞典》,江西人民出版社 1982 年版,第 358 页。

《中国大百科全书·中国文学》李梦阳条:明代文学家。字献吉,号空同子,庆阳(今属甘肃)人。出身寒微。曾祖父赘于王氏,父恢复李姓①。

《中国大百科全书·中国历史》李梦阳条:明代文学家。字天锡,又字献吉,号空同子,陕西庆阳(今属甘肃)人。出身寒微。曾祖父赘于王氏,父恢复李姓②。

郑天挺等主编的《中国历史大辞典》李梦阳条:明陕西庆阳(今属甘肃)人。字天锡,改字献吉,号空同子(亦作崆峒子)③。

2. 扶沟说

吴海林等主编的《中国历史人物辞典》李梦阳条:明著名文学家。字天锡,又字献吉,号空同子,庆阳(今属甘肃)人,后徙河南扶沟④。

《辞海》编辑委员会编:《辞海》李梦阳条:明文学家。字天锡,又字献吉,号空同子,庆阳(今属甘肃)人,后徙河南扶沟⑤。

3. 开封说

台湾中央图书馆编《明人传记资料索引》李梦阳条:字献吉,陕西庆阳人,居开封。字天锡、献吉,号空同子⑥。

廖盖隆主编的《中国人名大辞典·历史人物卷》李梦阳条:明文学家。庆阳(今属甘肃)人,居开封。字天锡,又字献吉,号空同子⑦。

王天兴等主编的《河南历代名人辞典》李梦阳条:字天锡、献吉,号空同子,一作崆峒子。其先开封人,明初徙庆阳卫(今甘肃庆阳)人,父正任封丘王教授,遂家祥符⑧。

郭人民等主编的《中州历史人物辞典》李梦阳条:字献吉,号空同子。祖籍庆阳(今甘肃省属县)人,祖父时徙居开封,称开封人⑨。

---

① 《中国大百科全书·中国文学》,中国大百科全书出版社1986年版,第559页。
② 《中国大百科全书·中国历史》,中国大百科全书出版社1992年版,第526页。
③ 郑天挺等编:《中国历史大辞典》,上海辞书出版社2000年版,第390页。
④ 吴海林等编:《中国历史人物辞典》,黑龙江人民出版社1983年版,第465页。
⑤ 《辞海》编辑委员会编:《辞海》,上海辞书出版社1989年版,第3320页。
⑥ 台湾中央图书馆编:《明人传记资料索引》,上海辞书出版社1990年版,第256页。
⑦ 廖盖隆编:《中国人名大辞典·历史人物卷》,上海辞书出版社1989年版,第3320页。
⑧ 王天兴等编:《河南历代名人辞典》,中州古籍出版社1991年版,第339页。
⑨ 郭人民等编:《中州历史人物辞典》,河南大学出版社1991年版,第283页。

张伪之等主编的《中国历代名人大辞典》李梦阳条:明陕西庆阳人,徙居开封,字献吉,自号空同子。生于成化八年十二月中①。

二、三说由来及其辨析

以上三说,都是出自有影响的辞书。也就是说,各有其由来。为了求得一个可信的结论,兹作如下辨析。

1. 扶沟系祖籍

扶沟是李梦阳的祖籍。在明代河南人的撰著里,对此多有述及。成书于万历十三年的《开封府志》记其籍贯时说:"李梦阳字献吉,其先扶沟人也。"②朱睦㮮字灌甫,号西亭,祥符人,周藩六世孙,曾受学于李梦阳,官宗正,熟知周府事略,主纂《河南通志》。他在《皇明中州人物考》里称:"李梦阳字献吉,其先扶沟人也。"③孙奇逢《中州人物考》亦载李梦阳"其先扶沟人"④。《扶沟县志·李梦阳传》更具体地说到李梦阳"其先扶沟大冈人"⑤。这里都说"其先"为扶沟人,就是说扶沟是李梦阳的祖籍,但未能详明他的始祖是何人,也未详明他的始祖是何时人。

正德二年,李梦阳在纂修的家谱里所记家族世系,为我们了解其家族的发展史提供了翔实资料。兹将《空同集·世系》所载表出:

一世	二世	三世	四世
贞义公	忠	刚	麟
		庆	
		正	孟春
			孟和
			梦阳

---

① 张伪之等编:《中国历代名人大辞典》,上海古籍出版社1999年版,第1004页。

② (万历)宋伯华修、朱睦㮮等纂:《开封府志》卷13,明万历十三年刻本,第69页。

③ 朱睦㮮:《皇明中州人物考》卷12,明隆庆二年刻本,第4页。

④ 孙奇逢:《中州人物考》卷4,道光二十四年刻本,第52页。

⑤ (光绪)熊灿修、张文楷纂:《扶沟县志》卷12,清光绪十九年刻本,第4页。

一世	二世	三世	四世
			孟章
	敬	琎	钊
		瑄	

由上表可见,贞义公李恩是扶沟李氏的始祖,是李梦阳的曾祖父。李梦阳在谈到曾祖父李恩的经历时说:"号贞义公者,不知何里人也,而赘于扶沟人王聚。王聚于洪武三年归,军于蒲州。已,又自蒲州徙庆阳。于是贞义公从如庆阳。乃王聚不欲尽处于庆阳,而以其弟王三公守扶沟大冈。北兵之起也,贞义公战于白沟河,死。"①

李恩妻为扶沟王聚女,扶沟大冈是王聚故里所在地,也是李恩入赘即故里所在地。这里没有详明贞义公的生年,但却可以看出他入赘扶沟王氏的时间是在明洪武三年之前。李恩后随王聚徙于庆阳,但王氏并非举族尽徙,王聚让其弟王三公继续留在扶沟故里。

李梦阳也以扶沟为祖籍。这从他在所考进士时填报籍贯为河南扶沟县人可以得到证实。李梦阳兄弟四人:大哥孟春,二哥孟和,弟弟孟章,他是老三。孟章字汝含,生于成化十七年十二月十三日,卒于弘治十二年十一月二十日子时,年十九岁,葬于祖籍扶沟县东北四十里,地曰大冈。他的儿子李枝,在报考进士时,不再说自己是庆阳卫籍,而说是河南扶沟县军籍。实际上,这也是以祖籍而言的。

2. 庆阳系原籍、出生地

贞义公入赘于扶沟,但他并没有能够恒久地在扶沟住下去。洪武年间,他从王聚徙居庆阳。庆阳是李梦阳的出生地,是他的户籍所在地。这在明人纂修的史志里,多有记述。《明史窃·李梦阳传》载:"李梦阳,字献吉,庆阳人。弘治五年举乡试第一,明年成进士。"②过庭训《本朝分省人物考·李梦阳传》:"李梦阳

---

① 李梦阳:《空同集》卷13,影印文渊阁《四库全书》本,第1262册,台湾商务印书馆1986年版,第337页。

② 尹守衡:《明史窃》卷94,第829页。

字献吉,庆阳人也。"①

邓元锡《皇明书·李梦阳传》:"李提学梦阳字献吉,陕西庆阳人。"②当年河南人纂修的万历《开封府志》、朱睦㮮《皇明中州人物考》以及孙奇逢《中州人物考》在言及李氏其先扶沟人时都说:"国初徙庆阳。"此云国初,即明初,但没有说明徙居庆阳的原因。

何乔远《名山藏·文苑记》记其经过:"李梦阳,字献吉,系出开封扶沟。曾祖恩从外舅戍庆阳,死事边徼,籍庆阳。"③外舅即岳父。查继佐《罪惟录·李梦阳传》亦载:"李梦阳字献吉,初以戍籍隶陕西庆阳。"④至于是民籍还是军籍,没有细说。有说此时是民籍,但其子李枝为军籍,未知孰是。《河南通志》载:李梦阳"先世自扶沟赘,居陕西庆阳,冒姓王氏"⑤。《扶沟县志》谓:李梦阳"其先扶沟大冈人。明初,有李恩者赘于王聚,因冒其姓,从军庆阳"⑥。这一记载,源于李梦阳所撰本家谱系:"号贞义公者讳恩,始徙庆阳,是谓庆阳李氏,卒以衣冠葬道士平。配王氏,生二男子。"又谓:贞义公妻王氏,是扶沟王聚女,李恩不是娶王氏,而是入赘于王家,用今天的话说,是倒插门女婿。据李梦阳所述:"王聚于洪武三年归,军于蒲州。已,又自蒲州徙庆阳。于是贞义公从如庆阳。"李恩有子二人:忠、敬;忠有子三人:刚、庆、正;敬有子二人:珅、瑄⑦。

李梦阳的父亲是李正。其人在李氏发展史上是一个关键性人物。是他,恢复了李姓,并使李家由民跨进了官的门槛。李梦阳曾说:"我李冒王氏者,盖三世矣。至我先大父而始复李氏云。"他在谈到李正经历时有谓:"号吏隐公者讳正,字惟中,处士公第三子。为阜平县学训导,升周府封丘王教授,卒赠承德郎、户部山东司主事,加赠奉直大夫、户部贵州司员外郎。以正统四年十二月二十二

① 过庭训:《本朝分省人物考》卷106,《续修四库全书》,第536册,上海古籍出版社2001年版,第829页。

② 邓元锡:《皇明书》卷38,明万历三十四刻本,第12页。

③ 何乔远:《名山藏》卷68,明崇祯刻本,第7页。

④ 查继佐:《罪惟录》卷13,浙江古籍出版社1984年版,第2033—2034页。

⑤ (雍正)田文镜、王士俊修,孙灏、顾栋高等纂:《河南通志》卷65,影印文渊阁《四库全书》本,第538册,台湾商务印书馆1986年版,第129页。

⑥ 张朝瑞:《明贡举考略》卷12,《四库全书存目丛书》,"史部"第269册,齐鲁社2001年版,第4页。

⑦ 李梦阳:《空同集》卷38,影印文渊阁《四库全书》本,第1262册,台湾商务印书馆1986年版,第336页。

日酉时生,弘治八年五月十六日巳时卒。年五十七岁。葬城南十里所地曰高家平。娶高氏,生三男子、三女子。"又谓:"吏隐公年二十九充郡学生,始受籍于师,日诵百千,过不成诵。于是诸后生咸目笑公。公第诵愈益,苦居岁余——又愈年,公乃始贡。是时,年三十五矣。"①由于李氏为庆阳籍人,所以他的父亲在庆阳考取秀才,入府学为增生,三十五岁举贡生,成为阜平训导,再迁为教授。

李氏由于家居庆阳,所以墓地也在此。李忠与长子李刚死后葬于庆阳东岳庙前。李敬号军汉,及其子李珋,死后葬于去城二十里的范家峪。

李梦阳母亲高氏,生正统五年五月二十五日子时,卒弘治六年八月二十九日巳时,年五十四,付葬高家平墓。他的父亲李正卒于弘治八年五月十六日巳时,年五十七岁,葬于庆阳城南十里所地曰高家平。

庆阳是李梦阳户籍所在地,所以他在庆阳考取秀才,入庆阳府学为生员。张朝瑞《皇明贡举考》载:弘治五年两京十三藩乡试陕西解元,"李梦阳,庆阳府学增广生"②。

张弘道、张凝道《皇明三元考》载:弘治五年壬子科陕西乡试解元,"李梦阳,庆阳卫籍"③。

李梦阳为进士。明弘治六年进士题名碑载:二甲第十七名进士,李梦阳,陕西庆阳卫籍,河南扶沟县人。这一登录,来源于李梦阳本人的填报。庆阳卫指的是户籍所在地,河南扶沟人指的是祖籍。这一著录,回避了李氏籍贯的由扶沟到庆阳,再由庆阳到开封的变化。

明代庆阳隶陕西,康熙七年甘肃建省,改隶甘肃,所以明代《陕西通志·选举志》载他为陕西进士。雍正十三年,《陕西通志》以甘肃设省,庆阳隶甘肃省,在《选举志》中将李梦阳删除。乾隆元年《甘肃通志》进士载:弘治癸丑科,李梦阳,庆阳人,提学副使④。

---

① 李梦阳:《空同集》卷38,影印文渊阁《四库全书》本,第1262册,台湾商务印书馆1986年版,第339页。

② 张朝瑞:《明贡举考略》卷5,《四库全书存目丛书》,"史部"第269册,齐鲁书社2001年版,第654—656页。

③ 张弘道等编:《皇明三元考》卷8,《四库全书存目丛书》,"史部"第271册,齐鲁书社2001年版,第132页。

④ 《(乾隆)甘肃通志》,影印文渊阁《四库全书》本,第558册,台湾商务印书馆1986年版,第245页。

3. 开封为李梦阳实际居住地

李梦阳一生经历了庆阳李氏籍贯第二次变化的全过程。崔铣在为他撰写的《江西按察副使空同李君梦阳墓志铭》里载称："空同子,讳梦阳,字献吉,庆阳人,徙大梁。甫冠,举弘治癸丑进士"①。《禹州志》直言:李梦阳"庆阳人,徙大梁"②。

这里没有说明何时徙居大梁,可也记述了他的籍贯在变化。《河南通志》则言及其籍贯变化的经过:"父正始复李氏。由庆阳诸生,仕封丘教授,遂归大梁家焉。"③《扶沟县志》里也有记述:李恩从军庆阳,"恩生忠,忠生正,始复姓李氏。授阜平训导,迁封丘王教授,遂于大梁"④。此外,万历《开封府志》亦载:"李梦阳字献吉,其先扶沟人也,国初徙庆阳。父正以阜平训导,为封丘王教授,遂家大梁。"朱睦㮮《皇明中州人物考》也有类同的记述。这一变化还为史家所注意。邓元锡在《皇明书·李梦阳传》里述称:"李提学梦阳字献吉,陕西庆阳人,后徙大梁。"定稿的《明史·李梦阳传》亦从其说:"字献吉,号空同子,庆阳人。父正,任周王府教授,徙居开封。"⑤这里说庆阳李氏从李正开始,到李梦阳止,再次进行迁移。为此,孙奇逢在《李副使梦阳传》后特加评论:"空同子,庆阳人,而籍于大梁者也。则庆阳不得私之籍,固以人重哉!薛文清亦河津而籍于鄢陵,鄢陵岂忘哲人之得,至薛西原则偃师人而籍亳州,亳固重矣。偃师发祥之地,乌容泯乎。因并表出。"⑥

这些记述,将徙居开封的原因释为李正到开封周王府任教授,是不无根据的。我们从李梦阳本人的述说里也可找到更为具体的说明。他在《封宜人亡妻左氏墓志铭》中自述其履历:左氏成化乙未十月生于汴梁,年十六归李氏。李子父曰奉直君,为封丘温和王教授,居汴而携其子梦阳来。弘治乙亥,左氏生子枝。壬子,李子举陕西乡试第一。癸丑,成进士。戊午,拜户部主事。正德元年,进郎中,尚书洪洞

---

① 崔铣:《洹词》卷6,影印文渊阁《四库全书》本,第1262册,台湾商务印书馆1986年版,第515页。

② (道光)朱炜修、姚椿等纂:《禹州志》卷15,清道光十五年刻本,第9页。

③ (雍正)田文镜、王士俊修,孙颢、顾栋高等纂:《河南通志》卷65,影印文渊阁《四库全书》本,第538册,台湾商务印书馆1986年版,第129页。

④ 张朝瑞:《明贡举考略》卷12,《四库全书存目丛书》,"史部"第269册,齐鲁书社2001年版,第4页。

⑤ 张廷玉:《明史》卷286,中华书局1987年版,第7348页。

⑥ 孙奇逢:《中州人物考》卷4,道光二十四年刻本,第54—55页。

韩公率百官弹压宦官刘瑾等，"瑾以弹事出于李手，明年正月蓦逐李子，夺其官。于是左氏从李子还而潜大梁墟中"①。在《亡弟汝含祭文》中也说："昔我先君，徙官于河藩。携我兄弟傥居民邸。"②这两则记述告诉人们：一是李梦阳与其弟来到开封的原因，是李正在开封周王府任教授，"居汴而携其子梦阳来"，"携我兄弟傥居民邸"；二是李梦阳在开封的活动，十九岁时与左氏结婚，步入仕途后，左氏陪伴以行。李梦阳被夺官后，"左氏从李子还而潜大梁墟中"。正德二年，左氏病卒于汴，后李梦阳也病死于此。《开封府志》载："是时忌者咸欲重坐之。少傅杨一清力救，获末减免官。归大梁，病卒。"《皇明书》里具体说："嘉靖辛卯，就医京口。还大梁。病卒。"孙奇逢亦说："嘉靖十年，迎医京口。还，遂卒。年五十九。"左氏卒后不是归葬庆阳李氏茔墓，而是葬于河南钧州大阳山，位于钧州北三十里，曰东南张。李梦阳死后也葬于此。《古今图书集成·方舆汇编职方典》载：李梦阳墓在禹州大阳山③。《禹州志》亦载：李梦阳墓在钧州大阳山，位于州西三十五里④。据此，李氏从庆阳回迁开封是自李正开始，完成迁居的是李梦阳。也正是由于这一原因，他的儿子李枝在报考进士时，也就不再说庆阳卫籍之事。

三、李梦阳在开封、西安两地参加乡试

明代乡试报考对籍贯要求是严格的，即只许籍贯本省的士子报考。景泰四年，已经对顺天府乡试冒籍取中举人尹诚等十二人进行过查处与清理，"命锦衣卫俱执送刑部问"⑤。成化四年，以及后来都对乡试冒籍报考进行过处理。应当说，清理是认真的。

扶沟李氏从李恩到梦阳历四世，百余年间，籍贯出现两次大的变化：第一次是由河南扶沟迁至庆阳，第二次是由庆阳徙至开封。李梦阳遇上第二次的迁居。对他来说，扶沟是祖籍，庆阳是原籍、出生地，开封则是现居地。由于父亲为周王

---

① 李梦阳：《空同集》卷45，影印文渊阁《四库全书》本，第1262册，台湾商务印书馆1986年版，第410—412页。

② 李梦阳：《空同集》卷64，影印文渊阁《四库全书》本，第1262册，台湾商务印书馆1986年版，第587页。

③ 《古今图书集成·方舆汇编职方典》卷381，巴蜀书社1985年版，第11183页。

④ （道光）朱炜修、姚椿等纂：《禹州志》卷15，清道光十五年刻本，第9页。

⑤ 王世贞：《弇山堂别集》卷82，中华书局1985年版，第1557页。

府教授,便在开封报考乡试,得到准许,但未能考取,其事在《明史》本传以及《墓志铭》中都没有明确记载,然而这却是事实。

《名山藏·李梦阳传》记其事:"梦阳弱冠,就河南试,不得名,以其故籍走之陕,则陕士且入场,梦阳向主司大言:'场未得解元'。主司试之赋,立就,收之。果发解首。连举进士,弘治六年矣。"①《罪惟录》亦载:"弘治中,父正教授周府。因就试河南,不遇,还庆阳。而棘闱且闭,梦阳阚监场使者大言:'梦阳不入试,是科无解首。'使者勉收之,果举乡试第一,时年十八。明年癸丑成进士,授户部主事。"②清人李调元在《制义科琐记》所书尤为明白:"李梦阳字献吉,扶沟人。试河南不第,乃就试陕西,场将闭,梦阳曰:'场无解元,何为闭也。'主者奇其言,纳之,竟中第一。"③这些记述,都是说他在举陕西乡试第一之前,曾在河南参加乡试,未能取中才改回陕西报考。

这次李梦阳在河南参加乡试的时间,诸记混乱。何氏说"梦阳弱冠,就河南试",弱冠说的是时间。《礼记·曲礼上》:"二十曰弱冠。"④也就是说,在河南参加乡试的时间是在他二十岁那年。而过氏、查氏都说他"举乡试第一,时年十八",就试河南不遇在前,举乡试第一在后。如果说举乡试时年十八岁,按乡试三年一次推算,在河南参加乡试当在此前三年,当是十五岁,与二十岁说就要相差五年。另,《明史》说他弘治六年举陕西乡试第一。且不说时年他几岁,这一年就没有举行乡试,显然这些撰者大凡没有看到他的自述。根据他的自述:他十九岁竟婚,"明年为弘治辛亥,左氏生子枝云。逾年,壬子,李子举陕西乡试第一。癸丑,成进士"。壬子举陕西乡试第一,是在弘治五年,他二十一岁。成进士时在癸丑,即弘治六年,他二十二岁。可见,他在河南参加乡试的时间,是在弘治二年,这一年他十八岁,但未取中。所谓"举乡试第一,时年十八",是将与乡试同举乡试第一二者相混了。

李梦阳是弘治五年陕西解元。他在陕西如何报考的呢?我们从张朝瑞《皇明贡举考》里所记弘治五年乡试,"李梦阳,庆阳府学增广生",可以找到答案:他以庆阳府学增广生的身份报考,名正言顺。

---

① 何乔远:《名山藏》卷68,明崇祯刻本,第7页。
② 查继佐:《罪惟录》卷13,浙江古籍出版社1984年版,第2033—2034页。
③ 李调元:《制义科琐记》卷2,《丛书集成初编》本,第897册,中华书局1985年版,第56页。
④ 子思:《礼记》,华龄出版社2002年版,第2页。

明代乡试对考生资格审查是严格的,《万历野获编》谓:"国初冒籍之禁颇严,然而不甚摘发。"①然而陕西庆阳籍的李梦阳,在河南开封报考并参加乡试则是不争的事实。他之所以在河南报考参加乡试,是由于当时科举考试考籍管理政策上有一项特殊的规定,允许教职子弟在其执教地方参加乡试。明人阎禹锡在所撰《礼部侍郎兼翰林院学士薛先生行状》言及永乐十七年,薛贞改除鄢陵教谕时说:"时例教官乏科贡者充成。"②"时例"即当时科举考籍的通行的做法。这一政策倾斜,使教职子弟既可在原籍报考参加乡试,也可以在父亲执教地报考参加乡试。薛瑄字德温,山西河津人。生于洪武二十二年已巳八月初十日,世居县南薛里。他的父亲薛贞为教官,在河南执教。依据这一政策规定,他乡试不在原籍山西报考,而是来到河南报考,以"补鄢陵诸生"③的身份报考,结果,获取河南乡试第一名。李贤在《薛文清公神道碑》中述其事:"永乐己亥,贞改任河南鄢陵。公虑任将满,尚乏科贡,乃充邑庠生赴乡闱,遂中大魁。贞大喜,以为得子之助。明年,登进士第,名动缙绅。"④《明史·薛瑄传》亦载:"后贞复改官鄢陵。瑄补鄢陵诸生,遂举河南乡试第一,时永乐十有八年也。"同样,李梦阳也是因其父李正在开封周王府中任教授,所以他的乡试地点也多了一个选择,先在河南开封报名参加乡试,只不过是未能取中而已。明初考籍管理上的这一做法,虽为权宜之计,可也反映了当时国家尊师重教的政策导向。

科举考试分区定额录取的原则,决定了考籍管理必须从严控制。冒籍考试的查处,在明初已为官府注意,重点是查处违犯政策规定、为人举报的冒籍者,至于说教职子弟可以在父亲执教地报考,是政策许可的,自然不在清查之列。这样,使得教职子弟既可在籍贯所在地报考,又可在父亲任职地报考。这一做法,体现的是以优取人原则,与当时明王朝实行的分区定额取人政策相抵牾,因而,未能维持持久。

---

① 沈德符:《万历野获编》卷 14,中华书局 1957 年版,第 374 页。

② 《(光绪)清会典事例》卷 1,新文丰出版公司 1976 年版,第 5 页。

③ (雍正)田文镜、王士俊修,孙灏、顾栋高等纂:《河南通志》10,影印文渊阁《四库全书》本,第 538 册,台湾商务印书馆 1986 年版,第 1582 页。

④ 《(光绪)清会典事例》卷 1,新文丰出版公司 1976 年版,第 16 页。

李梦阳早年二三事考辨

师海军　郝润华

　　李梦阳是明代重要的作家,"前七子"的领导者,文坛领袖,其倡立的"复古"运动影响深远,甚至下启晚明的文学思潮①;李梦阳的作品流传广远,传世作品包括诗、赋共二千二百余篇及各体文章五百余篇②,在中国文学史上占有举足轻重的地位。过去学界的研究,将更多视角投向其文学理论与创作,对其生平却研究较少,即使研究,人们所依据的材料更多是与他同时或稍后人物的记述,如徐缙《明江西按察司副使空同李公墓表》(《明文海》卷四百三十二,中华书局 1987 年影印本)、崔铣《明江西按察司提学副使空同李公墓志铭》(《洹词》卷六,影印文渊阁《四库全书》本,第 1267 册,台湾商务印书馆 1986 年版)、袁袠《李空同先生传》(《衡藩重刻胥台先生集》卷十七,《四库全书存目丛书》,"集部"第 86 册,影印明万历十二年衡藩刻本,齐鲁书社 1997 年版)和朱安湳《李空同先生年表》(《空同集》,万历二十九年,即 1601 年邓云霄刻本卷末"附录")等,今人研究成果虽有铃木虎雄的《李梦阳年谱略》(日本京都文学会编《艺文》,1929 年第二十年第一号)和梁赞宏的《李梦阳年谱》(复旦大学 1987 年硕士论文),但对其早年事迹的考订均显粗疏,仍多承朱安湳《李空同先生年表》。因朱安湳与李梦阳时代相距更近,为李梦阳岳父后人,自身就博学好古③,占有材料丰富翔实,且对其

---

① 章培恒:《李梦阳与晚明文学新思潮》,《安徽师范大学学报(人文社会科学版)》1986 年第 3 期。

② 见郝润华以万历二十九年(1601)邓云霄刻本为底本的《李梦阳集校笺》稿本。

③ 鲁曾煜、张淑载纂乾隆四年(1739):《祥符县志》卷 15《人物》云:"朱安湳,字思甫,镇平府奉国将军。笃行好古,于学无所不窥,邸第建青黎阁,藏书数千卷,日诵读其中,极意著作古文辞。"《空同集》卷 44《镇平府大辅国将军墓志铭》云:"大辅国将军者,三镇国将军之长子,而镇平恭靖王之孙也,讳同钰。周定王系有子同睦,则同者,于定王为曾孙矣。初,镇国娶于杨,生两辅国,暨广武、遂宁二郡君,而广武郡君生左宜人,左宜人配按察副使牟某,则大辅国者,于吾妻实母舅,而为之甥之夫者,义弗得铭辞矣。"而据明制,皇帝次子封为亲王,亲王儿子袭封,其余子弟封为郡王,郡王长子袭王,镇国将军,其余子弟封镇国将军,然后世代袭封,镇国将军之子都封辅国将军,辅国将军之子都封奉国将军。则朱安湳为李梦阳岳母之父朱同钰子侄辈。

事迹逐年编订,故而被学界广为征引,但其中疏漏处自然难免。笔者在阅读李梦阳相关资料时,发现其早年事迹的几则故实,兼有订正其原文所述及《李空同先生年表》处,在此不揣浅薄,仅略陈固陋,还望方家指正。

一、李梦阳名、字的两次改动

关于李梦阳名、字之来由,颇具传奇色彩。徐缙《明江西按察司副使空同李公墓表》云:"始高夫人梦日投怀中,寤生公,乃名曰梦阳。"袁袠《李空同先生传》曰:"母梦日堕怀中,寤而生公,故名。"《李空同先生年表》也云:"母高太宜人梦日堕怀中而生公,遂以今名命之。"俱以其母高氏梦日入怀来解释"梦阳"的来由。由于李梦阳在政治、文坛上的巨大影响,这种说法逐渐被后人所采纳,如清人毛奇龄在《西河集》中就云:"李梦阳,字献吉,生时母梦日堕怀,以为吉也,名字之。"[1]《明史·李梦阳传》也本此。后人也就相沿陈说,很少对此提出疑问[2],但细读李梦阳全集,发现实际并非如此。

《空同集》卷三十八《族谱·家传》说自己:"初名萃。"朱安㳽《李空同先生年表》引调元[3]语曰:"公初字天赐。"又《家传》云兄李孟和曰:"字子育,为散官。初名茂。"由此可见,李梦阳与兄李孟和原名中俱带草字头,兄名茂,字子育,梦阳名萃,字天赐。字"天赐",大概像朱安㳽《李空同先生年表》所记:"先是,奉直公以贡士如京师,遇日者占之曰,君年三十三岁当生男,必显,至是果验。"遇见算命先生占了一卦且后来应验了,殆由天赐,故而字之,而后所谓母梦日入怀当为附会而成。

后来李茂、李萃两兄弟之名俱改为以孟字开头,兄改孟和,弟改孟阳,所改时

---

① 毛奇龄:《西河集》第81卷,影印文渊阁《四库全书》本,第1320册,台湾商务印书馆1986年版。

② 李开先在《李崆峒传》中云:"(李)正则教授温和王府者也,正生次子孟阳,今改孟为梦,原字天赐,今改献吉。"见《李中麓闲居集》卷10,影印中国科学院图书馆藏明刻本,《续修四库全书》第1340—1341册。但其说法并不全面且未言原因,甚少引人注意。

③ 此调元疑为李调元。调元,河南息县人,登嘉靖癸未姚涞榜(1523),与李梦阳之子李枝同年。据顺治十五年(1665)邵光胤、宣洪猷纂《息县志》卷九《乡贤卷》云:"李调元字化卿,在城里人。举进士,任嘉善令。……性狷介不苟合,以清白著闻。擢户部主事……性好诗书,每公余,披览至夜分不倦,长于诗文,精医药,所痊者治甚众,卒京邸,行李萧然,惟图书数卷。"

间至迟在成化十七年十月(1481)之前,因《空同集》卷三十八《族谱·大传》言及其弟时曰:"孟章……字汝含,成化十七年十月十三日午时生。"弟兄排行均以"孟"字开头,其后在《大传》、《亡弟汝含祭文》①中再未言李孟章曾改名之事。关于修改的原因,或许与他们的堂兄李(王)孟春有关②。关于李孟春,《家传》仅言"孟春,阴阳公子。成化六年(1470 年)正月二日生。娶王氏"。但在甘肃出土的李梦阳生母高氏的墓志铭——《明故李母高氏之圹志》中云:"先仲父有子曰孟春,两岁失怙恃,取抚为己子,俾成立有室。"③则李孟春被叔父李正抚养,当在成化七年(1471)。《家传》云:"孟和……天顺五年十二月十日亥时(1462年)生。"可见李梦阳亲兄长李茂年龄要大于其堂兄,但因为李(王)孟春"两岁失怙恃",李正夫妇"取抚为己子",视为己出,希望子息能相亲相爱,自然要在名字上首先体现出来;又因兄长早逝,李正代为抚养其子,擅改其名字自是不便,故李茂改为孟和,李萃为孟阳,三子出生时取名孟章。李梦阳以孟阳之名行世,应该说并不会很短暂,明高儒《百川书志》卷十三中著录《空同诗文全集》六十三卷,题曰"江西提学副使空同山人北郡李梦阳献吉撰",而在同书卷十六著录二十一卷本《空同集》时,则云:"《空(崆)同(峒)集》二十一卷,江西副使北郡李孟阳献吉撰。"④可见明人对李孟阳之名也是熟悉的。

由孟阳而改为梦阳,或与李梦阳所参加的科举考试有关。因明代科举分区定额录取,对生员籍贯的审核严谨,一经发现,查处极为严厉。李梦阳因父李正为周王府教授,由庆阳迁至开封,根据时例,教职官子弟可原籍报考,也可在执教地考试,故李梦阳既可以在河南科考,也可以在陕西考试⑤,但特别的是李梦阳在两地都参加了科考。据朱安㵸《李空同先生年表》载:"弘治二年己酉(1489),公年十八岁。以儒士应河南乡试,不第。……五年壬子(1492),公年二十一岁。举陕西乡试第一,与洵阳张凤翔同榜。"他先于弘治二年在河南首试未中,后又

---

① 郝润华:《李梦阳集校笺》卷 64。

② 《空同集》卷 38《族谱·大传》云:"我李冒王氏者盖三世矣,至我先大夫而始复李氏云。"可见李氏入赘王氏以来,至李梦阳父李正始复姓李,而其伯父并未改姓,堂兄当仍为王姓。但自两岁被李正抚养后,也很可能改姓李氏。

③ 见刘得祯、王春:《甘肃庆阳发现明李梦阳之母高氏墓志铭》,《文物》1993 年第 10 期,后又经毕昭杰校正,见《甘肃庆阳李梦阳之母高氏墓志文辨误》,《文物》1994 年第 4 期。

④ 高儒:《百川书志》,上海古籍出版社 2005 年版,第 191、237 页。

⑤ 王兴亚:《明代李梦阳的籍里与两地乡试》,《黄河科技大学学报》2008 年第 3 期。

在陕西乡试,跨籍考试,所援引的仅为时例,而非制度,何况是在两地都参加呢?为减少不必要的麻烦,而由"孟阳"改名为"梦阳",字由"天赐"改为"献吉",也符合人之常情。由"孟"而"梦",殆因声音相通而致。明弘治六年(1493)进士题名碑载:二甲第十七名进士,李梦阳,陕西庆阳卫籍,河南扶沟县人①。这一登录,自然来源于李梦阳本人的填报。可见,至迟在弘治六年,李梦阳再次易名。

李梦阳以"梦阳"的名字参加科考,登上了明代中期的政治、文学舞台,引领一时风骚,与他前面的"莘"、"孟阳"相比较,自然就更为人们所接受和熟悉,"梦阳"也更易附会梦日入怀的典故了。

二、李梦阳随父阜平县学之时间

明代与作家相关的信息留存相对丰赡,但随着时间的流逝,难免有些资料会湮没无闻。如李梦阳生父李正的墓志,仅有李东阳撰写的《明周府封丘王教授赠承德郎户部主事李君墓表》②,而杨一清撰述的《墓志铭》却在今人唐景绅、谢玉杰整理点校的《杨一清集》及其《石淙诗稿》(《四库全书存目丛书》,"集部"第40册,影印明嘉靖间刻本)中遍寻不见③,李东阳的记述中又未明言李正何年就任阜平县学训导④,《空同集》关于此处的记载又互相抵牾,有必要进行一番考察,以廓清迷雾,订正《空同集》前后记述矛盾之处。

《空同集》卷三十八《族谱·家传》云:"号吏隐公者,讳正,字惟中,处士公第三子。为阜平县学训导,升周府封丘王教授。卒赠承德郎、户部山东司主事,加赠奉直大夫户部贵州司员外郎。以正统四年(1440)十二月二十二日酉时生,弘治八年(1495)五月十六日巳时卒,年五十七岁。"《族谱·大传》云:"又逾年,公乃始贡。是时,年二十五矣。是年,为阜平县学训导。……公在阜平五年,以母

---

① 《国朝历科题名碑录》,清嘉庆四年刻本。

② 李东阳:《怀麓堂集》第七十六卷,影印文渊阁《四库全书》本,第1250册,台湾商务印书馆1986年版。

③ 《明周府封丘王教授赠承德郎户部主事李君墓表》云:"庆阳李君惟中以教授卒于家,友都御史杨公应宁为铭以葬而墓道未表,后君以子梦阳贵,赠承德郎户部主事,梦阳乃请于予且出其所自为状。"应宁乃杨一清字,李东阳的话说明杨一清曾给李梦阳父写过《墓志铭》。

④ 《明周府封丘王教授赠承德郎户部主事李君墓表》仅云:"循次应贡,以亲老授学职,为阜平县学训导,俗野不学,君严为诲迪,越五年,士习勃然若丕变者,而君以家艰去。"

丧归,起为封丘王教授。"依上述材料,则梦阳父李正任阜平县学训导在天顺八年(1464)至成化四年丁亥(1468),而崔铣《明江西按察司提学副使空同李公墓志铭》云:"空同子以成化壬辰十二月七日(1473)生。"朱安渊《李空同先生年表》亦曰:"成化八年壬辰十二月癸丑七日己巳,公生于庆阳里舍。"则李正就任阜平期间,李梦阳尚未出生。而朱安渊《李空同先生年表》有"成化十一年(1475)乙未,公年四岁。奉直公筮仕阜平训导,公从如阜平,始就学,即颖敏不凡"的记述,言在成化十一年李梦阳四岁时随父至阜平。所述彼此矛盾,不能统一。

《大传》云:"公在阜平五年,以母丧归,起为封丘王教授。"李东阳在《明周府封丘王教授赠承德郎户部主事李君墓表》也云:"为阜平县学训导,俗野不学,君严为诲迪,越五年,士习勃然若丕变者,而君以家艰去。"说明李正在阜平县学训导前后一共五年时间,只因母亲去世才不得不离开。《族谱·外传》言及李母曰:"李氏处士公,宁州李媪女,讳曰绵,是曰李夫人。……卒成化十五年(1479)十一月十三日,年八十一岁。"如此,李正离开阜平当在成化十五年(1479),因"公在阜平五年",其为阜平县学训导当为成化十年乙未(1475),时年三十七岁,比《大传》所言时间要晚整整十二年。又《明故李母高氏之圹志》云:"先妣姓高氏……正统庚申(1440)五月丙子日①,我先妣生焉。褓褓许李氏,二十有一(天顺四年1460)归我家君。大人名正,字惟中。后十五年(成化十年乙未,1475),家君得训导,随任之阜平。"也可证李正为阜平县学训导的时间,成化十年乙未(1475)梦阳恰为四岁,与朱安渊《李空同先生年表》所言相合。

通过此段考察,可见出《族谱·大传》中"又逾年,公乃始贡。是时,年二十五矣。是年,为阜平县学训导。……公在阜平五年,以母丧归。起为封丘王教授"这段文字的表述是存在问题的,与实情不符,或由于传抄刊刻的原因,在"是时,年二十五矣"与"是年,为阜平县学训导"之间文字有脱漏。

三、李梦阳寓居开封之时间

关于李梦阳随父至开封的具体时间,文献记载并不明确。李东阳《明周府

---

① 此处关于高氏生年记载有误,笔者《李梦阳母高氏墓志铭释证》有详解。

封丘王教授赠承德郎户部主事李君墓表》云:"为阜平县学训导……而君以家艰去。擢周府封丘王教授,王雅重之……"《族谱·大传》云:"又逾年,公乃始贡。是时,年二十五矣。是年,为阜平县学训导。……公在阜平五年,以母丧归。起为封丘王教授。"而朱安淮《李空同先生年表》则比较详细地说:"成化十七年(1482)辛丑,公年十岁。奉直公补任封丘温和王教授,公从如大梁,受《毛诗》。"但详细审视这条材料,颇有问题。

上文曾言李正母李夫人去世在成化十五年(1479)十一月十三日,梦阳父李正因母丧而归故里守孝。《礼记》载:"三年之丧何也?曰:称情而立文,因以饰群、别亲疏、贵贱之节,而弗可损益也,故曰'无易之道'也。……三年之丧,二十五月而毕,哀痛未尽,思慕未忘,然而服以是断之者,岂不送死有已、复生有节也哉!"①孝子守孝时间为三年,是不能更改的,这是用来别亲疏、表达极度悲痛的规定,但实际时间为二十五月。因为孝子的哀痛虽然没有终止,但哀送死者恢复正常的生活总要有一定的时间,则李正守孝结束最早,也在成化十八年(1482),而朱安淮《李空同先生年表》云在成化十七年李梦阳十岁时就随父寓居开封,所说大谬。在强调礼法的明代,士人应该说是不会轻易违背孝道的,何况这又是大家极为看重的呢?从常理来推断,李正补任封丘温和王教授,当为守孝结束后,全家始至大梁,梦阳也当随往。

《家传》云:"号吏隐公者……以正统四年(1440)十二月二十二日酉时生,弘治八年(1495)五月十六日巳时卒,年五十七岁。"《大传》云:"公在王门十三年。"又云:"公之卒也,则以吾母高夫人往。高夫人卒丧,过大梁,公请于王,行无何,道病,舆行抵庆阳,舍兴教寺,顷之卒。王闻讣,痛踊泣,数行下使,使来,赙且会葬。此其克厥始终者,故载。"而李母高氏卒见卷三十八《外传》,云:"夫人……卒弘治六年(1493)八月二十九日巳时,年五十四岁。"《明故李母高氏之圹志》又曰:"弘治壬子(1492),梦阳竟赖发陕西乡解,癸丑(1493)登毛澄榜进士,被留。是岁六月,拿舟至京师,意倚慈训,用图报忠万一,无何,天宥顽恶,不夺之寿,而祸我所恃矣。自途中遘疾,几百日医虽罔却,而拳拳以命自处,分嘱后事,若有所前知者,梦阳泣涕请,惟曰:'忠孝不两尽,汝竭力事汝君,吾目瞑矣。'……后二年乙卯(1495)春三月,始得先还故里。秋七月壬午朔,始安厝于

①　王文锦译解:《礼记译解·三年问》,中华书局2001年版,第871页。

庆阳之南向十里铺西原。"李东阳《明周府封丘王教授赠承德郎户部主事李君墓表》云:"孺人(高氏)以就养卒于京师,梦阳扶柩过河南,殡于城北。越二年,君启王得假以丧归,道得疾,至增剧,抵庆阳六日而卒。"综合上述材料,可见梦阳母高氏因思儿心切,于弘治癸丑年(1493)六月坐船至京,但途中得病,不治身亡。是年梦阳扶柩河南,葬于开封城北,二年后(1495),始归葬于庆阳。其父李正向周王请假携行,但中道得病,至庆阳六天后去世。由"公在王门十三年"向前逆推十三年,则李正为封丘温和王教授,正是成化十八年(1482)。

《空同集》卷四十五《封宜人亡妻左氏墓志铭》云:"奉直君为封丘温和王教授,居汴,而挈其子梦阳来。"卷六十四《亡弟汝含祭文》云:"昔我先君徙官于河藩,挈吾兄弟,僦居珉邸,入饱出嬉,家室如火。"高叔嗣为梦阳兄李孟和所作墓志首句即云:"北墅公始自庆阳徙开封当成化之十八年。"①俱可证梦阳父奉直君李正于成化十八年(1482)就任开封周王府教授,携全家同往,关于此点,一向为人们取重的《李空同先生年表》言说也当有误。

四、李梦阳早年受教育情况

李梦阳于明代文坛异军突起,标新立异,于复古中求新求变,对明代文学产生了深远影响。这样的成绩当然是多方面因素综合的结果,但他早年所受的教育自然也是不能忽略,本节就此点稍加考述。

关于李梦阳早年所受教育,朱安渊《李空同先生年表》云:"成化十七年辛丑(1481),公年十岁。奉直公补任封丘温和王教授,公从如大梁,受《毛诗》。"言梦阳至开封后曾学《毛诗》。关于李梦阳受《毛诗》的具体情况,朱孟震在《玉笥诗谈》有更为详细的记述,其曰:"给谏李宗一,名元,祥符人,而献吉业师也。献吉年十四,随其父教授公寓汴,从宗一学《毛诗》,不数年,宗一以解元登第为夕郎,献吉亦以解元登第为户部主政,同立于朝,每相倡和。……宗一先名源,后易元,平台其别号也。"②言及李梦阳至开封后随《诗》学大家李源求学的情况。关于

---

① 高叔嗣:《苏门集》卷7《大明北墅李公墓表》,影印文渊阁《四库全书》本,第1273册,台湾商务印书馆1986年版。

② 朱孟震:《玉笥诗谈》,《四库全书存目丛书》,"集部"第417册,齐鲁书社2001年版。

李梦阳至开封的具体时间前已考辨，李正不可能在守孝期间离家外任，其至大梁当在成化十八年癸卯（1482），故李梦阳受学《毛诗》在他十一岁的时候，《李空同先生年表》十岁说，与朱孟震《玉笥诗谈》十四岁说均有误。

关于李源，过庭训《本省人物考》卷八十六云："李源，字宗一，祥符人。成化丁酉乡试第一，弘治丙辰进士，历兵部主事、员外郎、郎中，值刘瑾窃柄，怒源守正不阿，谪襄阳府同知。瑾诛，擢湖广布政司右参议。无何，以病免归。源资敏学博，尤长于《诗》。成化间，汴中艺林以源为首称云。"①可见，李源不仅"资敏学博，尤长于《诗》"，而且重气节，能"守正不阿"，这自然会对童年李梦阳产生影响。而李梦阳学习《毛诗》，也非偶然，在《空同集》卷三十八《族谱·大传》中，李梦阳谈及其父李正求学时说："然予又闻公至向学，往贫窭时，受《诗》于合水韩公，尝大雪，公单衣，曳破履行，尝夜行归，雪甚，庐萧然无烟也。"在乾隆二十七年（1762）赵本植纂《新修庆阳府志》卷二十七《人物》载李正："性度宽雅，以岁贡任阜平县训导，勤学善教，艺精六书，升封丘府教授，致仕。"可见其父"性度宽雅"，"为人德厚，鲜矜伐"，早年就曾学习《毛诗》而兼通六艺，家学渊源，梦阳自然耳濡目染，深得精髓。

中国古代注重诗教之说，自不待言，但《诗》之解，自宋以后，因疑经思潮兴起，宋人对汉、唐宿儒的《诗》论多持批评态度。自宋欧阳修撰《毛诗本义》十六卷，首批《诗序》始，其后苏辙、王安石、张载、程颐、朱熹等俱各抒己见，论争纷起，故《四库全书总目》云："《诗》有四家，毛氏独传，唐以前无异论，宋以后则众说争矣。然攻汉学者意不尽在于经义，务胜汉儒而已；申汉学者意亦不尽在于经义，愤宋儒之诋汉儒而已。各挟一不相下之心，而又济以不平之气，激而过当，亦其势然欤！"②对宋之后的《毛诗》论争进行了评价。本文在此无意去评判这种论争孰优孰劣，谁对谁错，但通过上述评论，可以明显窥见宋人与汉、唐人对于《诗》观点的分歧，这种激烈的论争一直延续至明、清。因为家学渊源，李梦阳童年即受学《毛诗》；全家迁至开封后，又从《毛诗》大家李源攻读，于汉唐、宋儒对《诗》学的不同见解自然洞悉于胸，这种分歧，自然会成为他力倡复古的诱因，对他日后力排宋学，独尊汉唐学风的影响自然是不能忽略的。加之李梦阳聪明勤

① 过庭训：《本朝分省人物考》，《续修四库全书》，第 536 册，上海古籍出版社 2001 年版。
② 纪昀：《四库全书总目》卷 15《诗类》，中华书局 1965 年版，第 119 页。

奋,视野开阔,其能"十五涉猎典籍,日诵二千言,微旨奥义,多所自解"①,故而才能倡言复古,力振古雅,引领一代风气。

五、结论

1. 李梦阳的名、字曾经过两次改动,早年名莘,字天赐,后因其父收养堂兄孟和的原因改为孟阳,再因两地参加科举的原因改名为梦阳,改字献吉。

2. 李梦阳父亲李正在成化十年乙未(1475)于其三十七岁时任阜平县学训导,梦阳年仅四岁,此说可纠《空同集》卷三十八《族谱·大传》"又逾年,公乃始贡。是时,年二十五矣。是年,为阜平县学训导"的说法。

3. 李梦阳随父寓居开封的时间在成化十八年(1482),梦阳十一岁时,可订朱安溦《李空同先生年表》"成化十七年(1482)辛丑,公年十岁。奉直公补任封丘温和王教授,公从如大梁"的说法。

4. 由于家学渊源,李梦阳早年即随父受《诗》,抵开封后即从河南李源学习《毛诗》。与汉、唐人比较,宋代疑经思潮兴盛,出现了许多关于《诗》的不同见解,这种论争,对李梦阳的文学理论与创作提供了启发。

(《理论界》2010 年第 2 期)

---

① 纪昀:《四库全书总目》卷 15《诗类》,中华书局 1965 年版,第 119 页。

二　文学理论研究

李梦阳的为人及其文学事业述评

陈志明

李梦阳是一个铁骨铮铮的硬汉子。他一生批逆鳞,捋虎须,反对势要,五次陷于囹圄。在文学事业上,他回澜障倾,反对风靡一时的"台阁体"的萎弱文风,倡言"文必秦汉,诗必盛唐",形成以他和何景明为首的"前七子"的复古流派。他的骚体赋,学习屈原、贾谊,文章取法《左传》、司马迁,诗歌创作出入汉魏与李、杜之间,同时又不失其雄豪的个人特色。在有资格列名于我国古代文学史长卷的二十余名甘肃籍作家中,就文学上的地位、成就与影响而言,坐头把交椅的,当推李梦阳了。

李梦阳,字献吉,号空同子,陕西庆阳(今甘肃庆阳。明代的陕西布政使司包括今甘肃在内)人。生于明代成化八年十二月初七日,即公历一四七三年一月五日。卒于嘉靖八年十二月二十九日,即公历一五三〇年一月二十八日①。按传统的计算办法,享年为五十八岁。他主要活动于弘治(明孝宗年号,1488—1505)、正德(明武宗年号,1506—1521)年间。他的有名的弹劾外戚寿宁侯张鹤龄的疏文《上孝宗皇帝书稿》,以及为户部尚书韩文起草的弹劾宦官刘瑾等的疏文《代劾宦官状稿》,都写于这一时期。他倡导的复古运动,也于此期间达于鼎盛。李梦阳的传记见于《明史·文苑列传》。传世著作有《空同集》六十六卷。关于他的生平,《明史》本传语焉不详。而《空同集》除收有诗赋外,并载有他写

① 李梦阳的生年,据其《封宜人亡妻左氏墓志铭》(明邓云霄、潘之恒搜校本《空同集》卷45)及有关诗作推定。去世时间,见63卷本(李泉山补)黄省曾《空同先生文集序》正文并其落款。又,邓、潘搜校本附录朱安㳇《李空同先生年表》,时李梦阳生卒之年月日均有确切记载。关于李梦阳的生卒年,明人就有异说,至今仍然,如中国科学院文研所编写的《中国文学史》定为"1472—1529",游国恩等主编的《中国文学史》定为"1472—1527"。均误。笔者当另作一文详论。

的各体文章,其中包括《族谱》六篇、《封宜人亡妻左氏墓志铭》以及《广信狱前后记》等。这些文章都是研究李梦阳生平至关重要的材料,可补《明史》本传的缺失,也可用以订正近人在李梦阳研究中的某些失误。

李梦阳出生在一个世代贫寒的家庭里,曾祖父入赘于河南扶沟王家。洪武(明太祖年号,1368—1398)初年,王家作为军户到庆阳花马池戍守,他也随家前往,后来在战斗中死去。祖父被仇家陷害,死于狱中。父亲李正,早年十分贫穷,大雪天还穿着单衣,婚后还要靠妻子养鸡、养猪和出卖酒醋提供一部分家庭费用。成化八年腊月初七早晨,当李梦阳呱呱堕地时,新生儿和产妇娘睡的依然是没有席子的冷榻①。这样的出身,使李梦阳比较容易了解政治的黑暗与民间的疾苦。他在弘、正二疏中表现出来的悲天悯人的思想与大厦将倾的预感,不能不说与他的这一身世有着或多或少的联系。当然,此外也是与他个人的经历,尤其是他的坎坷遭遇密切相关的。

李梦阳在庆阳故居度过了他一生中的最初几个年头。在他幼年时,李正先任阜平(今河北阜平县)县学训导,后来又升任封丘(今河南封丘县)温和王教授。李梦阳随同父亲在任所生活。这期间,他开始接受《诗》、《书》的熏陶,官场的闻见进一步开拓了他的眼界。在弘治二年,梦阳十八岁时,以儒生的身份参加河南乡试,落选。二十一岁时参加陕西乡试,得了第一名②。下一年又考中进士。从此,他开始踏上仕途,先后做过户部主事、员外郎、郎中与江西按察司提学副使。弘治十四年,在他受命监三关招商时,执法严峻,不避权势,因而受到诬告,被陷下狱。十八年,应诏上疏,写了《上孝宗皇帝书稿》。在疏文中,他痛陈己见,指出足以动摇明王朝的"二病"、"三害"以及潜伏着的六方面的危机("六渐")。他以社稷为重,犯颜直谏,在疏文中多次指出孝宗皇帝的过错。对于正在得宠的张皇后弟弟寿宁侯张鹤龄,更是痛加贬斥,指出他只是贪图个人好处,不惜残害百姓。张鹤龄得知有此疏文后,便上本辩白,论李梦阳有斩罪十条,而最主要的罪状是李在疏文中将皇后讪称为"张氏"。皇后的母亲金夫人又到孝宗前哭诉,要求惩治李梦阳。孝宗不得已,只好将梦阳逮捕入狱。但仍有意加以

---

① 《弘治甲子届我初度追念往事死生骨肉怆然动怀拟杜〈七歌〉用抒愤抱云耳》(邓、潘搜校本《空同集》卷19。以下版本同此):"母之生我日初赫,缺突无烟熘无席。"

② 见《封宜人亡妻左氏墓志铭》,亲见过李梦阳的袁褒、睦樨在他们分别撰写的李梦阳传记中,都误作十八岁举乡试第一。

回护,最后批示以"罚俸三月"①了结。金夫人不断纠缠,孝宗都不予答理,反而召见张鹤龄严加训斥。左右人劝孝宗杖责李梦阳以使金夫人泄愤,孝宗又不答应。他对尚书刘大夏说:"那些人是想要用棍子把李梦阳打死。我岂能为了让亲近的人心里痛快而杀死这样一个正直的臣子呢!"②据《明史》本传与钱谦益《列朝诗集小传》记载,李梦阳在出狱后,一次在路上碰见张鹤龄,便对张唾骂,还举起马鞭打落了张的两颗牙齿。张只好自认倒霉,忍气吞声不敢计较。这件事既说明了李梦阳性格的桀骜不驯,也表明了孝宗对他的偏袒,否则,像寿宁侯这样声势显赫、炙手可热的人物,是决不会善罢甘休的。孝宗在明朝的皇帝中算得上是比较开明而又豁达大度的一个,从他处理李梦阳一案的经过中,也可看出一斑。对于孝宗的知遇之恩,李梦阳是终生不忘的。孝宗去世后,他在挽诗《大行皇帝挽章》中写道:"向来激切疏,优渥小臣知。"又在另一首诗中,比孝宗为"慈母"③。这固然是李梦阳的阶级局限性的表现,但同时也说明了他希望有一个重视自己的好皇帝,以便实现自己匡国济民的远大理想。然而,事与愿违。继承孝宗帝位的武宗,是明代十几个皇帝中十分昏庸的一个。当三十四岁生日过罢不到一月的五品朝官李梦阳,举步跨入武宗正德元年的门槛时,迎面而来的,并不是和煦的春风,而是一阵又一阵的急风骤雨。他因为代韩文起草疏稿,刘瑾便对他进行报复,强令辞去官职,以后又将他投入监狱。刘瑾伏诛后,梦阳才被重新起用,任江西按察司提学副使。在江西任上,由于与巡按御史江万实等不合,他弹劾江御史不谙宪体,江御史指控他伪造奏章。朝廷派出大理卿燕忠前往广信(府治在今江西省上饶市)审理,李梦阳第四次被投入监狱。多亏老朋友何景明上书冢宰杨一清求情,得以从轻发落,回家闲住。《明史》本传对于广信狱一案的叙述,采用了御史江万实疏文中的说法,肯定了李梦阳有伪造奏章之事。但李梦阳在《广信狱后记》中,以确凿事实说明,伪造奏章与他并无关系,而勘官在查明真相以后,仍然按江御史的说法进行指供,企图诱使他人作假证人。可见,这是江御史等人早有预谋的一次陷害。在《宣归赋》中他写道:"彼丛噪以侧眸兮,含沙射而伺予。伙千百以致一兮,标癙言而谁语!"明白说出自己是在一

---

① 《空同集》卷40,《上孝宗皇帝书稿》所附《秘录》。

② 《明史》本传:"帝……曰:'若辈欲以杖毙梦阳耳。吾宁杀直臣快左右心乎!'"

③ 《空同集》卷17,《乙丑除夕追往写愤五百字》:"俄传天柱析,忽若慈母丧。"

场围剿中的牺牲品。李梦阳一生多次入狱,他最耿耿于怀、难以忘却的,则是这一次。事后,他曾一再愤愤不平地提到这一冤狱。在《答左使王公书》中说:"尝自负丈夫在世,必不以富贵死生毁誉动心,而后天下事可济也。于是,义所当往,违群不恤;豪势苟加,去就以之。不意时体不然,哄然排笑,吠声射影,酿成大狱。"他还写了《惧问记》,自伤刚直而遭逢不测,并借他人之口沉痛地指出,运涉末世,大道不行,因而才有冤狱——所谓"钩织"——的发生。可见,他的感慨是很深的。在江西任上,他与宁王宸濠有过交往,替宸濠写过一篇《阳春书院记》,后来宸濠谋反被诛,他也受到牵连被逮。虽经大学士杨廷和、刑部尚书林俊出面营救,但还是受到革职的处分。正德九年,在江西罢官以后,李梦阳再也没有重新踏入仕途,直至去世。

统观李梦阳的一生,他的刚直的性格给人以极为深刻的印象。除了上述政治上的作为以外,他的文章也是一个很好的说明。李梦阳一生写了许多墓志铭,但从不为受人钱财而谀墓。对于尊者与亲者,他也不采用隐恶扬善的"春秋笔法"。他父亲与温和王有很深的关系,他自己与温和王的儿子顺僖王说来也算世交了。而他在为顺僖王作的墓志铭中,直言不讳地指出了顺僖王有放浪纵酒、严刻对待僚属等毛病。甚至在为生身母亲写的传记中,也不讳言其有"好鞭笞仆奴"①的缺点。然而,另一方面,李梦阳又有一副火热心肠,能以至诚待人。他为早逝的同榜举人张凤翔经理丧事,安排善后。为去世的同僚熊士选收辑遗诗,出面写序。这里还要说明一下他与何景明的后期关系。李、何的后期关系历来为人所诟病。《明史》与《列朝诗集小传》上都说两人的前期关系很好,成名以后开始互相攻击。其实,这种说法是很片面的。李、何成名早在弘治年间,成名以后,有过龃龉,但并没有改变他们的知交关系。在正德初年,两人都受到刘瑾的迫害。梦阳在狱中时,景明捎信问候;梦阳则以诗相答,诗题为《答何子问讯三首》。这三首诗,感情抑郁激愤,而表达委婉细腻,同时也表现了对朋友的深情。正德五年,两人因文学见解不同,进行了笔战,刀来剑往,各不相让——后人说的成名后的相互攻击,大概主要就是指的这次笔战。然而友朋间的面红耳赤,尽管有可能伤着一时的和气,却并不一定会在根本上动摇彼此的友谊。四年以后,李梦阳因江御史指控,不幸入狱。他在给何景明的信上,仍将对方引为知交,称作

---

① 《空同集》卷38,《族谱·外传第五》。

"赤心朋友"①。而何景明则多方奔走,上书杨一清,救朋友于急难之中。以上事实说明,在李、何成名以后,彼此之间仍然保持着良好的友谊关系,李梦阳与何景明称得上是一对可以赤诚相见、患难与共的挚友。

无所作为的时代是容不得诸如刚直、诚信之类的个人美德的。李梦阳在弘、正二疏中表现出来的政治家的眼光与魄力,更是与无所作为并日趋堕落的时代针锋相对的。他一生始终行走在一条坎坷不平的道路上,这正是历史的必然。他在《少保兵部尚书于公祠重修碑》中曾经写到,于谦遇到不如意的事情时,就以手抚胸,气愤地说:"此一腔血竟洒何地!"这岂只是在写于谦呢?他还在五十岁那年写的《辛巳元日》诗中以右军(王羲之)、高适自比:"自信右军非墨客(自注:王右军五十书始成),谁言高适是诗人(自注:适年五十始诗)。"读了这两句泪水泫泫的诗句,谁能不为做稳了墨客、诗人的李梦阳的内心痛苦而一洒同情之泪呢!

李梦阳的政治才能是被埋没了,谁也无法在我国古代政治家的行列中看到李梦阳的身影。然而,塞翁失马,安知非福。明王朝固然失去了一个有用的治国材具,而在我国古代文学的史册上,却因此而增添了一个敲得响的名字。

李梦阳在文学上的地位、成就和影响,主要在于他倡导了复古运动。复古派"前七子"除李、何外,尚有徐祯卿、边贡、康海、王九思和王廷相。其后,在嘉靖、隆庆年间,又有以王世贞、李攀龙为首的"后七子",持论大体上与"前七子"相同,天下推李、何、王、李为四大家。

李梦阳之世,盛行以"三杨"(杨士奇、杨荣、杨溥)为代表的"台阁体"。这种文体,以歌功颂德、粉饰太平为能事,以不痛不痒、平正肤廓为特点,题材大多是应制、颂圣与应酬题赠。"台阁体"的产生并得以风靡文坛,是与明初以来特定的社会历史状况分不开的:较为安定的政治局面,经济上的相对繁荣;对于人民的高压;宋儒理学的盛行与代圣立言的科举制度对文人思想的束缚。但到弘治后期,在表面上的太平景象的帷幕后面,阶级矛盾与民族矛盾已日益尖锐。形势的发展使李梦阳忧心如焚。在政治上,他应诏上疏,直陈利害。在文学上,他深感"台阁体"已经远远不能适应江河日下的形势,亟需来一次新变,以使文学更好地为巩固当时的统治服务。历史的运会与他个人的胆识才器,使他成了一

---

① 《空同集》卷63,《与何子书二首》。

名登高一呼、四方响应的英雄。为了一扫卑靡萎弱的"台阁体"文风,首先就得跳出束缚人头脑的宋儒理学的思想框框,回复到唐以前的儒学正统。宋儒理学禁锢人们的思想已非一日,当时还依然作为庞然大物高踞于正统的宝座之上。于是只好打着文体改革的旗号,倡言"文必秦汉、诗必盛唐",借以扩大人们的眼界,借用历史祭坛上的供品,演出现实生活中的一场活剧。所以,李梦阳所倡导的复古,不仅有着文体改革的意义,而且首先具有思想解放的作用①。这与同时代的王阳明在哲学上倡导的心学运动,对于冲破理学的牢笼来说,实在是殊途而同归的。从文学上来讲,复古运动摧毁了"台阁体"的统治地位,打击了它的"啴缓冗沓,千篇一律"②的形式主义,其历史功绩是难以磨灭的。但是,"前七子"的复古运动,尤其是李梦阳的复古理论,本身也有着致命的弱点。他过分强调了尊汉崇唐,认为汉无骚,唐无赋,宋无诗,从而腰斩了文学发展的历史,踏上了一条盲目崇古的错误道路。在模拟与创新的关系上,李梦阳的看法虽然也有可取的一面,如他批评徐祯卿学古"守而未化,故蹊径存焉"③,评论黄庭坚、陈师道学习杜甫只得其形似,而未能做到"香色流动"④——这些与何景明所标举的"拟议以成其变化"⑤大体上也是一致的,无疑是正确的。可是由于他过分强调了尺尺寸寸都要以古法为依归⑥,不仅自己笔下写出了为数不少的缺乏个性的模拟之作,而且也把反对"台阁体"的形式主义的创作力量重新引上了一条新的形式主义的道路。前后七子的复古理论左右文坛达百年之久,直到万历年间"公安三袁"(袁宗道、袁宏道、袁中道)崛起,高张主真崇变的反复古的旗帜,李、何、王、李的复古主义的云雾方始为之一扫。

李梦阳的全部文学理论批评遗产,除了功罪参半的复古的文学主张外,在他的诗歌理论中也有不少很值得重视的意见。如:充分肯定民歌的价值,指出"真

---

① 以上论及"台阁休"产生的历史条件与李梦阳领导的复古运动所具有的思想解放的作用,采用茅盾《夜读偶记》中的论述。事实上,李梦阳晚年对宋儒理学是推崇的,参见《空同集》卷66《空同子》八篇中的《论学上篇》与《论学下篇》。

② 见《四库全书总目》对《空同集》所作的"提要"。

③ 《空同集》卷52,《徐迪功集序》。

④ 《空同集》卷52,《缶音序》。

⑤ 何景明:《与李空同论诗书》,《何大复先生全集》卷32。

⑥ 《空同集》卷62,《驳何氏论文书》。

诗乃在民间"①;批评"宋人主理,作理语"②,违背了形象思维的规律;对于诗歌的比、兴特点,音乐性,精炼等,也都有很好的意见,这里就不再一一分别细述了。

关于李梦阳的诗文创作,历来毁誉不一。王廷相在《空同集序》中说:"(李之诗文)巨者日融,小者星列;长者江流,阔者海受。洋洋岩岩,冥冥爝爝,无所不极。……遂能掩蔽前贤,命令当世,秦汉以来寡见其俦矣。"可谓推崇备至。而清初的钱谦益,则在《列朝诗集小传》中对李痛加贬斥,以为李的诗作"牵率模拟,剽贼于声、字、句之间,如婴儿之学语……毫不能吐其心之所有"。一笔抹杀了空同作品的价值。平心而论,以上两种说法,虽然都不无见地,但又都难免有偏激的毛病。在近人的有关著作中,对于李梦阳的创作成就,一般都谈得很少,在评价上又都偏于贬抑,这是不够公道的。

空同的创作,以诗、赋、文章三者相比较,第一为诗,其次为赋,再次为文。在总数二千一百余篇的各体诗歌中,又以七言古体与七言近体最为出色。

在李梦阳的一些优秀诗作中,社会的动荡,政治的黑暗,人民的苦难,诗人自己的不幸遭遇与悲痛的感情,都有相当形象、生动以至深刻的艺术表现。《玄明宫行》从宦官刘瑾建造的玄明宫的兴替,写到刘瑾势倾天子至于一旦覆亡的盛衰过程。从"长安夺地塞巷陌"、"夷坟伐屋白日黑"、"人心嗟怨入骨髓"等诗句中,不难看出当时政治的黑暗与阶级矛盾的尖锐。《解酋行》写押送酋俘的边军沿途滞留游乐并敲诈勒索的情形:"县官逃走驿官啼,要钱勒酒仍要鸡。"《土兵行》叙述被明王朝利用来镇压农民起义的少数民族士兵在堂堂的豫章(今江西省南昌市)城里的胡作非为:"花裙蛮奴逐妇女,白夺钗环换酒沽。"其他如:

　　盗贼乾坤满,纵横野战悲。随城严戍鼓,平地有旌旗。

　　　　　　　　　　　　　　　　　　　　　　　　——《野战》

　　黄河青海入狼烟,汉将胡兵杀气连。

　　　　　　　　　　　　　　　　　　　　　——《诸将八首》之八

　　西国壮丁输辇尽,近边烟火至今稀。

　　　　　　　　　　　　　　　　　　　　　——《秋怀八首》之七

写出了内乱外患频仍的动乱局面与满目萧条的边地景象。

---

① 《空同集》卷首,《诗集自序》。又《郭公谣》(卷6)跋语谓"真诗果在民间",与此并同。
② 《空同集》卷52,《缶音序》。

裹疮新罢战,插羽又征兵。

——《环县道中》

男儿输粟妇刈刍,问谁为此军前须。

——《余干行》

战争的重担全压到了老百姓的身上,有的无休止地在前线征战,有的倾家出动在后方服役。而与此同时:

将军拜金印,白骨不曾论。

——《出塞二首》之一

城上黄旗张暮天,元戎宅内鼓阗阗。底是邻悲并巷哭,云州明日是新年。

——《云中曲送人十首》之四

战士黄须立道傍,自言曾射左贤王。可怜孤绩无人论,赠与青裘白马郎。

——同上之九

人民的苦难、拼命以至献身,换来的却是将军们灯红酒绿的生活与飞黄腾达的前程。不用说,诗人的悲愤是难以言喻的。因此,李梦阳不仅自己"怒来思击楫,时有渡江心"(《得家书》),想学东晋名将祖逖,为国家的统一而效命疆场,而且还不时面向生活呼唤,希望有郭子仪、石亨那样的人物再世①。晚年他对儿孙的希望是:"但能草泽射猛虎,岂须熊馆夸《长杨》。"(《辛巳生日》)这其中固然不无自己宦途失意的感慨,但主要的还是表现了他对明王朝前途的殷忧。在现实性较强的诗作中值得提到的,还有在被刘瑾拘捕入狱时写的一组咏物诗——《咏狱杂物八首》。共咏了炭篓脸盆架、砂锅脸盆、船板床、砖枕、芦席几、土坯墩、麻绳梳以及葛衫帐等八件狱中起居用品,从中可以窥见明代监狱的一些情况。其中的《船板床》写道:"船板胡在兹(为什么在这里),而我寝其上。情知非江湖,梦寐亦风浪。"既咏了物,又抒了情,笔触细腻,韵味悠长,是诗中的一篇优美小品。此外,一些抒写人情世态的诗作,如《自从行》与《再送沈生》,写世事之颠倒与世情之浇薄,笔酣墨饱,痛快淋漓,也是值得一读的作品。

从艺术性着眼,那些抒发了真情实感的诗作,在艺术上也往往是比较成功

① 见《空同集》卷32《秋望》、卷29《秋怀八首》与卷22《石将军战场歌》等篇。

的。如《石将军战场歌》、《玄明宫行》、《画鱼歌》、《林良画两角鹰歌》、《东园翁歌》等长中篇歌行,不仅感情热烈奔放,滚滚滔滔,犹如长江大河,而且在谋篇布局上,既工整又富于变化,有很高的结构艺术。胡应麟在《诗薮》中说:"献吉歌行,如龙跳天门。"这一形象化的说法,是深得李诗艺术性的三昧的。这里只举《石将军战场歌》为例略加说明。《石将军战场歌》歌颂明代英勇抗击瓦剌族入侵的将军石亨①,写得气韵飞动,有声有色,一场惊心动魄的战斗跃然纸上,呼之欲出。开头四句写道:"清风店南逢父老,告我己巳年间事。店北犹存古战场,遗镞尚带勤王字。"以平易亲切的笔调开篇,从现在折入过去,引出忆昔的内容:"石家官军若雷电,天清野旷来酣战。朝廷既失紫荆关,吾民岂保清风店!牵爷负子无处逃,哭声震天风怒号。儿女床头伏鼓角,野人屋上看旌旄。将军此时挺戈出,杀敌不异草与蒿。追北归来血洗刃,白日不动苍天高。万里烟尘一剑扫,父子英雄古来少。……"篇末又以"沉吟此事六十春,此地经过泪满巾。呜呼,战功今已无,安得再生此辈西备胡!"从过去唤回到现在,结束全篇。结处虽然稍弱,但中间的部分,既有"儿女"二句那样精彩的细节描写,又有"追北"二句画龙点睛式的传神之笔,就通篇来说,艺术性是很高的。清人沈德潜在《明诗别裁集》中指出,李梦阳"最工起手","七言古雄浑悲壮,纵横变化;七言近体开合动荡,不拘故方"。这一评价还是比较切合空同诗作的实际的。

李梦阳的语言技巧也是很高超的。试看:

　　隘地黄河吞渭水,炎天白雪压秦山。

——《潼关》

一副天生巧对从诗人笔下自然流出。

　　喜气真随阳气发,愁云化作卿云飞。

——《雷电行赠宪卿何公美其伐也》

既自对,又他对,恰到好处地传达了诗人轻松愉快而又热烈的情感。虽是仿效老杜"桃花细逐杨花落,黄鸟时兼白鸟飞"的句式,却并不给人以生硬模拟的感觉。

　　山禽水禽交止语,桃花梨花相逐飞。

——《晚晴郊望》

---

① 《空同集》卷36中李梦阳另有《忆昔六首》,其三咏石亨有"跋扈飞扬却累身"之句。将此与《石将军战场歌》合看,可见他对石亨的评价还是比较全面、中肯的。

这两句类似罗隐的"桃花李花斗红白,山鸟水鸟自献酬",对自然美的展示也很成功。鸟鸣声声,花落片片,声音、线条、色彩都很优美,用语工整而又自然。《诗薮》作者认为,"好(喜欢)句中叠用字"是李梦阳从杜甫那里承袭下来的毛病。但我们从杜诗中以及上面征引的"喜气"与"山禽"两对句子中,感到的却是:在当句与对句中巧妙地重复用词这种句式是有生命力的。所以,胡应麟的意见是难以使人首肯的。

> 骅骝举足狭万里,便欲登天揽日月。

——《东园翁歌》

诗中的骅骝正是杜甫笔下的"一洗万古凡马空"的那骏马在空间上的展开,与杜甫的"所向无空阔"有异曲同工之妙。一个"狭"字,笔力千钧,何等气派!

> 月来天似水,云起树为山。

——《河上秋兴十首》之七

> 当阶雪沮桃枝透,隔户风传竹气香。

——《戊寅元日》

淡淡两笔勾勒出的形象,似画而又胜画,使人神往不已,几乎忘了语言文字的存在。这大概便是古人所谓"不落言筌"的妙境吧。而当我们读到:

> 哨壑直下三千尺,鸡鸣汲回山日红。

——《弘治甲子届我初度追念往事死生骨肉
怆然动怀拟杜〈七歌〉用抒愤抱云耳》

不觉惊听回视,以至要拍案叫绝了。

李梦阳的诗作,风格雄豪。扬何抑李的同时代人薛蕙在诗中写道:"俊逸终怜何大复,粗豪不解李空同。"(《戏成五绝》)所谓"粗豪",也正是"雄豪"的反面说法。从上面谈到的《石将军战场歌》以及所征引的某些诗句中,不难了解空同诗风的这一特色。值得注意的是,空同的诗风不是单纯的雄奇豪放,在雄豪之中还时而透露出飘逸的色调。如《纪梦》诗:"夜梦走西陆,半天落金城。天门两壁开,见之骇心情。大江横其西,落日悬金盆。日流江波涌,霞彩照乾坤。……把袂凌天梯,笑倒黄金樽。袖出石室诀,饮我金茎露。人区杳难托,东指蓬莱路。梦醒不见君,空江暝烟雾。"写得迷离惝恍,奇幻莫测。读着这样的诗句,很容易使人联想起唐代诗人李白的诗风来。而在更多的情况下,李梦阳更接近杜甫。也就是说,在他的雄豪之中经常伴随出现的,并不是飘逸而是沉郁。深受沈德潜夸赞的《送李中丞赴镇》，固然给人以沉郁的深刻印象，而被王元美赞誉为"雄浑流丽"的《秋望》，并不欠缺抑郁苍凉之气。沉郁苍凉不亚于杜甫的，要算正德十五年元宵节写的《元夕》诗了：

> 千年烂熳鳌山地，少小看灯忽二毛。兵后忍闻新乐曲，月前真愧旧宫袍。
> 南州楼阁烟花起，北极风云障塞高。怅望碧天聊独立，夜阑车马尚滔滔。

至于从字句到神气都酷肖杜甫的，除了那些缺乏真情实感的有意模拟的作品外，他如："独虞四海干戈满，生别悲伤见面稀。"（《得家书寄兄歌》）"时来拜命防秋将，老去狂歌避世身。醉别赠君双玉剑，持将西北扫风尘。"（《于公庙会王帅以其防秋北行》）以及临终前一二年写的："黑头宜努力，吾鬓已如银。"（《戊子元夕》）"万方多难意，谁达圣明知"（《己丑五日》）。这些直似老杜的诗句，归根结底还是李梦阳所处的时代以及诗人自己的思想感情的反映。

除了雄豪这主要的一路外，李梦阳也写过一些清新明丽或富于幽默感的五七言小诗。例如：

> 嘈嘈鸣山泉，日日喷悲壑。日照一匹练，空中万珠落。
> ——《圣泽泉》

> 睍睆梦中迷，流莺碧树西。起来红日照，已度别枝啼。
> ——《晓莺》

> 长安大道竹林西，李白寻僧花下迷。举杯恰对青天月，槛外惊传碧玉蹄。
> ——《晚过序公戏赠并喜徐编修过访二首》之二

还有一首题为《杜峰歌》的七绝，更为别致：

> 杜山曾有凤来鸣，凤舞山青海月明。传道有人向峰去，九天风散玉箫声。

此诗一二句"鸣"、"明"同音，三四句"峰"、"风"同音，音韵上是有缺陷的。然而，水月镜花，不着痕迹，得自然之神韵，在《空同集》中独辟蹊径，别为一格。

从《空同集·诗集自序》中可以知道，李梦阳对古典诗歌传统的继承是多方面的。他广泛吸取从《诗经》到唐代优秀作品的营养，又十分注重向民间歌谣学习。在他全部诗作中表现出来的风格的多样性，从艺术继承性上来说，正是与他多方面的取法传统分不开的。胡应麟称"献吉兼师李、杜及盛唐诸家，虽才力绝大而调颇纯驳"（《诗薮》），虽然不无微词，但也是有见于梦阳风格的多样性是与其转益多师密切相关的。然而,李梦阳对于前代诗人也并非等量齐观,他特别推崇的诗人要算李白、杜甫和高适了。一则说,"谁言高适是诗人"与"李白寻僧花下迷",以高适、李白自命;二则说,"独立天地间,长啸视今古。城隅落落一堆土,千年谁继白与甫!"(《梁园歌》)"吾企杜、高名不及,汝追枚、马涕何从。"(《七夕边马二宪使许过繁台别业不成辄用七字句述我志怀二十韵》)这就不只是泛泛作比,而俨然是以李、杜、高的继承人自居了。梦阳诗风之主要表现为雄豪,而又兼具沉郁与飘逸,从他对李、杜、高三人的推崇中,似乎也可约略窥见其艺术风格上的渊源所自了。

李梦阳的辞赋共有三十五篇,全部写于弘治、正德年间,大多是抒情的骚体赋。在《钝赋》、《宣归赋》、《吊鹦鹉洲赋》等诸多作品中,他自述不幸遭遇,尽情抒发激愤难平的感情:

> 心与迹既我逆兮,焉饮食之遑宁?愤粉饰之乱姣兮,畴知余结驷而愤膺?

——《宣归赋》

> 我既佩明月与宝璐兮,何不遂凌世而高步?舍玉驷而不驾兮,又奚暇与豺狼而争路!

——《吊鹦鹉洲赋》

而在写景赋《泛彭蠡赋》与《观瀑布赋》中,则又是一种笔墨。诗人神思飞动、纵横驰骤,波涛任其驱遣,云霞随笔摆弄,写得景象阔大,曲尽自然之妙。如写彭蠡湖水:

> 涛沃日而明暗兮,峦岛潜而涣散。澜已俯而复昂兮,涡溢濞而接连。泷无风以横飞兮,潭澄渟而布涟。

再如写瀑布:

> 挟岩潭以上气兮,接神汉而并垂。积云左右以传彩兮,霞表里而秀姿。沫霏霏之昼雾兮,崖丹翠涤而菶菶。……睇之若住忽奔喷兮①,石雷塑而骤崩。

---

① 字书无"睇"字,疑当作"睇":"帝"、"弟"同音。李梦阳《思赋》:"睇江乡之墓阡。"《述征赋》:"睇北山而不见兮。"《泛彭蠡赋》:"睇众山之剑攒兮。"均用"睇"字。(本条注文用甘肃师大李鼎文先生说)

五光十色,气象万千,大有使人目摇神曳、应接不暇的感觉。

《空同集》除诗赋而外,古文各体分量不小,但多数是应用文字,如墓志铭、序文、传记、书信、奏章等。李梦阳的古文有故作艰深的毛病,但也不尽然。作者的文采主要见于几篇墓志铭,这是不读《空同集》的人所意想不到的。《明故监察御史涂君墓碑》、《处士松山先生墓志铭》、《梅山先生墓志铭》以及《李员外祭文》等几篇,写得相当精彩。为了节省篇幅,这里就不再具体引述。

李梦阳对于自然科学与哲学社会科学方面的问题,也都做过力所能及的探讨。他在晚年写有《化理篇》、《物理篇》等八篇有关文章,生前曾单另印行,书名为《空同子八篇》。后人将其编入《空同集》中,列为第六十五卷、六十六卷。他从日食与月食推出"月体小于日"①。在论"化权"——事物变化的关键——时指出,事物的性质是由主要的矛盾方面来决定的②。他还认为,任何事物都按自身固有的规律发展,最后走向消亡,天地日月都有消亡的一天③。这些见解直到今天还闪耀着不灭的光辉,出现在明代中叶文人的笔下,实在是不能不使人叹服的。

在结束本文的时候,笔者还想顺便指出,今年一月二十八日是李梦阳去世四百五十周年的日子。适逢其会,笔者完成了这篇粗糙的文章。权将本文当作一炷土香吧,谨以此补插到颇为冷清的李梦阳的祭坛上。

(《兰州大学学报(社会科学版)》1980 年第 4 期)

---

① 《空同集》卷 65,《化理篇》。
② 《空同集》卷 65,《化理篇》。
③ 《空同集》卷 66,《异道篇》。

李梦阳与晚明文学新思潮

章培恒

中国的明王朝自万历年(1573—1619)起就进入了晚期。在晚明时期,有一种新的文学思潮令人注目。它的主要内容,是主张文学勇敢地、不受束缚地抒写个人的思想感情。那是跟以李贽(1527—1602)为代表的肯定人的欲望、要求个性自由的观点联系着的,说得更确切些,晚明文学的新思潮实以上述观点为基础。所以,推进这种新思潮的最优秀的选手,如汤显祖(1550—1616)、袁宏道(1568—1610)等,都对李贽十分钦佩,甚或尊之为师。不过,这种新思潮并不是在晚明突然产生的,它至迟萌芽于明代正德年间(1506—1521)。作为此一萌芽的代表的,乃是"前七子"之首的李梦阳(1473—1530)。但在国内的研究著作中,往往仅把李梦阳视为晚明文学新思潮所反对、否定的对象,而忽略了二者之间的继承关系。拙作的目的,则在对这种继承关系加以探讨和阐明。

一

钱谦益说:"万历中年,王、李之学盛行,黄茅白苇,弥望皆是。文长(徐渭)、义仍(汤显祖),崭然有异,沉痼滋蔓,未克芟薙。中郎(袁宏道)……乃昌言击排,大放厥辞。""中郎之论出,王、李之云雾一扫,天下之文人才士始知疏瀹心灵,搜剔慧性,以荡涤摹拟涂泽之病,其功伟矣"(《列朝诗集》丁集中《袁稽勋宏道》)。他在这里显然把袁宏道与王、李——"后七子"中的王世贞、李攀龙——完全对立起来的。他在下文中又说:"譬之有病于此,邪气结辖,不得不用大承汤下之。……北地、济南,结辖之邪气也;公安泻下之,劫药也;……"(《列朝诗集》丁集中《袁稽勋宏道》)"北地、济南",指李梦阳、李攀龙。可见他又是把李梦阳与李攀龙等人等量齐观的。在他的心目中,他们都是被作为"劫药"的袁宏道所"泻下"的"邪气"。也许可以说,这是一种把李梦阳与晚明文学新思潮完全对立起来的很有代表性的观点,后来的研究著作中的许多类似的看法,常是受它的影响。

不过,袁宏道自己对李梦阳的态度却与对王世贞、李攀龙的不同,对王世贞的与对李攀龙的又有区别。

袁中道《吏部验封司郎中中郎先生行状》说:"先生既见龙湖,始知一向掇拾陈言,株守俗见,死于古人语下,一段精光不得披露。至是浩浩焉如鸿毛之遇顺风;巨鱼之纵大壑,能为心师,不师于心;能转古人,不为古转。发为语言,一一从胸襟流出,盖天盖地,如象截急流,雷开蛰户,浸浸乎其未有涯也。"(《珂雪斋文集》卷九)这清楚地说明:袁宏道是在其老师龙湖(即李贽)的指点下,形成其反对模拟、要求出自性灵的文学观的。毫无疑问,这种文学观与李贽在《童心说》(《焚书》卷三)中所提出的主张是一致的。但是,李贽却对李梦阳十分推崇。

> 如空同先生,与阳明先生同世同生,一为道德,一为文章,千万世后,两先生精光具在。……人之敬服空同先生者,岂减于阳明先生哉? (明顾大韶编《李温陵集》卷六《与管登之书》)

此文虽不见于现存明刻本《焚书》,但现存《焚书》已非李贽生前所刊的原本,未必原本也无此文。换言之,不能因此而把它作为后人伪作。又,明万历间周晖所撰《金陵琐事》卷一《五大部文章》说:

> 太守李载贽,字宏甫,号卓吾,闽人。……常云:"宇宙有五大部文章:汉有司马子长《史记》,唐有杜子美集,宋有苏子瞻集,元有施耐庵《水浒传》,明有李献吉集。"余谓:"《弇州山人四部稿》更较弘博。"卓吾曰:"不如献吉之古。"

李载贽即李贽。因李贽与周晖曾就此问题有所讨论,周晖在此条中所记李贽之语,显然并非从别人处间接听到的。所以,纵使《与管登之书》系后人伪作,但李贽对李梦阳极为推崇则是无疑的。由此可见,李贽的文学思想与李梦阳在文学方面的表现至少应基本合拍。那么,在李贽的指点下形成与李贽一致的文学观的袁宏道,实在也不会对李梦阳全盘否定,深恶痛绝。当然,肯定的程度有所不同,那是完全正常的。

袁宏道对李梦阳的评价,集中体现在以下的诗句中。

草昧推何李,闻知与见知。机轴虽不异,尔雅良足师。后来富文藻,诎理竞修辞。挥斤薄大匠,裹足戒旁歧。模拟成俭狭,莽荡取世讥。直欲凌苏柳,斯言无乃欺。当代无文字,间巷有真诗。却沽一壶酒,携君听《竹枝》。

(钱伯城氏笺校《袁宏道集笺校》卷二《答李子髯》其二)

"草昧"乃创始之意。《周易·屯》的象辞说:"天造草昧。"王弼注:"造物之始,始于冥昧,故曰草昧也。"孔颖达疏:"草谓草创,昧谓冥昧。"所以,此诗一开始就肯定了李梦阳及其同志何景明(1483—1521)在诗坛上的开创之功,把他们推崇为破明代诗歌创作之冥昧状态的最早的勇士。这跟被认为属于前、后七子系统的胡应麟在其所著《诗薮续编》卷一《国朝》(上)中的如下论述相近。

观察开创草昧,舍人继之……一时云合景从,名家不下数十。故明诗首称弘、正。

"观察"、"舍人",分别指李梦阳、何景明。所以,袁宏道用以赞美李梦阳之词与胡应麟是一致的。同时,袁诗中的"尔雅"一词也应该注意。《汉书·儒林传·序》:"文章尔雅。"颜师古注:"尔雅,近正也。"袁宏道是把李、何开创的道路视为近于正道的。正是在这一点上,他认为李梦阳、何景明实在值得师法。

当然,袁宏道在这首诗中没有对李、何全盘肯定。他不仅不像胡应麟那样地把弘治(1488—1505)、正德时期看成明诗的黄金时代,而且明确地指出了李、何的弱点:"机轴不异。""机轴"一词在袁宏道诗文中数见不鲜,例如:

吴川自出机轴,气隽语快……(《袁宏道集笺校》卷三十五《叙吕氏家绳集》)

手眼各出,机轴亦异……(同书卷四《诸大家时文序》)

故其所谓"机轴不异",实际就是缺乏独创性。他在别的诗文中所表现的对李、何的不满,也都着眼于此。试举二例:

宏于近代得一诗人,曰徐渭,其诗尽翻窠臼,自出手眼。……无论七子,即何、李当在下风。(《袁宏道集笺校》卷二十二《冯侍郎座主》)

今代知诗者,徐渭稍不愧古人,空同才虽高,然未免为工部奴仆。北地而后,皆重台也。公然侈为大言,一唱百和,恬不知丑。(同书卷二十一《答梅客生开府》。按,"奴仆"下句号系我所改,原书为逗号)

李梦阳之所以被他认为不如徐渭,"未免为工部奴仆",显然就是因其不能如徐渭那样"尽翻窠臼,自出手眼",也即缺乏独创性。不过,从这类引文中也可看出:李梦阳跟"后七子"的王世贞、李攀龙等人虽都缺乏独创性,袁宏道对他们的态度却并不相同。所谓"无论七子,即何、李当在下风",显然含有"李、何远胜七子(这里的七子当主要指王、李等人)"这样的潜台词。他在指出李梦阳"未免为工部奴仆"的同时,仍把他作为才高的"今代知诗者",而对于李梦阳之后的王、李等人,却毫不容情地斥为"侈为大言"、"恬不知丑"的"重台"了。顺便提一下:他对李攀龙更为厌恶。如《叙姜陆二公同适稿》(《袁宏道集笺校》卷十八)说:"然二公(指徐祯卿、王世贞。——引者)才亦高,学亦博,使昌谷不中道夭,元美不中于麟之毒,所就当不止此。"

总之,在《答李子髯》其二中,袁宏道充分肯定了李梦阳在明代诗坛上的开创作用,他虽然也指出了李梦阳在创作中缺乏独创性的弱点,但却在整体上给与了"尔雅良足师"这样高度的评价。当然,他对于明代诗坛的模拟风气是不满的,但他把这种风气的形成归咎于后来那些自命为何、李继承者的人,诗中"后来富文藻"诸句对此说得很清楚。在对李梦阳的看法上,他跟李贽虽有差异,但并无根本分歧。

需要补充说明的是:《答李子髯》作于万历二十二年(1594),而在其上一年,袁宏道业已师事李贽,从而形成了与李贽一致的文学观(参见袁中道为宏道所作《行状》及钱伯城氏于该诗及同卷《别龙湖师》后所附之笺)。所以,这已经是作为晚明文学新思潮在诗文领域的最突出的代表的袁宏道对李梦阳的评价了。

那么,袁宏道为什么要这样评价李梦阳呢?钱伯城氏于该诗后所附之笺,谓诗中"当代无文字,闾巷有真诗"两句,"为后来情真说、性灵说之滥觞"。我想这是很对的。不过,李梦阳的某些文章中间早已表达过这种思想。所以,实在也不妨说李梦阳的那些主张"为后来情真说、性灵说之滥觞"。袁宏道之提出"草昧推何李"、"尔雅良足师",其原因恐怕就在于此罢。

二

《明史·文苑·李梦阳传》说梦阳"卓然以复古自命","倡言文必秦汉,诗必盛唐,非是者弗道"。这种说法对后世产生很大影响,至今仍为许多人所沿袭,但实际上是不确切的。首先,李梦阳于文学,力主抒写真情。但他认为诗文全都给宋儒搞糟了,所以鄙弃宋以来的文学而尊崇其以前的文学。如把这称为"复古",那么,"复古"也只是手段,要求文学抒写真情才是目的。《明史》把李梦阳的文学思想概括为"以复古自命",是丢掉了最主要的东西。第二,李梦阳并未"倡言文必秦汉,诗必盛唐,非是者弗道"。今根据李梦阳的文集,参以与梦阳时代相近的人的记载,概述其文学思想如下。

李梦阳主张抒写真情的理论,主要见于《诗集自序》等文。他在《诗集自序》(《空同集》卷五十)中说:

> 李子云:曹县盖有王叔武云,其言曰:夫诗者,天地自然之音也。今途咢而巷讴,劳呻而康吟,一唱而群和者,其真也,斯之谓风也。孔子曰:"礼失而求之野。"今真诗乃在民间。而文人学子顾往往为韵言,谓之诗。……出于情寡而工于词多也。

王叔武的意见很清楚:因为诗是"天地自然之音",而虚假的、矫揉造作的东西当然是不自然的,所以诗必须是真情实感的自然流露。当时的文人学子之诗,由于缺乏真情(即所谓"出于情寡"),实在不能称为诗,不过是"韵言"而已。只有当时民间的谣讴歌曲,才是表达真情实感的真诗。

在听了王叔武的意见以后,李梦阳大为赞同。"李子闻之,矍然而兴曰:大哉! 汉以来不复闻此矣。""李子于是忧然失,已洒然醒也"(同上)。因此,王叔武的意见也就成了李梦阳的主张。

那么,为什么当时"文人学子"们的诗歌缺乏真情实感呢? 李梦阳认为:其咎在于宋人。

> 夫诗,比兴错杂,假物以神变者也。……宋人主理,作理语,于是薄风云月露,一切铲去不为,又作诗话教人,人不复知诗矣。……今人有作性气诗辄自贤于"穿花蛱蝶"、"点水蜻蜓"等句,此何异痴人前说梦也? ……孔子曰:"礼失而求之野。"予观江海山泽之民,顾往往知诗,不作秀才语。(《空同集》卷五十一《缶音序》)

《诗集自序》曾经引述王叔武提出、李梦阳赞同的见解:"夫文人学子比兴作而直率多,何也? 出于情寡而工于词多也。夫途巷蠢蠢之夫,固无文也。乃其讴也,咢也,呻也,吟也,行呫而坐歌,食咄而寤嗟,此唱而彼和,无不有比焉兴焉,无非其情也,斯足以观义矣。"在他看来,"比兴"基于真情,缺乏真情也就必然缺乏"比兴"。所以,他要求诗歌必须"比兴错杂",也就是要求诗歌必须出自真情。但是,由于宋人的"主理"、"作理语",而且把这一套写成诗话去教人,就弄得"人不复知诗"，诗歌已不再是"比兴错杂，假物以神变"的东西了，仅仅在民间还存在着这样的作品。所以，《缶音序》的这段话跟《诗集自序》的基本内容是一样的，但进一步显示了其理论的矛头所向。

值得注意的是：他在论述"宋人主理"给诗歌创作造成的危害时，特地举出"今人"的"性气诗"为例。所谓"性气诗"，也即讲理学的诗。程颢说："性即气，气即性，生之谓也。"（《河南程氏遗书》卷一）性气之说为程朱理学的重要内容之一。从这里也就可以看出，他的不满诗歌创作中的"主理"倾向，实含有在文学领域中排斥程朱理学之意。关于这一点，还可以从他的《论学》上篇（《空同集》卷六十一）得到印证。

> 宋儒兴而古之文废矣。非宋儒废之也，文者自废之也。古之文，文其人如其人便了，如画焉，似而已矣。是故贤者不讳过，愚者不窃美。而今之文，文其人无美恶皆欲合道，传志其甚矣，是故考实则无人，抽华则无文。故曰宋儒兴而古之文废。或问：何谓？空同子曰：嗟！宋人言理，不烂然欤？童稚能谈焉。渠尚知性行有不必合邪？

从表面上看，他在这里的论点和论据之间存在矛盾。他所要论证的是"古之文废"，系就文的整体而言；但他所提出来的具体论据，乃是古、今在"文其人"方面的差异，仅是文的一部分。实际却并不如此。因为"文其人无美恶皆欲合道"的现象的形成，乃是由于宋人不知人的思想行为跟宋儒所谓性理是并不一致（即"性行有不必合"）的，硬是要前者符合后者，结果就使人在写传记时不得不说假话，把人物身上的不"合道"的东西掩盖起来，甚或捏造出许多"合道"的东西来夸奖一通。所以，我们只要进一步想一想就可明白：既然在写别人传记时都不敢真实地加以描述，在抒写自己的思想感情时又怎敢真实地加以表达而使之不"合道"呢？因此，无论写人或自述，必然是"考实则无人"；由于内容的虚假，在艺术性上也就"抽华则无文"。"今之文"是整个堕落了。

这样，我们也就可以理解：李梦阳于诗要求真情，于文要求真人——其实也还是真实的思想感情；而在他看来，宋人的理学乃是使诗文衰落的罪魁祸首。由此，他就进而提倡在创作中以情来战胜理。这在《结肠操谱序》（《空同集》卷五十）中表现得相当明显。李梦阳妻子死后，在烹煮准备用于祭奠的猪时，猪肠忽然自动结成球状，他以为是妻子阴灵悲痛所致，遂写《结肠篇》三首以寄哀伤。但写了以后，他"恒虑今之君子谓予好怪"。他的朋友陈鳌说：

> 天下有殊理之事，无非情之音。何也？理之言常也。或激之乖，则幻化勿测，《易》曰"游魂为变"是也。乃其为音也，则发之情而生之心者也。……感于肠而起音，罔变是恤，固情之真也。

"罔变是恤"的"变"，即上文"游魂为变"的"变"，也即乖于理者。所以，末数句意为：受到感动以后，不恤乖理而发为声诗，乃是真情。李梦阳虽然没有对此直接加以赞美，但从全文语气来看，显然是同意这种观点的。这实际上是宣扬情和理的矛盾，并主张情可以和应该突破理的束缚。既然情已从根本上凌驾于理，则宋儒所鼓吹的"理"自然不能反而凌驾于情之上了。同时，传统的所谓"礼义"原都属于理的范畴，不承认理对于情的统辖，也就是背离了要求"发乎情，止乎礼义"的传统文学观。

这种把情置于理之上的思想，显然跟汤显祖在《牡丹亭》中的《题词》以及《寄达观》中的如下说法相通。

> 如丽娘者，乃可谓之有情人耳。情不知所起，一往而深，生者可以死，死可以生。……嗟夫！人世之事，非人世所可尽。自非道人，恒以理相格耳。第云理之所必无，安知情之所必有耶！（《牡丹亭题词》）

> "情有者理必无，理有者情必无"，真是一刀两断语。（徐朔方氏笺校《汤显祖诗文集》卷四十五《尺牍二》）

假如说，作为晚明文学新思潮的一个重要组成部分，汤显祖这种把情和理对立起来、推崇真情而反对"以理相格"的观点具有某种反封建礼教的意义，从而指导他写下了《牡丹亭》这样的杰作，那么，李梦阳敢于对《牡丹亭》的前驱、中国戏剧文学史上的另一部杰作《西厢记》作出很高的评价，当也跟其尊情抑理的思想有关。

> 空同子称董子崔、张剧当直继《离骚》，然则艳者固不妨于《骚》也。噫，此岂能人人尽道之哉？（徐渭《徐文长三集》卷十九《曲序》）

按，徐渭（1521—1593）的《题评阅北西厢》说："世谓崔、张剧是王实甫撰，《辍耕录》乃曰董解元。陶宗仪元人也，宜信之。"（《徐文长佚草》卷二）故《曲序》所云"董子崔、张剧"实指《西厢记》杂剧。李梦阳竟然把《西厢记》与《离骚》相提并论，这在中国历史上真是破天荒的事，为后来李贽以《西厢》、《水浒》为"古今至文"（《童心说》）的先声。但若没有尊情抑理——这也即不承认封建礼教的绝对权威——的思想为武器，恐怕是难以办到的罢。这也就难怪徐渭对李梦阳的这一见解要赞叹为"此岂能人人尽道之哉"了。

其实,李梦阳之提倡"真诗乃在民间",也是跟尊情抑理联系在一起的。在这方面,李开先(1502—1568)《词谑》的一条记载很值得重视。

> 有学诗文于李崆峒者,自旁郡而之汴省。崆峒教以:"若似得传唱《锁南枝》,则诗文无以加矣。"请问其详,崆峒告以:"不能悉记也。只在街市上闲行,必有唱之者。"越数日,果闻之,喜跃如获重宝,即至崆峒处谢曰:"诚如尊教!"何大复继至汴省,亦酷爱之,曰:"时词中状元也。如十五《国风》,出诸里巷妇女之口者,情词婉曲,有非后世诗人墨客操觚染翰、刻骨流血所能及者,以其真也。"……若以李、何所取时词为鄙俚淫亵,不知作词之法、诗文之妙者也。词录于后,以俟识者鉴裁:"傻酸角,我的哥;和块黄泥儿捏咱两个。捏一个儿你,捏一个儿我。捏的来一似活托,捏的来同床上歇卧。将泥人摔碎,着水儿重和过,再捏一个你,再捏一个我。哥哥身上也有妹妹,妹妹身上也有哥哥。"(《中国古典戏曲论著集成》本《词谑一》"二七")

李梦阳死时,李开先已经二十八岁。此条实可视为以当时人记当时事,自属可信。这条记载表明:第一,李梦阳的所谓民间真诗,本包括《锁南枝》这样的民间歌曲在内;第二,这类歌曲显然跟程朱理学、传统的封建道德之间存在着矛盾,所以,李梦阳的提倡"真诗乃在民间",在某种程度上含有引导文学摆脱程朱理学及传统道德的束缚的意义,与其推崇《西厢记》属于同一倾向;第三,李梦阳要诗文都向《锁南枝》学习,可见他认为文也以真情为主,而且也应像《锁南枝》那样地清新生动;第四,何景明也以"以其真也"为理由,酷爱《锁南枝》这样的民间歌曲,足见其在力主真情这一点上也与李梦阳相同,他们在文学思想方面的基本共同点当在于此;第五,李、何生前已对民间歌曲做了如此高的评价,作为晚明文学新思潮的组成部分之一的,以冯梦龙为代表的提高民间歌曲地位的理论,实是李、何的观点的继续与发展。

总之,李梦阳于诗文要求真情、真人,这跟李贽"天下之至文,未有不出于童心焉者也"(《童心说》)的看法相近,因为李贽是把童心跟真情、真人联系起来的,所谓"若失却童心,便失却真心,失却真心,便失却真人"(同上)。同时,在李梦阳看来,当时的文人学子之诗乃是缺乏真情的"韵言","今之文"也是"考实则无人,抽华则无文"的没有生命力的东西,只有民间才有真诗。这又跟袁宏道《答李子髯》其二所说的"当代无文字,闾巷有真诗",《叙小修诗》(《袁宏道集笺校》卷四）所说的"故吾谓今之诗文不传矣。其万一传者,或今间阖妇人所唱《擘破玉》、《打草竿》之类,就是无闻无识真人所作,故多真声",可以互参。加以其尊情抑理与汤显祖之说相通,其对戏曲、民间歌曲的态度为李贽、冯梦龙等人的先驱,故其与晚明文学新思潮之间的密切联系,实在十分明显。

三

当然,李梦阳的文学思想与晚明文学新思潮之间的差别也是明显的。这主要在于李梦阳在强调真情的同时,又主张学习古人的写作之法,而且把柔淡、沉着、含蓄、典厚作为创作的最高标准,这就使作家在写诗作文时,在形式和风格上加上了桎梏。

据李梦阳自述,其文学创作上的理想是"以我之情,述今之事,尺寸古法,罔袭其辞"(《空同集》卷六十二《驳何氏论文书》)。在这里成问题的是"尺寸古法"一句,他说:"古人之作,其法虽多端,大抵前疏者后必密,半阔者半必细,一实者必一虚,叠景者意必二。"(同书同卷《再与何氏书》)又说:由于不"法式古人",诗歌"如抟沙弄螭,涣无纪律,古之所云开阖照应、倒插顿挫者,一切废之矣"(同书同卷《答周子书》)。可见其所谓"法",实是作品结构方面的法则。他认为这类法则乃是文学本身的客观规律,是人人必须遵守的,只是在古人作品中得到充分体现,所以在这方面只要效法古人就够了,这也就是所谓"文必有法式……古人用之,非自作之,实天生之也。今人法式古人,非法式古人也,实物之自则也"(同上)。

李梦阳的这种认为情、事、辞不应拟古而结构必须法古的观点,实有削足适履之弊。文学作品结构必须与内容相应,既然作品的情、事、辞都与古代作品不同,结构又何能法古? 如在结构上确有客观规律,那也只能随着文学的发展而逐渐被认识,而不能将古人作品中体现出来的某些准则作万应的灵丹。袁宏道于创作强调"不拘格套"(《叙小修诗》),可说是对李梦阳的这种主张的否定。

另一方面,李梦阳虽要求诗歌抒发真情,反对宋人的"主理",但又以为这种出自情的作品必须是"其气柔厚,其声悠扬,其言切而不迫,故歌之必畅,而闻之者动也"(《缶音序》)的。从而提倡"柔澹沉著含蓄典厚","贬清俊响亮"(参见《何大复先生全集》卷三十二《与李空同论诗书》)。这就给感情的表现形式加上了限制，也是晚明文学新思潮所无法接受的。例如，袁宏道就说："夫诗之气，一代减一代，故古也厚，今也薄。诗之奇之妙之工之无所不极，一代盛一代，故古有不尽之情，今无不写之景。然则古何必高，今何必卑哉？"（《袁宏道集笺校》卷六《尺牍·丘长孺》）这也就意味着气之厚薄之类不能作为评价作品的标准。

李梦阳文学思想与晚明文学新思潮的这两点相异之处，乃是李梦阳的历史局限。人不能脱离他所处的时代，不能不受其前人的影响，而当他要反对某些现存的事物时，也往往不能不从已有的思想库中寻找一些东西作为武器。在李梦阳的青年时期，李东阳（1447—1516）是文坛领袖。李东阳说："章之为用……操纵开阖，惟所欲为，而必一定之准。"（《怀麓堂集》文后卷三《春雨堂稿序》）这也就是以为文学作品在结构上（即所谓"操纵开阖"）有自己的规律。至于写诗应学古人，在结构上也应向古人学习之类的意见，在李东阳的著作中也数见不鲜。例如：

> 方石自视才不过人，在翰林学诗时，自立程课，限一月为一体。如此月读古诗，则凡官课及应答诸作，皆古诗也。故其所就，沉著坚定，非口耳所到。（《历代诗话续编》本《麓堂诗话》）

> 予少时尝曰："幽人不到处，茅屋自成村。"又曰："欲往愁无路，山高溪水深。"虽极力摹拟，恨不能万一耳。（同上）

> 京师人造酒，类用灰，触鼻蜇舌……张汝弼谓之"燕京琥珀"。惟内法酒脱去此味，风致自别。……予尝譬今之为诗者，一等俗句俗字，类有"燕京琥珀"之味，而不能自脱，安得盛唐内法手为之点化哉？（同上）

> 长篇中须有节奏，有操，有纵，有正，有变。若平铺稳布，虽多无益。唐诗类有委曲可喜之处，惟杜子美顿挫起伏，变化不测，可骇可愕，盖其音响与格律正相称。回视诸作，皆在下风。然学者不先得唐调，未可遽为杜学也。（同上）

上引的末一条，实在是引导人去学杜甫的"顿挫起伏"，不过认为在学习之前应"先得唐调"而已。所以，李梦阳之主张在结构上学习古人作品所体现的法则，可说是受到以文坛领袖李东阳的观点为代表的当时流行理论的影响。李梦阳的主张诗歌应"其气柔厚，其声悠扬"，必须"柔澹沉著含蓄典厚"，也与李东阳辈的理论有关。李东阳说：诗歌是"取其声之和者，以陶写情性"（同上）。"声之和者"，自必悠扬而不迫切，其气也必然柔厚。李东阳又说："苏子瞻才甚高……

独其诗伤于快直,少委曲沉著之意,以此有不逮古人之诮。"(《历代诗话续编》本《麓堂诗话》)"委曲沉著"而不"快直",自必"柔澹沉著含蓄典厚"。

另一方面,李梦阳由于反对"宋人主理"而批判宋诗。在当时已有的思想材料中,批判宋诗最有力的是严羽《沧浪诗话》,李梦阳显然受到此书很深的影响。如其《论学》下篇说:"古诗妙在形容之耳,所谓水月镜花,所谓人外之人,言外之言。宋以后,则直陈之矣,于是求工于字句,所谓心劳日拙者也。"(《空同集》卷六十一)显然来自严羽。而严羽也主张"以汉魏晋盛唐为师";又说,诗之"大概有二:曰优游不迫,曰沈着痛快"(《沧浪诗话·诗辩》);甚至说:"诗之是非不必争,试以己诗置之古人诗中,与识者观之而不能辨,则真古人矣。"(《沧浪诗话·诗法》)李梦阳在接受严羽的影响时,也很难完全摆脱这种见解的羁绊的罢。

因此,李梦阳的上述局限,其实只是说明他不能超越他的时代。他的文学思想中虽然出现了许多新的、跟晚明文学新思潮相通的东西,但仍然存在着不少前人和当时的风气在他的文学思想中所留下的痕迹。应该说,这是正常的现象。如果我们承认万事万物的发展都有一定的过程,在突变之前也必须经过长时期的渐变,那么,从台阁体和李东阳的理论是不能直接演变为晚明文学新思潮的,必须有李梦阳式的过渡阶段。

然而,在现有的研究著作中,李梦阳的这一局限似乎被过度地渲染了。这主要表现为以下两点。

第一,李梦阳的提倡在结构上法古的观点,主要见于《驳何氏论文书》、《再与何氏论文书》、《再与何氏书》、《答周子书》等文。这些文章中的有些话容易引起误解。如他反对"文章家必自开一户牖自筑一堂室"之说(《答周子书》),提出"今人模临古帖,即太似不嫌,反曰能书。何独至于文,而欲自立一门户邪"的质问(《再与何氏书》),就常被解释为李梦阳主张写作只要亦步亦趋地模拟古人就够了,用不到也不应该有任何创造性。由此,就把李梦阳的整个文学思想概括为模拟复古而加以否定。不过,把这几篇文章联系起来考察,就可理解:李梦阳这些话是在要求"以我之情,述今之事,尺寸古法,罔袭其辞"的前提下说的,其所谓"法",又只是"前疏后密"之类的结构之法,所以,他其实只是在结构上要人们效法古人的这些准则,反对"自立一门户",并不是要人们在情、事、辞上也模拟古人。而且,他认为在掌握了这一套古人的结构立法以后,在风格上仍是各有特色的。"获所必同,寂可也,幽可也,侈以丽可也,峭可也,巨可也"(《驳何氏论文书》)。换言之,他在风格上也不主张模拟古人。因此,把李梦阳的文学思想仅仅归结为模拟复古,是不妥当的。至于作文临帖之喻,也必须参看下文才能明白。

> "故予尝曰:作文如作字。欧、虞、颜、柳,字不同而同笔。笔不同,非字矣。不同者何也? 肥也,瘦也,长也,短也,疏也,密也。故六者势也,字之体也,非笔之精也。精者何也? 应诸心而本诸法者也。不窥其精,不足以为字,而矧文之能为?"(《驳何氏论文书》)

他认为临帖也不是临"字之体",而是学"笔之精",而"笔之精"也不仅是"法"的问题,还有"心"的问题,即字必须与人的思想感情相应。用现在的话来说,就是必须有写字者的个性。他本来就并不以为写字只要写得像古人就够了。

第二,在对《驳何氏论文书》等文做了上述的误解以后,有些研究著作意识到他们所谓的李梦阳的模拟复古的文学思想与李梦阳《诗集自序》中的"真诗乃在民间"等提法不能相容,于是就说《诗集自序》的观点是李梦阳的晚年才形成的。这也就意味着:李梦阳模拟复古了一辈子,到晚年才觉悟过来。我想,这也并非事实。从《诗集自序》来看,李梦阳在接受了王叔武"真诗乃在民间"等观点以后,"李子于是忧然失,已洒然醒也。于是废唐近诸篇,而为李、杜歌行。王子曰:'斯驰骋之技也。'李子于是为六朝诗。王子曰:'斯绮丽之余也。'于是诗为晋、魏。曰:'比辞而属义,斯谓有意。'于是为赋、骚。曰:'异其意而袭其言,斯谓有蹊。'于是为琴操、古歌诗。曰:'似矣,然糟粕也。'于是为四言,入风出雅。曰:'近之矣,然无所用之矣,子其休矣。'李子闻之,阒然无以难也。自录其诗,藏箧笥中,今二十年矣,乃有刻而布者……然又弘治、正德间诗耳,故自题曰《弘德集》"。《弘德集》所收仅弘治、正德间诗,其编刻当在嘉靖(1522—1566)初,此序当亦嘉靖初所作。序中说他在听了王叔武的议论后,"自录其诗,藏箧笥中,今二十年矣",则其听到王叔武的议论至迟在弘治十五年(1502)左右。又,《空同集》卷十五《述愤一十七首》题下原注:"弘治乙丑年四月作,是时坐劾寿宁侯逮诏狱。"此《述愤》即属于"诗为晋、魏"者。可见李梦阳至迟在弘治十八年乙丑(1505),已听到王叔武对其所作六朝体诗的批评而写了晋体的古诗了。因此,其听到并接受"真诗乃在民间"等观点,至迟在弘治十五年,其时李梦阳为二十九岁。岂能说这是李梦阳晚年形成的观点?

　　顺便在这里说一下，从上引《诗集自序》的自述来看，李梦阳于诗歌绝非只宗盛唐：其《论学》上篇也只说文自宋代起就不行了，对唐文并未否定。（王世贞《艺苑卮言》曾说："李献吉劝人勿读唐以后文，吾始甚狭之，今乃信其然耳。……自今而后，拟以纯灰三斛细涤其肠，日取《六经》、《周礼》、《孟子》、《老》、《庄》、《列》、《荀》、《国语》、《左传》、《战国策》、《韩非子》、《离骚》、《吕氏春秋》、《淮南子》、《史记》、班氏《汉书》，西京以还至六朝及韩、柳便须铨择佳者，熟读涵咏之，令其渐渍汪洋。"此段文字之第一句常被征引，而在今天，"勿读唐以后文"之语很容易被误解为对唐代之文也一并否定。但在实际上，当时人所谓"唐以后文"并不包括唐代之文，如同今日所说"六十分以下为不及格"中的"六十分以下"并不包括六十分一样。正因如此，王世贞才在对于"勿读唐以后文"的主张表示赞同——"今乃信其然"——之后，又决心把韩、柳文之"佳者"与先秦、西汉的文章一起作为学习对象，"熟读涵咏之，令其渐渍汪洋"；否则，绝不会自相矛盾如此。所以，这跟《论学》上篇所说并无二致。至于王世贞在这里似乎认为东汉至唐代之文不如先秦、西汉之文，那是他自己的看法，并非李梦阳所提出。在李梦阳的文集中，又找不到"文必秦汉，诗必盛唐"的原话。《明史·文苑·李梦阳传》说他"倡言文必秦汉，诗必盛唐，非是者弗道"，实是想当然之词。

　　综上所述，我认为李梦阳的文学思想与晚明文学新思潮是有密切联系的，李贽对他的推崇，袁宏道的"草昧推何李"、"尔雅良足师"等评语绝非偶然。当然，李梦阳作品的艺术成就不高，所以遭到袁宏道等人的批评，但从作品的内容说，却也有不少与李贽思想相通之处，值得引起注意。

　　附记：本文原载于日本古田敬一教授退官纪念事业会编印、东方书店发行的《古田教授退官纪念中国文学语学论集》，在国内没有发表过。现应《安徽师范大学学报》编辑部之约，略加增订，以就正于国内的同行。

（《安徽师范大学学报（人文社会科学版）》1986 年第 3 期）

晚明文学的先驱——李梦阳

陈建华

目前通行的几种文学史论著(如中科院文研所《中国文学史》、游国恩等编《中国文学史》、刘大杰《中国文学发展史》等)对李梦阳均持否定态度:认为他主张"文必秦汉,诗必盛唐",代表明代文学的拟古派。这实际上维持了清人(《明史·文苑传》及《四库全书提要》等)以来的观点。日本著名汉学家吉川幸次郎在《中国诗史》中已提出不同看法,高度评价了李梦阳的文学成就。国内有章培恒先生《李梦阳与晚明文学新思潮》一文(1985 年在日本发表),亦力纠旧说。本文力图对李梦阳与晚明文学的关系与作用,进行公允的分析与评价。

明代中叶,以李梦阳、何景明为首的"前七子"在文学上提倡"复古","学者翕然从之,文体一变"(《四库提要》),对后来文学的发展产生深刻的影响。很久以来,文学史上对李梦阳的评价基本上持否定态度,指责他的"复古"是"拟古",往往把他置于与李贽、袁宏道、汤显祖等人为代表的晚明文学潮流相对立的地位。这些看法有失偏颇。本文拟对李梦阳的思想基础、文学主张与文学创作谈些看法,以就正于同道。

一、李梦阳的思想基础

明初以来,统治阶级为了强化封建专制统治,在文化思想方面极力提倡程朱理学,以"存天理,去人欲"作为维持封建纲常秩序的基本教条,并规定士人要熟习经义与八股文体,才能致身宦途。其结果,窒抑了人对于物质生活与情感生活的正常要求,束缚了人的精神与个性的健康发展,也阻碍了社会的发展进程。经过一百多年,在成化、弘治年间,社会思想呈现出一种僵化、凝滞的状态。处于这种思想氛围中的文学,内容上粉饰现实生活,宣扬道学说教,艺术上风格平庸,缺乏生气与个性。以"三杨"(杨荣、杨溥、杨士奇)为代表的"台阁体"是这一时期的文学典范。有如朱彝尊所指出的:"成、弘间诗道旁落,杂而多端。台阁诸公,白草黄茅,纷芜靡蔓。……理学诸公,击壤打油,筋斗样子。"(《静志居诗话》)

李梦阳认识到这种思想上的贫乏状况并起而加以抨击,他对"存天理,去人欲"这一理学的根本信念进行挑战,提出"理欲同行"的理论:

> 理欲同行而异情。故正则仁,否则姑息;正则义,否则苛刻;正则礼,否则拳踢;正则智,否则诈饰;言正则丝,否则簧;色正则信,否则庄;笑正则时,否则谄。正则"载笑载色",称焉;否则"辑柔尔颜",讥焉。凡此皆同行而异情者也。(《空同子·论学》)

按照理学家的理论,人必须体认"天理",并使自己的行为受天理的约束,不为私欲所蔽,才能达到"仁"、"义"等纯粹的道德境界。但李梦阳提出,理与欲应当互相补充融协,即"同行",亦即"正",才能达到"仁"、"义"等境界。反之,片面强调理或欲,即"异情",亦即"否",就会造成"姑息"、"苛刻"等弊端。

在另一段话中,李梦阳明确地提到这种"欲",即"好货"、"好色":

> 孟子论好勇好货好色。……是言也非浅儒之所识也。空同子曰:此道不明于天下,而人遂不复知理欲同行异情之义。是故近里者讳声利,务外者黩货色。讳声利者为寂为约,黩货色者从侈从矜。(《论学》)

所谓"好货"、"好色",正是理学家所企图否认并力图加以消泯的人的自然欲望。他所指斥的"浅儒",实际上是指宋儒,他指责宋人理学的偏谬。尽管李梦阳主张理欲调和,但这种理论在当时的条件下出现,却具有冲击传统的陈腐教条的战斗性。后来李贽以言"好货、好色"为"真迩言",认为"穿衣吃饭,即是人伦物理",以及冯梦龙称赞孟子好货好色而讥訾程颐的迂腐①,都是对"理欲并行"理论的发展。

李梦阳甚至认为,人欲是不能克制的,它同天地万物一样,是自然生成的。他说:"天地间惟声色,人安能不溺之?声色者,五行精华之气以之为神者也。

---

① 冯梦龙编《古今谈概》,其《迂腐部第一》中《谏折柳》条:"程颐为讲官,一日讲罢,未退。上偶起凭槛,戏折柳枝。颐进曰:'方春发生,不可无故摧折。'上掷枝于地,不乐而罢。"冯氏评语曰:"遇了孟夫子,好货好色都自不妨。遇了程夫子,也动一些不得,苦哉!苦哉!"

凡物有窍则声,无色则蔽。"①又说:"阴阳消长,五行生克,发之声为音,吐其采为色,腾之为气,滋之为味。天以之成,人以之生。"②在这里,李梦阳把发声、吐采等万物的运动看作"五行精华之气以之为神者也",并强调"天以之成",这在自然观中也摒弃了宋儒所说的万物间由天理主宰的观点。所谓"人以之生",即人同万物一般,生命依存于声色气味,离开这些自然欲望,人就无以为生。这种自然观旨在说明人欲的合理性与不可抑制性。

与"欲"的理论密切关联的是有关"情"的理论,同样构成李梦阳的文学思想的重要基础,也同样具有与宋儒对抗的倾向。

程朱理学从纯粹道德理念出发,要求人克服感情,做到"温柔敦厚"、"中正和平",而李梦阳从他的自然观出发,认为"天下有窍则声,有情则吟,窍而情,人与物同也"③。人的感情以及感情的发散都是自然的,不必抑制。他在《原寿》一文中,认为人的感情的发散如"枢动不蛀",有利于长寿。他说:"夫忧乐喜怒者,情也。即信无他嗜溺,乃四者多情何殄矣?坚制其情以悖道废履,其亦不知定命矣耳。"④明清之际的著名文学批评家金圣叹,把"万物之性"譬作"万物自然之曲",而要求各尽其性(参《唱经堂语录纂》卷一),也表达了同样的要求自由的倾向。

既肯定了人的自然之情,就必然要逾越"发乎情,止乎礼义"的传统教诫的樊篱。《空同集》卷五十《结肠操谱序》以陈鳌的话说:

> 天下有殊理之事,无非情之音。何也?理之言常也。或激之乖,则幻化弗测,《易》曰"游魂为变"是也。乃其为音也,则发之情而生之心者也。……感于肠而起音,罔变是恤,固情之真也。

"变",是指与理相乖者。所谓"罔变是恤,固情之真也",即说发自自然之情的声音,不惮与理相乖悖,乃是真情。李梦阳说:"贤之则情必过,情过则礼必逾,礼逾则歌必哀。"他认为情必定战胜理,这就背离了"发乎情,止乎礼义"的传统教条。这与汤显祖的"'情有者理必无,理有者情必无'真是一刀两断语"⑤是一脉

---

① 《空同子·化理》。
② 《空同子·论学》。
③ 《空同集》卷50《鸣春集序》。
④ 《空同集》卷58。
⑤ 徐朔方笺校:《汤显祖诗文集》卷45《寄达观》。

相通的。

李梦阳的这种情欲观是在一定的历史条件下产生的。一方面,这是人的精神在久受压抑之后的反拨。当时明王朝皇室奢靡,吏治窳败,国用日蹙,政治上经济上潜伏着危机的征兆。明初以来相对稳定的时期已告终结,统治力量也有所削弱。因此,一部分人开始对统治的思想基础即程朱理学的有效性与合理性产生怀疑,逐渐酝酿着一股重新探讨"性理"的思想潮流。如果说王阳明是明代新的哲学思潮的先驱,那末李梦阳则是新的文学思潮的先驱。

另一方面,明代中期,社会的经济结构也发生变化。商品经济力图摆脱封建力量的束缚而获得进一步发展,市民阶层的社会地位有所提高。市民的兴起与新思潮的发生有紧密的关系,他们的观念形态是冲击封建意识并使之解体的重要因素。李梦阳的情欲观在一定程度上体现了市民阶层的思想特征。

李梦阳的家庭背景及生活环境与商人的关系相当密切,这是值得注意的。他的祖父"为小贾能自活,乃后十余岁而至中贾",成为乡里颇有财势的人物。李梦阳在叙述他祖父的从商事迹时,显然带着崇敬的感情。另外,他与商人交往甚迩,《空同集》中有不少为商人所作的墓志、传记、序文或诗篇,数量之多颇引人注目。他常以赞赏的笔调写到商人因善于经营而发迹变泰,肯定了那种素来受正统观念所贬斥的逐利行为。如《明故王文显墓志铭》:"文显之为商也,善心计,识重轻,能时低昂,以故饶裕。与人交信义秋霜,能析利于毫毛,故人乐助其资斧。又善审势伸缩,故终其身弗陷于穿窭。"①又如在《潜虬山人记》中,借歙商佘育的"商亦有道焉"那句话,赞扬了商人的精明强干的品质。李梦阳还常写到商人追求享乐、不拘礼法等方面,肯定了他们的生活态度。这些为商人所写的作品,反映出当时商业的兴盛以及李梦阳思想上的变化,这与他的情欲观有内在的联系。

李梦阳的情欲观有其时代的局限性。所谓"理欲同行"是一种折衷的论调,他为"人欲"争取其应有的地位,但仍维护"天理",这与他维护皇权、提倡节义的立场是一致的。而李贽则在肯定好货好色时,否定天理,对于封建传统思想的背叛更为彻底。但需肯定的是,李梦阳在理学的浓重包裹中提出这样的情欲观,确有振聋发聩、转移风气之功,为新的文学运动提供了理论基础。而且从上述所提

———————

① 《空同集》卷 44。

及的李贽、汤显祖、冯梦龙的言论可看出晚明思潮与李梦阳之间的承继关系。

二、李梦阳的文学思想

长期以来,关于李梦阳的文学理论,大多根据《明史·李梦阳传》中"倡言文必秦汉,诗必盛唐"的记载,认为他的"复古"实即"拟古"。其实这一记载与实际不符,须加以澄清。首先,李梦阳等人在当时并未这样提倡过,在他们的文集中找不到这样的表述。他们确实提倡学古,如诗歌,钱谦益云:"献吉以复古自命,曰古诗必汉魏,必三谢;今体必初盛唐,必杜。"①另外,李梦阳说"真诗在民间",还提倡向民歌学习。因此说他倡言"诗必盛唐",是不正确的。而且,他们的学古只是手段,而不是目的。其次,由于袁宏道等人提倡"性灵"、"真情",对"前后七子"的复古的流弊产生不满,于是有"盖诗文至近代而卑极矣,文则必欲准于秦汉,诗则必欲准于盛唐"②的说法,但亦不专指李梦阳。后来横云山人《明史稿·李梦阳传》干脆说他"倡言文必秦汉,诗必盛唐"。至近代遂成定见,然而离事实愈远了。总之,若把"文必秦汉,诗必盛唐"看作李梦阳的文学主张,必然会得出不正确的结论。

在李梦阳之前,如唐代陈子昂、韩愈,宋代欧阳修,元代杨维祯等人都曾以"复古"为号召,但由于各自所处的历史环境不同,对古代文学的理解各不相同,向古代借鉴的目的、方式亦各有其特殊性。李梦阳提倡复古,目的在于创作出具有"真情"的作品,这与他的情欲观是一致的。他的《诗集自序》即能说明这一点:

李子曰:曹县盖有王叔武云,其言曰:夫诗者,天地自然之音也。今途咢而巷讴,劳呻而康吟,一唱而群和者,其真也,斯之谓风也。孔子曰:"礼失而求之野。"今真诗乃在民间。而文人学子顾往往为韵言,谓之诗。……李子于是怃然失,已洒然醒也。于是废唐近体诸篇,而为李、杜歌行。王子曰:"斯驰骋之技也。"李子于是为六朝诗。王子曰:"斯绮丽之余也。"于是诗为晋、魏。曰:"比辞而属义,斯谓有意。"于是为赋、骚。曰:"异其意而袭其

---

① 《列朝诗集》丙集。
② 钱伯城:《袁宏道集笺校》卷4《叙小修诗》。

言,斯谓有蹊。"于是为琴操、古歌诗。曰:"似矣,然糟粕也。"于是为四言,入风出雅。曰:"近之矣,然无所用之矣,子其休矣。"李子闻之,闇然无以难也。自录其诗,藏箧笥中,今二十年矣,乃有刻而布者,李子闻之惧且惭。曰:"予之诗,非真也。"王子所谓文人学子韵言耳,出之情寡而工之词多者也。然又弘治、正德间诗耳,故自题曰《弘德集》。每自欲改之以求其真,然今老矣。……

此文作于嘉靖初①,据文中"今二十年矣"语上推,为弘治十五六年,正是李、何等人在京倡言复古之时。从那时起,李梦阳就"怃然失"、"洒然醒",接受了王叔武的②"真诗在民间"的主张。二十年中,他不断地向古代诗歌学习,经历了"为李、杜歌行","为六朝诗","为晋、魏","为赋、骚","为琴操、古歌诗","为四言"诸阶段,也不断地接受王叔武的影响和批评,即始终为创作"真诗"而努力。由此可见,李梦阳在他主张复古的初期,就以创作具有真情的"真诗"作为追求的目标。复古的实质在于重现古代文学中的活泼的精神。而《诗集自序》是李梦阳对他所倡导的复古运动的回顾与总结,并不是像有的同志所认为的是他晚年时对自己拟古道路的"追悔"或"猛省"。

李梦阳的文学理论以真情为核心,还包含着这样一些内容:

一、真即自然——李梦阳从肯定人的自然之情出发,认为真诗即是自然之情的表现。《诗集自序》云:"夫诗者,天地自然之音也。"并强调"真者,音之发而情之原也"。同样基于自然之情必然"逾礼"的认识,他也肯定出于真情而与传统观念相抵触的文学作品,如李开先《词谑》所载,他十分欣赏那首直率表现男女之情的民歌——《锁南枝》。后来汤显祖说:"上自葛天,下至胡元,皆是歌曲。""葛天短而胡元长,时势使然"(《答凌初成》)。李贽肯定与"道理闻见"相冲突的"最初一念之本心"(《焚书·童心说》),都进一步发展了自然之情即真情、真

① 《诗集自序》最初载于《弘德集》之首。考集中卷30《嘉靖元年歌二首》,似属最迟之作。可资参证的是,卷25有《时序三十四首》,诸诗以干支依次排列,其最末一诗为《庚辰清明东郭》。梦阳后编《空同集》,卷26有《时序四十四首》,在《庚辰清明东郭》之后增入《九日上方寺二首》、《至日夜雪》、《癸未中秋不月》等10首。又《弘德集》卷27有《时序三十七首》,最末之诗为《辛巳除夕遇立春》,而《空同集》卷33《时序四十四首》中增入《壬午元日》以下3首。故《弘德集》的编定当在嘉靖元年,《诗集自序》亦作于此时。

② 王叔武,名崇文,山东曹县人。弘治七年进士,改庶吉士,历户部郎中。正德三年升江西提学副使。十四年任副都御史巡抚保定,未任致仕。次年卒,年五十三。有《兼山遗稿》。

诗的观点,并成为晚明作家普遍遵奉的创作原则。

二、风在雅微——强调"真诗在民间",还包涵着一个重要的观点:文人学子无真诗。《诗集自序》云:"李子曰:虽然,子之论者,风耳。夫雅、颂不出文人学子手乎?王子曰:是音也不见世久矣,虽有作者,微矣。"李梦阳在《空同子·论学》中进一步阐释了王叔武的主张,他说:"或问:《诗集自序》谓真诗在民间者,风耳。雅、颂者,固文学笔也。空同子曰:吁,《黍离》之后,雅、颂微矣。作者变正靡达,音律罔谐,即有其篇,无所用之矣。予以是专风乎言矣。"在《空同集》卷六又说:"世尝谓删后无诗,无者谓雅耳。风自谣口出,孰得而无之哉?今录其民谣一篇,使人知真诗果在民间。"①李梦阳一再强调,民间一直保持着"风"的传统,所以有真诗。而"雅、颂微矣","无者谓雅",指出文人学子的创作早已失去古诗的精神,所以无真诗可言。这虽是论诗,但这种民间之外无真诗的看法以及"专风乎言"的态度,意味着文学观念的带有根本性变革。李梦阳几乎全部否定了自《诗经》之后的文人创作,而充分肯定了俗文学。这种文学是李贽称《西厢曲》、《水浒传》为"古今至文"(《童心说》),即明确肯定市民文学的先声。

三、崇实绌伪——《空同子·论学》云:"情者,性之发也,然训为实,何也?天下未有不实情之也,故虚伪为不情。"他崇尚真情,反对虚伪,也是他的复古理论的一个方面。他常强调:"情感于遭","天下无不根之萌,君子无不根之情。忧乐潜之中,而后感触应之外,故遇者因乎情,诗者形乎遇。"②情的发动起因于外物,文学作品反映的是人与世界"遭遇"的关系,因此李梦阳还要求文学反映真实的生活,而反对无病呻吟、空洞无物,或受某种功利观念的支配去粉饰、歪曲现实生活。他说:"古之文,文其人如其人便了,如画焉,似而已矣。是故贤者不讳过,愚者不窃美。而今之文,文其人无美恶皆欲合道,传志其甚矣。是故考实则无人,抽华则无文。"③李梦阳指出,因为要"合道",才造成"贤者讳过"、"愚者窃美"的虚假的文学,这种批判是何等犀利!在很大程度上也是对道统文学观的抨击。其实质是要使文学摆脱桎梏,获得自身的独立与尊严,成为真正的文学。

---

① 见嘉靖九年刊《空同集》,在嘉靖三十一年重刊本《空同集》中,这段话被删去。
② 《空同集》卷50《梅月先生诗序》。
③ 《空同子·论学》。

四、尊情抑理——李梦阳力斥宋儒,他说:"宋无诗"①;"宋人主理,作理语,于是薄风云月露,一切铲去不为。又作诗话教人,人不复知诗矣"②。又说:"宋儒兴而古之文废矣"③,否定宋人诗文,原因是他讨厌理学。那个惊世骇俗的主张——"读书断自汉魏以上"(顾璘《国宝新编》),其目的也是为了摆脱理学。总之,"宋人不言理外之事,故其失拘而泥"(《空同子·物理篇》)。打破"拘泥",即为了使个性获得自由。晚明新思潮的精神意向,在这里已见端倪。

李梦阳的文学理论有其局限的一面。他倡言复古,是要使文学按其本身的规律发展,摆脱为政治教化的附庸地位,而成为表现个人的东西,这实际上提出了更新内容的要求,与当时呼唤心灵解放的社会思潮合拍。另外,在形式上,他要求遵循"古法",即古代文学中的创作法则。由于他对内容与形式之间的关系认识不足,造成了两者的矛盾。

李梦阳在与何景明的争论中,表明了他对形式与内容的关系的看法,由于他提出"尺寸古法",有人认为他主张"拟古",这不尽确切。他说:"假令仆窃古之意,盗古形,剪截古辞以为文,谓之影子诚可。若以我之情,述今之事,尺寸古法,罔袭其辞……此奚不可也?"④他明确说,"尺寸古法"是为了表现"我之情"、"今之事",而不是窃古意、盗古形、袭古辞,因此,"古法"是为"真情"服务的。他在《答周子书》中说:"文必有法式,然后中谐音度,如方圆之于规矩。古人用之,非自作之,实天生之也。今人法式古人,非法式古人也,实物之自则也。"⑤把这层意思说得更透彻了。李梦阳所说的法,是古人在创作中所遵循的法则,这些法则不是古人随意臆造的,而是由于文学自身的要求而自然地遵奉的。从这些话来看,他对内容与形式之间关系的看法还较得当,并无提倡拟古之意。

问题在于,李梦阳不能进一步认识到,一定的内容需要一定的形式与之相适应,既然在内容上要求更新,那末在表现形式上也要随之变化。如那首李梦阳所激赏的《锁南枝》,把男女恋情表现得如此天真活泼,其意象、结构、句式、语辞与内容相适应,确乎"为我明一绝"(卓月珂语)。这些艺术手法是文学发展到一定

---

① 《空同集》卷47《潜虬山人记》。

② 《空同集》卷51《缶音序》。

③ 《空同子·论学》。

④ 《空同集》卷61《驳何氏论文书》。

⑤ 《空同集》卷61。

阶段的产物,在古诗中是难以找到的。而李梦阳把他的"古法"看作是一成不变的,他说:"古人之作,其法虽多端,大抵前疏者后必密,半阔者半必细,一实者必一虚,叠景者意必二。此予之所谓法,圆规而方矩者也。"(《空同集》卷六一《再与何氏书》)这些古法与他的"古人用之,非自作之,实天生之"的话相矛盾,古人本无所谓法,其实也是他自己从古人作品中揣摩得来的。这些从古诗得来的方法在表现新内容时不一定适合,而且,如果把它们绝对化,把它们作为创作中必须恪守的典则,其结果必然妨碍新内容的表现。据《诗集自序》所述,他不断地向古诗学习,最终仍认为自己的作品"非真",未达到民间真诗的境界。他对内容与形式的关系缺乏深入认识而造成二者的割裂,是一个主要的原因。

李梦阳的局限是当时历史条件所产生的必然现象。正如他的情欲观包含着内在矛盾一样,由于生活在思想禁锢的时代中,尽管主观上努力争取摆脱"拘泥",但仍然不自觉地显露出文化环境影响的痕迹,他对古法的坚持,亦是未能摆脱"拘泥"的表现。他在《答周子书》中说:"一二轻俊……谓文章家必自开一户牖,自筑一堂室,谓法古者为蹈袭,式往者为影子。……今其流传之辞,如抟沙弄螭,涣无纪律,古之所云开阖照应、倒插顿挫者,一切废之矣。仆窃忧之,然莫之敢告也。"在这些"流传之辞"中固然有浅薄而不足道者,但厌弃古法已成为时代的趋向时,也含有建立新法则的要求,后来袁宏道提出"独抒性灵,不拘格套"(《叙小修诗》),是这一趋向的必然结果。此时李梦阳仍拘守古法,显然落伍于时代了。

总之,李梦阳的文学思想,其主要的积极的部分与晚明文学思潮是相通的。值得注意的是,那些晚明新潮的代表作家,如李贽、袁宏道等人对李梦阳推崇备至,把他看作一位先驱者。如李贽《与管登之书》:"空同先生与阳明先生同世同生,一为道德,一为文章,千万世后,两先生精光具在,何必更兼谈道德耶?人之敬服空同先生者,岂减于阳明先生哉?"①他把李梦阳与王阳明相提并论,评价确实很高。当我们对李梦阳的思想倾向及时代背景有所了解后,觉得这一评价并不过分。另外,如袁宏道、汤显祖,或肯定他的"复古",或受他的文学主张的影响。章培恒先生在《李梦阳与晚明文学新思潮》一文中已论及②,本文不再赘

① 《李温陵集》卷6。

② 《古田教授退官纪念·中国文学语学论集》,(日)东方书店1985年版。

述了。

三、李梦阳的文学创作

最后略谈一下李梦阳的文学创作。由于复古理论本身包含着内在矛盾,给他的创作实践带来影响。由于强调"尺寸古法",他的作品常使人联想起古代某一时期的文学风范,确实存在因内容与形式不协调而造成的生硬的毛病,这成为后世指责他"拟古"的根据。但另一方面,他对真诗的不懈追求,亦产生了一些"入风出雅"的作品,应当受到重视。

先看诗歌方面。诗集中有不少抚时感事、暴露现实黑暗的作品,大多写得感情激切。如《空同集》卷十七《自从行》:"若言世事无颠倒,窃钩者诛窃国侯。君不见奸雄恶少椎肥牛,董生著书番见收。"对当时是非颠倒、风气腐败的政治现实表现出强烈的愤慨。与失意文人的愤世嫉俗不同的是,丑恶的政治现实使李梦阳对整个社会产生怀疑,如卷一《疑赋》:"下乾上坤,高卑易矣。星辰在下,江河逆矣。"与《自从行》诗意相通。又如卷八《博浪沙》:"赤松子,在何许?君不见朝烹狗,暮缚虎。"诗中对封建统治者反复无信的批判,也反映了传统信仰的破灭,即是怀疑带来的结果。像这些诗反映出时代的精神特征,但这类诗大多重现了杜甫的艺术风格,甚至有些诗句似乎出自杜甫的手笔。

有些作品表现了在以前的诗歌中很少得到表现的内容,它们对文学的发展带来影响,也较体现作者的独特风格。如卷十九《结肠篇》,其二云:

> 结肠结肠忍更闻,妾年十六初侍君。父也早逝母独存,为君生子今有孙。昔走楚城迈燕秦,万里君宁恤妇人。外好不补中苦辛,中年得归计永久,命也百病攒妾身。言乖意违时反唇①,妾匪无违君多嗔。中肠诘曲难为辞,生既难明死讵知?千结万结为君尔,君不妾知肠在此。

这是一首很别致的悼亡诗,诗中是作者想象他的妻子在死后的思想感情。在以前的悼亡诗里,人常把他与亡妻的情感写得和爱而美好,而这首诗却写了夫妻间感情的隔阂,夫妻之间关系不融洽,她的内心深藏着痛苦。"生既难明死讵知",她在死后仍要求得到温爱与了解。这实是封建婚姻制度所造成的悲剧,夫妻关

---

① "乖",嘉靖九年刊本《空同集》作"毕",嘉靖三十一年本《空同集》作"乖",今据后者。

系常常是义务的结合,而难以产生真正的爱情。李梦阳在这首诗中真实地反映了这种缺陷,在他对亡妻的深刻同情中,也表达了消弥这种缺陷的要求。这首诗闪烁着明代文学的新精神。

有些作品与民歌风格十分接近,显然是李梦阳向民间真诗学习的成果,也意味着文学观念的变革。如《弘德集》卷六《童谣二首》,或是经过改写的"民谣",写已婚妇女在婆家的难堪生活,表达了对受封建压迫的妇女的同情,在内容上值得重视。另外他自己的创作,如《欸乃歌》、《想象歌》、《内教场歌》、《拟前缓声歌》等,题材多样,都以作者对广阔的社会生活的真实体验为基础。表现形式也灵活多变,如《空同集》卷六《长歌行》:

> 笼中鸭望水中鸭,一鸣一答:"汝虽有羽翼,不如我泛绿波,食鱼虾,奔蘋拍藻入烟浦。"笼中之鸭心徒苦。

这首小诗表现了对自由生活的赞美,情趣盎然,确实有民歌的风调,是这类作品的代表作。

再看散文方面。仅以他为亲友所作的墓志铭为例,这种严肃的文体在李梦阳笔下,却较有生气和变化,其思想内容与艺术形式都提供了新的东西。如《空同集》卷四五《明故中顺大夫衢州府知府李君墓志铭》,李梦阳对墓主的政绩数语带过,而对自己的人生观作了详细的表述。其有这样一段话:"先是空同子谓李君曰:'死生有命,富贵在天。'信矣。然人之富贵之去身也,则智虑衰,谋计左。而其将死也,则魄夺心乱,往往犯忌讳,昧戕伐,斯自为之,亦天与命使之乎?"作者似乎要说明的是,物质具有支配人的精神的力量,精神是虚幻的,物质却是实在的。这里也透露出对传统所赞赏的安贫乐道的精神生活的厌倦,正表现出晚明思潮的特征。李梦阳在为一些皇裔贵戚所作的墓志中,常以欣羡的口吻描述了他们生前的享乐生活,如《空同集》卷四十六《封丘僖顺王墓志铭》:"初,王好夜宴,钟鼓管籥,阗喧彻宵,鸡鸣月坠,香粉销落,舄履杂糅,而其兴愈酣。"他把这种豪奢生活写得如此神往,是他的情欲观的体现,在当时具有反禁欲的思想意义。

有的墓铭在艺术上值得注意,如《空同集》卷四三《梅山先生墓志铭》,描绘一个商人的形象:

> 正德十六年秋,梅山子来。李子见其体腴厚,喜握其手,曰:"梅山肥邪?"梅山笑曰:"吾能医。"曰:"更奚能?"曰:"能形家者流。"曰:"更奚能?"

曰:"能诗。"李子乃大诧喜,拳其背曰:"汝吴下阿蒙邪? 别数年而能诗、能医、能形家者流!"

李子有贵客,邀梅山。客故豪酒,梅山亦豪酒。深觞细杯,穷日落月。梅山醉,每据床放歌,厥声悠扬而激烈。已,大笑,觞客,客亦大笑,和歌醉欢。李子则又拳其背曰:"久别汝,汝能酒又善歌邪!"客初轻梅山,于是则大器重之。

这篇墓铭的写法很独特,作者对这位生前的好友,不像通常的墓铭满纸空洞的谀辞,或对其履历作平板的陈述,而是围绕梅山先生的离别、归来、宴饮等事件展开细致、生动的描绘。梅山先生的音容笑貌宛在目前,是个神形兼备的人物形象,而大量对话的运用以及"握其手"、"拳其背"等动作的描写,表明了作者和墓主的亲密关系。这种写法使这篇墓铭更像一篇小说。这一作品也体现了李梦阳的文学观,他突破了志传"皆欲合道"的陈腐观念,努力表现真实的生活与真情的人。而对日常生活细节的重视,是尊重人、尊重人的生活意欲的结果。在墓志这一文体中出现这样的变化,已预示着一种新的文学思潮的兴起。

(《学术月刊》1986 年第 8 期)

关于李梦阳的"晚年悔悟"问题

——"前七子"文学理论研究之一

廖可斌

　　李梦阳是明代复古派"前七子"的领袖,他在晚年所作的《诗集自序》中提出了诗歌以情为本,"今真诗乃在民间"的说法。后来人们一般都认为复古派的文学主张不外是模拟古人、注重形式技巧等等,于是很自然地便把这些话理解为李梦阳的晚年自悔之词。然而这基本上是一个误会。由于这一问题牵涉到对整个明代文学复古运动的真实性质及历史意义的认识与评价,因此有必要加以澄清。

一

　　明代的文学复古运动,论直接原因,是对明中叶日趋尖锐的种种社会矛盾的反映;远而言之,则是对明初以来思想文化的高压政策和萎靡不振之诗风文风的反动。关于这两点,以前的研究者大都或多或少地认识到了。然而复古运动的出现,还有更深刻的历史原因。它实际上是整个中国古典文学特别是古典诗歌发展变迁的必然产物。中国古典诗歌的发展至盛唐时代达到高峰。与此同时,蕴含在诗歌中的主体精神和客观世界、情与理、意与象等也达到了相当完美的统一。大约从中唐开始,随着中国封建社会开始走下坡路,人们的生活内容、生活观念、思维方式和审美心态等都发生了一系列变化,作为它们的外在物化形态之一的诗歌创作也分化出两种倾向。一是理性化的倾向,即以诗言理叙事。以诗代论,用诗进行道德说教,以诗为史尤成为众人追求的最高目标,在语言方面,按照散文的思辨的方式改造诗句,多用抽象词、虚词,使之变得枯涩而散缓。另一种是俗化倾向,即侧重于倾诉个人的情绪,描写琐碎的日常小事,或自适、或自伤、或颓然自放,把曾经被前代诗人视为粗鄙而拒之门外的种种题材、物象、意念、词汇等都拉进诗歌中,有些诗人则刻意讲究诗歌的形式技巧,使诗歌的格调变浅变俗、变奇变怪。从中唐到明前期的几百年间,古典诗歌基本上就沿着这两个方向滑落。虽然其间曾有严羽等人发出过呐喊,但并没有引起人们的注意。只是宋代理学诞生后,对文学发生深刻影响,诗歌创作中的理性化倾向遂成为更占主导地位的倾向罢了。在明前期文坛上占垄断地位的,首先是浙东派,接着是以江西派作家为主体的"台阁体"。他们的诗作都以宣扬程朱理学、为统治者歌功颂德为能事,是中唐以来诗歌理性化倾向发展到极端的产物。成化、弘治间流行的以薛瑄、吴与弼、陈献章、庄昶等理学家的诗作为代表的"陈、庄体",满口理学话头,"太极、帽桶、筋斗、样子、打乖、个里"之类触目皆是,更使中国古典诗歌陷入了"极鄙极靡、极卑极滥"的境地。明中叶的文学复古运动就是在这种历史背景下产生的,它实质上就是一场力图恢复古典文学特别是古典诗歌审美特征的文学运动。复古派作家对"台阁体"、"陈、庄体"的诗风文风给予了猛烈抨击,并进而对中国古典诗歌的审美特征及其发展变迁轨迹做了反思,对中唐以来诗歌创作中的理性化倾向和俗化倾向进行了批评。作为正面主张,他们提出了超宋元而上、以汉魏盛唐为师的口号,强调诗文必须反映重大社会现实问题,表达真情实感,注重作品的文采和形式技巧,力图使诗歌重新具有高尚之"格"和流美之"调"。针对宋元以来特别是明前期诗坛上理性化倾向尤为泛滥的情况,复古派作家更把强调诗歌的情感特征放到了自己的文学理论主张的首位。李梦阳在《梅月先生诗序》中指出:

> 情者,动乎遇者也。……故遇者物也,物者情也。情动则会,心会则契,神契则音,所谓随寓而发者也。
>
> 故天下无不根之萌,君子无不根之情。忧乐潜之中而后感触应之外。
>
> 故遇者因乎情,诗者形乎遇。

在《鸣春集序》中他又说:"天下有窍则声,有情则吟。窍而情,人与物同也。然必春焉者,时使之也。"①情以物迁,辞以情发,情由物见;诗歌的本源就是情,情又是客观社会现实生活感触的产物,它最终又必须通过所感触的物象表现出来。这里对"物(遇、时)"、"情"、"诗"三者之间关系的描述是相当准确的。

---

① 《四库全书》本,《空同集》卷 51。

　　徐祯卿在"前七子"中以善作深湛之思著称,《谈艺录》便是他刻苦思索成果的结晶,其中对诗歌的情感特征,从各个侧面进行了相当全面的阐述。他认为,从诗歌的本源和本质来看,"诗以言其情","诗者,所以宣元郁之思,光神妙之化者也";从文学史的角度来看,诗歌兴衰的历史,在某种意义上就是诗歌的情感特征显晦的历史;从具体创作过程中的艺术思维活动来看,"情"既是它的源泉,又在整个过程中起支配作用:

> 情者,心之精也。情无定位,触感而兴。既动于中,必形于声,故喜则为笑哑,忧则为吁峨,怒则为叱咤。然引而成音,气实为佐;引音成词,文实与功。盖因情以发气,因气以成声,因声而绘词,因词而定韵,此诗之源也。

> 朦胧萌坼,情之来也;汪洋漫衍,情之沛也? 连翩络属,情之一也;驰轶步骤,气之达也;简练揣摸,思之约也;颉颃累贯,韵之齐也;混沌贞淬,质之检也;明隽清圆,词之藻也。高才闲拟,濡笔求工,发旨立意,虽旁出多门,未有不由斯户者也。

从作品的既成形态来看,徐祯卿认为,不同的诗歌体裁,如"歌"、"行"、"吟"、"曲"、"引"等,只是为了表达不同种类情感的需要,"因情立格"而设立的。"夫情既异其形,故辞当因其势","合是而视,则情之体备矣"。而从文学的欣赏接受过程来看,诗歌之所以能感动人,也就是因为它蕴含着丰富而真挚的情感:

> 夫情能动物,故诗足以感人。荆轲变徵,壮士瞋目;延年婉歌,汉武慕叹。凡厥含生,情本一贯,所以同忧相瘁、同乐相倾也。故诗者风也,风之所至,草必偃焉……若乃欷歔无涕,行路必不为之兴哀;诉难不肤,闻者必不为之变色。故夫直戆之词,譬之无音之弦耳,何所取闻于人哉! ①

由此可见,作为"前七子"复古运动主要文学理论著作之一的《谈艺录》,已建构了一个相当完整的以"情"为核心的诗歌理论体系,它与倡导文由道生、文随道而盛衰、道胜者文不期然而自至、文以明道的理学家文学观形成鲜明对照。

　　与文学的情感特征密切相关的还有文学的形象性特征和风格问题。情感直接与外在物象相关联,特定的情感,往往由特定的物象引起,于是后者就成为前者特定的表征。情感的内涵往往非常复杂微妙,很难用准确的概念予以表述。只有特定的耐人寻味的物象,才能传达出它的生动丰富性。总之,文学的情感特

---

① 《四库全书》本,《迪功集》卷6。

征,决定了文学的形象性特征。复古派强调文学特别是诗歌必须以情为本,也就自然会重视它的形象性。据谢榛《四溟诗话》载:

> 空同子曰:"古诗妙在形容,所谓水月镜花,言外之意。宋以后,则直陈言矣。求工于字句,心劳而日拙也。"

> 黄司务问诗法于李空同,因指场圃中菽豆而言曰:"颜色而已。"此即陆机所谓"诗缘情而绮靡"是也。①

"诗缘情而绮靡"之说,确实比较准确地揭示了诗歌的情感特征与形象性特征之间的关系。而"颜色而已"一语,则足见在李梦阳看来,形象性对于文学特别是诗歌来说是何等重要。

重视文学特别是诗歌的形象性特征,也是复古派作家共同的主张。"前七子"之一王廷相的诗歌理论主张主要见于《与郭介夫学士论诗书》,这也是一篇很有分量,并在当时产生过很大影响的文章。复古派的另一位重要作家郑善夫从未与王廷相见面,但所作《漫兴》诗中有句云"海内谈诗王子衡,春风坐遍鲁诸生",当即指此文。文中说:

> 夫诗贵意象透莹,不喜事实黏著。古谓水中之月,镜中之影,可以目睹,难以实求是也。《三百篇》比、兴杂出,意在辞表;《离骚》引喻借论,不露本情……斯皆包蕴本根,标显色相,鸿才之妙拟,哲匠之冥造也。②

> 言征实则寡余味也,情直致而难动物也。故示以意象,使人思而咀之,感而契之,邈哉深矣,此诗之大途也。③

关于文学的内容,理学家文学观反复强调的就是"道"。关于文学的风格,理学家文学观也只倡导所谓雍容平易一体,而对其他各种风格,特别是偏于激昂悲怨的风格,则尽力排斥。如台阁体的领袖之一杨荣就认为"君子之于诗,贵适性情之正而已";"苟非出于性情之正,其得谓之善于诗哉"④? 强调以情为本的复古派文学理论则不同。它认为,人有七情,情因感遇而生,人们的感遇又千差万别,因此人们的情感是多种多样的,文学的风格也应该随之而多种多样。李梦阳在《张生诗序》中说:

---

① 《历代诗话续编》本,《四溟诗话》卷2。
② 《历代诗话续编》本,《艺苑卮言》卷7。
③ 《明代论著丛刊》第1辑《王氏家藏集》卷28,台湾伟文图书出版社1976年版。
④ 《四库全书》本,《杨文敏集》卷11《省愆集序》。

　　夫诗发之情乎,声气其区乎,正变者时乎。夫诗以言志,志有通塞,则悲欢以之,二者小大之共由也……夫雁均也,声哓哓而秋,雝雝而春,非时使之然邪? 故声时则易,情时则迁;常则正,迁则变;正则典,变则激;典则和,激则愤。故正之世,"二南"铿于房中,"雅"、"颂"铿于庙廷。而其变也,风刺忧惧之音作,而"来仪"、"率舞"之奏亡矣。①

康海在《题紫阁山人(子美游春)传奇》中也认为:

　　夫抉精抽思,尽理极情者,激之所使也;从容舒徐,不迫不露者,安之所应也。故杞妻善哀,阮生善啸,非异物也。情有所激,则声随而迁,事有所感,则性随而决,其分然也。②

李、康等人表面上是强调各种创作风格的合理性,实际上则侧重于为"风刺忧惧"、"怨激不平"的风格张目。这既是针对台阁体那种雍容平易的诗文风尚而发,也与明中叶各种社会矛盾逐步加剧的现实有关。

<h2 style="text-align:center">二</h2>

　　在大力强调古典诗歌的情感特征的同时,复古派作家对中唐以来诗歌创作中的理性化倾向进行了分析和批评。被称为中国古典诗歌发展史上的里程碑的伟大诗人杜甫,正生活在盛中唐之交。他既是盛唐以前中国古典诗歌发展的集大成者,又是中唐以后中国古典诗歌发展变化的开路人。古典诗歌的分化,即从他的创作开始。惟其处于将分而未分的阶段,所以几种倾向都在他的诗作里有了萌芽。他的作品中有说理而近腐的,有过于琐碎而俗的,也有过分讲究字法句法声律而巧的。明代复古派作家,大多把杜甫诗歌当作主要学习目标之一,但并不迷信杜甫。对杜甫诗中显露出来的理性化和俗化倾向,尤其是对他大量以诗言理叙事的做法,复古派作家就普遍表示不满,认为这违背了"诗言情"的传统,开启了后世以诗言理叙事的现象泛滥成灾之源。何景明在《明月篇序》中说:

　　仆读杜子七言歌诗,爱其陈事切实,布词沉著,鄙心窃效之,以为长篇圣于子美矣。既而读汉、魏以来歌诗,及唐初四子者之所为,而反复之,则知

---

① 《空同集》卷51。
② 《明代论著丛刊》第1辑《渼陂集·杜子美游春记》卷首,台湾伟文图书出版社1976年版。

汉、魏固承《三百篇》之后，流风犹可征焉。而四子者虽工富丽，去古远甚，至其音节，往往可歌。乃知子美辞固沉著，而调失流传，虽成一家语，实则诗歌之变体也。夫诗本性情之发者也，其切而易见者，莫如夫妇之间。是以《三百篇》首乎"雎鸠"，六义首乎"风"。而汉、魏作者义关君臣朋友，辞必托诸夫妇，以宣郁而达情焉，其旨远矣。由是观之，子美之诗博涉世故，出入夫妇者常少；致兼"雅"、"颂"，而风人之义或缺，此其调反在四子之下与？①

杜甫在宋代以后被尊为"诗圣"，人们一般不敢对他的诗作提出非议。何景明的这篇文章提出了与传统说法明显不同的见解，因而引起了当时及后来评论者的广泛注意。但人们大都把它的意义理解得很狭窄。对它持否定态度者不必论。对它持肯定态度者，也认为它只是针对"七言歌行"这一种体裁而言，讨论的也只是七言歌行的音调问题，如四库馆臣即作如是观②。实际上，本文是从谈七言歌行入手，而涉及到整个诗歌；其中所说的"调"，也不只是与音韵有关，而是还包括诗歌的情感、文采等因素。不这样理解，就不能解释何景明为何不专谈七言歌行，不专谈音韵问题，而是上升到整个"诗"的高度，把话题转到"性情"、"陈事"、"博涉世故"以及"风、雅、颂"三义等问题上。只有音韵和谐而又情真意切、文采灿然的作品，才会给人以"流转"的美感。杜甫的七言歌行以及其他体裁的部分作品，之所以"调失流转"，根本原因并不在音韵，而在于它们近于"雅、颂"之体，以"陈事"、"博涉世故"，即言理叙事为能，在一定程度上丧失了"风人之义"，违背了诗缘情的传统。因此，何景明这篇文章的主要意义，在于它表达了作者对中国古典诗歌审美特征及其发展变迁过程的探索和反思，在于它重新强调了诗歌言情的本质特征。

复古派其他作家对杜甫的批评，也大都集中在他的某些作品"事理填塞"，在一定程度上丧失了诗歌的情感特征这一问题上。何景明《明月篇序》的重要意义，由此可以得到印证。如王廷相在对古典诗歌的审美特征做过一系列分析后指出："若夫子美《北征》之篇……漫敷繁叙，填事委实，言多趁帖，情出附辏，此则诗人之变体，骚坛之旁轨也。浅学曲士，志乏尚友，性寡神识，心惊目骇，遂

---

① 《四库全书》本，《大复集》卷 14。
② 《四库全书》本，《大复集》卷首提要。

区畛不能辨矣。"①又如郑善夫在复古派作家中学杜最为用力，然据焦竑《笔乘》："予家有善夫批点杜诗，其指摘疵颣，不遗余力，然实子美之知己……尝记其数则，一云：诗之妙处，正在不必说尽，不必写到真，而其欲说欲写者，自宛然可想。虽可想而又不可道，斯得风人之旨。杜公往往要到真处尽处，所以失之。一云：长篇沈著顿挫，指事陈情，有根节骨格，此杜老独擅之能，唐人皆出其下，然正不以此为贵，但可以为难而已。宋人学之，往往以文为诗，雅道大坏，由杜老启之也……。"②

不过，对后世诗歌创作的理性化倾向影响最大的，还不是杜诗，而是理学。宋代理学诞生后，从思想内容、思维方式等各方面向诗坛发起全面渗透，于是诗歌创作领域中的理性化倾向更加广泛地蔓延开来。复古派作家在反思古典诗歌审美特征的发展变迁轨迹时，注意到了宋诗与唐诗之间的这种显著差异，也注意到了这一变化的发生与理学的关系。因此，他们在批评中唐以后诗歌创作中的理性化和俗化倾向时，都把矛头对准宋诗及理学，抨击最烈。李梦阳在《缶音序》中说：

> 诗至唐，古调亡矣，然自有唐调可歌咏，高者犹足被管弦。宋人主理不主调，于是唐调亦亡。黄、陈师法杜甫，号大家。今其词艰涩，不香色流动，如入神庙，坐土木骸，即冠服与人等，谓之人可乎？
>
> 夫诗比兴错杂，假物以神变者也。难言不测之妙，感触突发，流动情思，故其气柔厚，其声悠扬，其言切而不迫。故歌之心畅，而闻之者动也。
>
> 宋人主理作理语，于是薄风云月露，一切铲去不为。又作诗话教人，人不复知诗矣。诗何尝无理，若专作理语，何不作文而诗为邪？今人有作性气诗，辄自贤"穿花蛱蝶"、"点水蜻蜓"等句，此何异痴人前说梦也。即以理言，则所谓"深深"、"款款"者何物邪？《诗》云："鸢飞戾天，鱼跃于渊"，又何说也？③

按所谓"自贤于'穿花蛱蝶'、'点水蜻蜓'等句"者，指北宋理学家程颐。《河南程氏遗书》卷十八记程颐语云："某素不作诗，亦非是禁止不作，但不欲为此闲言

---

① 《明代论著丛刊》第1辑《王氏家藏集》卷28，台湾伟文图书出版社1976年版。
② 转引自《明诗纪事》丁籤卷4"郑善夫"条。
③ 《空同集》卷52。

语。且如今言诗无如杜甫,如云'穿花蛱蝶深深见,点水蜻蜓款款飞',如此闲言语,道出做甚。"自程颐生出这番议论后,历代的理学门徒们奉为名言。作诗者专门咏叹"太板圈儿大"之类,以为这才不是"闲言语",不能作诗者则利用它来护短,表示对诗人和诗歌的轻蔑。李梦阳的犀利讽刺,表现了复古派的文学主张与理学家文学观的尖锐对立。

理学家们在文学上倡理而贬情、重道而轻文,是以其"道在物先"的哲学本体论和"理在气先"的人性论为依据的。他们认为,"道"脱离天地万物而存在,天地万物由它而生。与此相应,人性也分成"道理之性"和"气质之性"两个方面。前者可脱离后者而存在,它是天赋的,当道而生的;后者则是后天的。"道理之性"受到"气质之性"(情、欲)的蒙蔽就会产生恶,文学的功用就在于表现和倡导这种"道理之性",劝善去恶。王廷相是一个理学家,但他的思想具有唯物主义倾向。他认为,先天地万物的"道"是不存在的,"道"就在物中;与此相应,脱离"气质之性"或曰情、欲的"道理之性"或曰性、理也是不存在的,性、理就在气、情、欲之中:

> 人具性气而后性出焉。今曰性与气合,是性别是一物,不从气出,人有生之后,各来相附合耳,此理然乎?人有生气则性存,无生气则性灭矣。①

这样,文学要单独反映所谓"道",专门表现和倡导所谓"道理之性"便是不可能的,或者是不真实的。文学要展示人性,就必须描写其丰富复杂的感情生活。王廷相的哲学思想与重情的文学主张之间,应该有内在联系,这表明,复古派对中唐以来特别是宋代以后诗歌创作中理性化倾向的批判,以及进而对程朱理学的批判,已经进入哲学的层次,达到了相当的深度。

三

不管理学家们如何倡理而贬情,人的感情都是禁灭不了的。宋以后文人创作的诗文中越来越没有情感的位置,于是它们乃通过民间歌谣及种种新兴的通俗文学形式表现出来。民间歌谣等较少受封建伦理道德观念的束缚,辞以情发,出自天然,因此往往感情深永,真挚动人。拿它们与文人学士填塞事实、牵率道

---

① 《王氏家藏集·雅述上篇》。

理、堆砌辞藻、玩弄技巧的作品相比,真假判然。复古派作家在回顾了文人诗歌逐步丧失言情的根本特征的历史后,自然对情真意切的民间歌谣等产生兴趣,并发出由衷的赞美。沈德符《万历野获编》载:

> 元人小令,行于燕、赵,后浸淫日盛。自宣、正至成、弘后,中原又行《锁南枝》、《傍妆台》、《山坡羊》之属。李空同先生初自庆阳徙居汴梁,闻之以为可继《国风》之后。何大复继至,亦酷爱之。①

由于喜爱民间歌谣及其他同样具有感情真挚的特点的民间文艺,复古派作家往往对之进行整理,并加以学习模仿。据说有人向李梦阳请教作诗之法,李梦阳告诉他,只要到外面去听听《山坡羊》、《打枣竿》之类的歌谣,就会明白作诗的奥秘②。李梦阳本人的诗作中,有不少模仿民间歌谣几乎达到惟妙惟肖程度的作品,如《郭公谣》、《空城雀》、《欸乃歌》(分别见《空同集》卷六、卷七、卷八)等。何景明曾搜集上古至汉代的民间歌诗九十三首,编为《古乐府》三卷③。正、嘉之际,南京散曲创作兴盛,与复古派作家边贡、顾璘等人的倡导不无关系。康海、王九思更是大量从事散曲戏剧创作,康有《沜东乐府》,王有《碧山乐府》。两人都作过以中山狼故事为题材的杂剧,王另外还有《杜子美游春记》杂剧。嘉靖初,李开先用当时流行的《傍妆台》曲调写了一百支新体小令,王九思一一和之④。康海尤妙于挝鼓歌曲,老乐工自叹弗如。临卒别无长物,大小鼓却有三百余副。王九思将学填曲,以厚币延请名师,杜门学按琵琶、三弦,历三年而后出手⑤。可以说,明代中晚期通俗文学兴盛的局面,就是由"前七子"始开风气的。

了解了上述情况,回过头来看李梦阳的《诗集自序》,问题就很清楚了。序中说:

> 李子曰:曹县盖有王叔武云。其言曰:夫诗者,天地自然之音也。今途咢而巷讴,劳呻而康吟,一唱而群和者,其真也,斯之谓"风"也。孔子曰:"礼失而求诸野"。今真诗乃在民间。而文人学子,顾往往为韵言,谓之诗……
>
> 李子于是怃然失,已洒然醒也。于是废唐近体诸篇,而为李、杜歌行。

---

① 《万历野获编》卷25。
② 《中国古典戏曲论著集成》第3册《词谑》。
③ 《大复集》卷34《古乐府叙例》。
④ 《渼陂集·碧山乐府》卷6《南曲次韵》。
⑤ 《万历野获编》卷25。

王子曰：斯驰骋之技也。李子于是为六朝诗，王子曰：斯绮丽之余也。于是诗为晋、魏，曰：比辞而属义，斯谓有意。于是为骚、赋，曰：异其意而袭其言，斯谓有蹊。于是为琴操、古歌诗，曰：似矣，然糟粕也。于是为四言，入"风"出"雅"，曰：近之矣，然无所用之矣，子其休矣。李子闻之，闇然无以难也。自录其诗，藏箧笥中，今二十年矣，乃有刻而布者，李子闻之惧且惭，曰：予之诗，非真也，王子所谓文人学子韵言耳，出之情寡而工之词多者也。然又弘治、正德间诗耳，故自题曰《弘德集》。每自欲改之以求其真，然今老矣。曾子曰："时有所弗及"，学之谓哉！①

按《万历野获编》说"李空同先生初自庆阳徙居汴梁，闻之……何大复继至，亦酷爱之"。李梦阳之父李正成化十八年任周王府封丘王教授，即携梦阳居汴梁。弘治三年，李梦阳十九岁，与周王府广武郡君的仪宾左梦麟之女成婚于汴梁②。是李梦阳至迟在弘治年间就对民间歌谣发生了兴趣。何景明初至汴梁的时间不可确考，但至迟不晚于弘治十一年中举时。又《诗集自序》中提到的王叔武，与李梦阳同于弘治六年中进士，又同在户部任职③。序中又说，作该序时距听到王叔武的那番话已"二十年"，是李梦阳在弘治中就已深信"真诗乃在民间"之说。序中也说得很明白，李梦阳确实有过"怃然失"、"洒然醒"的经历，但那是在早年，而非晚年；他不是复古二十年后才"洒然醒"，而恰恰是在"洒然醒"，即明白了诗必须写真情、真诗乃在民间之后，才开始复古的。而复古的目的也就是为了不作后代常见的文人学子之韵语，摆脱以诗言理叙事倾向的影响，恢复诗缘情的传统。李梦阳最后说自己的诗仍属"文人学子韵言"，则是对自己的努力或者说整个复古运动的成果还不满意而已，并不意味着对复古运动的否定。

　　总之，批评中唐以后诗歌创作中的理性化倾向，批判理学家倡理而贬情的观点，强调诗歌的情感特征，重视民间歌谣等，乃是李梦阳以及"前七子"共同的、一贯的，也是最重要的文学主张。复古运动的根本目的，就是为了恢复古典诗歌表达真情实感的优良传统及其他一系列审美特征，或者说是力图以古典诗歌特别是民间歌谣等表达真情实感的优良传统，来矫正中唐以来文人诗歌创作中的理性化倾

---

① 《空同集》卷51《弘德集自序》。
② 《空同集》卷39《家谱》、卷45《左氏墓志铭》。
③ 《空同集》卷55《送梁处州序》。

向。因此,复古派强调复古和强调诗歌必须表达真情实感这两者是相互统一的,强调复古并不等于倡导形式主义。在创作上,尽管"前七子"的一些作品确实存在着生硬摹仿前人的弊端,但他们仍基本上实践了自己重情的文学主张,注重描绘丰富多彩的感情世界,展示自己的人格,许多作品都个性鲜明,感情真挚动人,远非枯燥呆板地谈道说性的"台阁体"和道学家诗文所可同日而语。特别值得注意的是,复古派成员大多属于当时比较正直的士大夫,与外戚、昏君、特别是宦官刘瑾集团做过坚决斗争。他们积极参与现实,揭露批判社会中的黑暗腐败现象,抒发自己的感慨,写下了不少内容充实、情调激昂慷慨的佳作,也远非那些一味地歌功颂德、或专门沉溺于咏叹、狭隘卑琐的个人情绪的作品所可比拟。其次,"前七子"强调主体情感的地位与价值,实际上是明中叶社会生活中一系列新变化在文学领域里的反映,是明前期高压思想统治开始解冻的结果。因此,他们实际上是以复古的形式,不自觉地反映了新的历史要求。虽然由于历史条件的限制,复古派的理论主张还存在较大局限性。他们只是在程朱理学及其文学观倡理而贬情的具体情况下,才特别侧重于强调情感的地位与价值,其最高目标还是为了达到情与理的和谐统一。这样,他们对"理"及程朱理学的批判就还不够有力,对"情"的倡导也就还不够大胆。与明后期的进步思想家相比,复古派的主张就显得还很保守。但是,他们毕竟突破了程朱理学的束缚,打破了明前期文坛以至整个意识形态领域程朱理学一统天下的沉寂局面。因此,明中叶的复古运动虽被明后期的进步文学思潮超越、扬弃,却是它不可缺少的先导,是明代思想界由倡理而贬情的程朱理学占统治地位的时期向倡导"以情反理"的进步思想潮流蓬勃兴起的时期演进的重要过渡阶段。历来评论复古派者,一是多没有将它放到明代文学思潮以至整个中国古典诗歌发展史的背景中进行考察,对它产生的历史根源及真实性质不甚了了;二是无暇去翻阅复古派作家们卷帙繁多的著作,没有全面把握其理论和创作真实状况,只看到某些选本所选的何景明《与李空同论诗书》、李梦阳《驳何氏论文书》等文,以为复古派的文学理论已尽于此,于是对它做了"形式主义"、"复古倒退"之类的评判,复古派重情等文学主张被忽视,复古派的本来面目被画歪,复古运动的历史意义和地位得不到公正合理的评价,明代文学思潮发展的线索也变得模糊不清了。这种状况应该得到改变。

(《文艺理论研究》1991 年第 2 期)

论李梦阳诗学思想的理学倾向

黄果泉

明代中叶,以李梦阳为首的"弘正七才子"(又称"前七子")发起了席卷整个诗坛的复古运动,其流风余绪至嘉、隆年间又为李攀龙、工世贞等"后七子"所承传,绵延百余年,在我国文学史上产生深远的影响。在论及"前七子"复古运动的缘由时,一些学者往往把反理学视为它的思想倾向之一,认为应"把他们的主要纲领放在当时学术思想(包括文学思想)的变化中加以考察",从而"阐明其反理学的性质和作用"[①]。查阅一下,不少颇具权威性的文学史、批评史教科书也持如是观[②],可见这是一种十分流行的观点。我认为这种观点缺乏充分的依据,恰恰相反,"前七子"尤其是李梦阳文学思想的深层结构如尚法观,正是受到理学思维模式的影响与制约而具有某种同构关系。对李梦阳及其同时代人来说,理学乃是一种不可超越的思维模式。

一

理学至明代到了盛极阶段。开国之初,程朱理学就被官方定为学术之本,是唯一的官方伦理学和哲学,成为人们著书立说的理论依据和社会实践、政治生活的行动准则。不少知名的儒士、学者如吴与弼、薛瑄诸人,对理学的原则观点毕其终生孜孜不倦地加以参悟、体认,笃信不疑,恪守力行,时时提醒自己"当以天

---

① 马积高:《明代中期学术思想的变化和诗文复古运动》,《中国文学研究》1986 年第 2 期。

② 游国恩等主编:《中国文学史》(四),人民文学出版社 1983 年版,第 135 页;复旦大学中文系古典文学教研室组编著:《中国文学批评史》(中),上海古籍出版社 1981 年版,第 252 页;肖驰:《中国诗歌美学》北京大学出版社 1986 年版,第 51 页。

地圣人为之准则"①。值得注意的是,宋明理学既是论证和阐明封建伦理道德原则、行为规范的思想体系,也是关于世界构成、存在本体的哲学思考,并且往往把属于人类社会尤其是属于人类精神领域的伦理道德,同属于自然领域的宇宙构成及本身相互类比、印证,从而使封建道德规范具有哲学的本体意义。如果说理学的社会伦理性质对世人具体的社会实践和道德实践给予了直接的引导与控制,那么它的哲学认识的基本结构和模式,则在人们的心理深处积淀成为特定而强固的认知方式和思维模式,这种认知方式体现在对具体事物的认识、理解上,便刻有鲜明的理学模式的印迹。因此,与理学的社会伦理性质相比,理学的哲学意义对当时人们的心态及其认知方式的影响更潜在,因而作用也更大。"前七子"以及有明一代文人学士的思维方式及其变化,无不以理学自身的特质及内在演化为轴心而展开。这里说"前七子"包括李梦阳的尊崇理学,即从这个角度提出来的。

二

一般认为李梦阳反理学的论者,大致有几条依据,其一是:

> 宋儒兴而古之文废矣。非宋儒废之也,文者自废之也。古之文,文其人如其人便了如画焉,似而已矣。是故,贤者不讳过,愚者不窃美。而今之人,文其人,无美恶皆欲合道,传志其甚矣!是故考实则无人,抽华则无文,故曰宋儒兴而古之文废矣。②

这里指出了当时古文写作的一大弊端:"考实则无人,抽华则无文",既虚浮不实,又质木无文。究其原因,固然与宋理学兴起关系极大,但李梦阳随即补充说古文之废坏"非宋儒废之也,文者自废之也"。所谓文者,即古文创作者自己套用理学的一些概念术语,文过饰非,责任在文者而非宋儒。显然,梦阳表明的仅是对宋古文的鄙视,硬派他是反理学的斗士似嫌牵强。

另一依据是:

> 宋人主理作理语,于是薄风云月露,一切铲去不为。又作诗话教人,人

---

① 黄宗羲:《明儒学案·崇仁学案》。
② 《空同集·岳音序》。

不复知诗矣。诗何尝无理，若专作理语，何不作文而诗为耶？今人作性气诗，辄自贤于"穿花蛱蝶"、"点水蜻蜓"等句，此何异痴人前说梦也？即以理言，则所谓"深深"、"款款"者何物耶？《诗》云："鸢飞戾天，鱼跃于渊"，又何说也？①

李梦阳等"前七子"发起复古运动，旨在标举、弘扬一种雄浑、古雅的诗风，要求诗歌兴义兼具而含蓄幽渺；而宋诗则染上了以议论为诗、以文字为诗的习气，自然为李梦阳深恶痛绝，力加贬斥。"宋人主理作理语"，在他看来是宋人对诗歌特质的无知与扭曲，其错误在于不知诗与文的文体差异，所以梦阳斥之曰："若专作理语，何不作文？"很显然，李梦阳之反对"宋人主理作理语"，完全是从维护诗歌特征的角度出发，意在指出作诗不该"主理"，并没有认为"作文"或社会学、哲学方面不该主理，因而也谈不上反理学。而且李梦阳批评"宋人主理作理语"的前提是"宋人主理不主调"，针对的对象是黄庭坚、陈师道等江西诗派诗人："黄、陈师法杜甫，号大家，今其辞艰涩，不香色流动，如入神庙坐土木骸，即冠服与人等，谓之人可乎？"②并进而讽刺宋人"又作诗话教人，人不复知诗"，说的是诗学问题，丝毫没有涉及作为哲学的理学，以此论证李梦阳反对理学，未免夸大其辞。

当然，必须指出李梦阳对当时某些理学家主要是台阁大臣刘健（号晦庵）鄙视诗文的态度是极为不满的。他在《论学》下篇里说："今之诗非古之诗欤？阁老刘闻人学此，则大骂曰：就作到李、杜只是个酒徒。李、杜果酒徒欤？抑李、杜之上更无诗欤？谚曰：因噎废食。刘之谓哉！"这个问题要具体分析。在明中期，像刘健这样极端排斥诗文创作的理学家（包括政治家）并不多见，据同时稍后的何良俊解释"晦庵敦朴质实，不喜文士，故有此语"③，可知刘健是个特例。至明代，理学已成为学术的主要题目，时人谓之"讲学"，彬彬焉为一时之盛，明末清初的黄宗羲对此不无自豪地称扬道："有明事功文章未必能越前代，至于讲学，余妄谓过之。……诸先生不肯以朦懂精神冒人糟粕，虽浅深详略之不同，要不可谓无见于道也。"④理学与诗文分为二途而并行不悖，一般学士文人攻学术

---

① 《空同集·缶音序》。
② 《空同集·缶音序》。
③ 何良俊：《四友斋丛说·史十一》。
④ 《明儒学案》。

则潜心理学,务诗文则致力词调,往往兼擅并举。当时不少理学大家便是驰誉诗坛的知名诗人,如盛明的陈献章、罗伦、庄昶等及中明的王守仁、湛若水、吕楠等,无不在体道悟理的同时,借诗歌抒发感怀,阐扬义理。陈献章(学者称白沙先生)的诗可谓独步一时,李东阳评论说:"白沙诗极有声韵,有风致。"①杨慎道:"白沙诗五言冲淡,有陶靖节遗意。"②其间诗名较差的是庄昶(学者称定山先生)和湛若水(号甘泉),前者写过"太极圈儿大,先生帽子高"、"赠我一壶陶靖节,还他两首邵尧夫"一类被人讥为"筋斗样子"的性理诗;后者的一些诗作"莫名其体,似道家演诀而非诀,似禅家说偈而非偈"(陈田言),视理学与风、雅截然有二。即以二人之诗言,其中也不乏秀句,如定山"晚年诗人细,有可并唐人者"③,至于前举两句本不是定山"佳语"(杨慎言),至于其诗"佳处"是毋庸讳言的④;甘泉诗亦不乏"蕴藉逸秀得唐人古淡处"⑤。所以对明性理诗似不可一概抹煞。问题的另一面是,诗人文士学术有的又成为著名理学家,如王守仁:"先生在郎署,与李空同诸人游,刻意为辞章;居夷以后,讲道有得,遂不复措意工拙,然其俊爽之气,往往涌出于行墨之间。"⑥当然,诗人和理学家在一些问题上存在意见分歧,但绝非水火不容,判若泾渭。这样我们可以肯定地确认李梦阳之攻诘刘健,绝难构成他反对理学的口实。

三

从根本态度上看,李梦阳非但不反对理学,相反他对理学、理学家相当尊崇和维护。他在《治道篇》里明确表明了这一态度:"太宗时,鄱阳一老儒诋斥濂洛之学,上己所著书,上览之大怒,阁臣杨士奇力营救,得不杀,遣人即其家尽焚其所著书。空同子曰:盛世之君有道哉! 记曰:一道德以同俗,故异言乱政。"认为"异言乱政"、"斥濂洛之学",即斥程朱理学的思想行为万万不能容忍,赞同对

---

① 李东阳:《怀麓堂诗话》。
② 杨慎:《升庵集》。
③ 杨慎:《升庵集》。
④ 王世贞:《艺苑卮言》。
⑤ 转引自李日刚:《中国诗歌流变史》,第424页。
⑥ 《列朝诗集》。

"异端邪说"采取剿除措施。梦阳多次对宋儒中的著名理学家极尽赞美、颂扬之能事,说"赵宋之儒,周子、大程子别是一气象,胸中一尘不染,所谓光霁风月也。前此陶渊明亦此气象"①,把程、周和陶潜相提并论,评价不谓不高,而且认为他们数百年绝无仅有,更是推崇备至。对朱熹,梦阳存同调之感:"予在白鹿洞书院,感朱子出处之事,会得实纪而览,恻怆俯仰,于是泫然而悲焉",②悲慨朱子生时不遇而死后享誉,由此称之为大贤大智者,丰功伟绩不朽于人间。梦阳对宋儒的褒美并非徒为空言,在多年的仕宦生涯中"所至崇祀宋哲,扬励儒学,敦于本"(《皇明书》),可谓至诚至敬。

梦阳虽为诗人,于学术却津津乐道,老而益嗜。据当时著名理学家娄谅载"李献吉晚而与某论学,自悔见道不明,曰:'吾昔汩于词章,今而厌矣。静中恍有见,意味迥然不同,则从而录之'。某曰:录后意味何如?献吉默然良久,惊而问曰:'吾实不知,才札记后,意味渐散,不能如初,何也?'某因与之极言天根之学,须培养深沉,切忌漏泄。因问平生大病安在,曰'公才甚高,但虚志与骄气,此害道之甚者也'。献吉曰:'天使吾早见二十年,讵若是哉!'"③娄谅是明初理学大师吴与弼的入室弟子,最为乃师器重,倡天根之学,虽大体恪守程朱理学的基本思想,但已透出重心尚悟的机芽;梦阳晚年问道于斯,并对早年所为萌生悔意,显见对娄谅的仰慕之意,也多少透露出他晚年文学思想变迁的思想根源。其实,梦阳早年就和当时一些著名理学家过从密切,切磋学问,晚年专力写出《空同子》八篇,就理学的诸多命题,颇有会心,使得不少理学专家对他大为欣赏,刮目相看。吕泾野给他的评价是:"为曹、刘、鲍、谢之业,而欲兼程、张之学。"④聂豹为之作序:"予读《空同子》八篇,而叹其为文之至也……文以见道,道以经世,斯其至矣!"并对梦阳的学术造诣寄以极高的期许:"若空同子者,天假之年,起而究厥施焉,则其所以名世者,文不足道矣。"即是说,若天假梦阳以年,他足资驰名留世的将不是诗文创作上的成就,而是一个精深渊博的理学大师。

---

① 《空同集·论学篇》。
② 《空同集·刻朱子纪实序》。
③ 《明儒学案》。
④ 焦竑:《玉堂丛语》卷7。

四

我们不妨考察一下，梦阳在《空同子》中表述了怎样的理学见解，由此探求理学思想及理学思维模式对其文学尚法观的影响和制约。

首先，李梦阳对"道"的存在异常关注和敏感，常常从生活的细琐现象体悟并窥见"天道"：

> 空同子围炉而观铜瓶之水，热极则响转微，乃喟然而叹曰：嗟，至宝不耀，至声无闻，天之道哉，天之道哉！①

> 箴具化理，其箴一横一直者，二仪也；一显一伏者，阴阳也；……箴必错三而成文者，三才也……②

如此解释"道"的存在方式与体现形态，尽管显得很牵强，但足见作者对于"天道"体认的专注和对事物观察的细致精审。梦阳继续以这种细致精审的目光考究艺术作品中所隐含的"天道"：

> 天道亏盈而益谦，绘事其证乎？凡绘不及则是，过之则非……如绘朴野幽寂之形则雅，如草村、茅庐、疏松、片石、疲驴、破帽则雅，若绘楼阁金碧凡富贵事则俗矣。吁，天之盈亏不显哉，不显哉！③

进而认为《易》理与诗文相通：

> 知《易》者可与言诗：比、兴者悬象之义也，开阖者阴阳之例也，发挥者情，大小者体，悔吝者验之言，吉凶者察乎气。④

这里涉及到诗歌艺术手法的比兴，结构的变化，以及情、体、言、气等基本要素，透露出梦阳对诗歌的主要见解，而这一切又和《易》理息息相通，即诗文创作亦有其道。

那么何谓"道"呢？梦阳的看法是"流行天地间即道"，道因是"流行天地间"的，故是一种外在客观的本然存在，亦即梦阳所谓的"自然之数"，它超乎形体之外而又存在于具体事物之中，无形无质却又明确存在，因此人们可以发现

---

① 《空同集·物理篇》。
② 《空同集·物理篇》。
③ 《空同集·物理篇》。
④ 《空同集·论学篇》。

它,掌握它,以之为依据制定具体可知的法规。当然,在梦阳看来,唯有圣人方能做到这一点,圣人制定的法规如度、量、衡等无不是天道——"自然之数"的显现,它不是人们凭空捏造而成的,因而他坚决驳斥老庄认为圣人法规是人为制造、违反自然本性的说法:

> 毁量折衡而民不争,民之争,量与衡使之哉? 黄钟者,累黍而成,隔八相生,万事由之,自然之数也,量与衡所由起也。圣人则天训民已耳,非有心为之也。①

梦阳强调取法自然,又主张崇尚古法,并把自然观与法古观奇妙地结合于一体:尚古代圣人之法即是取法自然,因为古圣之法乃是自然之数的显现,故也是自然之数本身。在自然之数与古人之法中间,牢固的恒等式不容置疑地建立起来了。在这里,我们不难发现李梦阳的思想有个显著特征,那就是不把复古看作是对古人陈迹的袭蹈,而是追求并遵循其中所含的自然之道,名为尊古,实是取法自然,古圣之法成了自然之道的代名词,而这正是"前七子"张扬复古运动的思想基础和实质。

须要指出的是,"前七子"复古运动给人的印象似乎是不知通变,过于保守。其实,梦阳何尝不知生生不息的天下万物处于流迁变化的运动状态,天道本身就是变异之理,否则天道何存? 问题的关键不在于是否承认事物的变化性,而是应变之法。梦阳认为,能通天下之变而制定应变之法的唯有圣人,常人则难及于此。不知变化规律而强变,只会徒增烦乱,与其这样还不如固守古圣之法。虽然墨守陈规已为下策:"惟圣人能通天下之变,其次莫如守。守身,守官,守礼,守法皆事也。或谓琴瑟改弦,何也? 空同子曰:调琴瑟者必能琴瑟也,否则愈更愈乱。"②可见梦阳并非不知求变,只是感于应变乏术,不得已守旧复古而已。

梦阳把感应、察知自然之数并借以制定法规归为古代圣人的专利,常人不得染指,同时并不否认人:尤其是学识渊博,洞达事理的文人学士具有运用事物规律的能力,并将此视为人区别于动物、学士区别于常庶的根本标志。于此,赞美人所秉有的高贵品质:超越自发状态,意欲透过事物表层现象,发现和掌握其后隐含的基本规律,在规律的指导下进行具体实践。

---

① 《空同集·论学篇》。
② 《空同集·事势篇》。

　　知声而不知音者,禽兽也;知音而不知乐者,众庶是也;惟君子而后知乐……人人能谣,如今里巷之词曲,不学而能之,疾徐高下皆板眼,所谓知音也,及问其出某吕某律,孰宫孰商,则不知也,故曰惟君子而后知乐。①

声、音、乐被划分为外在表现形式与内在质量都截然不同的三个层级:声言"单而粗",缺少变化,不成音调,如禽兽之类的啼吼即是;音言"方而文",疾徐高下有板有眼,足以传达相应的思想感情,如民间歌谣、里巷词曲,比起声言来,音言无疑更富有人文色彩,但它依然囿于自发状态,是知其然而不知所以然的,最高级的还是"比而谐"的乐言,具有感天动地、万物和鸣的奇妙效应,"作乐而兽舞凤仪,斯感通之妙非声音之末也"。之所以有此功能,在于它不是人们自发而歌,菁芜俱存,而是掌握了音乐中包含的微妙精深的"律"理,巧用心机依律合成的。音与乐的区别在于知"律"与否,寻常百姓与学人君子的区别,亦以是否知"律"判而别之。这里,李梦阳强调了"律"的决定意义,而"律"则相当于音乐中的"法",重"律"自然重"法"。有趣的是,此处还表露了梦阳对"里巷之词曲"即民歌的理解认识以及民歌与士大夫(君子)诗歌的区别所在:民歌是自发状态下的产物,"不学而能之",而士人之诗则是有意识,在规范指导下创作出来的,关键在知"法"与否。在民歌与士大夫诗歌之间,梦阳显然更推崇后者。

　　李梦阳毕竟不是一个纯正的理学家,因而对理学诸多命题的理解与阐释相当驳杂、肤浅。但不可否认,他受理学哲学和认识论思维模式的影响极深,某种意义上说,理学思维模式已内化为他对事物现象(包括文学现象)潜在的认识结构,这个认识结构可以概括为:宇宙间存在客观外在、不可移易的天道;天道为古圣察知并制为法式,法是道的外化显现;故尚法即是尊道,尊道势必尚法,尊道(追求自然之数)与尚法(崇尚复古)是不可离析的一个连体。沿着这一思想路径加以考察,便不难窥见李梦阳诗学思想的内核——尚法观的内涵特质之所在了。

(《河南师范大学学报(哲学社会科学版)》1991 年第 3 期)

---

① 《空同集·物理篇》。

李梦阳诗学思想的尚法观

黄果泉

明代中叶,文学思想颇为活跃的文坛上,李梦阳以文学复古主义而著称。诗文复古主张无疑构成了他诗学思想的外部标志;但是,李梦阳的复古主张既不是对中国古代文学创作中由来已久的复古思想的机械重复,也不单纯强调一种创作技巧上的要求和取向,而是有着深刻的内在依据,这就是李梦阳诗学思想中的尚法观。尚法观与诗文复古主张的结合,确切地说,诗文复古主张植根于尚法观,使得他的文学复古思想与前此一般的复古论者迥然分别开来,而更富理论的研究价值。也可以说,李梦阳诗文复古主张的失误,原本就隐含在其尚法观自身的迷失之中。因此,要正确评估李梦阳诗学思想的价值,尤其是要弄清李梦阳诗文复古主张的思想脉络,就不能不探讨他的尚法观。遗憾的是,不少论者往往沉浸于对李梦阳文学复古主义纠谬谴责的愤怒之中,而漠视其复古主张与尚法观的内在联系,不惟看不到李梦阳诗学思想中的合理成分,也难以把捉其诗学主张失误的症结所在。

一

法即法度、规矩,诗文法式特指诗文形式、技巧方面固定不变的表现方法。尚法观强调的是,对这类诗文法式的肯定、崇尚、刻意求取的思想观点。追溯起来,讲求诗文法式并不始于李梦阳,宋时便开始了对诗文特质和构成因素及表现方式的热切关注与自觉探究,所谓"唐人不言诗法,诗法多出宋"①。宋人谈"诗

---

① (明)李东阳:《麓堂诗话》,《历代诗话续编》(下)。

法"，涵义颇简略，推究起来大致有两方面的意思，首先指师法古人，如谓：

　　学诗当以子美为师，有规矩故可学。①

　　东莱公尝言：少时作诗，未有以异于人，后得李义山诗熟读规模之，始觉有异。②

　　豫章之学博矣，而得法于少陵，故其诗近之。③

　　不知诗病，何由能诗？不观诗法，何由知病？④

师法古人是因为其中"有规矩可学"，以此裁剪、整合诗材诗思，使之与古人佳作相契合；所谓"规矩"者即法，尚限于诗文具体行文的立意措辞、布局结构，"黄鲁直谓文章必谨布置，以此概考古人法度"⑤，即把"古人法度"归结为文章结构之类，黄庭坚还有"夺胎换骨"、"点铁成金"之说，便是从意与辞方面化用前人诗文而自诩为不传之秘。可见宋人所谓诗法，不过是写作的一些具体方法，不具更深的意义。另外，宋人在师法对象上虽已表露出尊李杜、崇盛唐的端倪，但尚未狭隘到专师一家，直至严羽始倡"第一义"之说，谓"学者须从最上乘，具正法眼，悟第一义"⑥，而第一义者特限指汉魏晋与盛唐诗，师法对象趋于单一化。其次，在如何对待古人佳作的态度上又有"死法"、"活法"之别。所谓"死法"，指那种专在辞句上讲究出处，袭用古作的现象；"活法"一说，吕本中阐释得最为切要："所谓活法者，规矩备具而能出于规矩之外；变化不测，而亦不背于规矩也。是道也，盖有定法而无定法，无定法而有定法。"⑦诗文的"定法"是有而无、无而有的，说得似嫌迷离惝恍，不易捉摸，它实际表明的是对诗文法式所持的灵活态度，既不执泥又不悖违。元代王若虚亦持此说："或问文章有体乎？曰无；又问无体乎？曰有。然则果何如？曰：定体则无，大体须有。"⑧"体"可视为诗文形式结构方面的规则，体有"大体"而无"定体"，诗文有基本的形式要求，为人们所共同遵循，但绝不可仅仅满足于这个基本要求，一成不变而陈陈相因，因为优秀作品正

①　（宋）陈师道《后山诗话》，《历代诗话》（上）。
②　（宋）吕本中：《紫微诗话》，《历代诗话》（上）。
③　（宋）胡仔：《苕溪渔隐丛话》。
④　（宋）姜夔：《白石道人诗说》，《历代诗话》（下）。
⑤　（宋）蔡梦弼：《杜工部草堂诗话》卷1，《历代诗话续编》（上）。
⑥　（宋）严羽：《沧浪诗话·诗辨》，《历代诗话》（下）。
⑦　（宋）刘克庄：《江西诗派小序》引吕本中语，《历代诗话续编》（上）。
⑧　（金）王若虚：《文辨》，《滹南遗老集》卷37。

如流水一般随物赋形、因缘而变的。总之,宋元时期对诗文法式的具体内涵尚无明晰、确切的界定,更未从哲学认识论高度阐明诗文法式之原理,而李梦阳尚法观一大特征,恰恰在于为诗文法式寻找到哲学认识论的支点。

二

和宋人法古观相似,李梦阳把崇古与尚法紧紧地纽结一处,认为学古是取得诗文法式的途径:

> 学不的古,苦心无益;又谓文必有法式,然后中谐音度,如方圆之于规矩。①

但比宋人高过一筹,李梦阳赋予古法以自然之道的内蕴:

> 古人用之非自作之,实天生之也;今人法式古人,非法式古人也,实物之自则。②

认为古代诗文中的"法式"并不是一人一时的人为造作,而是"天生之"的自然之道的体现,因而师法古人便不再是袭蹈古人陈迹,而是"物之自则",即借助古代佳作获其中包含的自然之道,亦即效法自然。由于师法古人与效法自然相联系并等量齐观,李梦阳为他的诗文复古主张的合理性寻找到理论依据,而且轻而易举地建立起崇古、尚法与取法自然三位一体的形态结构,奠定了尚法观的深层思想基础,而这个思想基础的哲学认识依据显然来自他的理学见解③。

如果进一步分析,可以看到这三位一体呈现如此关系:崇古、学古是尚法、得法的重要的也是唯一的途径;取法自然则是崇古尚法的依凭和目的。

就前者言之,由于古代作品("前七子"推崇模仿的秦汉之文和盛唐之诗)包含着不可移易的法式,后人期以获致并运用这些法式进行创作,就必须虔诚地效法古人:"非古弗则,非圣弗遵,非经弗由,少为之力,长而益修。"④按照古人指示的门径勤加修炼,学习不辍,"恒惧不与之齐",则发为藻华自会义经道纬,探赜

---

① (明)李梦阳:《空同集·答周子书》。
② (明)李梦阳:《空同集·答周子书》。
③ 李梦阳有明显受程朱理学认识论影响的痕迹,这是他的文学尚法思想形成的重要原因。参见拙作《论李梦阳诗学思想的理学倾向》,《河南师范大学学报》1991 年第 3 期。
④ (明)李梦阳:《空同集·赠刘大夫序》。

钩奥，与古人比肩而登文章大雅之堂。以此为前提，他把崇古摹古的观点推向极端，认为越古越好，古籍知识积蓄得越厚越有益于创作。"前七子"复古运动不同于前此复古主张的一个重大特点是，摹拟对象均标举各类文体最兴盛发达时期的作品，所谓"文必秦汉、诗必盛唐"，理由就在于这些作品最完善地体现了该文体的"法式"。譬如，李梦阳认为作诗必须学杜，因为"诗之杜子美，如至圆不能加规，至方不能加矩矣"①，杜诗简直就等同于诗歌法式了。这也说明，李梦阳诸人强调学古、而且学习的又必须是古代最优秀的作品，目的即在最有效地掌握探取诗文法式，而他们以第一义强服众人、领袖诗坛，就不仅仅是沿袭严羽，而且自具思想依据，是其尚法观的必然体现。

就后者言，由于赋予了古代法式以"自然之数"、"物之自则"的内涵，因而古代法式便成潜在于一切作品之中并在背后起规范、制约作用的共同原则和标格。这样一来，古代法式对具体作品取得了绝对权威：惟有符合、满足古代法式的原则和标准方有资格称为诗文，否则弃遗古代法式就等于弃绝了文学本身。古代法式之于具体作品是体用关系，而不是其他：

> 古之工，如倕，如班，堂非不殊，户非同也，至其为方也，圆也，弗能舍规矩，何也？ 规矩者法也。……

> 筌我二也，犹兔之蹄，鱼之筌，舍之可也。规矩者，方圆之自也，即欲舍之，乌乎舍？ 子试筑一堂，开一户，措规矩而能之乎？ 措规矩而能之，必并方圆而遗之可矣。②

李梦阳设喻阐释法式与具体作品的体用关系：房屋建筑尽管外形千差万别，各不相同，但构成它们的基本要素——方圆则是相同无二的，这是由于它们都必须遵循共同的规矩的缘故。而所谓规矩，就是规定、造成方圆这些基本要素的东西："规矩者，方圆之自也"，舍弃了规矩，便"必并方圆而遗之"，自然无法造出房屋来。结论是：正如房屋建筑离不了规矩，诗文创作也不可越法式而自成；离法式而言诗文，正如舍规矩成方圆筑堂室，那几乎不可思议："即欲舍之，乌乎舍？"基此，他不同意以"筌我"理解法式与具体创作之间的关系：筌我是目的与手段，达到目的自然可以舍弃手段；方圆与规矩则是体用关系，无体则无用，作为体的规

---

① （明）何良俊：《四友斋丛说》卷 26 引顾东桥语。
② （明）李梦阳：《空同集·驳何氏论文书》。

矩或法式断断舍弃不得。既然法式不可弃绝,而法式又完满地包容在古代的优秀作品之中,那么文学创作就不能不学古师古、乃至摹古。李梦阳由此完成了对其文学复古主张的论证,同时也表明复古的目的在于求取法式,而不是袭蹈陈迹。

三

对于古代法式,李梦阳认为只有习而得之,遵而行之,摹拟古作意在取其精髓,而不拘泥于形体外观,他多次以临摹古帖来说明这一思想,无奈常常为人们所误解:

> 夫文与字一也。今人模临古帖,即太似不嫌,反曰能书。①

> 作文如作字,欧、虞、颜、柳,字不同而同笔,笔不同,非字矣。不同者何? 肥也,瘦也,长也,短也,疏也,密也。故六者势也,字之体也,非笔之精也,精者何也? 应诸心而本诸法也。不窥其精,不足以为字,而矧文之能为?②

> 欧、虞、颜、柳,字不同而同一笔,其不同特肥、瘦、长、扁、疏、密、劲、温耳,此十者字之象也,非笔之精也,乃其精则固无不同者。③

论者大凡认为李梦阳主张拟古,如临古帖但求其似,字规句模,亦步亦趋,无疑是"古人的影子",缺管独创,隐没自我面目,结果只能是赝品和假古董。其实李梦阳所谓模临古帖,强调的是取法古贴内在之"精",而不是表面形体之"势"、"象"。他指出无论书法抑或作文必须遵循者有二:一是"笔",是基本的不可违反的构成原则,"字不同而同笔,笔不同,非字矣";另一是"精","乃其精则固无不同者",一切有造诣的书法家,他们的字体虽各有所至,但内在精神则无不相通,都达到了心灵与技能、主观意志与客观规律契合融洽从而操纵自如的境地:"应诸心而本诸法",这是李梦阳所向往并孜孜以求的。因此他认为,"笔"和"精"都值得遵守和悉心体味;至于"体"和"象"大可因人而异,呈现丰富多彩的风格形态,赋予自我个性,这哪有教人做古人翻版之意呢? 何况,即以古字言,虽

---

① (明)李梦阳:《空同集·再与何氏书》。
② (明)李梦阳:《空同集·驳何氏论文书》。
③ (明)李梦阳:《空同集·答吴谨书》。

上品不少,但最高妙者他强调的还是一个"神"字:"晋人字传之今,无不精妙者,然比之羲之则下也。……羲之字轻重操纵独ава。"①这又何尝教人泥于古字而不加变化呢?李梦阳肯定异中之同,也承认同中之异,要求在异中求同的前提下,造作出同中之异的独特风貌,所以他的崇古尚法与自具面目便两不相妨,确乎可以相安共处了:

> 仆之尺尺而寸寸之者,固法也。假令仆窃古之意,盗古形,剪截古辞以为文,谓之影子诚可。若以我之情,述今之事,尺寸古法,罔袭其辞,犹班圆倕之圆,倕方班之方,而倕之木,非班之木也,此奚不可也?②

明确指出袭取的是古法,至于古意、古形、古辞一类"体"、"象"则绝不照搬,他是要把属于自我的东西如"我之情"、"今之事"填充融注于古法的范式中去。"以我之情,述今之事,尺寸古法,罔袭其辞",这几句口号式的议论,实在可以说是李梦阳诗文崇古尚法观的归趣所在,也是他的文学复古主张远远高过宋代师古派如黄庭坚辈的独到之见。这样,法与古同,面目风格却是自己的:

> 获所必同,寂可也,幽可也,侈以丽可也,峭可也,巨可也,守之不易,久而推移,因质顺势,融熔而不自知……故不泥法而法尝由,不求异而其言人人殊。③

只要获得了法式之"同",风格上寂、幽也罢,峭、巨也罢,形形色色无所不可。甚至当师古有得,古代法式在自己的创作中竟会"融熔而不自知",以致"不泥法而法尝由",达到由法入而又由法出、运笔随心而又不背古法的境界,这样的师古就较少被动性与机械性,较多主动和灵活的色彩。

总之,李梦阳承认差异,承认变化,但差异、变化仅限"体"、"象"等外在形态方面,至于深层潜隐的法式则是万古常新的。古法不可变,对古法的运用则不拘一格;深层的"同"须遵循,表层的"异"却五彩缤纷,各具风姿。如果舍弃法式而一味求新求异,则深为李梦阳所鄙薄:"徒知神情会处下笔成章为高,而不知高而不法,其势如搏巨蛇,驾风螭,步骤即奇,不足训也。"④他更厌弃"信口落笔者

---

① (明)李梦阳:《空同集·论学篇》。
② (明)李梦阳:《空同集·驳何氏论文书》。
③ (明)李梦阳:《空同集·驳何氏论文书》。
④ (明)李梦阳:《空同集·再与何氏书》。

为泯其比拟之迹"之说,认为这不过是"悦其易从,惮其难趋"①,实不足取。因此,如果单纯从理论角度看,李梦阳的尚法观并不全无道理,对他的诗文复古主张,单用"古人影子"一语相诋,也实在不足令人信服。因为他的文学复古主义有尚法观引人其中,与那些肤浅的或狡黠的学古剽窃者相比,毕竟有着很大的不同。

四

李梦阳这一套以尚法观为内核的诗文复古主张确实存在着严重的失误,这一点,不论当时或后来,都遭到人们的驳难、抨击。如李梦阳的好友、"前七子"复古派另一著名诗人何景明,就曾对他提出过十分尖锐的批评,而且李梦阳本人在晚年也有明确的悔悟表示。那么,崇古尚法观的失误症结在哪里?原来,当李梦阳停留在一般理论上,论证法式与具体创作的关系,其谬误并不显黯;而当他的法式论由抽象回落到具体问题时,矛盾和歧异便随之而出了。

首先是法式与自然之数的歧异。"自然之数"是客观事物存在的本然状态,不掺入任何个人主观因素。在"自然之数"、"物之自则"这个意义上谈法式,那么此法是广义的,不受人为框范限定,一切使诗文得以传世不朽的因素均属法式范畴。李梦阳在同何景明论文时,不同意把法式的范围限定为"辞断而意属"、"联物而比类"两个方面,认为这仅仅属于文之体、势与事,太过疏略,而把古代诗文所具"众善"如"柔澹者思,含蓄者意也,典厚者义也,高古者格,宛亮者调"以及"华之以色,永之以味,溢之以香"②等均列为法,其中既有内容方面的因素,也有形式方面的要求,认为不可偏废。广义的法式概念中,格、调只是其之一,尚未涵盖全部。

但广义的法式概念未免空言不切,不切不信;而当他将法式落于实处时,便使"法"受到主观因素的限制,成为狭义的法式概念:

> 古人之作,其法虽多端,大抵前疏者后必密,半阔者半必细。一实者必一虚,叠景者意必二,此予之所谓法。圆规而方矩者也。沈约亦云:"若前

---

① (明)李梦阳:《空同集·答周子书》。
② (明)李梦阳:《空同集·驳何氏论文书》。

有浮声,则后须切响,一简之内,音韵尽殊,两句之中,轻重悉异。"即如人身,以魄载魂,生有此体,即有此法也。①

原来说得极高极玄的法式,结果只是关于诗文布局结构和声律的写作手法,偏重于"格"与"调"的要求,既简单又狭窄,几乎可以用格调取代法式:"文自有格,不祖其格,终不足以知文"②,狭义的法式论便是格调说。法式的广、狭二义同时充塞于梦阳的尚法观中,造成其法式观念的断裂:当他偏重广义时主情与格调并提,当他转向狭义时则置格调于首位。从某种意义上看,李梦阳尚法观的失误不在于他肯定并试图发现、寻求诗文的法式,不容否定,文学创作如世界万物一样确实存在自身规律,掌握文学规律对创作活动将大有裨益;问题在于他把文学规律过于单一化、狭窄化,即,李梦阳尚法观中潜存的失误,是把内涵极为丰富的法式蜕变为单一狭窄的格调说。

其次是法古与取法自然的矛盾。李梦阳认为古法是"天生之"的,法古是"物之自则"的体现,法古就是取法自然,但事情并非如此简单:古法是否等同自然之道? 当时就有人对李梦阳"诗至杜子美,如至圆不能加规,至方不能加矩"的说法,一针见血地指出:"此空同之过言。夫规矩方圆之至,故匠者皆用之,杜亦在规矩中耳。若说必要学杜,则是学某匠,何得就以子美为规矩耶?"③古法以及古代优秀作品,仅是古人对"自然之数"的认识,包含某些符合规律的因素,但依然属于个别、具体、有局限性的匠或器,绝不能过分夸大成自然之道本身。古法既然不等同于自然之道,而是古人陈迹,因此,"法式古人"自然不能说是"物之自则"的体现,不论摹古的本意如何,事实上,拘泥古法势必导致对古代陈迹的袭蹈,以致汩没才情、生气尽销。另外,法式是外在、凝固、尽为古人囊括,还是变化流动、潜在于人们的情思脉动之中? 对这个问题的认识判断很关键,不但哲学认识论上程朱理学和陆王"心学"由此划界对峙,而且诗文复古派与其后主张"独抒性灵"的公安派也是以此为二流的。主前说者自然要求以古范为准则,所谓"刻意古范,铸形宿模,而独守尺寸"④,不敢越雷池一步;如是后者,人们只要恰到好处地写出心中独特真实的情感,便不期而然契合法则,用不着再从古作那

---

① (明)李梦阳:《空同集·再与何氏书》。
② (明)李梦阳:《空同集·答吴谨书》。
③ (明)何良俊:《四友斋丛说》卷26引顾东桥语。
④ (明)何景明:《与李空同论诗书》,《何大复先生全集》卷32。

里借取一个"法式"硬套在自我情感之上,因此不通过学古就能暗合自然之数,也就是说,学古师古对于取法自然未必具有必然联系。李梦阳却把法式当作古代的专利,以为非师古不足以得到法式,而师古的目的也在于求取法式,以获"物之自则"之功。这是李梦阳用以支撑文学复古主张的重古主张的重要依据,却不料它们在理论上并不具有充分的合理性,其文学复古主张失误的症结显然就在于此。学习汲取古代优秀作家作品的成功经验以提高创作水平,这本来是无可厚非的,但如果强调得过了头,绝对化,将古人某些成功经验当作普遍适用、必须恪守的准则,并强调为唯一的取法对象,如紧箍咒似地套在头上,得到的只能是限制和束缚。

综上所述,李梦阳诗学思想的特征之一,是试图从千差万别的文学创作中,寻求一个普遍适用、超越具体的一定之则,即诗文法式。他倡扬复古的本意,也在于获取这个普遍法则,以指导具体的文学创作,而不是袭取古人貌。这种求同意识和程朱理学的思维模式具有极大的一致性。理学家津津乐道、孜孜以求的"理"、"道",被认为是世界存在的本体,它超越于具体客观事物的狭窄性而具有无限、普遍的整体意义,并制约和操纵着现象世界的存在方式及其发展变化。因此是一成不变、万古常新的东西,人们只要获致了"理"就可以一劳永逸地以不变应万变了。李梦阳的"法式",实在可以看做是作为哲学认识论范畴的"理"、"道"在文学上的移植和渗透。颇有比较意味的是,后来的公安派一反李梦阳诗论的旨趣,扬弃所谓的诗歌"格套",正是反拨程朱理学的"心学"哲学思想在文学上的反映,两相映衬,李梦阳诗学思想中所潜在的程朱理学思维模式特征更是十分醒目。我们只有从理学的思维模式的特征出发,才能清楚、深刻地理解李梦阳尚法观乃至整个文学思想的实质。

(《河南师范大学学报(哲学社会科学版)》1993 年第 1 期)

"真诗在民间"

——明代诗学对同一命题的多重阐释

陈文新

"真诗在民间",这是明代诗学中出现多次的一个提法。李梦阳、李开先、李维桢、袁宏道、冯梦龙等,尽管年代不同,诗学的总体主张亦不尽相同,甚至差异很大,但对"真诗在民间"这一命题,都热情地一致予以肯定。(在明代,连台阁体诗人也尊重民间的创作,看重"天趣之真"与"真诗在民间"的命题有一致之处。)

宋、元、明、清是民间文学由兴盛而至全面繁荣的时期,明代民歌时调所取得的成就尤其辉煌。沈德符《万历野获编》记载说:"自宣、正至化、治后,中原又兴[锁南枝][傍妆台][山坡羊]之属。……自兹以后,又有[耍孩儿][驻云飞][醉太平]诸曲,然不如三曲之盛。嘉、隆间,乃兴[闹五更][寄生草][罗江怨][哭皇天][干荷叶][粉红莲][桐城歌][银绞丝]之属……比年以来,又有[打枣竿][挂枝儿]二曲,其腔调约略相似,则不问南北,不问男女,不问老幼良贱,人人习之,人人喜听之,以至刊布成帙,举世传诵,沁人心腑。其谱不知从何而来,真可骇叹!"这些产生于闾巷的民歌时调,感情真挚,富于活力,引起了诸多文人的重视。李梦阳是明代首先对民歌时调欣然表示赞许的文坛领袖。

据李开先《词谑》记载:"有学诗文于李崆峒(李梦阳)者,自旁郡而之汴省。崆峒教以:'若似得传唱《锁南枝》,则诗文无以加矣。'请问其详,崆峒告以:'不能悉记也。只在街市上闲行,必有唱之者。'越数日,果闻之,喜跃如获重宝,即至崆峒处谢曰:'诚如尊教!'何大复(何景明)继至汴省,亦酷爱之,曰:'时调中状元也。如十五《国风》,出诸里巷妇女之口者,情词婉曲,自非后世诗人墨客操觚染翰刻骨流血所能及者,以其真也。'每唱一遍,则进一杯酒。终席唱数十遍,

酒数亦如之。更不及他词而散。"李梦阳、何景明所激赏的［锁南枝］,李开先《词谑》附录了其原文:

> 傻酸角,我的哥,和块黄泥儿捏咱两个。捏一个你,捏一个我。捏的来一似活托,捏的来同床上歇卧。将泥人儿摔碎,着水儿重和过,再捏一个你,再捏一个我——哥哥身上也有妹妹,妹妹身上也有哥哥。

这样的作品,其好处何在呢? 李梦阳从理论上阐释过这一问题。其《诗集自序》引友人王叔武之论道:"夫诗者,天地自然之音也。今途咢而巷讴,劳呻而康吟,一唱而群和者,其真也,斯之谓风也。孔子曰:'礼失而求之野。'今真诗乃在民间。而文人学子,顾往往为韵言,谓之诗。夫孟子谓《诗》亡然后《春秋》作者,雅也。而风者亦遂弃而不采,不列之乐官。悲夫!""诗有六义,比兴要焉。夫文人学子,比兴寡而直率多。何也? 出于情寡而工于词多也"。

李梦阳提出"真诗乃在民间",包含了多方面的意蕴。

其一,"真诗乃在民间"的理论前提是诗、乐一体说。在这样的理论基点上,《诗集自序》对"真"的定义是:"真者,音之发而情之原也,非雅俗之辨也。"判断是不是真诗,关键不在于雅俗,而在于其具有特定风格的音调节奏,是否真切地传达出了某种情绪、情感或情思。真情经由自然和谐的音乐表达出来,才具动人心魄的魅力。

李梦阳对"音"的重视与他对创作者的真实感情的重视是相互联系的。《乐记》说:"惟乐不可以为伪。"《孟子·尽心》说:"仁言不如仁声之入人深也。"《吕氏春秋·音初》说:"君子小人,皆形于乐,不可隐匿。"谭峭《化书·德化》说:"衣冠可诈,而形器不可诈;言语可文,而声音不可文。"他们都意识到:人的言辞是可以作伪的,不能成为我们了解一个人的基本依据,只有声音才是心灵的真正表征。李梦阳对此深有体会,他的《林公诗序》即讨论这一命题的。元好问《论诗三十首》有云:"心画心声总失真,文章宁复见为人。高情千古《闲居赋》,争信安仁拜路尘。"西晋诗人潘岳性格轻躁,热衷于追名逐利,谄事权贵贾谧,"每候其出","望尘而拜"(《晋书·潘岳传》),这样一个人,却写出了"高情千古"的《闲居赋》,从他的作品又怎能看得出他的为人? 李梦阳同意元好问的见解,所以才毫不含糊地说:"端言者未必端心,健言者未必健气,隐言者未必隐情。"但李梦阳的思辨水平显然高出元好问一筹,他指出"诗者非独言者也",诗还有其他重要的部分,如声调、气脉、情思,即"声"、"律"、"调"、"气",而这些都是无法作伪的。正是从这样一个角度立论,李梦阳依然认同"诗者人之鉴"的说法。

李梦阳的《结肠操谱序》也涉及"音"与真情的必然联系。他认为"音"乃"发之情而生之心者",所以天下"无非情之音"。"音"总是表达着某种真情。《风》诗系"天地自然之音",所以他才毫不迟疑地说:"真诗乃在民间"。

"惟乐不可以为伪",这种观念,西方也有。古希腊人谈艺,以为乐最能直接心源。叔本华指出,音乐最能写心示志。英国意象派诗人埃兹拉·庞德(1885—1972)也在《回顾》一文中表示,他相信一种"绝对的韵律",一种与诗中所表达的感情及感情的各种细微差别完全相称的韵律:"一个诗人的韵律必须具有解说力,因此,韵律最终将是他自己的,不是伪造的,也是不可伪造的。"这些说法,可以与李梦阳的陈述相互参证。

其二,这一命题含有扬《风》诗而抑《雅》、《颂》的意味。讨论《诗经》传统是一个容易引发争议的话题。春秋列国的赋诗言志,造成了实用主义地对待《诗经》的风气,两汉的《诗经》专家也习惯于将《诗经》与时政的兴废治乱联系在一起,郑玄释赋、比、兴曰:"赋之言铺,直铺陈今之政教善恶。比,见今之失,不敢斥言,取比类以言之。兴,见今之美,嫌于媚谀,取善事以喻劝之。"均着眼于政教善恶。故北宋邵雍的《观诗吟》说:"无《雅》岂明王教化,有《风》方识国兴衰。"《诗画吟》又说:"不有《风》、《雅》、《颂》,何由知功名?不有赋、比、兴,何由知废兴?"李梦阳、王叔武则未受这种实用主义学说的误导,他们从作品本身出发,认定《风》诗系民间的抒情诗。

关于《风》与《雅》、《颂》的区别,从发生学的角度加以考察是较易说明的。《风》是民间的歌谣,以表情为主,将高兴或悲哀的心情表达出来,作者的目的就达到了。其社会功利观念淡薄,率性自然,其作品因而成为比较纯粹的抒情诗。至于《雅》、《颂》(尤其是大《雅》和《颂》),却主要是"贵族们为了特种事情,如祭祖、宴客、房屋落成、出兵、打猎等等作的诗。这些可以说是典礼的诗。又有讽谏、颂美等的献诗;献诗是臣下作了献给君上,准备让乐工唱给君上听的,可以说是政治的诗"[1]。其作者为了实现某种政治目的或其他功利目的而写诗,将诗当作一种实用的工具来使用。由于《风》诗的生命在于抒情,故多用比、兴手法,只要感情表达到位就成,不必讲过多的道理,或铺叙多余的场景。《雅》、《颂》则多

---

[1] 朱自清:《朱自清古典文学论文集》(下),上海古籍出版社1981年版,第626页。

铺陈和议论，目的是把某种意思说明白，或者是把某种仪式事件交待清楚。所以朱熹的《诗集传序》说："凡《诗》之所谓《风》者，多出于里巷歌谣之作。所谓男女相与咏歌，各言其情者也。"论《风》诗，强调"情"；论《雅》、《颂》，则强调"义"、"理"；《风》与《雅》、《颂》确乎具有不同的审美特征。从这种区别我们可以明白，李梦阳注重《风》诗而撇开《雅》、《颂》，旨在突出抒情的重要性，他不希望一个诗人对叙事说理倾注太多的兴趣。

在《风》诗传统和《雅》、《颂》传统之间，人们的选择是不相同的。比如宋濂，他便扬《雅》、《颂》而抑《风》诗，而李梦阳却认为，民间的歌谣，饶有《风》诗遗意；而"文人学子"以韵言为诗，虽以《雅》、《颂》为榜样，却并不能继承《雅》、《颂》的传统。这是对于台阁体诗的委婉批评，也是对《雅》、《颂》传统的悄悄放弃。

其三，"真诗乃在民间"的命题，还含有尊唐诗抑宋诗的意味。谢榛《四溟诗话》曰："唐风既成，诗自为格，不与《雅》、《颂》同趣。汉魏变于《雅》、《颂》，唐体沿于《国风》。《雅》言多尽，《风》辞则微。今以《雅》文为诗，未尝不流于宋也。"可见，扬《国风》而弃《雅》、《颂》，同时也是为了尊唐抑宋，唐诗与《国风》一脉相承，而宋诗与《雅》、《颂》遥相呼应。

"真诗乃在民间"的要害是对"真情"的重视。中国早期的诗学大体建立在功利考虑的基础上。孔子诗学的要点之一是兴、观、群、怨说。所谓"兴"，即"感发志意"（朱熹注）；所谓"观"，指读者可以从作品中"考见得失"（朱熹注），"观风俗之盛衰"（《集解》引孔安国注）；所谓"怨"，即"怨刺上政"（《集解》引孔安国注），以促使政治改善。其归宿则是"事父"、"事君"。这种从社会功能的角度为诗定位的做法，其后果是将"诗"作为工具来使用，造成对诗人自身情感的忽视。从汉代起，一部分作者和理论家开始改变角度考虑问题。刘安、司马迁将"怨刺上政"的"怨"阐释为诗人内心的某种悲剧性情感，在"兴、观、群、怨"四者中格外突出了"怨"的重要性，比如刘安强调屈原的《离骚》"盖自怨生也"。至钟嵘的《诗品》，突出诗的"吟咏情性"之抒情特征，从"诗言志"的框架中解放出来。至南朝民歌，所抒之情更与"止乎礼义"的儒家诗教相悖。"真诗乃在民间"，其源流可谓长矣！

"李梦阳的真情说在明代文学批评中首次把情提到决定性的高度，对以后情感论的发展当有积极的影响，但其局限亦相当明显，即他对情的具体的理解还缺乏新的内容,并未超出传统诗论所涉及的范围。为什么李梦阳一方面力倡情真之说,一方面又要效摹古人的格调,……因为他要抒发的一己之真情,如对腐败政治的批评,对理学虚伪的不满,对萎弱文风的抨击等,都还没有明显地越出儒家传统的观念。……总之,他在封建社会前期的优秀的诗文中大致相仿地寻得了一己之真我,寻得了寄托。这就是他的情真说与复古的格调说的会合之处,也是他与袁宏道诗论发生歧异的关键所在"①。这样的分析大体是中肯的,但似乎仍嫌隔膜。实质上李梦阳所关注的"真诗乃在民间"之"真",在于坦率表达不受礼义拘束的私生活领域中的情怀,这与中国古典诗所抒发的公共生活领域的情怀是有质的区别的。李梦阳对此是意识到了的,因此,他才会在《诗集自序》中将效法李、杜歌行鄙薄为"驰骋之技",将效法六朝诗鄙薄为"绮丽之余",将效法琴操、古歌诗等鄙薄为"糟粕"。他对拟古是绝望的,但却没有勇气在自己的诗中抒发私生活领域中的情怀,也就只能依然拘守在古典诗歌的审美规范之内,这是无可奈何的事。

从某种意义上说,诗是使情感固定下来的一种方式,也可以说是让世世代代的读者都能感受其情感的一种方式。虽然不同文化环境中客观事物的功能发生了变化,或者某种客观事物已成单纯的史实,比如,《诗经》中的《硕人》描写女性的姿色时将其脖子比喻为天牛的幼虫,这在今人眼里是很难引起美感的,但是,只要我们平心静气地寻求,其中仍有若干永恒的因素在人类历史的变迁中始终可以为诗的情感提供创作对象。雪莱说:"诗人是世界上未被承认的立法者。"比尔兹利说:"诗人是感情法则的主要阐述者。"当某些意象与某些固定情感已难以分割时,当几种类型的情感在诗中被逐渐固定下来时,情感会公式化。李梦阳尊重情感,却无意中陷入了公式化的情感中,其原因即在于此。

在李梦阳之后,热情洋溢地赞成"真诗在民间"这一命题的是李开先。李开先的诗学主张有诸多异于李梦阳之处。嘉靖初年,李开先与王慎中、唐顺之、熊过、陈束、任瀚、赵时春、吕高并称"八才子"。其时王慎中、唐顺之倡议"尽洗李、何剽拟之习",而李开先、赵时春等为之辅佐。然而,在对待民歌时调的问题上,他却与"前七子"态度一致。他不仅在《词谑》中,就李梦阳、何景明激赏[锁南枝]一事表示:"若以李、何所取时词为鄙俚淫亵,不知作词之法、诗文之妙者

---

① 袁震宇、刘明今:《明代文学批评史》,上海古籍出版社 1991 年版,第 11—12 页。

也。"而且还在《市井艳词序》中侃侃陈词:"忧而词哀,乐而词亵,此今古同情也。正德初尚[山坡羊],嘉靖初尚[锁南枝],一则商调,一则越调。商,伤也;越,悦也;时可考见矣。二词哗于市井,虽儿女子初学言者,亦知歌之,但淫艳亵狎,不堪入耳。其声则然矣,语意则直出肺肝,不加雕刻,俱男女相与之情,虽君臣友朋,亦多有托此者,以其情尤足感人也。故风出谣口,真诗只在民间。《三百篇》太半采风者归奏,予谓今古同情者此也。"

李梦阳论"真诗在民间",其理论前提是"诗乐一体",李开先却强调诗、乐之别。这种处理问题的方式,他以为与孔子相合。孔子论诗向来重视中和之美,对不符合这一要求的民间音乐采取轻视、排斥的态度,说"郑声淫",主张"放郑声"(《论语·卫灵公》)。但这是从音乐的角度作出的评价。至于文义,孔子对《诗经》三百篇整体的断语是:"思无邪。"因而并未在《诗经》中删掉《郑风》。将"声"与"诗"分别对待,这给了李开先启示。所以他在《市井艳词序》中,一方面指责[山坡羊]、[锁南枝]等民歌时调的乐曲"淫艳亵狎,不堪入耳";另一方面又赞赏"其语意则直出肺肝,不加雕刻,俱男女相与之情,虽君臣友朋,亦多有托此者"。李开先为民歌所做的辩护是机智的。在中国文学史上,以男女恋爱喻君臣遇合及其他重大人生现象有着深厚的传统。这一传统的基点,在于二者存在微妙的相似之处,即"爱"的共相。"人世间之所谓'爱',当然有多种之不同。然而无论其为君臣、父子、夫妇、朋友之间的伦理的爱,或者是对学说、理想、宗教、信仰等的精神的爱,其对象与关系虽有种种之不同,可是当我们欲将之表现于诗歌,而想在其中寻求一种最热情、最真挚、最具体,而且最容易使人接受和感动的'爱'的意象,则当然莫过于男女之间的情爱。所以歌筵酒席间的男女欢爱之辞,一变而为君国盛衰的忠爱之感,便也是一件极自然的事,因为其感情所倾注之对象,虽有不同,然而当其表现于诗歌时在意象上二者却可以有相同之共感。所以越是香艳的体式,乃越有被用为托喻的可能。这现象不仅在中国的诗歌中如此,即使在西方的诗歌中,我们也可以同样发现不少以香艳爱情的诗篇来写寓托之意的作品"①。李开先把握住这一文学现象并据以立论,从学理的角度看,是很有道理的。

中国诗的"喻托"传统,始于屈原的《离骚》,即胡应麟《诗薮》内编卷二所谓

---

① 叶嘉莹:《迦陵论词丛稿》,上海古籍出版社 1980 年版,第 348—349 页。

"屈子孤吟泽畔,尚托寄美人公子"。令人感兴趣的是,不少禅师和讲学者,也常以艳诗喻"道"托"理"。如明代的讲学者黄佐曾作《春夜大醉言志》,落句云:"倦游却忆少年事,笑拥如花歌《落梅》。"据其自注,乃"欲尽理还之喻"。李开先说:"虽君臣友朋,亦多有托此者",就是借中国古典诗词中源远流长的象征传统来为民歌时调辩护。

徐渭、李维桢、袁宏道、袁中道的看法,相互之间较为接近,谨一并予以评述:

> 今之南北东西虽殊方,而妇女儿童,耕夫舟子,塞曲征吟,市歌巷引,若所谓竹枝词,无不皆然。此真天机自动,触物发声,以启其下段欲写之情,默会亦自有妙处,决不可以意义说者,不知夫子以为何如?(徐文长《奉师季先生书》)

> 诗以道性情,性情不择人而有,不待学问文词而足。故《诗》三百篇,《风》与《雅》、《颂》等。《风》多出闾阎田野细民妇孺之口……余尝谓以学问文词为诗,譬之雇佣,受直受事,非不尽力于主人,苦乐无所关系;譬之俳优,苦乐情状极可粲齿流涕,而揆之昔人本事,不啻苍素霄壤,何者?非己之性情也。(李维桢《读苏侍御诗》)

> 吾谓今之诗文不传矣。其万一传者,或今闾阎妇人孺子所唱[擘破玉]、[打草竿]之类,犹是无闻无识,真人所作,故多真声。不效颦于汉、魏,不学步于盛唐,任性而发,尚能通于人之喜怒哀乐、嗜好情欲,是可喜也。(袁宏道《叙小修诗》)

> ……夫人心有感于中,而发于外,喜则其声愉,哀则其声凄。……不同文而同声,不同声而同气,真诗其果在民间乎?(袁中道《游荷叶山记》)

这几段论述所关注的都是"真"的问题。李贽的《童心说》是一篇有着广泛影响的哲学文献。他认为,所谓童心、真心,也就是赤子之心和真情实感。具有童心的文学才是真文学,否则就是假文学。李贽以童心解释文学现象,其思想与徐渭、李维桢、袁宏道等脉络相连。

袁宏道提到"无闻无识"的"真人",表明他对禅宗话头也甚感兴趣。相传,六祖慧能曾问他的弟子们:"我有法,无名无字,无眼无耳,无身无意,无言无示,无头无尾,无内无外,亦无中间,不去不来,非青黄赤白黑,非有非无,非因非果,此是何物?"大众面面相觑,不敢答。时有荷泽寺小沙弥神会,年始十三,答:"此乃佛之本源。"慧能问:"云何是本源?"神会答:"本源者,诸佛本性。"慧能问:

"我说无名无字,汝云何言佛性有名字?"神会答:"佛性无名字,因和尚问故立名,正名字时,即无文字。"

从思辨的角度看,神会的回答是相当周密的,简直当得起"滴水不漏"的评价。然而,思辨活跃的地方,禅便没有立足之地。禅只能亲身接触,亲自体验,亲自领悟。禅不能通过语言来传授,不能运用理智来分析。因此,神会自以为回答得很高明,慧能却说他"向后没有把茅盖头也,只成得个知解宗徒"。

禅和诗都是直接经验的世界。袁宏道拈出"无闻无识"一语,确有眼力。只有"无闻无识",才能写出"真诗"。"真诗"之所以"在民间",就因为民歌的作者们尚未被"闻见道理"堵塞性灵;"不虑而知,不学而能,此之谓性情"。"盖无意为诗,而自得之"。

袁宏道之后,还有一位冯梦龙,似也不宜忽略。在晚明文坛上,冯梦龙特别重视小说戏曲和民间文学,毕生从事通俗文学的搜集、整理和编辑工作,《山歌》即是他所编纂的一部民歌专集。其《序山歌》云:"书契以来,代有歌谣,太史所陈,并称风雅,尚矣。自楚骚唐律,争妍竞畅,而民间性情之响,遂不得列于诗坛,于是别之曰山歌,言田夫野竖矢口寄兴之所为,缙绅学士家不道也。唯诗坛不列,缙绅学士不道,而歌之权愈轻,歌者之心亦愈浅。今所盛行者,皆私情谱耳。虽然,桑间、濮上,国风刺之,尼父录焉,以是情真而不可废也。山歌虽俚甚矣,独非郑、卫之遗欤?且今虽季世,而但有假诗文,无假山歌,则以山歌不与诗文争名,故不屑假。苟其不屑假,而吾藉以存真,不亦可乎?"冯梦龙在此对中国诗史做了鸟瞰式的勾勒。在他看来,《诗经》中的大部分作品,实为民间歌谣,这类情爱之作,为孔子所收录,不容置疑地具有经典的地位。自"楚骚唐律,争妍竞畅",文人学士掌握了诗文命脉,民间歌谣便被逐出了诗坛,只被称为山歌。冯梦龙以为,山歌不屑于与诗文争名,故亦不屑于矫揉造作,反因此具有了不朽的生命力。歌谣的特点在于有"性情",在于"情真","真"即是其价值所在;"真诗只在民间"六字,可以概括冯梦龙的基本思想。

综上所述,在李梦阳、李开先、袁宏道、冯梦龙等人笔下,虽然"真诗在民间"的理论前提不同,但其锋芒所向却集中于一点,即:缙绅士大夫所创作的"诗文",假面目多,真性情少。他们呼唤真情的表达。

创作与理论的两歧使明代诗学处于颇为尴尬的境地。朱东润在《述钱谦益之文学批评》中说:"明代人论诗文,时有一'真'字之憧憬往来于胸中。……自其相同者而言之,此种求'真'之精神,实弥漫于明代之文坛。空同求'真'而不得,则赝为古体以求之;中郎求'真'而不得,则貌为俚俗以求之;伯敬求'真'而不得,则探幽历险以求之。其求之之道不必正,而其所求之物无可议也。明人或以赝求'真',其举措诚可笑,然其所见,论真诗,论诗本,论各言其所欲言,不误也。自明而后,迄于清代,论者言及明人,辄加指摘,几欲置之于不问不闻之列而后快,此三百年来覆盆之冤,不可不为一雪者也。"①这样来评价明人,是公允的。

(《杭州师范学院学报(人文社会科学版)》2001 年第 5 期)

---

① 朱东润:《中国文学论集》,中华书局 1983 年版,第88—89 页。

从李梦阳诗集检验其复古思想之真实义

简锦松

一、前言

　　一般对于李梦阳的研究,都会注意"格调派"、"复古派"、"前后七子"、"反对台阁体"这种属性,不错,这些都是重要的观察点,但是,如果我们回到明代,设身处地为他着想的话,下面两个新观点便显得更为重要,一是李梦阳作为文学领导人的实际绩效,一是李梦阳对自我主体的发现与实践。

　　关于前者,也就是我过去的论文中一再呼吁的,李梦阳崛起与领导这个文学潮流的意义,乃是馆阁系统外的零散文人,对抗尊贵且团结的馆阁体系文人的文权争夺之役,李梦阳以明确的复古理论,和诗文中所展现的惊人实践力,使得当代诗文坛上,从议论声口,到实际创作,都开始走上不同于馆阁领导的新道路。为了解释这一点,过去我在《李何诗论研究》、《明代文学批评研究》二书①和其他后续论文中,已经重新为"台阁体"做了定义,并且针对复古派的实际创作,指出了一个最明确的特色,那就是:"李梦阳及其同道之人的诗集,都采用分体的编排方式,各诗体的运用数量,也有相近的比率,形成了共同的诗集面貌,与反对

---

　　① 参阅简锦松:《李何诗论研究》(台北:台湾大学中文研究所硕士论文,1980 年);简锦松:《明代文学批评研究》(台北:台湾学生书局 1989 年版),第 176—212 页。单篇论文,请参阅拙著:《论明代文学思潮中的学古与求真》,《古典文学》第 8 集(台北:台湾学生书局 1986 年版),第 313—356 页;《李梦阳诗论之"格调"新解》,《古典文学》第 15 集(台北:台湾学生书局,2000 年),第 1—31 页;《从明人文集论"台阁体"(馆阁体)之真相》,本文曾在汉学研究中心、中国明代研究学会主编的"明人文集与明代研究学术研讨会"中发表,2000 年 4 月;《钱谦益文学批评之基本立场新论》(高雄:国立中山大学《第七届清代学术会议论文集》,2002 年 4 月),第 847—868 页。

者或中间派的诗集,一望即可分别。"①藉由这种明显的派别特征,促使研究者注意,这次的复古运动真正发生了什么。

本文所要处理的是第二个问题:李梦阳对自我主体的发现与实践。

作为一位杰出的诗人也好,作为一位文学领导人也好,李梦阳对自我的认知与处理,影响到他的诗文,也影响到他的领导实绩。自我主体的发现,表现在李梦阳身上的,不仅是文学,官场上的立身处事,也有迹可寻。三十四岁应诏上疏论寿宁侯张鹤龄,下锦衣卫狱;三十五岁与同僚弹劾刘瑾,越一年,为刘瑾藉事下狱,几死;四十二三岁间,在江西提学副使任内,复与御史江万实互相参劾,下狱,免职②;这样的个人遭遇,在明朝成化、弘治、正德之世,是绝无仅有的,而且,这些事件都发生在而立不惑之年,思虑成熟之岁,并非年少轻狂所致,所以后人多以气节称美李梦阳,也有人以地域来论,认为是西北人士刚介之气使然。其实,以个人自主的观点来看,这就是李梦阳对于自我,有不同于众人的认知与期许。这份特质也充分表现在他的诗文上。

李梦阳对自己的诗作,提出了一项非常富有自省味道的说法,就是:"以我之情,述今之事。尺寸古法,罔袭其辞。"这里面所涉及的情、事、法三个范畴,关于情论和法论,学界已有很多撰述,不过,"我情"和"今事"组合起来,会发生什么样的变化,通常被忽略了。"情"本来是可触而不可触的,即使是"我情",也是一样;然而,一旦与"今事"结合,那么,事势就被确定化,而身在情与事之集合的,就是"主体我"。在中国诗史上,以"主体我"所为之事和所发之情,来驱动作品的书写流程,本是传统"诗言志"体系下的主流实践。以唐诗来说,诗中必定有清晰的我情和今事,只不过,唐人虽在作品中普遍实践了这个本色,却没有明白说出。直到李梦阳,才将这个观念具体提出来,用以诠释复古理论下的写作方法。不过,却也不是他主动提出来的。

---

① 李梦阳和他的同道之人的诗集里,都以诗体分类,都有《诗经》体、《楚辞》体、古乐府体作品,五言古体及五言律诗数量都多于七言古体及七言律绝,从这些特点一望即知它的派系属性,成为李梦阳复古运动的第一个表征。见简锦松:《明代文学批评研究》,第185—202页。

② 李梦阳另有两件狱事,一件为《明史》卷286,第7346页,《李梦阳传》,载有"迁郎中,权关,格势要,构下狱,得释",事不详。另一为《明实录·世宗实录》卷17,(第541—542页),有"嘉靖元年八月……先是江西按察司提督学校副使李梦阳有文名,罢归八年,值宸濠阳春书院成,遣人乞诗,梦阳与之。濠败,御史周宣劾梦阳交通叛逆,逮至京师,验治无状。刑部尚书林俊奏其枉,诏释之"之事,此与本文所举三案性质不相类。

李梦阳及其友人,乃至明代所有诗人,其所共同面临的重大问题,首推摹拟的疑云,引爆这个问题的,正是李梦阳与何景明两人的三封论文书信——李梦阳《驳何氏论文书》、《再与何氏书》①和何景明《与李空同论诗书》②。何景明指李梦阳"子高处是古人影子",是李梦阳最难以接受的一句话,这正是摹拟的问题。对此,李梦阳提出了"以我之情,述今之事。尺寸古法,罔袭其辞",来为自己辩护,才确立这个观念。影子就是无自我,而李梦阳的四句教法,正是以明确的"主体我"破除"影子说"。

为使事件脉络清楚,本文首先简介这次李、何二人的书信论争事件。其次,检验李梦阳诗文是否合于他自称的"以我之情,述今之事",了解他如何运用"主体我"的视角从事实际创作,并检视其创作的成果。再其次,从摹拟的可能性为观察切入点,检视李梦阳诗集,并对比李东阳、何景明、袁宏道一些诗篇,以诠释"摹拟形似"的问题与李梦阳"复古学古"作为之间的交错关系。

总之,李梦阳一生的主张,贯彻在"复古"二字,通过本文对其诗集的考察,相信能由李梦阳从"主体我"的视角所营造的创作与理论实绩,看到李梦阳复古思想的根本真实义。

二、李、何论文书信引发的复古与摹拟之问题

李、何二人这次论争,发生在正德十年(1515)七月中旬以后至正德十一年(1516)之间,明朱安涊《空同先生年表》、日人铃木虎雄《李梦阳年谱略》、横田辉俊《何景明の文学》,韩人车相辕《明人诸派文学理论과批判》或主张正德

---

① (明)李梦阳:《空同先生集》,卷61,台北:伟文图书公司1976年版,第1735、1741页。

② (明)何景明著,李淑毅点校:《何大复集》,卷32(中州古籍出版社1989年版),第575页。此次论文应有四封书信,第一封由李梦阳发出,已佚;而后依次序是:何景明《与李空同论诗书》,梦阳《驳何氏论文书》、《再与何氏书》;此外,(清)黄宗羲《明文海》(中华书局1987年影印涵芬楼本),卷156,第1566页,吾谨《与李空同论文书》,及李梦阳《答吾谨书》(卷61,第1744页,《空同集》误刻吾谨为吴瑾,今正)也是同一时期所作,都是针对同一问题的。至于梦阳晚年与弟子周袆的《答周子书》(卷61,第1746页),时间稍晚,所谈的也是这件事,宜一并参看。

五年(1510),或主张正德六年(1511),皆与事实不合①。其说有四:

1. 何景明说:"空同江西后诗为离。"至少应在李梦阳已任江西提学副使,并且此时期诗作也大量流传至京师之后,才可能产生这句话,事实上,李梦阳正德六年秋天才南行,经过信阳时,两人还见过面。秋冬之际,何景明才入京任中书舍人,因而不可能作于此年或此年之前。

2. 何景明批评李梦阳提倡谢灵运诗的不当,而李梦阳刻谢诗与学拟谢诗的时间,是正德七年以后之事,何景明不会在正德六年就加以抨击。

3. 何景明在信中说到:"自仆游从,获睹作述,今且十余年来矣!"何景明与李梦阳初识不得早于弘治十五年(1502),不论到正德五年或六年,都不能说是"十余年来"。

4. 李梦阳评论何景明诗"有乖古法",并举出《月蚀诗》"妖遮赤道行"为例,此诗原题为《六月望月食,22:382》②,载于《大复集·京集》,属在北京时所作。遍查何景明在京的各个年份,只有一次月食时间恰为六月望日,据查 Canon of Solar and Lunar Eclipses, by Oppolzer(奥泊尔子"日食月食表")得知③,该次月食发生于西历一五一五年七月二十五日,儒略周日为二二七四六一七,月食编号为第四二〇六号,换算即为正德十年六月十五日。该《月蚀诗》既作于正德十年六月十五日,此时两人一在北京,一在大梁,诗篇传播若以一个月计算,则李梦阳见到此诗并加以评论的时间,不会早于七月中旬。

从以上分析看来,李、何论文的年代确定在正德十年七月以后这一段时间。其实,李、何意见的分歧,早在正德二年(1507)何景明写《述归赋,1:5》时就已见雏形,不过当时两人情好甚殷,小小的意见相左并未影响其交谊,但在这次事件

---

① 见(日)铃木虎雄:《李梦阳年谱略》,《艺文》第 20 卷 1 期(1929 年)。(日)横田辉俊:《何景明の文学》,《广岛大学文学纪要》25 卷 1 期(1965 年)。(韩)车相辕:《明人诸派文学理论과批判》(其二),《汉城大学校论文集》15(1969 年)。(加)白瑞德(Daniel Bryant)赞同本人说法并举出李梦阳所评之何景明另二诗题目为补证,并驳正傅瑛《李梦阳与何景明论争时间初探》正德十三年说及姚学贤《何景明评传》正德八年说,见所著《何景明汇考》(台北:台湾学生书局 1997 年版),第 71—72 页。

② 本文于第二次引用同一本诗文集时,为节约篇幅,并使版面清顺,只将卷、页直接以"xx:yy"方式,标在诗题之后,不另作注:此处意即《何大复集》卷 22,第 382 页。

③ Theodor Oppolzer, Ritter Von, *Canon of eclipses*: Canon der Finsternisse, translated by Owen Gingerich, with a pref., by Donald H. Menzel and Owen Gingerich (New York: Dover Publications, 1962).

之后,两人之间的往来就非常少了,可见此事的冲击力有多大。李、何论争之后,回响不少,各种不同立场的人都来解释他们之所见。我在《李何诗论研究》中也做了许多讨论,必要时请另行参考。

这次论争的主题,何景明在《与李空同论诗书》中指出:

追昔为诗,空同子刻意古范,铸形宿镆,而独守尺寸;仆则欲富于材积,领会神情,临景构结,不仿形迹,诗曰:"惟其有之,是以似之。"以有求似,仆之愚也。

仆尝谓诗文有不可易之法者,辞断而意属,联类而比物也。上考古圣立言,中徵秦、汉绪论,下采魏、晋声诗,莫之有易也。夫文靡于隋,韩力振之,然古文之法亡于韩;诗弱于陶,谢力振之,然古诗之法亦亡于谢。比空同尝称陆、谢,仆参详其作,陆诗语俳,体不俳也,谢则体语俱俳矣。未可以其语似,遂得并例也。故法同则语不必同矣。

今为诗不推类极变,开其未发,泯其拟议之迹,以成神圣之功,徒叙其已陈,修饰成文,稍离旧本,便自杌陧,如小儿倚物能行,独趋颠仆。虽由此即曹、刘,即阮、陆,即李、杜,且何以益于道化也?佛有筏喻,言舍筏则达岸矣,达岸则舍筏矣。

现在我们见到的何景明书信可能经过润饰,如前述《与李空同论诗书》中,何景明写道:"自仆游从,获睹作述,今且十余年来矣!其高者不能外前人也,下焉者已践近代矣!"措词还很客气,但李梦阳的回信里却说:"子挞我文曰:'子高处是古人影子耳,其下者已落近代之口。'"①可见何景明原信有"影子"二字,引起李梦阳对此强烈不满,后来在留稿时,何景明就主动删去了。

何景明既主张以"泯其拟议之迹"消除摹拟形式的疑虑,因而批评李梦阳过度强调前人的范镆,刻意仿造,不敢稍失尺寸,他以"稍离旧本,便自杌陧"来总结李梦阳予人的困境之感。李梦阳则意图避开模范宿构的指责,大谈尺寸之法。

以"尺寸"谈"法",其出处甚早。《管子·七政》云:"尺寸也、绳墨也、规矩也、衡石也、斗斛也、角量也,谓之法。"《孟子·离娄》云:"不以规矩,不能成方圆。"《礼记·少仪》注云:"法者,规矩、尺寸之数也。"这里谈的"法",都是测量

---

① 李梦阳:《驳何氏论文书》,《空同先生集》卷 61,第 1735 页。下文引用李梦阳诗文,仅于题后标示卷、页。

与制造者所使用的工具，李梦阳看到的是它作为工具这一点，因此，他提出"法言离二"之说，认为"尺寸古人"乃指学其"法"（工具、法则），而不是学其"言"（文辞、字面）：

> 规矩者，法也。仆之尺尺而寸寸者，固"法"也。假令仆窃古之意，盗古形，剪截古辞以为文，谓之影子诚可。若以我之情，述今之事，尺寸古法，罔袭其辞，犹班圆倕之圆，倕方班之方，而倕之木，非班之木也。此奚不可也。
>
> 子又曰："孔、曾、思、孟不同'言'而同至，诚如尺寸古人，则诗主曹、刘、阮、陆足矣，李、杜即不得更登于诗坛。"
>
> 子以我之尺寸者，"言"也。览子之作，于"法"焉筏矣，宜其惑之靡解也。（《驳何氏论文书，61：1735》）

后来李梦阳写给周祚的信上还补充说：

> 仆少壮时……谓学不的古，苦心无益。又谓文必有法式，然后中谐音度，如方圆之于规矩。古人用之，非自作之，实天生之也。今人法式古人，非法式古人也，实物之自则也。当是时，笃行之士翕然臻向，弘治之间，古学遂兴。而一二轻俊，恃其才辩，假舍筏登岸之说，扇破前美……莫可止遏，而古之学废矣！（《答周子书，61：1746》）

假如像李梦阳所说的，尺寸、圆规和方矩只是工具，人人皆可用之，我们现在日常生活中，不也常在用各种量尺和圆规吗？就诗人的写作而言，诗这个体裁也有一把尺，这把尺，古人用过，现在我们也拿来用，用的是尺，而不是抄袭古人的文辞。李梦阳这种说法，把作为诗人的个人主体，与作为作品的构造法则分析为二，是很新的思维。如果真能藉由分开"法"与"言"，强调学古乃学习其"工具法则"，确实可以由根本处消弭蹈袭形似的疑虑。但是二者真能分开吗？

继之，李梦阳提出"以我之情，述今之事，尺寸古法，罔袭其辞"四句辩辞，他认为，作品若能写自己的真情和实事，即使刻意学习古人的规矩之法，只要不蹈袭其辞，就不应被讥为影子。事实是怎样呢？诗论所言，必须回归到作品来检验。

三、李梦阳从"我"出发的思考与实践

李梦阳当然不接受"影子"的批评，他所提出的反驳理由是，自己作诗的时

候,优先讲究"以我之情,述今之事",然后才谈法式古人。这个说法的重要性,就在于他明确提出了重视"我"这个"主体"的存在,明确地指出诗的内容是写"我"所位处的现场的真实事件,以此为创作的前提。

如前所述,在中国的诗论传统中,这样的看法,虽然还没有人在李梦阳之前正式提出来,但事实上,《尚书》中"诗言志"的观念,就已经点明了诗是非常个人化的一种创作体裁①,在李梦阳诗论的三大成分——体论、情论、法论中的"情论"部分,就已经很清楚地指出了植基于古典的言志观念到表现个人主体的诠释系统,我在《李何诗论研究》中,已做了讨论,不再于本文重复。

以下,我将解说李梦阳"以我之情,述今之事"这八字诀的实相,并检验李梦阳在自己的诗文集里实践的情况。

检视李梦阳的诗文集,至少有四点,可以见证他"以我之情,述今之事"的写作手法,在这些例子里,都很明朗的呈现着主体我的印迹:

1. 以具体写出时间地点,落实主体我的情与事

一般人都知道,说话时如果把时间地点讲得愈逼真,愈能显现事件与我的关系,也愈能使我的情感和事件本身融合,作诗亦然。李梦阳强调的"以我之情,述今之事",首先就是在他的诗中详化对时间和地点的记述,一下子让人感觉到事件好像就发生在他的身边,进而感受到他想诉说的情感,下面这首诗,就是以这种方式写成的诗例:

> 匡庐山北东林寺,前年八月游曾至。只今马出莲峰道,西望东林但缥缈。风吹槲栎猿昼啼,却忆石门临虎溪。旧听石濑尚在耳,雷烧碑树今应死。(《九江陆还南康望东林,20:485》)

从九江府南行的官道,至莲花峰莲花洞前五华里处分路,南行为昔日登牯牛岭大道,分路口海拔约百余米,莲花洞海拔约209米,渐向南海拔逐渐升高,因而李梦阳称之为"莲峰道"。这是九江南下第一个重要的三叉路口,除了前述南登庐山之外,折而西南行,为九江至建昌县的官道,东林寺在这条官道之侧,海拔不到200米,寺东南可仰望庐山。折而东南行,为九江至南康府(今星子县)官道,这是李梦

---

① 过去我们不注意"志"的诠释,往往把"志"解释为意志、情志、志愿,其实,古典的"志"是"心"的主要成分,位藏于心而不动的谓之"志"。心受到外物感动而生发的,谓之"情"。因此,"志"不等于后人所认知的意志、情志、志愿,而可以直接等于"自我"。李梦阳站在这个基础上发展了他的"情论"。

阳当天行经的道路。由分路口西望东林,相距数公里之遥,非目力可及,所以李梦阳用"西望东林但缥缈"。全诗的方位,相当精确,是"述今之事"的基础。

整首诗里,他先利用"前年旧经"和"今年新过"两种经验作对比叙述,在第一句指定了位置,第二句记明了年月,第三句更画出了路径,使他的描写予人完全真实之感。诗中没有多余的抒情句子,只用眼前景"风吹槲栎猿昼啼"、近日事"雷烧碑树今应死"和回忆景"旧听石濑尚在耳"、"却忆石门临虎溪",前后比较,从耳听的声容与目视的景色中,营造出当前旅行之事的气氛,不必添加任何情感用语,留恋之情已十分动人。

像这样"藉着对亲身现场经历的地名景物作直接记录"所表现出来的记实手法,在李梦阳的诗集里,例子很多,比较特殊的,如《发京师,9:181》之"驱车彰义门,遥望郭西树"。《杂诗三十二首之十,10:212》之"晨出进贤门,南向望东乡"。诗中的城门及交通路线方位都可以覆案①。

从城门还可以联想到另一件关于乘车的诗例:

> 大梁城郭万人家,太半朱门竞此花。不为国姿宁用折,玩传宾手转须嗟。双牵戏蝶临书牖,独惹游丝扑钓槎。我亦有园新植此,往来无倦出城车。(《人有送牡丹花至者与客同赋,30:809》)

虽然,"不为……"一联的句型明显出自杜诗"不为困穷宁有此,只缘恐惧转须亲"(《又呈吴郎,231:2544》)②,而予人形似之感。但是,这首诗写的是友人送牡丹花来,本应有折花及传玩之事,转化得还算自然。五、六句写蝶蜂都为花而来,用"书牖"表示当时人在家中,相对于尾联"我亦有园新植此"的园,显示李梦阳在写作时,会注意到落实事件发生的地点,这应是平常就有实事实书的自我训练之故。

从另一个角度来看,"我亦有园新植此,往来无倦出城车"两句,还另外反映了当时大梁富人"住"与"行"的习惯。"住"的方面,在城中住宅之外,还在城外拥有别庄;"行"的方面,不像唐人喜欢骑马,而惯用车行。在下一首诗中,他还说到,由于乘车者太多而引来春天花季的车辆管制,亦即春天东城门禁止车辆通行:

---

① 此种手法源自古诗,唐人往往用之,如白居易《秋日与张宾客舒著作同游龙门醉中狂歌凡二百三十八字》之"南出鼎门十八里,庄店迤逦桥道平"(452:5111)。不论城门之名,道里之数,皆记实。

② 本文引用之唐诗,皆录自《全唐诗》(中华书局1986年版),本诗在卷231,第2544页。

> 城门春禁不行车,病惧攀鞍只在家。昨日东风来着意,庭前忽放数枝花。(《柬郑生二首之二,34:938》)

这类诗篇,不但对李梦阳而言,发挥了"以我之情,述今之事"的写作信条,对读者来说,也因为他写了当前自己身边所发生的实事,而得以了解一五二〇年代大梁城门与道路的具体印象。

最后再举一首,乃是以时间与地点的不断转移作为叙事推进主轴的记实作品:

> 戚戚辞故里,盎阳远行游。入门揖兄嫂,征马已驾辀。日午登前冈,浮云逝南流。零汗透衣巾,仆夫行悠悠。躯微惧命重,慷慨但怀愁。还望故所居,匹鸟鸣相求。而我独何为?道路常怀忧。(《赴江西之命初发大梁作,10:208》)

诗中先以八个句子记述离开大梁赴江西任的"事",再以后面六个句子写赴任心情。一、二句记始发的地点和节候;三、四句记录出门前,回身辞别兄嫂,而后上马;五、六句记录自己中午登上冈头,写出时间,来和初出发对比;七、八句再写身上汗流情形。诗句的发展顺序,便是以行动中时间的推移和发生地点的改变,自然而然形成的。写完具体事情之后,才发出议论或款款抒情。此处由文意看来,乃是标准儒家观念下的想法,对照李梦阳所受教育以及当时赴任的心境,诗中之言可说是符合李梦阳之真实感情。换言之,这首诗所叙道中之事,固是今事、实事,写赴任之情,也是今情、实情,整首诗实践了"以我之情,述今之事"的要求。

虽然,从学古的立场来检讨的话,前半首的实事叙述推进法则,用了韩愈古诗的叙述方法,而整首诗以 4 : 3 的句数比,分开来写事与情,也倾向于谢灵运的章法。但是,在"法"之外,可以很鲜明地看到李梦阳仆仆道中的场景,这不能不说是李梦阳重视自我主体——他的诗根本就是在呈现自我的事与境——的写作取向,有以致之。

2. 以独见的新境,表现主体我的观察力

在本小节里,我将要谈到一些李梦阳所开发的新境及其意义①。

---

① 此言"新境",相当于古代诗话常说的"未经人道之语",对评论者而言,要下此断语,困难度是很大的,天下的诗那么多,你可能全部看过吗?不过,这类的判语还是有可能成立,评论者如果有充分丰富的阅读经验,严谨地藉以判断某些新意可能是未经人道之语,仍具有参考价值。

对于流传至今的成名诗人来说，能够自创新境，乃是吾人意料中的事，能在历史留下盛名的诗人，心理上多少都有强烈的诗人意识，这种意识既已使他自觉是个诗人，便会比常人更关心自己的生命的存在，在生活上，感受到更丰富的物我之间所发生的事件，新境由此而生。换言之，诗人的新境，是来自个体我与外物的互相触发，所产生的真事与实境，既不是立足在唯心式的求新，也不是为故意避开前人旧径而营造变化。

李梦阳的"以我之情，述今之事"主张，不只强调了"具体地描写"的写实作法，也强调了关心个人主体的真实存在，关心自己身体的当下感受的创作意识，所以他能承继古诗人的传统，经常写出前人所未曾关照的景和事。就如在《种竹》一诗所写的："自从有竹水烂死，使我竟日颜不欢"（17：383），可谓未经人道语，这样的经验被写入诗中，发动这样描写的契机，既是"从前所种之竹因水淹而烂死"的身边事，也是"使我竟日不欢"的真情愫使然。"我"不欢，所以又发生了种种事情，最后，完成了种新竹这件事，并写下了《种竹》这首诗。诗的产生，是起于主体我对现今真实事物有所感受，主体我与现今真实事物不断新异，重视这种结构关系的李梦阳，自然诗中时时有新境。以下请再看一些例子：

人类最具体的感受，莫如自己身体的遭遇：李梦阳便有一首描写身上饱受臭虫和蚊子之苦的好诗：

> 臭虫多足蚊有翅，当我眠时忽而至。愤闷披衣坐叹息，竟夜搔爬无气力。寒霖萧萧响荆棘。君不见，吹灯无烟四壁暗，野狐跳梁鬼啾唧。（《秋夜叹之二，17：369》）

这是他在狱中所作，诗中写到夜晚人方就眠，臭虫和蚊子齐来，只能搔爬叹息臭虫、蚊子太多，连追打的方法都没有。因为不眠，写到小窗外雨打荆棘之声，写到吹灯昏昧不明之状，狱中为了管理，所以必须点灯，灯又不明，就成了这样一个景况。整体来说，诗人利用低处和高处、室内和室外、人声和异物之声、暗夜与昏灯等各种现地实有之物，营造了我所身处的恐怖的立体场景。

旅行之诗，也是比较容易写出未经人道语的。对自己身体的自主认知较为薄弱的作家，往往只是把写诗当作画景描情的工具，容易接受古人既有的描写语汇，陷入典故式的印象再现，不易写出新境。李梦阳则不然，他注意旅行途中亲身应对的景物，使诗句看起来不只是如画，而且是真实的与我身相接之境，如：

> 灯火遵山闪，旌旗折路频。仙坛杳不见，片月故须亲。土俗渐异楚，人

言多杂闽。岂无罴不足,讼简爱吾民。(《夜行盱江,23:574》)

诗中写到夜行舟中的实际经历。两岸灯火沿山隐见,引路的旌旗时复出没,乃至土俗语音之先后改变等,都是旅途中目见耳闻之事。从新境的开发这一点来说的话,"灯火"一联应是其他诗人所未处理过的景观,在我记忆中,有陆游记桥上炬火,见其《自山中泛归郡城》诗:"拥桥炬火远已闹,归舍睡息清而匀。"①陆氏此行初出发的时刻,在"我呼小艇浮南津,落日乱山衔半轮"之际。舟行之后,已入夜晚,可见桥上夜间有炬火,以避撞毁,李梦阳所写之景与此偶然相似,但一在桥,一在山,并未相袭,而各具新意。

再看下面四例:

> 风急江船绝,年残野色凝。密云寒夜柝,流霰洒舟灯。四望湖天黑,孤吟羁思增。傍村有夫妇,对火缀鱼罾。(《徐汉风阻雨雪四首之一,27:694》)

> 南雪竟为雨,北风增野寒。漏船喧夜语,摊湿搅晨餐。转苦人烟绝,生憎鸥鹭干。吾行尚濡滞,估舶尔应难。(《徐汉风阻雨雪四首之二》)

> 常年遇泛客,煞厌说风波。雨雪空江夜,伊予悲慨多。沙人荷伞至,滩鸟掠舷过。幸及投簪会,山中有薜萝。(《徐汉风阻雨雪四首之四》)

> 七日北风阻,野滩舟不行。仆奴增饿色,妻子话征情。疏霰欺帘入,流澌逐浪生。独吟江更苦,诗罢欲三更。(《徐汉阻舟七日,27:695》)

这四首诗写舟中旅情,相当深入而且生动,不但能把镜头拉近到自己夫妇子女并坐讨论旅情的一幕,对奴仆阻风饥饿的烦恼、邻舟商人经年漂泊的困难……等等身边的人情琐事,写得如在目前。他还注意到渔村夫妇夜晚对火补缀鱼网的清冷,入夜船屋漏雨搬移的喧腾,船上沾湿影响早餐的纷扰,江畔生意人(沙人)趁着天雨拿伞来接客人的抢生意画面。我们姑且不论这些描写是多么未经人道之语,有一点必须指出的,就是这些都是真实发生在李梦阳身旁,而且李梦阳正以他无聊的停舟时日,饶富兴味地介入其间,参与这场事件,而记之以诗。傍村夫妇、沙人荷伞,是李梦阳亲见;漏船喧夜,次日晨餐,李梦阳必定是眠食其中的一人;仆奴之饿,妻儿之话,李梦阳必定是坐而亲听,乃至参与意见;唯一脱离众人而独有的,大约就只有"独吟江更苦,诗罢欲三更"这段写作的时刻了。换言之,

---

① (南宋)陆游:《剑南诗稿》卷8,《四部丛刊》本,台湾商务印书馆1968年版,第26页。

李梦阳能写出这么丰富的新境,是他亲自加入风景之中,用自己的身体发肤实际去听观闻受而来的。李梦阳曾经说此时景况为:"共有舟航事,谁深途路情。"(《湖夜泛,27:695》),如果这就是他一贯认知的"情"与"事"的话,那么,所谓"以我之情,述今之事"的写作观念,在他的诗中可说已经具体实践,而且也有很好的成绩了。

另外值得注意的是,当大梁遭遇洪水的时候,他写下了许多自己在这场大水中经历的种种诗篇,都很有新意,如:

> 莫辨田园路,聊遵水国游。物情真困雨,吾道本沧洲。避洿纤寻径,逢深屡借舟。草玄亭好在,坐数自来鸥。(《郊园省水二首之一,27:704》)

和其他作品一样,本诗当然也有一些杜甫的影子,如"吾道本沧洲"出自"吾道付沧洲"(《江涨,226:2434》)以及"草玄"、"自来"、"鸥"等字面,都是杜甫诗中用过且极出色的。但是,从整体来看,运用古人词汇并没有损伤全诗的创意,尤其是写洪水之后的田园漠漠,难以辨路,如何避洿,如何借舟,把他到东郊园墅观察洪水的形象,呈现得十分清晰。

再看另一首同时之作:

> 出门万木吟风叶,挈友重阳上野舟。数月雨阴今白日,一身天地此清秋。逐时庄菊花初放,应节村杯酒暂酬。晚暮更催双棹返,汴州谁信有沧洲。(《九日诣东庄遇水则舟之同黄子并符李二生,29:779》)

本诗的音节很好,读者漫声长吟,自可领会,李梦阳一派所谓"格调",以声判格,即出于此,此是别话①。在内容上,从上野舟、观察天气,到写菊酒之事,最后放棹归来,全篇章法安排,都是杜甫嫡系的写法。从第三句,知道由雨得晴的变化,第五句庄菊,呼应题目"九日诣东庄"之语,第二句和第七句都谈到舟船,由七八句,知道汴州本不应有此大水,现在正在洪水期间,所以遇水则舟之。景观特殊,趣味也很好。值得注意的是,诗中的描写完全就是当日的实际环境,不论是天候气象,不论是地表洪水,不论是交通方式,换了另外一年,就不一样。在这样的诗中,很明显可以看见正在泛舟的李梦阳身影,主导着这首诗的,正是这个充满了主体自觉的诗人。

---

① 简锦松:《李梦阳诗论之"格调"新解》,《古典文学》第15集,台湾学生书局2000年版,第1—31页。

李梦阳还有一次陷在洪水中很惊险地回家的经验，该诗题为《庄上晚归车阻于潦渠，徒步始达于岸，16:355》，诗中如："……野黑径复曲，鱼贯踵相蹑。良惧苍耳窟，重为蜥蜴怯。童稚行我先，沟塍负而躐。……"，"苍耳窟"等语虽然用了唐诗典故，但写一行人夜晚在积水中摸黑行进，背着小孩跳过水沟，都是直接切身的实事新语。

由于具体地写今事实情，李梦阳的诗又发展出另一个新趣味，就是对特殊事件极感兴趣。如《飞蚁叹，17:374》、《土兵行，17:375》、《义鱼行，17:378》、《豆莝行，17:377》、《苦雨篇，17:381》、《苦雨后篇，17:382》都是。兹以《豆莝行》为例：

> 昨当大风吹雪过，湖船无数冰打破。……鄱阳十日路断截，庐山百姓啼寒饿。旌竿冻折鼙鼓哑，浙军楚军袖手坐。将军部兵蔽江下，飞报沿江催豆莝。邑官号呼手足皴，马驴鸡犬遣眠卧。前时边达三千军，五个病热死，两个弯弓值冻不敢发，昔何猛毅今何懦。……

诗中少数句子如"昔何猛毅今何懦"，是从杜甫诗句"昔何勇锐今何愚"改写而来，但是"五个病热死，两个弯弓值冻不敢发"等诗句，确实有生动的形象，事情也是江西的眼前事。另外，《解酉行，17:374》之"县官逃走驿官啼，要钱勒酒仍要鸡"也与此相似。

3. 以叮咛的叙事，表现主体我的真情

由于李梦阳强调我情与今事，作品走的是记实的道路，有时就会叮咛再三，进而发展出一种周详深至的记叙手法。

如《申州赠何子，9:189》之："别君倏五载，我发忽已素。今逢不须臾，趋驾一何遽。临分但踟蹰，道语不及故。……"及《赠徐祯卿，9:184》之"独处忽不怿，揽衣循东厢。树木何修修，春风起飘扬。我友驾在门，告言适江湘。仓皇挈玉壶，追送临河阳。……"两诗都着力描写相见时的情事，把对方如何来，如何去，相见时如何，分离时如何，写得仔细叮咛，甚有特色。

这种特色表现在《苦雨篇》尤为显著：

> 波涛日陷蛙鸣起，梁园一夜满城水。屋庐半塌塌人死，可怜哭声水声里。忆昨出饮黄昏归，零濛已洒力尚微。岂知中宵鬼神怒，雷翻电滚雨如注。我时怵惕不得眠，窗灯扑杀无计燃。……地轴震仄久益急，披衣起坐坐复立。鸡鸣气势幸稍缓，积渐天明日光入。……

李梦阳对大梁的洪水,作诗不少,已见前引。本诗从水患现场说起,回忆初雨之时,再从半夜雷电翻滚,雨势转大,写到自己终夜不眠的反应等等,处理得相当仔细,显露出诗人对洪水的恐惧与不安。特别是"窗灯扑杀无计燃"一句,注意灯火点燃不着这样细微的小事,却又能藉此小事把大雨中身处黑暗的焦虑可怕,从另外一面衬托出来,这也是叮咛的表现。

下一首亦然:

> 苦思昨年生盗贼,大江南接江之北。烽火遥连海岱红,杀云眼见鄱阳黑。斯邑汹汹今始安,我今对酒能不宽。诸君稍减般移苦,百姓新回种植欢。北风江涌月东来,更说夙昔俱停杯。阴晴仓卒不自料,万事恍惚谁能猜。……(《快阁引,20:484》)

此诗记江西乱后士绅聚会饮酒,全篇没有激烈的控诉,却把一种深沉的悲哀写得十分清晰。如果读者熟悉杜甫安史之乱的诗篇,便会发现这诗里并没有杜甫那种勉人从军、劝人捐输、为国祈望胜利、大声责望军事将领的激情。同样面对正德年间流贼之乱的李梦阳,他的心情与杜甫以忠爱之情写诗已经不同。

李梦阳身经弘治十八年(1505)、正德三年(1508)两次大狱,正德九年(1514)在江西提学副使任上再一次受到监禁调查,最后怀着相当不甘的心情,从江西被罢官,而回到大梁。以如此经历,他对北京政府,自然不抱着同情,也不相信它能解决问题。稍早他曾有《内教场歌·小序,5:102》:"内教场歌者,李子纪时事而作者也,帝自将练兵于内廷。"《明星篇·小序,20:487》:"正德间,早起闻内教场砲喊之声,作此篇也。"又《去妇词·序,20:489》:"正德元年,户部尚书韩文暨内阁师保等咸相继去位,李子作此词也。"这些诗序和诗篇,不仅可以补明史之阙文,也反映出李梦阳对朝廷感情前后变化的轨迹。

以上,我从三个观察点,对李梦阳从"以我之情,述今之事"来为自己辩护这件事,做了简要的论说,同时,也用"以我之情,述今之事"的理论,对李梦阳诗集做了一次全面的检验。以"情"论诗,是中国诗论中很古老的话题,李梦阳也喜欢谈这个主题,他还提出"真诗"一词,引起了从明代李开先到民国郭绍虞等无数学人,经历无数年代的探讨。但是,他敢于大声地用"以我之情,述今之事",为自己的诗篇辩护,我认为这并不是一件顺口说说的事。李梦阳已经意识到了以"我"为核心的主体之存在与价值,他应该已经知道了,诗人必须重视由自己眼中看出去的真实,因此很自然地,他在作品中留下时间和地点的印迹,写下了当日的实事。尤其是,长期描写真实的需求,刺激了他原本具有的对事物独特的观察天分,充分发挥在作品中,成为他个人的特色。在谈到第三点的时候,我注意到他在叮咛关怀的深情之中,对朝廷都表现出淡漠,这是退居大梁之后,李梦阳常有的神情。我也认为这是李梦阳忠于自我主体的一种真情流露。

4. 无忌讳的写实,表现主体我的复古

李梦阳"以我之情,述今之事"的主体中心的写实诉求,不只表现在诗集中,他的文章也有同样的特色,甚至,他有时会脱离当代文人的社会制约,写出时人所不敢言的极富创意的段落。我在《从明人文集论台阁体(馆阁体)之真相》一文中,曾指出:"李梦阳所发动的文学改革,绝非只是口头上的路线之争,不论是他的宣传手法,或者是实际文章面貌,都完全不同于前辈名家的作风。"这是很重要的一点,在本小节中,就以李梦阳的文章为例,作为他诗论的补充。

先举一段李梦阳对于生母的叙述,他写道:

> 然夫人性至严重,好鞭笞仆奴。虽家人嗃嗃而蒸蒸,无间言。贵,有妇矣,然犹日视米盐零碎物及酒食与鸡马食,即与鸡马食不肯妄用粟。至见哀怜人则咨咨不已,周济之。此虽其小细,可以观大德焉。(《族谱·外传第五,37:1056》)

文章一开始,就对母亲的缺点如实书写,接着才渐渐谈到母亲的优点,虽然他最终的目的还是在表彰母亲之德,但是一入手便全无忌讳地这样说话,在当时是非常不可思议的。打开李东阳《怀麓堂集》、吴宽《瓠翁家藏集》,就可以知其差别,更不要说大家所熟知的归有光《项脊轩志》中母亲的慈爱形象,其差别有如天壤。

以下再选录李梦阳正德三年(1508)所作《游辉县杂记》的片段为例:

> 边寺碗田以千数,然故栎橡磈磊区耳,于是寺僧招流人垦之租,其人率斩茅菅、阻岩崦、为聚落,烟火袅袅相杂也。其流人若妇,并为寺僧使,乃其妇则于边寺泉任载水。予自南湖还也,乃见两三妇置桶岩滴下,而猥坐厂下。然青羊白戈过其聚落,聚落人辄饮食之,得无害。青羊白戈感其饮食数,亦辄赠遣之,为常焉。辉县产鱼稻,然其人多病癯。偕予行者二人,一曰冯贵,二曰左国玉。左国玉,予内弟也。内弟生不识山,前出阳武行,望见山,喜,以为云;已,知其山也,益又喜;跃马行,懊不即至山。李子曰:余游苏门,盖得于山川土俗之别云。于是作游苏门纪。(《游辉县杂记,47:1376》)

李梦阳谈到他旅途中所看见的三件事，一件是妇女为和尚挑水，一件是太行山居民与群盗往来的情状，另一件是内弟第一次看见大山的神态举动。在一般人的观念里，妇女与僧人不应该发生任何关系，平民也不应结交盗匪，但是从文章中看来，李梦阳对这两件事，并没有加以谴责，而是全然不顾社会制约，毫无忌讳地照实书写。记内弟的兴奋到近乎痴态，又十分生动，也符合平原居民对初次看见大山的反应。全文没有夸饰，也没有官员气。

有明一代，馆阁一向是文章的宗主，但从这篇文章里，我们看到李梦阳在语法上极力求合于《左传》与《史记》，与馆阁取径韩、欧的作风，已有不同。而内容取材上，更是以他认定的古人叙事法则竭力复古，而远离于馆阁词林雍容和乐的习惯之外，这三件主要的叙事，都是馆阁文章中所不可能出现的。

试以馆阁中最受推重的文章家之一吴宽的《南野记》与前段文字相比较：

　　去岁之冬，予以事出城之东北，扁舟行三十里，见积水渺然，捕鱼捉鳖之徒，往来于其间，民际水而屋，泛泛若野航。问之民："此江湖耶？"则以田对。予因惊曰："方冬水宜涸而其势如此，彼春夏之时，民之妨于耕耘也，信哉。"于是折南，又行二十余里，其田稍高，隐然有疆畎，视其田间，稻本固在，予方喜此地尝有秋矣。及视其民皆有饥色，复就问之，对曰："田之所入不足以供赋税，且称贷于人足之，尚何暇为口腹计耶？"因益念曰："此有秋者且不能自给，如江如湖者当何如？"①

同样写人民与田地，文章长短也相似，吴宽只能说一件事，至多可以分析为洪泛区与高田区，记述了两地农民的境遇与共同的困难。而李梦阳从寺田、招垦，谈到垦户妇女、山中盗贼、居人多瘿、内弟骑马望山情状，每说一事，三四语便说尽，因而能够所记甚多而每事皆奇。吴宽虽然在文中也反映了居民的困难，但是他并没有解决之道，看不出居民奋斗谋生的动态，可是，在李梦阳的文章里，我们仿佛看到那些垦户、妇女和盗匪正在进行的生活动貌，换句话说，吴宽笔下的人民，是眉目模糊的影像，李梦阳笔下的人物，是对面相视、须发毕见的活人。

如果拿李梦阳这段短文再与杨士奇《游东山记》、李东阳《山行记》、王鏊《兴福寺山居记》来比较，更是一望而知其不同。这三篇文章虽然也极力追求叙事

---

　　① （明）吴宽：《匏翁家藏集》卷33，《四部丛刊正编》影印明正德刊本），台湾商务印书馆1979年版，第1页上。

的生动,虽然也同样有人物对话,虽然也都力求注意细微之处,但是他们根本的注目之点差别很大,李梦阳所写种种,皆在馆阁诸公的落想之外,馆阁诸公所追求的鸣盛之乐与忧国忧民之情,在李梦阳则一毫也无;至于文句锻炼方法的路线差异,更不在话下。

后来袁宗道谈到李梦阳时,曾说:"空同诸文尚多己意,记事述情往往逼真。"(《论文上》)①袁宗道在整篇文章里都以极为苛酷的态度批评李梦阳,但这句话确实看见了李梦阳好处。其实李梦阳开启了重视我情,叙事逼真,不讲空话的路,正是以后谈性灵者的启蒙。但是,他的这个长处被隐藏在盛名之下,攻击他的人都故意不看这一点。

四、从主体复古到影子摹拟之讥——学古的盲点

上文里,我从李梦阳的根本主张,发现他重视主体的特色,又从主体认知与写实要求的结构关系,检验出李梦阳诗文的写实本色,并循此指出他的复古之路。

如果李梦阳只有前述那些优点,那么,他就不会从正、嘉之世到明末清初,反复地陷入论者的毁誉之中。在李梦阳的学古实践当中,文辞层次的摹拟,一直是他难以完全摆脱的隐忧。

明朝中期以后,诗坛上论争的各方,最常用来攻驳对手的词语,首推"摹拟"②,当己方要斥责对方时,就说"摹拟剽窃",反之,为自己辩护时,则说:"拟

---

① 袁宗道此语,见(明)袁宗道著,钱伯城标点:《白苏斋类集》卷20《论文上》,上海古籍出版社1989年版,第283页。袁宗道出身馆阁,又处在批判李梦阳的风气已经形成的时代,他对李梦阳的严厉批评,必须从立场问题去讨论。以这个例子来说,他看到李梦阳文章记事述情的好处,却不承认李梦阳的改革,显然并不公道。事实上,李梦阳所开发的诗文境界,相对于馆阁词林的旧习,可说是明显的解放。后来公安三袁与竟陵钟、谭强调个性的言论,若论其起源,应推始于李梦阳。请将上段李梦阳文与谭元春《游玄岳记》对比即知。该文见(明)谭元春撰:《谭元春集》卷20,上海古籍出版社1988年版,第545页。

② 有一点必须注意的,明人批评摹拟形似的问题,是从五代以后的体裁,才被批评,并不包括《诗经》体、《楚辞》体、古乐府体。这三种诗体的形似问题,受到很大程度的宽容与接受,即使文辞与原作过于相似,也没有人讥弹。而且,不只复古派的诗集一定有《诗经》体、《楚辞》体、古乐府体,非复古派的诗集中,也偶然有这些体裁其中的一种。或许是人们认识到这些体裁来源较古,摹仿势所难免,而且作者也多能在形似之外,利用时事新题,创造内容新意,因而争议较少。

议以成变化",其实"拟议"的原点还是"摹拟",二者所指的乃同一件事。从人类的历史来说,"摹拟"之事,从未间断,儿女"摹拟"父母,弟子"摹拟"师长,乐器"摹拟"天籁,绘画"摹拟"自然……数之不尽,文学之士既然学自前人,当然会收纳前人作品的优点而产生"摹拟"行为。明、清人学习的是汉、魏、唐、宋,当然向汉、魏、唐、宋"摹拟",现代写新诗散文的,不也在"摹拟"报章上刊登过或文学奖中获奖的作品吗?

李梦阳面对"摹拟"的批评,他先提出"以我之情,述今之事"的根本态度,再以"尺寸古法,罔袭其辞"为自己辩护。李梦阳当然知道别人批评他"古人影子",是批评他"袭古之辞",所以他才来个彻底否认,强调自己的诗文具有真实血肉,绝非影子,而且他所提出的"法"论,也不为无见。

就人间世来说,万事万物莫不有法,物理上的定理与定律固然是"法",汽车制造、飞机制造,也有"法"存在,人民集会结社、学生上下课路线、围棋书法教学,也莫不有"法",何独作诗作文无有其"法"? 各国汽车依"法"制造,结果样式大同小异,不被讥为"摹拟";书法家依"法"练习,写得若像古碑帖,也会得到恰如其分的称赞;诗文也依"法"创作,发生相似之处,何以便受强烈的讥评? 在讨论李梦阳问题之前,这些很平凡的道理,值得再次回顾。

以下我先举出李梦阳一首确实能写出"我情今事",而同时又以"尺寸古法"引发"摹拟"问题的作品,请看下面:

> 庐山腊日地冻裂,白猿鹿麋啼深雪。卧病松林北岸湖,黄蒿古阪行人绝。已今行年四十二,我辰安在百忧结。小孙呼爷戏床侧,纵恼忍能即嗔说。(《癸酉生日,17:376》)

这首诗是李梦阳四十二岁仿杜甫《同谷七歌,218:2298》所作的诗,梦阳在三十三岁生日和本年生日都有摹仿杜甫《同谷七歌》之举,三十三岁那年,他所写的七首诗,依次怀念父亲、母亲、弟、姐等,与杜甫原诗主题更为接近。本诗主要写生日卧病、孙儿来玩的事,不论是"卧病松林北岸湖"或"小孙呼爷戏床侧"都是真情实事,如果李梦阳以为这就是"情"与"真",吾人确实也可以同意他的说法。但末句用杜甫《北征》"问事竟挽须,谁能即嗔喝",袭用之迹明显,而全诗的连章结构、选材命意之法,也与杜甫《同谷七歌》有着一望即知的相似性,如果这样做就是"尺寸古法",那么,就不能避免"形似"的危险。

下面,再请比较这两首诗,仍然是"我情真事"与"尺寸古法"都具体可见的例子：

> 七月六日苦炎热，对食暂餐还不能。每愁夜中百足蝎，况乃秋后转多
> 蝇。束带发狂欲大叫，簿书何急来相仍。南望青松架短壑，安得赤脚蹋层
> 冰。(杜甫《早秋苦热堆案相仍，225:2415》)

> 冬廿六日十二月，西来泛湖雨明灭。雨寒著树尽成雪，天波黯霭路幽
> 绝。鸥鹭秃鹜立如人，衔鱼避船偷眼嗔。天开猎夫会寻汝，乘时早可收其
> 身。(李梦阳《西来行，17:374》)

这两首诗的内容主题完全不同，不论是"情"或"事"都不相同。在词语方面，李
梦阳"衔鱼避船偷眼嗔"之句，"偷眼"二字出自杜诗《风雨看舟前落花戏为新
句》："蜜蜂蝴蝶生情性，偷眼蜻蜓避百劳。"(223:2379)虽然如此，它还有相当的
新意。在诗法方面，两首都是七言八句的，都不是律诗，首句都从日月记起，次句
都写本题事件主体，三四句都是顺着一二句所指去完成景物描写，五六句都是写
自己与环境的互动行为，七八句都是预告或祈愿的语句，两诗的诗意运行之法，
明显相似。假使这种诗句运行之法也是李梦阳"尺寸古法"当中的一种，那么，
这首诗就真正做到了"法言离二，罔袭其辞"的自我要求。

再看下一组例子：

> 八月秋高风怒号，卷我屋上三重茅。茅飞渡江洒江郊，高者挂罥长林
> 梢，下者飘转沉塘坳。南村群童欺我老无力，忍能对面为盗贼。公然抱茅入
> 竹去，唇焦口燥呼不得，归来倚杖自叹息。俄顷风定云墨色，秋天漠漠向昏
> 黑。布衾多年冷似铁，娇儿恶卧踏里裂。床头屋漏无干处，雨脚如麻未断
> 绝。自经丧乱少睡眠，长夜沾湿何由彻！安得广厦千万间，大庇天下寒士俱
> 欢颜。风雨不动安如山。呜呼！何时眼前突兀见此屋，吾庐独破受冻死亦
> 足！(杜甫《茅屋为秋风所破歌，219:2309》)

> 小儿嗫呀始学语，育之后屋逢今雨。包裹移置夜我旁，儿惊屡叫安之
> 乳。霆电虩虩屋瓦震，疾雷绕床乱走鼠。大儿明农隔城住，即有缓急谁视
> 汝。旦日报至心则降，雨未伤人伤稷黍。前时三月点雨无，大儿忧色禾半
> 枯。日日望雨雨反茶，荡然畎亩为江湖。天晴微风波水动，沟渠四注长河
> 涌。明晦反复何代无，嘱儿更备宜秋种。(李梦阳《苦雨后篇，17:382》)

就"尺寸古法"来看的话，李梦阳《苦雨后篇》明显是由杜甫《茅屋为秋风所破
歌》变化而来的，线索有二：一是押韵方式。二诗都是七言长篇转韵体，而且杜

甫连用"得息色黑"四字,逐句押韵。李梦阳诗则有"无枯茶湖"四句,也是逐句用韵;二是切入点的选取。二诗都写小儿女,都在雨中为儿女叹息。但杜甫的小儿女正在成长期,所以睡姿不好,踏被破裂。李梦阳的小儿才在怀抱中,所以包裹移置,惊叫安乳,意同而曲不同。最后杜甫因处在困穷绝望之中,所以喊出了"安得广厦千万间"的叹愿;李梦阳以乡绅身份居汴,是大梁的富人,所以关心点放在防雨,他虽然藉大儿子写出"明晦反复"的危惧感,仍没有离开现实情境而放言引申到国家大事,与杜甫把感叹投射在自己目前最需要的房舍问题,做法上隐隐相通。所以,若论"以我之情,述今之事",则李梦阳所写的每个句子,都是本人遭遇大雨的实境;若论"尺寸古法",他也抱持着以杜为师的规矩,细腻地取法了前人。

从上述两组例子,可以看到李梦阳在学古与我情、今事之间,互为倚重的处理的技巧。

但是,身为集团的领导人,李梦阳与何景明,必须比他人更积极学古,因学古而产生的"形似"困扰,二人所遭遇到的也比一般人更为严重。这就是为什么何景明要向李梦阳提出警示,而李梦阳则视之为讥弹,必要加以驳议的缘故。究竟李梦阳有没有严重的形似问题呢?何景明或者李东阳,乃至其他明代诗人有没有形似的问题呢?下面我再分几个小节来讨论:

1. 李梦阳诗的形似之迹一——诗题沿用及仿制

从李梦阳诗集中,我们看到不少诗篇,或者用古人原题为诗题,或者依照原题结构重制新题,其沿用与仿制的迹象,又十分明显。

以李梦阳标示为"五言杜体"这些作品来说,杜诗喜用《遣兴》之题,李梦阳也作《遣兴二首,14:310》),杜甫有《八月十五夜月二首,230:2530》、《十六夜玩月,230:2530》、《十七夜对月,230:2530》,李梦阳也有《十五夜,14:312》、《十六夜》、《十七夜》等题,杜甫有《小至,231:2537》诗,李梦阳也作《小至,33:885》,杜甫有《送人从军,225:2425》,李梦阳也有《从军,14:298》,杜甫有《三吏三别,217:2283》,李梦阳则作《屯田二首,14:300》,杜甫有《建都十二韵,226:2436》,李梦阳有《艮岳十六韵,14:308》,杜甫有《暮春江陵送马大卿公恩命追赴关下,232:2557》,与《写怀二首,222:2355》,李梦阳则作《暮春逢林子邂近殊邦念旧写怀辄尽本韵,14:319》。其他未经标注为杜体者,如杜甫有《春水生二绝,226:2439》,李梦阳则作《新水至二首,35:972》,杜甫有《城西陂泛舟,224:2396》,李梦阳则作《城南塘泛舟二首,34:953》,又如《秋兴》、《诸将》、《忆昔》、《京师春日漫兴》之类,诗题与杜诗原作近同者还有不少。

在李梦阳诗集里被标注为"李白体"诸诗中,题目与李白全同者,有《野田黄雀行,162:1686》和《邯郸才人嫁为厮养卒妇 164:1704》等多首,题目仅更动一二字者,如李白有《梁园吟,166:1718》,李梦阳则作《梁园歌,22:525》之类,也不少见。至于赠答形式的诗题,有些与李白原题相似,虽然已经改换了诗人姓名,从表面上看还是有模仿的感觉。

此外,李梦阳还有效陶体(五言古诗,长诗一首)、效唐初体十七首,杂体二十二首,另外如《清夜引,20:496》用李贺体;《冰车行,20:495》和《盐井行,20:496》用张王体;《沈大夫行,20:492》、《雪山歌送万子,20:493》和《庐州歌送罗参议,20:494》用长短句体;《杨花篇,20:486》等用唐初体,都是李梦阳自己标示出来的。

以上这些具体标出学习某人的篇章,在李梦阳的诗集中只占少数比率。但是,在李梦阳没有标示为学习某人的其他作品中,一样有许多题目与古作相同或相似,这个现象肯定会引起读者对李梦阳的迷惑。虽然,我们从很多例子里也看到,李梦阳的题目与古人相近同时,创作上却有变化。比如原题为五言古诗,他改作七言绝句;原诗为律诗,他改为五古;不仅体裁与故作不同,在内容上也力求新变。但是,不管怎么说,从题目上予人模拟形似的感觉,毕竟不易消去。例如内容意象甚新的《冰车行,20:495》诗,所写的都是古人所未到之境,一些句子像"万人齐呼冰窖开,大车小车如山来",把取冰的热闹情景也写得很好,但总体看来仍予人与杜甫《兵车行,216:2254》相似之错觉,将带给它负面的评价。

2. 李梦阳诗的形似之迹二——章句多似杜之处

从章法上检视李梦阳与杜甫诗,相似之处也不少。除了前面所举各诗之外,如《结交行赠李沔阳,18:429》一诗,全篇在中间以"却忆当年侯未须"一句承上启下,与杜甫《乐游园歌,216:2261》以"却忆年年人醉时"一句截断上下的大开大阖做法相同。又如《画鱼歌,20:461》、《林良画两角鹰歌,20:463》,《钟钦礼山水障子图,20:466》等题画之作,与杜诗比对,宛若旧迹。特别像《赠郭氏画登游快阁,20:467》一诗,此诗乃李梦阳登上快阁,请人画像后,作诗赠之。全诗先写李梦阳与友人登阁饮酒,转思作画之人,请来郭氏为之;次写画中楼观、江流、人物、商船、流云等景物。整篇不论遣词造境,都可看到李梦阳的创意。但是,李梦阳最后以"郭能画之真奇士"之句作结，还是落入了杜诗的笔径，对读者而言，挥之不去的杜甫味道，总是使人不能没有感觉。诸如此类，不胜枚举。

除了章法，大量的相似，还是在词语方面。如《二月望丘翁林亭二首之一，34：938》："走觅南邻丘处士"之句，与杜甫"走觅南邻爱酒伴"过于相似。《东园翁歌，18：404》："便欲登天揽日月，岂知德尊常辖轲"，上句出自李白"欲上青天揽日月"（《宣州谢朓楼饯别校书叔云，177：1809d》），下句出自杜甫写郑广文先生的"德尊一代常辖轲"（《醉时歌，216：2256》）；另一句"富贵于我真浮云"，也是从杜诗"富贵于我如浮云"改字而来。

又如：

> 年今四十身千里，生日登临寓此中。忧国未收南望泪，思家犹阻北来鸿。寒冬白雾峰峦隐，车马深山道路通。学海久伤青鬓改，振衣真愧玉岩风。（《初度怀玉山有感，33：889》）

三四句出自杜诗"雪岭独看西日落，剑门犹阻北人来。"（《秋尽，227：2459》）。李商隐曾模仿作："雪岭未归天外使，松州犹驻殿前军。"（《杜工部蜀中离席，539：6161》）李梦阳再一改而成本联。事实上，与李商隐用其句型而字面大不相同比较起来，李梦阳所用的"犹阻北"三字，明显予人杜诗的感觉。虽然只有一句，但是十分引人注意。

又如：

> 苦吟实是被花恼，今日投壶何虚倾。凤凰洲前好杨柳，弄日鸣舷遮莫行。（《春日豫章杂诗十首之十，35：978》）

梦阳此诗，仿杜甫《夔州歌十首，229：2507》作了十首，平仄全用杜甫七绝之法，字面上，首句"被花恼"出自杜甫《江畔独步寻花七绝句》，"遮莫"用俗语，也有杜味。此外，第三四句还兼有刘禹锡"江上朱楼新雨晴，瀼西春水縠纹生。桥东桥西好杨柳，人来人去唱歌行"（《夔州竹枝词九首之三，365：4112》）一诗的影子。

又如：

> 敕书新调蜀襄兵，汉北关南寇未轻。密迹千斤竹查岭，不温满四石头城。秦州即易通王贡，栈道终难拔汉旌。安得较如曹相国，务农休甲贺升平。（《盗贼，29：768》）

本诗三四句用实际人名地名，一为今时盗贼，一为已灭贼寨，这是李梦阳"用今之事"的风格。但是下面的"拔汉旌"（杜：拟绝天骄拔汉旌）"相国……务农休甲"(杜:稍喜临边王相国,肯销金甲事春农),以及"升平"(杜:诸君何以答升平)等,都取用杜甫《诸将五首,230:2511》的成语,让人一见就觉得太似。

再如:

> 九日无朋花自开,登楼独酌当登台。孤城落木天边下,万里浮云江上来。但遣清尊常不负,从教白发暗相催。梁南楚北无消息,塞雁风高首重回。(《九日寄何舍人景明,31:828》)

杜甫是重阳诗的主要作家之一,李梦阳学杜,自然也有许多九日之作,本诗次句出自杜诗"重阳独酌杯中酒,抱病起登江上台"(《九日五首之一,231:2536》)自无可疑;而"孤城"、"落木"、"万里"、"江上"出自杜诗,也是人所共知的熟语;五六句从陈师道《九日寄秦观》①之"九日清樽欺白发,十年为客负黄花"转化而来。本篇由于使用了宋诗,又是寄给何景明,或因而招来"其下者已落近代之口"的批评,亦未可知。

下面还有两个例子:

> 归沐谢人事,翛然悲俗情。阴阳争岁色,江海蓄春声。自委青云懒,那教白发生。君看少年者,骊马尽飞缨。(《归沐,27:688》)

此诗内容,句句都切合李梦阳的年岁与身事,可谓情事俱真。但第三句先改了杜诗"岁暮阴阳催短景"(《阁夜,229:2497》),第四句又点化杜甫"蚁浮仍腊味,鸥泛已春声"(《正月三日归溪上有作简院内诸公,228:2486》),末联用杜甫《秋兴八首之一,230:2509》的"同学少年多不贱,五陵衣马自轻肥",仿杜之迹,过于明显。

此外,如:

> 桃柳清沙晚,怅然悲远春。叶明深坐鸟,花剧转愁人。少小追欢地,乾坤放逐臣。已看共如此,何惜醉游频。(《春日大梁东郭,27:688》)

此诗所写之景都是出游大梁东郭所见:"少小追欢地",记小时随父亲来此任职,为居住大梁的缘起。三四句由杜诗转化,三句即《蜀相,226:2431》之"隔叶黄鹂空好音";四句即《曲江二首,225:2409》之"一片花飞减却春,风飘万点正愁人";"乾坤放逐臣"五字,出自杜甫"五岭炎蒸地,安危放逐臣"(《寄李十二白二十韵,225:2430》),词语间都有浓厚的仿杜之迹。

---

① (宋)陈师道:《后山诗注补笺》卷2,中华书局1995年版,第52页。

综上所述,李梦阳诗与古作颇有字面上的相似之处,但是他自己不承认,他力辩自己"尺尺而寸寸之"的是"法"而非"言",自称"罔袭其辞"。对此,胡应麟《诗薮》曾表示了如下看法:

> 今人因献吉祖集袭杜诗,辄假仲默舍筏之说,动以牛后鸡口为辞,此未睹何集者。就仲默言,古诗全法汉、魏,歌行短篇法杜,长篇王、杨四子,五七言律法杜之宏丽,而兼取王、岑、高、李之神秀,卒于自成一家,冠冕当代,所谓门户堂奥,不过如此。古人影子之说,以献吉多用杜成语,故有此规,自是药石,非欲尽弃根源,别安面目也。今未尝熟读其诗,熟参其语,徒执斯言,师心信手,前人弃去,拾以自珍,一时流辈,互相标鹄,将来有识,渠可尽诬?譬操一壶,以涉溟渤,何岸之能登?①

胡氏虽然志在调停,但是也指出李梦阳用杜诗的成语太多。

不过,李梦阳否认自己的学古是在窃古之形,也并非全无道理。他具体实践了"以我之情,述今之事,尺寸古法",注意到了诗人主体的存在,注意到了表达自我优先于创作形式,唯独在"罔袭其辞"上留有瑕疵,实不能一笔抹杀他的。更何况在其他诗人别集里,也有不少形似的情形。

3. 李梦阳以外其他人的形似之例——以李东阳、何景明、袁宏道为例

如果把章法和语词的形似,只批评到李梦阳身上,并不公平,因为不只李梦阳如此,从明初高启到杨士奇、李东阳、何景明诗集里,似古似杜之诗也不少;至于中晚明诸子,乃至明末清初的钱谦益、顾炎武等人,都有此情形。

远者不论,以李东阳为例:

> 玉珂朝散紫宸班,马上诗成按辔还。近侍有名聊作伴,史才无用合教闲。狂过相府慵通刺,贫住京华亦爱山。浅薄未酬升斗在,漫将心事付朱颜。(李东阳《马上,11:262》)②

李东阳首句就用了杜甫"不寝听金钥,因风想玉珂"(《春宿左省,225:2411》)和"鸣玉朝来散紫宸"(《冬至,231:2537》)之句;第三四句,又用了温庭筠"词客有灵应识我,霸才无主始怜君",及李商隐"管乐有才终不忝,关张无命欲何如"的句法和句意。另外,"近侍"二字出自杜甫"近侍即今难浪迹"(《曲江陪郑八丈

---

① (明)胡应麟:《诗薮》(台北正生书局1973年版),《续编》卷1,第334页,《国朝上》。
② (明)李东阳著,周寅宾点校:《李东阳集·诗前稿》卷11,岳麓书社1984年版,第262页。

南史饮,225:2411》),五十六字中,唐人的面目清晰。

下面这首诗,更有浓厚的杜诗味道:

> 小试春盘百颗香,斋灯燕坐及新尝。园林旧采黄金实,风味犹清白玉堂。千载带酸僧有恨,三更渴罢我能忘。应劳爱客频沾酒,清梦无因到石床。(李东阳《斋夜董尚矩编修出金桔菖蒲见饷,和韵二首,11:259》)

东阳此诗,"小试春盘"出于杜甫"春日春盘细生菜,忽忆两京梅发时"(《立春,229:2493》),"三更渴罢"也出自杜甫诗"三更病渴回白首"(《示獠奴阿段,229:2499》)。特别是"旧"、"酸"字,表面上看并没有出处,其实是从杜甫"忆过泸戎摘荔枝,青峰隐映石逶迤。京中旧见君颜色,红颗酸甜只自知"(《解闷十二首,230:2517》)而来,像这样精巧地运用杜甫语词,其实与李梦阳没有多大差别。

何景明的作品中,如《观涨诗,11:148》的题意,即由杜甫《三川观水涨二十韵》(杜甫,216:2267)而来。

类似例子极多,如:

> 柴公有名马,骑出自京华。峻耳批双竹,奇毛散五花。老能知道路,病已困泥沙。贵贱诚如此,长吟为尔嗟。(何景明《病马六首之一,18:292》)

景明此诗剪取了不少杜甫辞汇,如第三句出自杜诗"竹批双耳峻,风入四蹄轻。"(《房兵曹胡马诗,224:2393》);第四句则组合了杜甫"奇毛或赐鹰"(《赠特进汝阳王二十韵,224:2390》)及"五花散作云满身。"(《高都护骢马行,216:2255》)二句。但杜甫两次用奇毛都是指鹰,此处移来写马。接着,"病已困泥沙"句,出自杜诗"霄汉愁高鸟,泥沙困老龙"(《巴西驿亭观江涨呈窦十五使君,227:2457》);而"长吟为尔嗟"则混合了杜甫"物微意不浅,感动一沉吟"(《病马,225:2424》)及"生别古所嗟,发声为尔吞"(《别李义,222:2367》)两联而来。

再如:

> 汉使西南域,天王节制名。九霄看凤下,万里避骢行。风偃蛮夷静,霜驱瘴疠清。壮游仍揽辔,从此慰平生。(何景明《送李体仁按云南,19:311》)

景明此诗有盛唐音节,"避骢"一词,见高适《陪贾侍御泛灵云池,214:2239》:"乘兴宜投辖,邀欢莫避骢";"节制"二字,出自杜甫"每惜河湟弃,新兼节制通"(《投赠哥舒开府二十韵,224:2388》);"壮游"本杜甫诗题,"慰平生"与杜甫《正月三日归溪上有作简院内诸公,228:2486》之"深觉负平生"有承传关系。

以上,字词的沿用,是不是构成摹拟剽窃?很难一概而论。古人作诗本来就有"无一字无来历"的标榜,从宋、元、明、清历代注家对古人诗集的注释成果看来,也确实可以看到唐代诗人运用《诗经》乃至汉、魏、六朝诗的情形,宋人亦然。既然唐、宋诗人同样的做法不被视为摹拟剽窃,而以此独责明人,并不完全合理。

何景明曾针对学古之道,自称所用的方法是"富于材积,领会神情,临事构结,不仿形迹"。下面这个例子也可以解释这一点:

> 废屋空山里,风沙不见人。坏墙惟有径,独树更无邻。寇盗三关逼,征求万国频。江湖暮摇落,回首一沾巾。(何景明《废屋,18:292》)

从字面上来看,景明此篇与杜甫关系不深,但"寇盗"、"万国"还是有杜诗语汇,不过这不是重点,我们主要想讨论尾联,这是以杜甫三首诗的尾联为材料融合而来的:

> 江湖后摇落,亦恐岁蹉跎。(杜甫《蒹葭,225:2422》)

> 穷秋正摇落,回首望松筠。(杜甫《寄张十二山人彪三十韵,225:2429)》

> 天边长作客,老去一沾巾。(杜甫《江月,230:2523》)

如果说这三个杜甫诗句是累"积"之"材",把三个句子组合在一起改写为自己的诗句,是临景构结,也未必说不通。

事实上,从何景明的诗论中,可以看见他有强烈的脱离古人牢笼的心,在实际作品里,他也朝着这个方向努力。下面两首诗相当值得注意,就是《滟滪》和《峡中》二首:

> 霜落夔门树,寒江滟滪孤。狂澜须此障,砥柱赖谁扶?入峡愁孤客,当关用一夫。何劳念西域,千载固舆图。(何景明《滟滪,15:224》)

> 自昔偏安地,于今息战侵。江穿巫峡隘,山凿鬼门深。浊浪玉龙黑,寒天日月阴。夜猿啼不尽,凄断故乡心。(何景明《峡中,15:224》)

这两首诗正好写到了杜甫的重要居住地——夔州,滟滪堆与瞿塘峡也是杜甫成名的代表性诗题,但是,何景明不但刻意避开字辞的形似,更在诗意上想跳出杜甫的笼罩。以字面来说,这篇除了"用一夫"出自杜甫"艰难奋长戟,万古用一夫"(《潼关吏,217:2283》),"鱼龙"、"日月"也有杜味,除此之外,就没有杜甫用过的词汇。连杜甫常用的"战伐"、"故园"二字,如"战伐何当解"(《赠秘书监江夏李公邕,222:2352》)之类,他也改用"战侵"、"故乡"。第一首采用砥柱当关的比喻,也远离杜甫常见的诗意。

但是,即使字面避得开,这两首诗的意象、气氛都还有杜甫的影子。如"霜落夔门树",与杜甫《秋兴八首,230:2509》之"玉露凋伤枫树林"不能说没有关系;而"孤"、"愁"的意象,来自杜甫"滟滪既没孤根深,西来水多愁太阴"(《滟滪,229:2505》),更是非常明显。至于"浊浪鱼龙罢,寒天日月阴",与《秋兴八首》之"江间波浪兼天涌,塞上风雪接地阴"、"鱼龙寂寞秋江冷"及《白帝,229:2505》之"高江急峡雷霆斗,翠木苍藤日月昏"都脱不了关系,"夜猿啼不尽",也相似于李白"两岸猿声啼不尽"。

从何景明想摆脱杜甫的企图心,到无法完全脱离杜诗所预构的情境,说明了学古过程中许多无奈。晚明诗人批评复古派最强烈之一的袁宏道,他有名的《西陵桥》诗①:

> 西陵桥,水长在。松叶细如针,不肯结罗带。莺如衫,燕如钗;油壁车,研为柴;青骢马,自西来。昨日树头花,今朝陌上土。恨血与啼魂,一半逐风雨。

西陵桥在西湖苏堤北端,连接东向孤山、西入灵隐的路口,西陵桥畔有亭,传说苏小小墓在此。袁宏道写西陵桥,其实是写苏小小墓。这首诗大量用三言句,并且以每四句分别押去声泰、平声麻、上声语,换了三次韵(请注意是换韵,不是转韵),这种做法,与李贺《苏小小墓,390:4396》非常相似,李诗如下:

> 幽兰露,如啼眼。无物结同心,烟花不堪剪。草如茵,松如盖;风为裳,水为佩。油壁车,久相待;冷翠烛,劳光彩。西陵下,风吹雨。

李贺原诗的句数与袁宏道诗相同,也是以大量的三言句子组成,同样以上声铣、去声泰、上声语换了三次韵;此外,字面上相似之处,更是一目了然。以形似的程度而论,如果说袁宏道《西陵桥》诗是李贺《苏小小墓》的影子,谁曰不可。但是,无论是袁宏道本人的自述也好,将此诗收入《陶庵梦忆》并加以赞美的张岱也好,后世的文学史论者也好,都将袁宏道划入反对摹拟的一路。古来耳食者众,评论不必全然当真,此即一例。

继而言之,李东阳也好,何景明也好,袁宏道也好,还有我们这里没有举出实例的其他名家也好,运用古人词语的现象,都是存在的;运用古人词语而摆脱不

---

① (明)袁宏道:《袁宏道集笺校》卷8,万历二十五年作,上海古籍出版社1980年版。

掉前人影子的情形,也在所多有。如果只因为李梦阳诗中频繁地出现前人诗句的身影,就特别给他严酷的批评,则李梦阳不愿接受那种批评,也是意料中的事。

以上,我们讨论了李梦阳予人古人影子之讥的原因,也举出其他诗人陷于形似之患的例子。事实上,李梦阳虽然曾经被讥评为古人影子,反对者攻击他摹拟剽窃,但是,他的诗文集确实有迷人的地方。不仅在明、清两代有许多能背诵其诗文的读者;十六到十八世纪的韩国和日本,都有他的喜好者。现在我们虚心研读他的诗篇与文章,也常有心领神会的愉悦。这就说明了李梦阳复古学古的主张与实践,有不容忽视的正确性,"以我之情,述今之事。尺寸古法,罔袭其辞",正是其中的关键;而个人主体的强烈认知,则是导引出"我情今事"之观点的引子。至于因为学古作为而残留下字面上的形似问题,应视为须避免而未避免的梦阳写作实务上的矛盾。

五、结　语

李梦阳作为明代复古派的精神领袖,其诗文影响甚大,自不待言。他以雄大的才力气魄,宣示取法乎上的辨体论,选定所要的效法的时代与家数,并且一丝不苟、尺尺寸寸地去学习,作品也有良好的表现,受人崇仰,成为有志复古者的取径之途。不过,这并不是复古运动的真正精义之所在。

对李梦阳而言,什么才是他真正关心的,什么才是他真正创造的,那才是他复古运动的真实义。李梦阳从早年学古,遭遇到摹拟形似的问题,一度被讥为"古人影子",到了晚年,他以"真诗"自喻①,综观其一生的主张,环绕在一个中心思想,并没有改变。透露出这个重要观点的引子,就是因为与何景明往来辩论而激发出的一句话:"以我之情,述今之事。尺寸古法,罔袭其辞。"

李梦阳所谓"以我之情,述今之事",实际上就是确立自身为诗中事物的发言者和经历者,在确立以自身为中心的创作过程里。他显然学习到深刻地关照自我主体,并且有意识地操作主体的自主性,以远离现有的价值观。我们由李梦

---

① 李梦阳晚年在《诗集自序》中讨论真诗问题,他一方面说"予之诗,非真诗也",一方面又积极地寻求有力的出版商,一再印行。从文意上看,李梦阳应是以自谦之词,行自喻之实,用真诗来拟喻自己的诗集。近世论者或认为此是李梦阳晚年自悔之言,应是误解。

阳的作品实践中,已经验证这个事实。

本文采取理论与作品直接比较的方法,逐篇检视李梦阳诗集,并兼顾到他的文集,发现李梦阳确实能够践履"情必须是我情,事必须是今事"的要求。他重视自己身体的观听闻触,对自我的存在有强烈的认知,对自身周边发生的事与境有高度的参与欲求,启动了追求"自我真情"与记述"现今实事"的写作方法。由于这样,才使得他的诗能够突破元、明以来"因典求雅"的牢笼,扬弃为了载道而失真的社会取向,写出充满了当代真实生活的新影像。复古运动在诗史上真正的开创点,复古思想的真实义,乃在于此。也就在这一点上,与当时文坛主流(馆阁文学)分道扬镳,终至决裂为竞争的两方。

最后,我们也发现李梦阳自称的"尺寸古法,罔袭其辞",理论上虽然说得通,但实际上,沿用古人语词的地方很多,足以令读者产生摹拟太似之感,所以,对于"古人影子"之讥,李梦阳是不能尽辞其咎的。不过,其他著名诗人也有运用古人词语而陷入形似的情形,草率地以"古人影子"抹杀李梦阳的作品,并没有这个必要。

(王瑷玲主编:《明清文学与思想中之主体意识与社会
——文学篇》,"中央研究院"中国文哲研究所 2004 年)

相似人格的不同哲学内涵

——李贽与李梦阳文学思想对立的根源

张金环

　　学界一般将李贽作为晚明反复古文学思潮的精神领袖,而往往忽略一个有趣的矛盾现象:李贽对复古派的代表李梦阳其实是非常推崇的,甚至将李梦阳之"文章"与其极为敬慕的学术前辈王阳明之"道德"相提并论:"如空同先生与阳明先生同世同生,一为道德,一为文章,千万世后,两先生精光俱在,何必更兼谈道德耶!人之敬服空同先生者岂减于阳明先生哉!"①《续藏书》也将其放入"文学名臣"类:"弘治间,李公梦阳,以命世雄才,洞视元古。谓文莫如先秦西汉,古诗莫如汉魏,近体诗莫如初盛唐。乃与姑苏徐贞卿、信阳何景明作为古文辞,以荡涤南宋胡元之陋,而后学者有所准。彬彬郁郁,蔑以尚矣。李公才高,其人负气,傲睨一世。以是得奇祸,坎壈终其身,世咸疾之如仇。世传李公双瞳炯炯如电,论古今终夜不少休。世莫能容,良有故矣。若李公者,安能使无闻哉!"②就文学思想而言,李贽与李梦阳的确针锋相对:李梦阳提倡复古,认为"学不的古,苦心无益"③,倡言"诗至唐,古调亡"④。李贽却认为文随世变,"以今视古,古固非今;由后观今,今复为古。故曰文章与时下"⑤,倡言"诗何必古选,文何必先秦。降而为六朝,变而为近体;又变而为传奇,变而为院本,为杂剧,为《西厢

---

① 李贽:《焚书·与管登之书》,中华书局1961年版。
② 李贽:《李贽文集》第4卷,社会科学文献出版社2000年版,第576页。
③ 李梦阳:《空同集》卷62《答周子书》,文渊阁《四库全书》本。
④ 李梦阳:《空同集》卷52《缶音序》,文渊阁《四库全书》本。
⑤ 李贽:《焚书》卷3《时文后序》,中华书局1961年版。

曲》,为《水浒传》,为今之举子业,皆古今至文,不得而时势先后论也"①。因此,李贽对李梦阳"文章"的赞誉,绝非赞其"文莫如先秦两汉,古诗莫如汉魏,近体诗莫如初盛唐"的复古主张本身,而是赞赏其"荡涤南宋胡元之陋"的学术气概与"洞视元古"的"命世雄才",以及扭转文坛风气、为后之学者"所准"的不朽功绩,实质即其"傲睨一世"之人格在文学领域的体现。虽"文章"与"为人"并提,最终落脚点却在"为人"。袁中道《柞林纪谭》所记他对李梦阳的赞叹,便纯粹针对其人格气节:"国朝李献吉,真是高人。即临死求救,也与人不同。时左右强迫方肯书,书不过曰'德涵救我'四字而已。"②正是这种挺天立地、视死如归的英雄气概,赢得了李贽的激赏。因为二人同以豪杰人格为理想人格:李梦阳"自负丈夫在世,必不以富贵死生毁誉动心,而后天下事可济也。于是义所当往,违群不恤;豪势苟加,去就以之"③;李贽同样以"豪杰"、"大丈夫"自居。李梦阳为此"得奇祸,坎壈终其身,世咸疾之如仇";李贽同样为此受尽磨难,一生坎坷。

　　相似的人格理想,理应通向相近的审美追求,但李贽与李梦阳的文学思想却走向了对立。其根源在于二人看似相同的人格理想,实际上却蕴含着不同的哲学内涵。李梦阳以传统儒学的仁义之道为依据,铸就了孤高自持的气节与直言敢谏、不畏强权的勇气,即孟子所谓"富贵不能淫,贫贱不能移,威武不能屈"的"大丈夫"。他以天下为己任,以伦理道德为行为准则,"义所当往,违群不恤;豪势苟加,去就以之"。但随着朝政日非,其满腔经世热情却遭遇了正德期间入狱、革职的不幸结局。传统的儒学信仰受到莫大嘲讽,李梦阳由此走向愤激,"既家居,益跅弛负气,治园池,招宾客,日纵侠少射猎繁台、晋丘间"④,以与传统礼义相反的放浪行为宣泄内心的悲愤。然而,悲愤的产生恰源于信仰的执著,李梦阳始终未产生适应个人生存环境的新思想。而李贽豪杰人格的理论基础,则是以"真"为核心的心学思想,与李梦阳有本质区别。他继承了自王阳明以来的心学传统并超越之,将"良知"由伦理之"真"发展为自然人性之"真",认为"穿

---

① 李贽:《焚书》卷3《童心说》,中华书局1961年版。

② 袁中道:《柞林纪谭》(是李贽与袁中道、袁宏道、袁宗道等人谈话、论道的记录),见张建业主编《李贽文集》第7卷,社会科学文献出版社2000年版,第342页。

③ 李梦阳:《空同集》卷63《答左使公书》,文渊阁《四库全书》本。

④ 张廷玉:《明史》卷286《李梦阳传》,中华书局1974年版。

衣吃饭,即是人伦物理"①,主张顺任人（物）之自然本性,冲决了传统儒学之藩篱。

首先,"真诚"是李贽豪杰人格的第一要义。李贽不是以传统伦理道德,而是以真诚与否作为判断人格高下的基本前提。他承认自私是人之本性,儒家所谓仁义之道也不过是成"大功"之手段:"天下曷尝有不计功谋利之人哉！若不是真实知其有利益于我,可以成吾之大功,则乌用正义明道为耶?"②甚至视海盗林道乾为"有才、有胆、有识"③之豪杰。因此,好货、好色与好仁、好义在道德人品上虽有上下之别,但同样作为人之本性,在"真诚"这一原则上并无高低之分,不能"齐不齐以归于齐"④。文人士大夫若"实多恶也,而专谈志仁无恶;实偏私所好也,而专谈泛爱博爱;实执定己见也,而专谈可自是",则"反不如市井小人,身履是事,口便说是事"⑤,肯定真诚的"市井小人"强似"假道学"。许多论者向来以这段话为依据论证李贽的市民思想,实是一种误解。与真诚对立的是"假",而非"道学",真正的"道学"之士,李贽同样真心佩服,如对李梦阳的赞誉便是最好的证明。李梦阳刚肠疾恶、直言敢谏,为承担道义不顾生死毁誉,可谓真正的儒士。他同样提倡真诚而批判虚伪:"今人不喜人言,见人张拱深揖,口呐呐不吐词,则目为老成;又不喜人直,遇圆巧而委曲,则以为善处。是以转相则效,翕然风靡。为士者口无公是非,后进承讹踵弊,不复知有言行之实矣。"⑥出于维护道义的真诚,其耿直难免有矫枉过正之嫌。但他对此直言不讳:"宁伪行欺世,而不可使天下无信道之名;宁矫死干誉,而不可使天下无仗义之称。"⑦尽管其所谓"道"、"义"或"公是非"仍以传统儒学之伦理道德为内涵,与李贽肯定自然人性的心学思想截然不同,但就人格之"真诚"而言,二者却是契合的。又如同样以廉洁、耿直著称的海瑞,也为李贽所真心佩服,称之为"真扶世人"⑧。

其次,狂狷圣贤气质是李贽豪杰人格的主要内容。自孔子便有宁为狂狷不

---

① 李贽:《焚书》卷1《复邓石阳》,中华书局1961年版。
② 李贽:《焚书》卷5《读史·贾谊》,中华书局1961年版。
③ 李贽:《焚书》卷4《因记往事》,中华书局1961年版。
④ 王充耘:《书义矜式》卷1《虞书·尧典》,文渊阁《四库全书》本。
⑤ 李贽:《焚书》卷1《答耿司寇》,中华书局1961年版。
⑥ 李梦阳:《空同集》卷39《上孝宗皇帝书》,文渊阁《四库全书》本。
⑦ 李梦阳:《空同集》卷41《大梁书院田碑》,文渊阁《四库全书》本。
⑧ 李贽:《焚书》卷1《寄答耿大中丞》,中华书局1974年版。

为乡愿的思想，《论语·子路》云："不得中行而与之，必也狂狷乎！狂者进取，狷者有所不为也。"①但在传统儒学那里，这是不得已而求其次的做法，《孟子·尽心下》曰："孔子岂不欲中道哉！不可必得，故思其次也。"②并未承认其越出伦理道德规范的合理性。在新的哲学基础上提倡"狂者胸次"自王阳明始，其后王畿、王艮、何心隐等人更是"赤手搏龙蛇……非名教所能羁络矣"③。李梦阳直言敢谏，义无反顾，气质不可谓不狂，但在传统儒学支配下，仍以伦理道德为归宿。而李贽之狂却承王阳明心学而来，他师事王畿、罗汝芳，倾心佩服王艮、何心隐、赵大洲、邓豁渠等，对心学中狂者一系倍加赞赏，在狂放激进之路上比所有前人都走得更远。他认为狂狷是成圣之必要条件："有狂狷而不闻道者有之，未有非狂狷而能闻道者也。"④虽"狂"与"狷"并提，实偏指"狂"，因为"狷者终非狂士比也，虽择善固执，终不能心斋而坐忘也，以此故未敢以好学许之"⑤。他所谓狂狷，以自然人性之"真"为理论基础，彻底摆脱了伦理道德的束缚。主要体现在：第一，高度肯定个体之价值。认为"天生一人自有一人之用，不待取给于孔子而后足"⑥。以个体之"心"为判断一切是非的标准，掀翻了作为千古定论的孔子之是非："人之是非，初无定质……前三代，吾无论矣；后三代，汉唐宋是也。中间千百余年，而独无是非者，岂其人无是非哉？咸以孔子之是非为是非，故未尝有是非耳。"⑦将孔子从高高在上的圣人宝座上拉下来的目的，是"欲挤自身于圣人之列"⑧；肯定个体价值的目的，是为高扬自我价值张本。第二，追求超群拔俗之高洁。自谓："余性好高，好高则倨傲而不能下。然所不能下者，不能下彼一等倚势仗富之人耳；……余性好洁，好洁则狷隘而不能容。然所不能容者，不能容彼一等趋势谄富之人耳。"⑨以自我之高洁讥讽世俗之卑污，无疑以个人对抗整个世俗社会，导致了几无立身之地的悲惨命运。由此得出"豪杰之士决非乡

---

① 邢昺：《论语注疏》，阮元《十三经注疏》，上海古籍出版社 1997 年版，第 2508 页。
② 孙奭：《孟子注疏》，阮元《十三经注疏》，上海古籍出版社 1997 年版，第 2779 页。
③ 黄宗羲：《明儒学案》卷 32《泰州学案一》，中华书局 1985 年版。
④ 李贽：《焚书》卷 1《与耿司寇告别》，中华书局 1961 年版。
⑤ 李贽：《续焚书》卷 1《寄焦弱侯》，中华书局 1959 年版。
⑥ 李贽：《焚书》卷 1《答耿中丞》，中华书局 1961 年版。
⑦ 李贽：《藏书》卷首《藏书世纪列传总目前论》，中华书局 1959 年版。
⑧ 左东岭：《李贽与晚明文学思想》，天津人民出版社 1997 年版，第 67 页。
⑨ 李贽：《焚书》卷 3《高洁说》，中华书局 1961 年版。

人之所好，而乡人之中亦决不生豪杰"①的结论。第三，追求卓越的见识。认为"才与胆皆因识见而后充"，因此"有二十分见识，便能成就得十分才，盖有此见识，则虽只有五六分才料，便成十分矣。有二十分见识，便能使发得十分胆，盖识见既大，虽只有四五分胆，亦成十分矣"。自谓："我有五分胆，三分才，二十分识，故处世仅仅得免于祸……若出词为经，落笔惊人，我有二十分识，二十分才，二十分胆。"②以见识自负，将人分为"上士"、"下士"，认为"上士"天生具备识见高超的豪杰气质。第四，以个体生命存在为归宿，求为己之学。认为"凡为学皆为穷究自己生死根因，探讨自家性命下落"③。圣贤之学须以怕死为跟脚："世人唯不怕死，故贪此血肉之身，卒至流浪生死而不歇；圣人唯万分怕死，故穷究生死之因，直证无生而后已。"④鄙视儒者的向外之学："儒者终无透彻之日，况鄙儒无识、俗儒无实、迁儒未死而臭、名儒死节殉名者乎！最高之儒，殉名已矣。"⑤顾炎武骂之曰："自古以来，小人之无忌惮而敢于叛圣者，莫甚于李贽。"⑥李梦阳之狂虽未摆脱传统儒学之束缚，但其震动一世之气节足以引起李贽的佩服。

再次，李贽所谓"豪杰"既追求自由适意，又追求功名不朽。他在肯定自然人性的基础上主张任性自适，强调个体的绝对自由："夫人生出世，此身便属人管了。幼时不必言；从训蒙师时又不必言；即长而入学，即属师父与提学宗师管矣；入官，即为官管矣。弃官回家，即属本府本县公祖父母管矣；来而迎，去而送；出分金，摆酒席；出轴金，贺寿旦。一毫不谨，失其欢心，则祸患立至，其为管束至入木埋下土未已也，管束得更苦矣。我是以宁飘流四外，不归家也。"⑦表现了企图摆脱一切外在束缚的强烈愿望。同时，他又具有强烈的圣人情结，欲经理"万世治平"，渴望立德、立功、立言之不朽。要实现绝对的个体自由与自我适意，须有庄学或禅宗的人生境界，以忘怀现实之是非、得失、荣辱为代价；经理天下治

---

① 李贽：《焚书》卷1《与焦弱侯》，中华书局1961年版。
② 李贽：《焚书》卷4《二十分识》，中华书局1961年版。
③ 李贽：《藏书》卷1《答马历山》，中华书局1959年版。
④ 李贽：《焚书》卷4《观音问·答自信》，中华书局1961年版。
⑤ 李贽：《续焚书》卷1《与焦漪园太史》，中华书局1959年版。
⑥ 福建省李贽著作注释组福州小组编：《李贽研究参考资料》第1辑，福建人民出版社1975年版，第45页。
⑦ 李贽：《焚书》卷4《豫约·感慨平生》，中华书局1961年版。

平,则须以入世为前提,要求群体之和谐,两者实质是两种矛盾的价值趣向①。恰如袁中道所言:"本绝意仕进人也,而专谈用世之略,谓天下事决非好名小儒之所能为。本狷洁自厉,操若冰霜人也,而深恶枯清自矜、刻薄琐细者,谓其害必在子孙。本屏绝声色,视情欲如粪土人也,而爱怜光景,于花月儿女之情状亦极其赏玩,若藉以文其寂寞。本多怪少可,与物不和人也,而于士之有一长一能者,倾注爱慕,自以为不如。本息机忘世、槁木死灰人也,而于古之忠臣义事、侠儿剑客,存亡雅谊,读其遗事,为之咋指砍案,投袂而起,泣泪横流,痛哭滂沱而不自禁。"②这一矛盾正是导致其悲剧命运的根本原因。

总之,李贽与李梦阳人格理想看似相同,内涵却有本质之不同,这正是二人文学思想对立的根源。李梦阳文学理论之提倡复古,本是为扭转因"台阁体"、"性气诗"充斥文坛而造成的疲软诗风,通过恢复盛世之文学实现盛世之政治。按李贽以"真"为核心的心学思想来衡量,只要不失"真诚",提倡何种文学理论本无可厚非,且于此时揭出复古尚需独立之人格精神。李贽对其"文章"的赞叹,也正是着眼于此,就像对杜甫的评价一样:"今人徒知杜甫诗之妙,不知甫是甚么样人。当甫从贼中奔行在,千辛万苦,魂尚未定,甫得一官,救妻子之不暇,于时即荐岑参为补阙。你看是何等心肠?如今人困穷投人,不知如何承人颜色。当时甫漂零严武幕下,一日乘醉,忽然张目大言曰:'严挺之乃有此儿!'你看是何等气岸!"③因人而重文,认为诗文之不朽源于人格之卓立:"世未有其人不能卓立而能文章垂不朽者。"④但李梦阳及其追随者们在后来的创作实践中却模拟成风,恰恰失去了独立的个性,使"复古"由一人初创之"真",走向了众人模拟之"既伪且假"。有鉴于此,李贽针锋相对地提出"童心说"以批判"复古"论。所谓"童心"即真心:"夫童心者真心也,若以童心为不可,是以真心为不可也。夫童心者,绝假纯真,最初一念之本心也。若失却童心,便失真心;失却真心,便失却真人。人而非真,全不复有初矣。"⑤以自然人性之"真"为理论基础,与传统儒学之"多读书识义理"而来的"闻见道理"相对。盛唐诗、秦汉文因出自古人之

①　左东岭:《李贽与晚明文学思想》第二章《李贽的人格与心态》,天津人民出版社 1997 年版。
②　李贽:《焚书》卷首《李温陵传》,中华书局 1961 年版。
③　李贽:《李贽文集》第 7 卷《柞林纪谭》,社会科学文献出版社 2000 年版。
④　李贽:《焚书》卷 2《复焦弱侯》,中华书局 1961 年版。
⑤　李贽:《焚书》卷 3《童心说》,中华书局 1961 年版。

"童心"才为"天下之至文",而非以其格调之"古"。李梦阳恰恰相反,以格调之"古"为标准,认为"文必有法式,然后中谐音度。如方圆之于规矩,古人用之,非自作之,实天生之也。今人法式古人,非法式古人也,实物之自则也"①。将古典诗歌的格调形式,推上"物之自则"的高度,要求人们如临摹字帖般摹仿之:"夫文与字一也,今人模临古帖,即太似不嫌,反曰能书。何独至于文而欲自立一门户耶?"②最终走向了字拟句窃的极端拟古主义,故李贽讥其为"以假人言假言,而事假事文假文"③。论文先论人,视人格为创作的决定因素是李贽的一贯思路,也成为晚明性灵派作家的一个共识。正是其以自然人性之"真"为理论基础的"童心说",奠定了晚明文学思想解放的理论基础。

李梦阳视文学创作为生命的一部分,企图通过"复古"实现古典审美理想——以盛唐诗与先秦、西汉古文为典范,达到形式与内容的完美结合。他重视文学本身的审美特征,如论诗贵声律、气脉、情思、诗体规范:"夫诗,比、兴错杂,假物以神变者也。难言不测之妙,感触突发,流动情思。故其气柔厚,其声悠扬,其言切而不迫。故歌之心畅,而闻之者动也。宋人主理,作理语,于是薄风云月露,一切铲去不为,又作诗话教人,人不复知诗矣。诗何尝无理,若专作理语,何不作文而诗为邪?"④要求以完美的形式容纳真情实感的内容:"格古、调逸、气舒、句浑、音圆、思冲,情以发之。"⑤乃是真正诗人的诗论。李贽以求"道"、成"圣"为人生的根本目的,文学不过是自适的工具。与其人格内涵一致,他强调文学之"真"而非其"美",甚至有否定文学的倾向。譬如他批评焦竑曰:"兄以盖世聪明,而一生全力尽向诗文草圣场中,又不幸而得力,所嗜好者真堪与前人为敌,故于生死念头不过一分两分,微而又微也……夫文学纵得列于词苑,犹全然与性分了不相干。"⑥又如对苏轼的批评:"到老也不得了,只讲得几句义理禅,向来面目已失却些子,况添了许多文字业,忧国忧民的业,后便不可知矣。"⑦文学对于圣人事业只是末事,甚至是障碍。但引人深思的是,李贽虽忽视甚至否定文

---

① 李梦阳:《空同集》卷62《答周子书》,文渊阁《四库全书》本。
② 李梦阳:《空同集》卷62《再与何氏书》,文渊阁《四库全书》本。
③ 李贽:《焚书》卷3《童心说》,中华书局1961年版。
④ 李梦阳:《空同集》卷52《缶音序》,文渊阁《四库全书》本。
⑤ 李梦阳:《空同集》卷48《潜虬山人》,文渊阁《四库全书》本。
⑥ 李贽:《续焚书》卷1《与弱侯焦太史》,中华书局1959年版。
⑦ 李贽:《李贽文集》第7卷《柞林纪谭》,社会科学文献出版社2000年版。

学之审美本质,却使文学获得了解放;李梦阳及复古派虽重视文学之审美特质,却走向了审美的反面——死于古人字句之下。导致这一悲剧的根本原因,同样在于二人人格的不同内涵。

真情实感是文学的生命之源。李梦阳尽管也非常重视"真情"在文学中的重要作用,甚至提出"真诗在民间"的命题,但其"情"在传统伦理道德束缚下,始终未越出"发乎情,止乎礼义"的藩篱,审美理想仍拘守在古典诗歌的审美规范之内。恰如有的论者所指出的那样,其情感论是在格调说的整体布局中展开的,务使情感的抒发符合古典诗歌"格古调逸"的形式,使情感陷入公式化而丧失了生命力①。与李梦阳有本质区别,李贽以自然人性之"真"为理论基础,高度肯定包含人欲之私在内的个体情感,将"礼义"置于自然情性之中,突破了传统儒学对情感的伦理束缚:"盖声色之来,发于情性,由乎自然,是可以牵合矫强而致乎?故自然发于情性,则自然止乎礼义,非情性之外复有礼义可止也。"②其文学创作作为自适的工具,不过是个体情感宣泄的手段:"且夫世之真能文者,比其初皆非有意于为文也。其胸中有如许无状可怪之事,其喉间有如许欲吐而不敢吐之物,其口头又时时有许多欲语而莫可所以告语之处,蓄极积久,势不能遏。一旦见景生情,触目兴叹;夺他人之酒杯,浇自己之垒块;诉心中之不平,感数奇于千载。既已喷玉唾珠,昭回云汉,为章于天矣,遂亦自负,发狂大叫,流涕痛哭,不能自止。宁使见者闻者切齿咬牙,欲杀欲割,终不忍藏于名山,投之水火。"③强烈的主体情感,冲决了传统诗教强加于文学的教化目的,也破坏了古典诗歌"兴象玲珑"的审美意境,但仍暗合文学的娱乐功能与抒情本质。与重视个性舒展的豪杰人格一致,他强调个体情感的表现既要真实,又要自由无碍:"以自然之为美耳,又非于情性之外复有所谓自然而然也,故性格清澈者音调自然宣畅,性格舒徐者音调自然疏缓,旷达者自然浩荡,雄迈者自然壮烈,沉郁者自然悲酸,古怪者自然奇绝。有是格,便有是调,皆情性自然之谓。"④以真实自然为最高审美理想,主张什么样的性情就有什么样的格调,突破了传统诗教委婉含蓄、温柔敦厚的审美规范,为文学注入了一股新的生命力。

---

① 陈文新:《明代诗学》第一章、第三章,湖南人民出版社 2000 年版。
② 李贽:《焚书》卷 3《读律肤说》,中华书局 1961 年版。
③ 李贽:《焚书》卷 3《杂说》,中华书局 1961 年版。
④ 李贽:《焚书》卷 1《读律肤说》,中华书局 1961 年版。

综上所述,相似的人格未必能产生相似的文学思想。李梦阳与李贽虽同具豪杰气质,然其文学思想却与李贽的创新精神迥异,不免随古人脚跟转,根本原因即在于其不同的哲学内涵。李梦阳之豪杰人格以传统儒学之伦理道德为归宿,而李贽之豪杰人格却以自然人性之"真"为基础,故导致了二人文学思想的对立。

(《齐鲁学刊》2006 年第 3 期)

文学复古与中原文化传统

——从韩愈到李梦阳

李圣华

　　文学与文化的革新之变,由于其呈现的形态和演进的方式不同,存在着激进与复古之分。人们往往将复古视为保守,而轻视它革新的内容与实质。在中国文学史上,大多数的复古体现了具体历史时期的创新,中唐的韩愈与中明的李梦阳都不约而同地选择了复古作为文学革新的口号,振兴文坛,开启一代文风,不仅体现了中原文化的"复古"传统,而且对中原文化传统的建构具有重要的意义。

一、文学复古与复兴古学

　　中国文学长期存在着南北之分,皆自成一体。李延寿说:"江左宫商发越,贵于清绮;河朔词义贞刚,重乎气质。气质则理胜其词,清绮则文过其意。理深者便于时用,文华者宜于咏歌。此其南北词人得失之大较也。"①韩愈、李梦阳都以复古的面目出现在北方,是什么原因造成这一历史现象的呢?

　　首先,中原文化起源早,并具有相对稳定的传承性。中原文学是中国文学的总源,先秦、汉魏时期已奠立了中原文学的基本艺术特质。《诗经》十五《国风》中的《二南》、《邶风》、《鄘风》、《卫风》、《王风》、《郑风》、《陈风》、《桧风》标志着中原诗歌的肇始,庄子、韩非子、邓析、申不害诸子著述体现了古代散文的第一个高峰。秦代不文,两汉文学复兴,中原辞赋、散文在汉代文学史上占据了重要的位置,贾谊开骚体赋先河;张衡接司马相如、扬雄、班固大赋之绪,又肇开东汉抒

----

①　李延寿:《北史》卷 83《文苑传序》,文渊阁《四库全书》本。

情小赋风气;贾谊、晁错、桓宽文章沉实而有文采,西汉之文,三家皆不世之才。魏晋时期,文学观念与文体都发生了深刻的变革,在这个文人创作走向自觉的时代,中原诞生了建安风骨、正始之音。卓越的成就使其成为后世学习与推崇的对象。唐代以后,作家区域意识空前高涨,多藉区域传统以为标帜,韩愈文起八代之衰与李梦阳文宗秦汉之上俱是如此。

其次,中原文学的艺术精神与复古相表里。中原文学的艺术精神可概括为三大方面:一是注重世用。厚重朴质,不尚绮靡,与江左的清绮、明慧、文巧形成鲜明的对比。二是气势盛大。北音慷慨,南音清婉。刘师培《南北文学不同论》论唐诗时,就指出杜甫、韩愈"体峻词雄,有黄钟大吕之音",崔颢、李颀"诗带边音,粗厉猛起","皆北方之诗也"①。中原文学具有气盛的品格,如韩愈《答李翊书》所说"气盛则言之短长与声之高下者皆相宜"。三是崇尚"明道"。从周秦诸子起,中原即形成了这一传统。韩愈、二程、元好问、李梦阳等人文学主张不同,但在重"明道"方面则不无相通处。中原文学既具有浓郁的传统气息,也不缺乏创新的精神,从建安风骨、正始之音,到杜、白之诗、韩愈古文,再到李梦阳、何景明复古,无不是领风气之先,开辟一代文学潮流。这些变化多是披着"复古"的外衣,与其他区域文学的革新有着显著的不同。以上三种文学精神,作为中原文化传统的基本要素,以复古的形式得到了继承与发展。

有关复古的评价,历来存在着肯定与否定的两种对立态度。否定评价多集中在形式与成就上,然而复古的内涵与意义又远非此所能涵盖。从广阔的角度来说,韩愈、李梦阳的复古并非专尚文辞,复兴先秦两汉诗文为目的,而实具有复兴古学的内涵。这从他们对文道相合、六经皆文的批评中即可窥见一斑。

近代以来,文学史家津津乐道于韩愈借儒学复古的旗帜,在文体上继承先秦两汉散行单句、不拘格式的传统。其实,这种观点颇有些本末倒置的意味。韩愈《答陈生书》说:"愈之志在古道,又甚好其言辞。"②《答李秀才书》说:"愈之所志于古者,不惟其辞之好,好其道焉尔。"③《题哀辞后》说:"愈之为古文,岂独取其句读不类于今者邪?思古人而不得见,学古道则欲兼通其辞。通其辞者,本志乎

---

① 刘师培:《刘申叔遗书》,江苏古籍出版社1997年版。
② 韩愈:《东雅堂昌黎集注》卷16,文渊阁《四库全书》本。
③ 韩愈:《东雅堂昌黎集注》卷16,文渊阁《四库全书》本。

古道者也。"①韩愈古文志在"古道",所谓"好其言辞",乃"欲兼通"耳。在他看来,"明道"为本,文辞虽贵,仍不过贯道之器,这正是其门人李汉《昌黎先生集序》所说的"文者,贯道之器也"。

与韩愈一样,李梦阳在文学史家眼中,每是以文辞为好尚的。这显然也误解了"七子"复古的理想与旨趣。造成这种误解的原因,一方面是他极度标榜先秦两汉诗文,强调"古法",另一方面是对宋儒的严厉批评。宋儒穷求性理至命。朱熹《答陈体仁》说:"志者诗之本,而乐者其末也,末虽亡不害本之存。"②儒者惧文显而道薄,故奉其教。李梦阳《论学》上篇驳云:"宋儒兴而古之文废。"③《论学》下篇又云:"'小子何莫学夫诗。'孔子非不贵诗;'言之不文,行而弗远。'孔子非不贵文。乃后世谓文诗为末技,何欤?岂今之文非古之文,今之诗非古之诗欤?"④倡诗文自立以抗宋儒之论。然而,这并不代表着他专尚文辞,如《答周子书》云:"且六经何者非理?乃其文何者非法也?斯言也,仆怀之稔矣,然莫之敢告也。"⑤认为六经皆至文,世人不察,或主藻缋,或主说理,文道沦丧。古道在,必有古法在,循法求道,亦是自然之理,所以他极力鼓说"古法"。显而易见,李梦阳所说的"理"与宋儒颇不相同。作为中州士子,却不满于二程之学。周敦颐《太极图说》、邵雍《先天图》皆涉玄虚,明道、伊川论理气,强自成说,与孔孟、六经之学还有很大的距离。且孔子"道不远人",宋儒明天理而弃人欲,故梦阳以为有悖先儒之教。此外,深恶释、道、黄老之学,对宋儒或融会禅理、空谈性理也是深有反感的。

李梦阳不满于程朱,推崇孔孟、六经之学,按照他自己的说法,即是复兴古学。《朝正倡和诗跋》说:"诗倡和莫盛于弘治,盖其时古学渐兴,士彬彬乎盛矣,此一运会也。余时承乏郎署,所与倡和则扬州储静夫、赵叔鸣,无锡钱世恩、陈嘉言、秦国声,太原乔希大,宜兴杭氏兄弟,郴李贻教、何子元,慈溪杨名父,余姚王伯安,济南边庭实。"⑥梦阳不仅将诗作为"古学"的一部分,倡导复古也适应着

① 韩愈:《东雅堂昌黎集注》卷22,文渊阁《四库全书》本。
② 朱熹:《晦庵集》卷37,文渊阁《四库全书》本。
③ 李梦阳:《空同集》卷66,文渊阁《四库全书》本。
④ 李梦阳:《空同集》卷66,文渊阁《四库全书》本。
⑤ 李梦阳:《空同集》卷66,文渊阁《四库全书》本。
⑥ 李梦阳:《空同集》卷66,文渊阁《四库全书》本。

"古学渐兴"的潮流。诗跋中所提及的王伯安,即王守仁,后创立阳明心学一派。李、王之学俱从孟子化出,却有着明显的分野。阳明之学流传大抵不越江北,因此,笔者称之"阳明南学",梦阳之学则可称为"空同北学"。人们一般将梦阳视作文学之士,如果抛开狭义的复古概念,那么就不会再觉得将空同之学与阳明之学相提并论是一件可笑的事了。当然,梦阳对宋儒之诗并非一概否定,《论学》下篇认为周敦颐、程颐之诗一尘不染,具有陶诗气象,"陶虽不言道,而道不离之,何也?以日用即道也"①。这即是说言道不离"日用",不故作高深说理,自是可观。

值得注意的是,李梦阳虽推重韩愈之文,如《韩文公祠》所云:"冕服前朝貌,文章百代名"②,但不取法韩愈之诗,以为在见道方面未如杜甫,《论学》上篇云:"杜甫见道过韩愈,如'白小群分命','文章有神交有道';又如'随风潜入夜','水流心不竞','出门流水住'等语,信手拈来,头头是道。"③

从上所述,韩愈志于"明道",不轻忽文辞。李梦阳复兴古学,并重文辞与"明道"。所以,将韩、李复古视为纯粹的文学好尚,就不免失于一端了。

二、传习《孟子》与《国风》

韩愈重"明道",推尊《孟子》之文,鄙薄魏晋以后之文;李梦阳追踪古风,薄宋儒言诗,独推《国风》,皆有志于古,与当世相龃龉。

韩愈追慕古之立言者,致力文学,尝反思专注文学,不得其术,终归空言,"学成而道益穷"④,因此主张立言者无望速成,须厚其根实,去其陈浮,归于醇厚。所撰《原道》、《原人》等文,欲广"圣人之道",不违孔学,不以雕琢为工。他初非三代、两汉之书不敢观,非圣人之志不敢存,尤好《孟子》之文,以其传孔子之学甚醇,指出学道必慎,不得门径,文章终莫能至,欲求观圣人之道,必自《孟子》始⑤。正由于远宗《孟子》,志在"明道",且不平自鸣,求自得之意,故所作质

---

① 李梦阳:《空同集》卷66,文渊阁《四库全书》本。
② 李梦阳:《空同集》卷66,文渊阁《四库全书》本。
③ 李梦阳:《空同集》卷66,文渊阁《四库全书》本。
④ 韩愈:《东雅堂昌黎集注》卷15《与窦秀才书》,文渊阁《四库全书》本。
⑤ 韩愈:《东雅堂昌黎集注》卷15《与窦秀才书》,文渊阁《四库全书》本。

厚不陈浮。赵德《文录序》云："昌黎公,圣人之徒欤! 其文高出,与古之遗文不相上下。所履之道,则尧、舜、禹、汤、文、武、周、孔、孟轲、扬雄所授受服行之实也,固已不杂其传,由佛及聃、庄、杨之言,不得干其思,入其文也。"①

李梦阳深受韩愈启扉,《论学》上篇说:"孟子不生,孔其熄乎!"②撰文每举孟子之言,如《少保兵部尚书于公祠重修碑》、《六合亭碑》、《中原省城修五门碑》、《明故监察御史涂君墓碑》、《敕赐愍节祠碑》、《汪子年六十,鲍、郑二生绘图寿之序》、《直臣字义》等数十篇皆然。孟子重养气,韩愈论文尚"气",梦阳亦从之。

李梦阳尤善于言诗,世人称其重"格"、"调"、"法",所论诚然,但他求索"真诗",又倡言"真诗在民间"。《诗集自序》云:"李子曰:曹县盖有王叔武云,其言曰:'夫诗者,天地自然之音也。今途咢而巷讴,劳神而康吟,一唱而群和者,其真也,斯之谓风也。孔子曰:礼失而求之野。今真诗乃在民间。而文人学子,顾往往为韵言谓之诗。……'李子曰:'嗟,异哉! 有是乎? 予尝聆民间音矣,其曲俚,其思淫,其声哀,其调靡靡,是闾里之乐也,奚其真?'王子曰:'真者,音之发而情之原也。古者国异风,即其俗成声。今之俗既历古,乃其曲乌得而不古也? 故真者,音之发而情之原也,非雅、俗之辨也。且子之聆之也,亦其谱而声者也,不有卒然而谣,勃然而讹者乎? 莫知其所从来,而长短疾徐,无复谐焉。斯谁使之也?'李子闻之矍然而兴,曰':大哉! 汉以来而不复闻此矣。'……曰:'予之诗非真也,王子所谓文人学子韵言耳,出之情寡,而工之词多者也。'每自欲改之以求其真,然今老矣,曾子曰时有所弗及学之谓哉!"③《论学》上篇又补充说:"或问《诗集自序》谓真诗在民间者,《风》耳,《雅》、《颂》者固文学笔也。空同子曰:吁!《黍离》之后,《雅》、《颂》微矣,作者变正靡达,音律罔谐,即有其篇,无所用之矣。予以是专《风》乎言矣!"④《空同集》所录《郭公谣》、《豆娘子》皆里巷歌谣,《国风》流亚。《郭公谣》题云:"世尝谓删后无诗。无者,谓《雅》耳。《风》自谣口出,孰得而无之哉! 今录其民谣一篇,使人知真诗果在民间。"⑤《诗经》不

① 韩愈:《东雅堂昌黎集注》卷 15《与窦秀才书》,文渊阁《四库全书》本。
② 李梦阳:《空同集》卷 66,文渊阁《四库全书》本。
③ 黄宗羲编:《明文海》卷 262,文渊阁《四库全书》本。
④ 李梦阳:《空同集》卷 66,文渊阁《四库全书》本。
⑤ 李梦阳:《空同集》卷 66,文渊阁《四库全书》本。

仅是中国诗歌总源,也是中原文学之源。梦阳复古,清本溯源,推崇《国风》,也是极自然的。而且他还认为《诗三百》流风久绝,汉魏犹存古风,阮籍下开唐人之诗,因此汉魏诗亦可取法①。

三、韩愈、李梦阳与中原文化"复古"传统的建构

韩愈、李梦阳选择复古的道路,与中原文化传统有着密切的关系。而二人前赴后继的复古运动,对中原文化"复古"传统的发展与建构,也产生了深远的影响。

韩愈古文运动声势浩大,影响一直延至北宋。宋初散文诸家,大都强调以"道"为文。大名柳开,乃古文运动复兴先驱,提出"吾之道,孔子、孟轲、扬雄、韩愈之道;吾之文,孔子、孟轲、扬雄、韩愈之文"②。巨野王禹偁,文法韩、柳,诗学杜、白,以唐之中原文士为宗。兖州石介亦尊奉韩愈所倡"道统",提倡自孔、孟以至韩愈之文。三人接受中原文化,深受中原文学影响。中原文士重道统,乃至崇道轻文,二程等人以为"作文害道",也可以说是继承韩愈"明道"之说而走到了极端。有学者据《全宋诗》、《全宋文》统计,宋代中原作家计四百余人,然一时名家不多,苏舜钦、宋祁、陈与义为较著者,唐宋八家中六位北宋作者,却没有一位中原文士。因此,有人认为中原文学已走向衰落。其实应该看到,名家不多并不意味着必然的衰落,中原作为北宋文学的中心,地域意义上的中原文学并不孤立,它的价值也远非几位名家所能涵盖。柳开、石介等人便是继承了韩愈的文统。同时,中原理学兴盛,文以载道的命题在韩愈之后再次高扬,理学家诗文在宋代文学史上值得关注,当我们称道唐宋八大家时,不应轻视这一庞大的群体。

不可否认,中原文学的衰落发生在宋代,宋室南迁所造成的中原文化"塌陷"是无可弥补的。纵观金、元时期的中原文学,元好问堪称大家。元氏极推重韩愈,《闲闲公墓铭》说:"道之传可一人而足","唐昌黎公、宋欧阳公身为大儒,系道之废兴"③。明初浙派、吴中派、江右派、岭南派、闽派争胜一时,中原虽继而

---

① 李梦阳:《空同集》卷66,文渊阁《四库全书》本。
② 柳开:《河东集》卷1《应责》,文渊阁《四库全书》本。
③ 元好问:《遗山集》卷17,文渊阁《四库全书》本。

有曹端、薛瑄讲学自任，欲广开圣学之门，然文坛竟沉寂几至百年，迨李、何振起复古，海内文坛遂以中原为翘楚，马首是瞻。

李梦阳批评宋儒，以为理学兴而诗文废，在重文辞与复兴古学上与韩愈不无相近。他主张六经皆文，反对割裂文与道，就推崇孟学与《孟子》之文而言，显然是深受韩愈的影响。他的复古之道，概而言之，文统是不宗欧、苏，上接韩愈，追踪秦汉、孔孟；诗统是鄙弃击壤，上接杜甫，追踪阮籍，溯源于《诗三百》；道统是不主程、朱，亦不宗许、郑，追踪先儒，且与韩愈一样鄙弃释、道、黄老之学，力求醇厚。梦阳开启一代文风，李贽《与管登之书》称赞说："如空同先生与阳明先生，同世同生，一为道德，一为文章，千万世后，两先生精光具在，何必更兼谈道德耶？人之敬服空同先生者，岂减于阳明先生哉！"①梦阳崛起中原，何景明、王廷相、何瑭佐翼之，中原风雅骎骎臻盛，流风泽远。祥符高叔嗣见重于梦阳，因心师古，扫尽浮华，存之隐冥，冲淡沉雅。容城孙奇逢隐居苏门，著述讲学，创夏峰北学一派，与余姚刘宗周蕺山南学并重，各拥一麾，势相均敌。易代之际，南学趋衰，北学南移，海内学者竞宗尚之。孙氏又擅长诗文，著《夏峰先生集》十六卷，师承梦阳。他说："海内孰不知有空同子哉！文章气节，明代当不居第二人也。余幼而读公之文，慕公之人，因康子对山出公于濒死之际，并慕康子之人之文。"②祥符周亮工亦师法梦阳，诗文称誉一时，曾说："吾豫当初变时，一人起而左右北地，铿金戛玉，至今踔厉词坛。"③他如新蔡张九一、浚县卢柟、南乐魏允中、中牟张民表、睢州汤斌、商丘侯方域、宋荦、鄢陵梁熙，承李、何之绪，皆足名家。

中原文化是文学复古的温床，复古离开这一文化土壤，很容易发生变易。《晏子春秋》卷六《内篇》云："橘生淮南则为橘，生于淮北则为枳，叶徒相似，其实味不同。"物情因风土而异，人情亦相类，如班固所云："凡民函五常之性，而其刚柔缓急，音声不同，系水土之风气，故谓之风。"④文学复古多兴于北，北风南移及南北文学交融，造成了复古的多元变化，影响着文学发展的历史轨迹。宋初庐陵欧阳修、吴县范仲淹强调文学的相对独立性，与韩愈就颇有不同了。李梦阳开启的复古风气，发展情形大抵相近，一变为"后七子"，再变为复社、几社。嘉靖中，

---

① 李贽：《焚书》卷6，中华书局1974年版。
② 孙奇逢：《中州人物考》卷4《孙奇逢集》，中州古籍出版社2003年版。
③ 周亮工：《书影》卷1，上海古籍出版社1981年版。
④ 班固：《汉书》卷28下，《地理志》，文渊阁《四库全书》本。

历下李攀龙、太仓王世贞倡立"后七子"派。攀龙好诗古文辞,极斥文人崇尚心学。世贞早年从游文徵明,好读阳明之书。及结交攀龙,遂醉心于古,变吴音为北调,束《传习录》不观。江南文士逐渐占据复古主流,不复专注北音,而主南北调剂之说,且多喜诵《传习录》。尤值得一提的是,梦阳既重先儒之学,又重情采文辞,攀龙、世贞则更重文辞,逐渐将复古从复兴古学中剥离出来。复社、几社再次强调复兴古学,从文学上来看是受到了梦阳的影响,但从思想来源上看更多地是接受东林之学的一种结果。从这些变化中,可以清晰看到复古离开中原文化土壤所发生的变易。当然,不必为这种变易争长较短,用肯定或否定一类的评价来认识它。

中原文化"复古"传统有其源流,始能成其大。从韩愈到李梦阳,正体现了这一文化精神的继承与流变。唐代以后中原文学复古之盛,很大程度上应归功于韩、李,二人对中原文化传统的建构都具有重要的意义。

(《文艺争鸣》2008 年第 3 期)

试论李梦阳评点《石淙诗稿》的诗学价值

史小军　杨毅鸿

　　《石淙诗稿》是明中叶政坛重臣杨一清的诗集,经其门生李梦阳评点而流行于世。关于杨一清的诗歌艺术及地位影响等问题学界已有论及①,对李梦阳的评点却缺乏系统的专文论述。李梦阳作为明代"七子"派的领袖人物,具有较高的诗学造诣,他对《石淙诗稿》的评点涉及多个方面,简短有力而多姿多彩。本文欲从《石淙诗稿》中李梦阳的评语入手,分析、印证李梦阳的诗学主张,并进一步探寻"前七子"文学复古理论的当世来源。

一、杨一清的为人为文及其与李梦阳的交谊

　　杨一清(1454—1530),字应宁,号邃庵,别号石淙。在明朝政坛上堪称一代名臣。他曾计诛刘瑾,从提学陕西到三次出任西北地区三边军务总制,在边陲建功立业,后以华盖殿大学士衔入阁为辅臣。他在文学方面也卓有成就,其《石淙诗稿》②凡十九卷,约两千首诗歌,这是杨一清文学创作的精华所在。由于所有诗歌按时间顺序排列分卷,其人生轨迹清晰可见,真实地记录了一个封建士大夫在大起大落、风云变幻的政治生活中的所见所感,从而使《石淙诗稿》除了记录他作为国家重臣的政治身份以外,还把作为诗人的杨一清完整清晰地留给了

---

　　① 余嘉华:《杨一清在明代诗坛上的地位》,《云南师范大学学报》1994 年第 2 期;陈书录:《尊崇气节,致力于儒雅文学的复壮——由茶陵派向前七子过渡的杨一清》,《南京师大学报》1996 年第 4 期。

　　② 此据天津图书馆藏明嘉靖刻本,见《四库全书存目丛书》,"集部"第 40 册,齐鲁书社 1997 年版。

后人。

杨一清和李梦阳有数十年的师生之情。李梦阳(1472—1530),字天赐,又字献吉,号空同子。弘治七年进士,累迁至江西提学副使,多次因坚持气节而入狱。早在弘治四年(1491),年方十九的李梦阳进入杨一清创办的正学书院求学之初,杨一清就屡次向当时的文坛领袖李东阳举荐他。弘治五年,李梦阳在陕西乡试夺魁,这使得李东阳也十分器重这个耿直洒脱而又才华横溢的年轻人,李梦阳亦拜李东阳为师。李梦阳生平最敬重这两位师长,曾以"我师崛起杨与李,力挽一发回千钧"①的诗句加以称颂。另外,杨一清的思想中也具有明显的经世致用的特色,这直接刺激了李梦阳等"前七子"成员关学品性的形成及儒士化倾向的产生②。需要说明的是,"七子"派的另一位领袖、弘治十五年的状元康海也曾受教于杨一清,杨一清对西北地区的教育事业及明代诗文复古运动所产生的重要影响于此可见一斑。

杨一清在晚年把《石淙诗稿》交给李梦阳整理、校对,李梦阳感激师恩,曾认真编校评点了诗稿前十七卷,共有450句评语。作为明代"七子"派领袖,李梦阳惯以宗汉崇唐的眼光来看杨一清的诗歌,他遵循知人论世的传统,既评点诗艺,又评论为人,其评语言简意赅,往往寥寥数字便能切中要害。正是通过他精当的评论,杨一清的思想、性格及诗歌特点都更清晰地呈现在读者面前。从主观上讲,李梦阳的评点既是为了使他的恩师在历史上留给后人一个比较真实的形象,又多少带有申明强调自己的文学观点的意味;从客观上来看,他的评语也有一定的导读性质,使后人在研究杨一清诗歌艺术时有据可依、有章可循,在研究李梦阳甚至"前七子"的诗学主张时,也多了一些比较充分的理据。

二、李梦阳对《石淙诗稿》的具体评点

李梦阳的评语按内容可分两大方面,一是评论杨一清本人,此类评语对了解杨一清的为人处世具有一定的参考价值;二是对诗歌的点评,这是本文研究的重

---

① 李梦阳:《空同集》,上海古籍出版社1991年版,第155页。

② 关于此点,可参阅史小军:《论明代前七子的关学品性》,《文艺研究》2005年第6期;《论明代前七子之儒士化》,《文学评论》2006年第3期。

点。李梦阳或从整首（组）诗入手，高屋建瓴地对诗歌作宏观上的评点；或从具体字句出发，从微观上分析诗歌内部艺术技巧。系统地看，李梦阳的诗评可以分为以下几类：

（一）以唐调、宋格论诗

唐诗与宋诗的区别是李梦阳评点诗歌的一个重要标准，在李梦阳对《石淙诗稿》的评语中，把杨一清诗区分为"唐调"与"宋格"的评语为数不少。如卷六《竹逸为何思道赋》，杨一清把何思道的家居环境写得清幽雅致，尤其颈联"夏日凉生深院雨，秋风绿送满溪云"颇见锤炼。全诗无直接说理，又并非在景色中见哲理，只是单纯地以景物描写创造出一个清静幽雅的意境，这种多用形象描写、以景造境的诗法，正是唐诗常用的手法，故李梦阳评之为"唐调"。

在卷十三《王尧卿自终南谒余镇江话旧有述四首》其四，诗人开篇就点明"师道久绝响，古风日沉沦"的现状，然后通过大段议论提出意见和劝诫。此诗多议论说理，以理见长，故李梦阳评之为"情到理到……然宋格也"。李梦阳在《缶音序》中批评过宋诗"主理不主调"①，又曾说过："古诗妙在形容，所谓水月镜花，言外之言。宋以后，则直陈之矣。求工于句字，心劳而日拙也。"②"妙在形容"与"直陈"，也正说出了"唐调"与"宋格"的不同特点。

李梦阳还将"唐调"细分出盛唐、中唐、晚唐三种特色。如把卷十二的《题画一首》和《和西涯先生漫兴二十首》其十七，分别评为"盛唐"和"晚唐"，又评卷十《途中再具疏乞归》为"七言之宛丽者，中唐之调也"。此等评语可见李梦阳崇尚"唐调"并不排斥中晚唐。虽然李梦阳诗论的旗帜是"诗必盛唐"，但实际上并不是非盛唐不学。李梦阳的诗学主张其实是要崇尚唐诗以"形容"见长的特点，正如郭绍虞先生所说："论诗，空同并不专主盛唐，他只是受沧浪所谓第一义的影响，而于各种体制之中，都择其高格以为标的而已。"③

还有一类诗，李梦阳给予"杜格"的评语，可看作是"唐调"中的一个特殊典型。李梦阳所评"杜格"，首先指诗中忧国伤时的内容，其次指的是具有"诗史"传统的描绘历史的诗歌。其他一些具有沉郁顿挫风格的诗作也在"杜格"的讨

---

① 李梦阳：《空同集》，上海古籍出版社 1991 年版，第 477 页。
② 李梦阳：《空同集》，上海古籍出版社 1991 年版，第 605 页。
③ 郭绍虞：《中国文学批评史》，上海古籍出版社 1979 年版，第 341 页。

论范围之内。杜诗在明代诗坛有着很高的典范地位,李梦阳重视学习杜诗,所作律诗也多有仿杜者。他曾说道:"作诗也,须学杜,诗至杜子美,如至圆不能加规,至方不能加矩矣。"①所以,他在评点过程中对《石淙诗稿》中有老杜风格的诗歌也就特别重视。

就李梦阳在诗稿中的评语来看,他始终认为以丰神情韵擅长的唐调诗高于以筋骨思理见胜的宋格诗。但为了表示对老师的尊敬,他没有明显地强调唐调与宋格孰优孰劣,而只在评语的字里行间表现出他对宋格诗的态度。又因为不方便明确指出宋格之失,李梦阳更多地采取了避而不谈的方法,所以在《石淙诗稿》中,他评点唐调诗比宋格诗要多得多。但值得注意的是,李梦阳批评宋诗"主理不主调",并不等于他反对在诗中渗透理的成分。他在《石淙诗稿》卷十三的《席用韵赠何生》评点道:"诗何尝无理? 此篇飞跃卓如而不涉头巾者,化于理者也。"此评语与《缶音序》中所说的"诗何尝无理,若专作理语,何不作文而诗为邪"②相合。他认为诗中不应直接说理,而应把理寄托到物象之中;不应"专作理语",而应把理化入诗中,使诗中的情与理相互交融,从而在对物象的描写中表现出情与理的自然存在,达到情、理、物的和谐融合。

(二)重视情感

杨一清在诗中表达的感情是多元化的,要言之可归纳为忠君爱国之情、乡情、闲情及友情几种。出仕之时他多表达自己忠君恋阙之情和为国事尽力的工作态度;同时长年离家宦游的生涯也常常使其心灵中激起思乡的涟漪,他的宦游之作的感情基调是爱国与思乡的紧密交织。而担任京官和落职放还闲居家中时,杨一清诗则多表现其闲适悠然的封建士大夫的生活情调,如卷六的组诗《游西山诗》、卷八的组诗《游茅山杂作》,这些诗写得稳健淡泊,富有情趣。

对杨一清来说,无论仕或隐,他对友情都非常看重,酬答密友、思念远友、哀悼逝友、惜别离友等题材在《石淙诗稿》中随处可见。如卷十三这首诗诗题甚长:

> 阅涯翁为方石、东山所作诗,三公皆予同志友也。文章节概,高步一世,今安得复见若人者哉? 此卷崔世兴尚宝以赠毛给事用成,予怅然感之有作。

① 何良俊:《四友斋丛说》,中华书局 1959 年版,第 234 页。
② 李梦阳:《空同集》,上海古籍出版社 1991 年版,第 477 页。

此诗缅怀已逝的三位好友李东阳、谢铎、刘大夏，追忆往事不胜唏嘘，李梦阳就以"此篇读之令人堕泪"评之。他还评卷一《新兴道中遇乡友金调元得西涯先生所寄书喜而有作》"诗本性情，情多自佳"，卷三《哭华伯瞻二首》"二诗哀中之哀，诗中之情，百世之下有掩面而不忍读者"，卷六《饯朱懋恭同年城南席上限韵六首》"情真意悲"。这些诗中李梦阳都论及其"情"，其主要着眼点便是杨一清所抒发的与友人的深情厚谊。

李梦阳论诗主性情，他主张诗中要有真情，强调诗人个人性情，以此与台阁流弊相抗衡。在《缶音序》中说："夫诗……难言不测之妙，感触突发，流动情思"①；而在《潜虬山人记》中论述写诗的七种要素时就更明确提及"夫诗有七难：格古、调逸、气舒、句浑、音圆、思冲、情以发之"②。"思冲"即情思充沛，需产生于创作之前，然后在诗歌中"情以发之"，这种思路在他"诗本性情，情多自佳"的简短评语中得到充分体现。从创作过程来看，诗歌本来就是诗人真性情的体现，也推动着其诗歌创作，表达自我性情正是诗人主观创作动机之一；从读者接受过程来看，诗歌作品中饱含的真情可以让读者更快更好地进入接受过程，在欣赏中以诗中之情与自身经验相印证，从而获得深刻共鸣，所谓"情多自佳"，其佳处即在此。

（三）在关注诗歌风格时以雄浑刚健为主、清丽秀美为辅

李梦阳也关注杨一清诗歌的具体风格特征，所评风格有浑融、潇洒、慷慨、大气、平正、纤细、清秀等等，这些评语总体上可以分类归入美学层面的"崇高"和"秀美"（又称"阳刚"与"阴柔"）两大范畴。

例如，卷八《因益之得东山翁消息，用韵二首喑翁录寄益之闲览不必寄翁》其二，杨一清回忆出塞的所见所感，诗风雄浑，境界高阔，情感悲凉，是高、岑边塞诗风的典型体现，故李梦阳评之为"堂堂正气"。诗风类似的还有卷一《送邵汝学之楚雄》、卷八《送陶公甫之南昌训导》、卷八《眭拱贞所藏沈石田山水二图》其二等等，李梦阳也分别评为"此作慷慨"、"堂堂正气"、"慷慨豪荡"等。

李梦阳对崇高美的艺术特征有深刻体会，故评点颇为到位。他为人耿直坦荡，《明史·李梦阳传》说他"才思雄鸷，卓然以复古自命"，其诗文风格也偏向粗

---

① 李梦阳：《空同集》，上海古籍出版社 1991 年版，第 477 页。

② 李梦阳：《空同集》，上海古籍出版社 1991 年版，第 446 页。

豪亢健一路。因此,人们多以为李梦阳的审美喜好就只是刚健崇高,其实他在关注阳刚美的同时,也同样重视阴柔美,只是他对秀美的重视往往被他自己个性的雄鸷和诗风的亢硬所掩盖,以致常被人忽视。例如,他曾特意指出卷八《次李献吉赠张宗义韵》为"细润之作",卷十五《六月七日大热与用成小酌逸老园水竹居》为"淡然"等等。这些诗歌都是杨一清赋闲消遣之作,诗风秀洁温润。可以说,杨一清在外放西北时所写的诗的确是雄浑阔大、沉郁顿挫,诗中自然流动着一种浩然正气;而归隐田园之时,又往往自由舒适地模山范水或记叙生活乐事,崇高与秀美两种美学风格都体现得比较突出。李梦阳作为一位风格突出的诗人,在关注阳刚美的同时也敏锐地感受到了杨一清诗歌中的阴柔秀美的美学形态,这反映出他的审美倾向并不如人们了解的那么单一,而是具有多重性和复杂性,这一点值得我们重视。

不过,综观整部《石淙诗稿》,李梦阳毕竟多评崇高而少评秀美,其原因在于李梦阳本身就具有刚直雄鸷的性格和雄奇豪放的文学主张,无论是为人还是为文,都偏重于阳刚一面。他对《石淙诗稿》的点评实际上可视为其文学主张在理论批评方面的具体化。李梦阳等"前七子"针对纤弱卑冗的台阁流弊,为纠枉而过正,以高睨一切的态度偏激强烈地推出自己"文必先秦两汉,诗必汉魏盛唐"的文学观点。从其诗歌的师法对象来看,汉魏诗之高者以风骨质朴为尚,盛唐诗之高者以在丰腴俊美的意象中带有开朗乐观的风神、高阔远大的意境为尚。在崇高与秀美的天平上,两者都是倾向于崇高的。因此,李梦阳在点评的时候理所当然会受到自身美学取向的较大影响,诗稿中多评崇高少评秀美的现象就是自然而然的了。

(四)热衷对"技法"的讨论

李梦阳的诗歌艺术技巧非常高超,他在《石淙诗稿》中对杨一清诗歌具体技法的点评,很能体现出他在诗艺上的造诣。如:

(1)评拗救

李梦阳对杨一清诗中拗救的恰当运用甚为赞赏。如卷四《林黄门寸草春晖卷》,李梦阳评为"拗体愈精采"。这是一首拗体七律,现试标出平仄(一为平,│为仄)略作分析:

│││ │││ 一│ ─── │││ ──

落日乳鸟啼远林,天涯游子泪沾襟。

—‖‖ ‖—‖‖ ‖——‖—

年年寸草自春色,缕缕衣裳惟苦心。

‖‖——‖‖ ‖‖—‖—

大统冈头野雨暗,凤凰山下秋烟深。

—‖‖ ‖‖‖ ‖——‖—

微生亦有终天痛,欲赋哀歌愁不禁。

首句的格律本应是"仄仄平平仄仄平",而七字中竟有三字不合律。"乳"字应平而仄,是拗字,用第二句应仄而平的"游"字来对句相救。"鸟"字应平而用仄。第四字正当节奏点,本不应用拗,诗人故意用拗,显然是着意求取古调。"啼"字应仄而用平,这是对"鸟"字的本句自救。这样拗救相宜,句不合律而无病,反显其高古挺拔,尤其首句就连用三个不合律的字,在声律上就造成突兀感,读之令人精神一振。颔联出句"自"字拗,就在对句"惟"字救。颈联出句"野"字拗,对句"秋"字救;"凤"字拗,"山"字本句自救。这样虽然颈联形成了三仄声和三平声这样古风式的声调,但未违反格律规则,仍然是律句。尾联只拗"愁"字而不救,一方面可能是不愿意以辞害意,另一方面也可能是故意造成平仄的失对现象。唐人尽管也尽量避免失对,但并不把失对认为是很严重的诗病。这样故意的失对,反而显得格调高古、不落俗套,而且在声调上更突出了不合律的"愁"字,以声调的不和谐来突出诗眼所在,未尝不是"点睛"技法的尝试。

李梦阳高度重视文学创作之"法"。在他看来,最佳的创作途径就是"刻意古范,铸型宿模,而独守尺寸"①,由外入内,从前人之形进入前人之神。格律是诗歌形式的重要组成部分,因此他重视格律是可以理解的。陈书录先生认为:"用拗体七绝来记叙时事或表示政见,是杜甫所擅长,杨一清也加以效法。"②他又分析了《塞上曲十首》末二首的拗体格律。而李梦阳对这两首诗的评语是"十首俱杜格,末二首更高",正体现出李梦阳对杨一清不仅学习杜诗的内容、诗风,还学习其近体格律的变化运用的深刻共鸣。

另外,以上面拗体七律的分析而言,该诗结句用拗而不救来作为突出诗眼的

---

① 何景明:《何大复集·与李空同论诗书》,李叔毅等点校,中州古籍出版社 1989 年版,第 575 页。

② 陈书录:《明代诗文的演变》,江苏教育出版社 1996 年版,第 162 页。

新尝试,而李梦阳赞道"拗体愈精彩"而不加以批评,一定程度也反映出李梦阳在极力主张师法古人之余其实并不反对创新变化。

(2)评对仗与字句

此类评语中,李梦阳评卷十三《安汝砺访予待隐园喜而有作二首》其一说道:"只此便不可及,何必远取。"这是相当高的评价了。全诗写的是病中有客来访的生活琐事,而其"不可及"之处,就在于其颔联"候吏忽来传子到,病夫强起唤儿扶"。此联对仗极为工整又丝毫不露对仗痕迹,主要是因为巧妙地运用了流水对。杜甫的"即从巴峡穿巫峡,便下襄阳向洛阳"是空间流水对,在短暂得几乎静止的时间内发生空间的变换。而杨一清学杜又推陈出新,用时间流水对,在固定空间内按照时间顺序记叙动作的变换,几个连贯动作一气呵成,用时间的流动和动作的连续变换来制造出贯穿一联上下两句的流动气韵,淡化了对仗本身所固有的板滞僵化的感觉,是很高明的对仗技法。李梦阳所欣赏的,正是这种变化多端的七律技法,符合声律、对仗工整之余又自然浑成。对李梦阳来说,诗歌外在形式决不是束缚发挥的枷锁,而是装饰烘托用的五色锦缎,有相得益彰、锦上添花之效。

李梦阳重视字句工夫,首先表现在对律诗的起句和结句的点评。如把卷五《胜果寺次高铁溪韵》和卷八《与眭拱贞手谈张宗义限韵》,分别评为"起突兀"、"好结"。其次,李梦阳还十分重视诗中的字词的锤炼。如卷十四《和与成登城韵二首》其二,他点出"落"、"残"、"晚春"四字,评为"四字照应";评卷十五《登曹山绝顶次殷文济韵》说:"'曲曲'、'差差'四字耳,水之长山之重千千万万。"而且李梦阳还对杨一清潇洒自如地使用韵字的才力大加赞赏,如卷六杨一清用陶渊明《止酒诗》韵连写十一首和韵诗赠众友人,既契合友人身份,韵脚字意亦不重复,李梦阳就盛赞说:"《止酒》十一篇,因人变化,如韩、白用兵,无所不可。"

无论点评拗救、对仗还是字句,都可看出李梦阳对诗歌艺术技巧的重视。在这种对诗歌局部的点评中,他以诗评人和诗人的双重视角深入到诗歌内部——作为一个诗评人,他以比较客观的眼光来审视作为客体的杨一清诗,从他学习前人技法的所得和自身的创作经验出发来分析其艺术技巧的得失;而作为诗人的主观感觉在自己的分析过程中又敏锐地感受到杨一清在诗中所体现出来的才力。

值得一提的是,李梦阳对其师杨一清诗歌的评点相当客观,优者赞其得,劣者评其失,有得者固然盛赞,有失者亦不讳言。如把卷四《潜斋为王文明方伯赋》《东轩》评为"二篇非不工,然嫌于太近";卷七《邠州与乔希大夜话赠别》其一则说"此一首太实";卷十七《三入关用旧韵》评道"后四句似未称"。李梦阳的评点态度极为认真,用一针见血的语言方式把这些缺点指出来,我们从李梦阳认真、客观的评诗态度也可以管窥他的为人。

三、李梦阳与李东阳、康海评点 《石淙诗稿》的异同及其意义

杨一清对李梦阳十分信任,他请李梦阳整理评点诗稿时说:"自西涯之后,非吾献吉莫可托此。"①又说:"舍人赵胜持来翰,并得所评笺制府小稿,叹服高见……窃敢谓西涯后莫可当是任者,阅之,益信。"②实际上,李东阳曾评点了前四卷,康海亦评点了第四卷和第五卷。我们感兴趣的是,明中叶这三位文学大家都对《石淙诗稿》产生兴趣并热衷评点,从中可以透露出哪些诗学消息?

李东阳所评,大抵以"声"和"格"两者为出发点。如他评卷一《南坡别墅》为"七言古诗此篇独佳"。此诗在音律上颇有特色,全诗基本上四句一韵,换韵较急,又平仄韵相间,读起来有劲健之气。诗歌开篇即用入声韵,古意斑斓的音韵中透出诗人的不平之气。两次仄韵平韵的转用之后,用急促的入声韵紧接开口音的平声"阳"韵作结,声韵上的转折配合了意义上的转折。李东阳论诗着重诗歌的音节、声律,甚至把音乐性看作诗歌最重要的区别于文的文体特性,明白了这一点,就不难理解为何他对杨一清这首以用韵精妙为主要特点的七言古诗大为赞赏了。

李东阳论"格"指向技法。首先,他把卷三《雨中王丹徒公济招游焦山席上作》评为"起句突兀",反映了他对诗歌起承转合法度的关注。其次,李东阳对卷二《题沈石田山水赠高铁溪贰守》的"变化脱洒"的评语,体现了他长篇古体要变化多端的主张。第三,他把卷四《积雪》的颔联"江山万里色,天地一元心"评为"亦复浑成,愈简愈尽",也与其言简意赅的诗歌创作要求相吻合。同时应注意

---

① 杨一清:《杨一清集》,唐景绅、谢玉杰点校,中华书局 2001 年版,第 1077 页。
② 杨一清:《杨一清集》,唐景绅、谢玉杰点校,中华书局 2001 年版,第 1098 页。

到,他把卷二《望岳阳》评为"情思佳",反映出李东阳在重视诗歌形式要求的同时,也重视诗歌的情思要素。

相比于李东阳,文学成就主要在散文、戏曲方面的康海的评语则略显粗疏,特色不强。但是有两点值得注意:第一,康海的评语表现出崇杜的倾向,关注"诗史"传统。如评卷五《侣少宰所藏隆平侯梅竹图》"杜后见此",评卷四《河西书事》"当时之史";第二,注重诗歌的真情实感。如评卷四《录民谣十三首》"篇篇具实,字字洒泪",评卷四《寄仰方伯旧宪长三首》其一"言涉有情,便尔流丽"。由此可见,康海的诗学倾向与李梦阳相当接近。

从《石淙诗稿》中李东阳、康海以及李梦阳的评语来看,"前七子"与茶陵派的诗论颇有相通契合之处,三人的评语一定程度上也反映出李梦阳与康海二人对格调及盛唐气象的追求等诸多观点都是渊源于李东阳。李东阳虽未能扭转台阁末流的不良文学风气而使李梦阳对之不满,但却在复古理论上开启了李梦阳、康海等人,所以王世贞《艺苑卮言》卷六才有"长沙之于何、李也,其陈涉之启汉高乎"①的说法。值得一提的是,康海侧重继承了李东阳反对模拟蹈袭古人字句的观点,并以此作为其文论的重要方面。而李梦阳虽然对李东阳的以声格、情思论诗的理论有所继承,但为了彻底改变台阁末流之失,不得不采用比较偏激刚烈的态度,以强化"模拟"为手段使自己和后学的诗歌创作达到与汉魏盛唐诗歌相似的目的,显现出与李东阳的兼容台阁体与山林气的诗学风格的疏离,从而把明中叶的文学复古思潮推向高峰。

(《暨南学报(哲学社会科学版)》2008 年第 5 期)

---

① 王世贞:《艺苑卮言》,丁福保《历代诗话续编》,中华书局 1983 年版,第 1044 页。

李梦阳文学思想本体论

杨海波

明代中叶,以李梦阳为代表的"前后七子"何以能产生如此浩大的影响? 纵观李梦阳的文学理论,在零散的言论之下,潜藏着一个重要的理论发现,这就是他始终强调诗歌的本体立场,坚持诗歌的本位特征。他认为文学作为一门独立的艺术有其根本属性,这些根本属性不仅表现在文学内容,而且表现在文学形式。而无论是文学内容还是文学形式,对文学来讲都具有本体意义。李梦阳的一系列理论都是围绕这一核心而展开的。李梦阳的文学本体论思想具体表现在:第一,强调"法式"、"格调"、"比兴"等形式特征对诗歌诗质的规定性;第二,重申诗歌的抒情功能和情、乐本位属性对诗歌诗性的坚守与维护。

一、"法式"、"格调"、"比兴"等形式特征对诗歌诗质的规定性

第一,高扬"法式",视"法式"为永恒的"物之自则",而且"法式"特指抽象意义的"形式"。正是这个看似基本属于抽象意义的"法式",恰恰是诗歌诗质的规定性,具有文学本体意义。

中国古典诗歌历来将"不着一字,尽得风流"、"羚羊挂角,无迹可求"视为最高境界,非常强调诗歌意境的浑然天成和自然本色,而比较忽视诗歌的具体创作方法,认为诗歌应该无任何人为雕琢痕迹,看似无法可寻。面对前人这种忽视诗歌创作之"法"的做法,李梦阳则反其道而行之,恰恰强调诗歌有"法"。他说:

"诗文有不可易之法。""作文如作字,欧、虞、颜、柳,字不同而同笔"①。"夫文与字一也,今人摹临古帖,即太似不嫌,反曰能书。何独至于文,而欲自立一门户耶? 自立一门户,必如陶之不冶,冶之不匠,如孔子不墨,墨子不杨耶"②? "文必有法式,然后中谐音度。如方圆之于规矩,古人用之,非自作之,实天生之也。今人法式古人,非法式古人也,实物之自则也"③。可见,在理论上,李梦阳对于"法"的极力倡导是前无古人的,将法提到了自然法则的高度。从李梦阳在明代文学思潮领域的影响来看,他之所以能导致崇拜与非议,就是因为他的"法",即对古典诗歌体式规范的严格恪守。

不仅如此,李梦阳所说的"法",绝不仅仅指作诗的一般具体方法,而更指抽象的形式范畴。因为在古人那里,"法"和"法式"的基本意思是一致的,不仅有"法令、规范"之意义,具有恒定性、严格性的意味,而且作为形式,既指具体层面上的作诗方法,如篇幅的长短,字数的多少,以及韵律等,也可指包括了文章的篇章布局、语言结构、艺术手法在内的形式整体,是抽象意义上的形式,而李梦阳的理解恰恰偏重于后者。其根源就在于他对于文学形式之于文学的本体意义的发现。

在明代文学史上,有著名的李、何论争。关于李、何论争,一般被理解为拟古程度之争。学术界基本上对何景明的观点抱支持态度,认为李梦阳模拟太过。实际上,李、何之争从根本上来说是"法式"之争。正如上面所论述的:李梦阳所说的"法"或"法式",不是指具体的作诗方法,而是指抽象的形式范畴。他曾说"古人之作,其法虽多端,大抵前疏者后密,半阔者半必细,一实者必一虚,叠景者意必二。此予之所谓法圆规而方矩者也"④。就是这个意思。而何景明对法的理解基本属于具体的艺术手法,他说:"仆常谓诗文有不可易之法者,辞断而

---

① 李梦阳:《空同集·驳何氏论文》,《四库全书》第 1262 册,上海古籍出版社 1987 年版,第 565 页。

② 李梦阳:《空同集·再与何氏书》,《四库全书》第 1262 册,上海古籍出版社 1987 年版,第 567 页。

③ 李梦阳:《空同集·答周子书》,《四库全书》第 1262 册,上海古籍出版社 1987 年版,第 569 页。

④ 李梦阳:《空同集·再与何氏书》,《四库全书》第 1262 册,上海古籍出版社 1987 年版,第 567 页。

意属,联类而比物也。上考古圣立言,中征秦汉绪论,下采魏晋声诗,莫之有意也。"①所谓"辞断而意属",就是要求一首诗或一篇文章的语句是可以分开的,但它们所表达的思想内容(意)却是要前后一致,有所承接,与今人所讲的"承接"、"照应"是相通的。而所谓"联类而比物",应指《诗经》、《楚辞》以来的比、兴手法与陈子昂所标榜的"兴寄"手法,和李梦阳更侧重于从抽象意义的角度来理解"法"或"法式"确实还有较大差距。正因为两种不同的理解偏向,才导致了两种不同的习古态度:何景明主张学习古人应该"舍筏登岸",不必拘于古法,提倡"富于材积,领会神情,临景构结,不仿形迹"②;而李梦阳却主张"以我之情,述今之事,尺寸古法,罔袭其辞"③。相比之下李梦阳对文学形式的理解远比何景明深刻。

所以,李梦阳在《驳何氏论文书》中指出:

> 规矩者,法也。仆之尺尺而寸寸之者,固法也。假令仆窃古之意,盗古形,剪截古辞以为文,谓之影子诚可。若以我之情,述今之事,尺寸古法,罔袭其辞,犹班圆垂之圆,垂方班之方,而垂之木,非班之木也。此奚不可也?夫筏我二也,犹兔之蹄、鱼之筌,舍之可也。规矩者,方圆之自也,即欲舍之,乌乎舍? 子试筑一堂,开一户,措规矩而能之乎?措规矩而能之,必并方圆而遗之可矣,何有于法? 何有于规矩? 故为斯言者,祸子者也。祸子者,祸文之道也。不知其言祸已与祸文之道,而反规之于法者是攻,子亦谓操戈入室者矣。④

这段话清晰地表明了李梦阳的观点:法式与文学的关系,如同规矩之于方圆。不管方圆如何运用,都必须符合规矩所订立的标准,取消了规矩也就取消了方圆本身,同样取消了法式也就取消了文学。法式是文学的本质特征,是根本不能隔离于文学的,法式对文学具有本体意义。李梦阳的这一观点虽具有形式主义的萌芽,但确实是一种认识上的飞跃。

---

① 何景明:《与李空同论诗书》,蔡景康《明代文论选》,人民文学出版社 1999 年版,第 114 页。
② 何景明:《与李空同论诗书》,蔡景康《明代文论选》,人民文学出版社 1999 年版,第 114 页。
③ 李梦阳:《空同集·驳何氏论文》,《四库全书》第 1262 册,上海古籍出版社 1987 年版,第 565 页。
④ 李梦阳:《空同集·驳何氏论文》,《四库全书》第 1262 册,上海古籍出版社 1987 年版,第 565 页。

第二,标举"格调",视"格调"为诗歌创作中具体"法式"的重要元素,成为评价诗歌的重要标准。"格调"对诗歌来讲也具有质的规定性,有不可替代的文学本体意义。

中国传统观点一直认为"格调"虽是判断诗歌优劣的一项重要指标,但它却是可有可无、可高可低的。有格调或无格调、格调高或格调低,虽影响诗歌的思想艺术成就,但并不影响诗歌作为一种重要的文学样式的存在。但作为李梦阳文学复古运动最基本的理论之一,他认为只有有格调才有诗歌,无格调就无诗歌,或者说只有有"格调"的诗歌才是真正的诗歌。显然,格调论在李梦阳这里,也具有明显的无可替代的本体意义。李梦阳的"格调"论所指内容当然十分宽泛,如格调也指诗歌的抒情性。这种以情为本的格调理论当然首先源于他对诗歌抒情本质的深刻认识,所谓格古、调逸、气舒、句浑、音圆、思冲等因素,只有"情以发之"①,能形成真正的好诗。但更为重要的是,"格调"作为具体"法式"的重要元素,其本体意义又是非常突出的。具体表现在:

其一,李梦阳所谓的"格调"其实就是诗法、诗格,因为诗歌要达到抒情目的,就必须依据一定的具体"法式"。他说:"文自有格,不祖其格,终不足以知文。"②可见,李梦阳所谓"格调"之"格",其实是指诗文体式固有的内在规律性和内在的艺术法则。因为诗文创作的根本目的当然在抒情达意,但要把内隐的思想感情外化为对象形态的诗文,在实施具体创作时,就必然要根据一定的艺术法则,而且这种内在规律性和内在法则,当然也必然要落实在词句、音韵、结构、比兴等具体的表现手法和组织结构上,这对诗文创作来讲无疑十分重要,是与诗俱来的。因此,李梦阳对"格调"十分重视。李、何之争中,何景明主张"富于材识,领会神情,临景构结,不仿形迹","自创一堂室,开一户牖,成一家之言,以传不朽"③。对这种借口自出机杼而忽视法式的做法,李梦阳十分反感,曾给予猛烈抨击。针对何景明不肯在形迹上一丝不苟地遵从"法""格",李梦阳就抨击其

① 李梦阳:《空同集·潜虬山人记》,《四库全书》第1262册,上海古籍出版社1987年,第446页版。

② 李梦阳:《空同集·答吴谨书》,《四库全书》第1262册,上海古籍出版社1987年版,第568页。

③ 何景明:《与李空同论诗书》,蔡景康《明代文论选》,人民文学出版社1999年版,第114页。

诗作是"搏沙弄泥,涣无纪律,古之所云开阖照应、倒插顿挫者,一切废之矣"①。"搏沙弄蟭,涣无纪律"是说行文结构缺乏妥当合理的安排,任凭情思材料杂糅拼合而未形成有机完整的整体。所以,"开阖照应、倒插顿挫"一类结构手法、结构特点,便确实成了李梦阳十分留心、加以求取的诗歌法式。因为,在李梦阳看来没有这些诗法诗格,就没有"格调",也就没有诗。

其二,李梦阳"格调"的第二层意思指诗文的时代风格,而且是第一义之格,即各种体式诗歌作品中的标准格和本来格。那么李梦阳所说的标准格、本来格和第一义之格究竟指什么呢?李梦阳说:

> 山人商宋梁时,犹学宋人诗。会李子客梁,谓之曰:"宋无诗。"山人于是遂弃宋而学唐。已问唐所无,曰:"唐无赋哉。"问汉,曰:"无骚哉。"山人于是则又究心赋骚于唐、汉之上。山人尝以其诗视李子,李子曰:"夫诗有七难:格古、调逸、气舒、句浑、音圆、思冲,情以发之,七者备而后诗昌也。"②

所谓第一义之格、标准格和本来格就是"格古",而调逸、气舒、句浑等则是"格古"的进一步伸展体现和补充。所谓"格古"就是古诗的高格,即汉魏盛唐诗歌的格古调逸和气象雄浑。李梦阳认为只有这样的诗歌才是真正的诗歌,不这样就不是诗歌。所以,他对"格古"的具体要求是:骚法屈、宋,赋学两汉,诗则专取盛唐。因为楚之骚、汉之赋、盛唐之诗歌,分别是各体最兴盛时期、代表着该体创作最高水平的作品,他们十分完美地包寓并体现了该体的法式和规格,只有对他们潜心揣摩玩味、严格效法,掌握其格其法,施之于具体创作方能达到文学创作的最高成就。至于其他作品,李梦阳不但不予理睬,干脆否定了它们作为文学作品的资格,将不合其范式的作品则一律摒弃,毫不容情地逐出文学的殿堂:所谓宋无诗、唐无赋、汉无骚,弃绝的态度何等坚决、斩截!如此做法未免太不近情理,连他的继承们感到不妥,出来圆场说:"西京下无文矣,非无文,文之至弗与;东京后无诗矣,非无诗,诗之至弗于也。"③殊不知李梦阳的极端理论和做法

---

① 李梦阳:《空同集·答周子书》,《四库全书》第 1262 册,上海古籍出版社 1987 年版,第 569 页。

② 李梦阳:《空同集·潜虬山人记》,《四库全书》第 1262 册,上海古籍出版社 1987 年版,第 446 页。

③ 胡应麟:《诗薮》,转引自黄果泉《李梦阳诗学思想的格调说》,《河南师范大学学报》1994 年第 2 期。

正源于他对格调之于诗歌本体论的深刻认识。

第三,崇尚"比、兴",认为"比、兴"是诗歌最主要的审美特征,是诗与文、诗与非诗最大的区别,"比、兴"对诗歌来讲,不仅仅是一种表现手法,而更是诗质的具体要求,同样具有文学本体意义。

源于《诗经》的比、兴手法,经过三代、汉魏、盛唐诗歌的不断丰富和补充,是诗歌最主要的审美特征,是诗与文、诗与非诗最大的区别。因为"比、兴"可以联类比物、兴象意趣,引起读者丰富的联想和想象,从而达到再造诗歌意境的目的,是诗歌的创作和鉴赏的最终完成。严羽在《沧浪诗话》里所说的"妙悟"、"兴趣"、"当行"、"本色",都包含着比、兴手法的运用。明代复古派的诗歌本体论中,法式论的理论核心是比、兴论,明初李东阳就明确提出比、兴是诗的主要表现手法。《诗话》云:

> 诗有三义,赋止居一,而比、兴居其二。所谓比与兴者,皆托物寓情而为之者也。盖正言直述,则易于穷尽,而难于感发。惟有所寓托,形容摹写,反复讽、咏,以俟人之自得,言有尽而意无穷,则神爽飞动,而手舞足蹈而不自觉,此诗之所以贵情思而轻事实也。①

赋、比、兴三义,宋诗充分发挥了赋的手法,忽视了比、兴手法。李东阳认为用铺陈直述之法,难以引发读者的共鸣,只有比、兴手法的运用才能感动作者也感动读者。关于比、兴,他还有具体地界定:"有所寓托,形容摹写,反复讽咏",而贯穿寓托之物,摹写之情景,风咏之音节的是"情思"。

而李梦阳更加重视"比、兴",他在《秦君饯送诗序》一文谈到古诗之特征:

> 盖诗者,感物造端者也,是以古者登高,能赋则命为大夫,而列国大夫之相遇也,以微言相感,则称诗歌以谕志。故曰:言不直遂,比、兴以彰,假物讽谕,诗之上也。昔者郑六卿见饯宣子于郊也,宣子请各赋,以垇郑志,故闻《野有蔓草》,则曰"吾有望矣"。闻赋《羔裘》,则曰"起不堪"。闻《褰裳》,则曰"敢勤它人"。夫"蔓草",细物也,羔裘微也,褰裳末事也,曷与于郑志,奚感于宣子而有斯哉,亦假物讽谕之道耳。故古之人欲感人也,举之以似,

---

① 李东阳:《麓堂诗话》,丁福保《历代诗话续编》,中华书局 1983 年版,第 1374—1375 页。

不直说也。托之以物，无遂辞也。然皆造始于诗，故曰：诗者，感物造端者也。①

这里主要强调了古诗"感物造端"之性质，又释为"比、兴以彰，假物讽谕"。认为"比、兴"（假物、形容）是抒发情感的重要手段，即以为诗的形成要通过兴起之物象，而非概念化手段或事实陈述等。李梦阳还说："夫诗，比、兴错杂，假物以神变者也，难言不测之妙。感触突发，流动情思，故其气柔厚，其声悠扬，其言切而不迫。故歌之心畅，而闻之者动也。"②"诗有六义，比、兴要焉。夫文人学子，比、兴寡而直率多，何也？出于情寡而工于词多也。夫途巷蠢蠢之夫，固无文也。乃其讴也，詈也，呻也，吟也，行咕而坐歌，食嗢而寤嗟，此唱而彼和，无不有比、兴焉，无非其情焉，斯足以观义矣。故曰：诗者，天地自然之音也"③。以上，李梦阳的意思再明白不过了：诗歌要抒情，要兴起物象，就必须有"比、兴"，"比、兴"是与诗歌与生俱来的，有诗歌就必须有"比、兴"，有了"比、兴"才有诗歌，没有"比、兴"就没有诗歌，"诗者，天地自然之音也"，诗歌"无不有比、兴焉"，以"比、兴"论为核心的法式论，对诗歌的本体意义又一次得到了更为充分的强调。

二、抒情功能和情、乐本位属性对
诗歌诗性的坚守与维护

第一，重申诗歌是"情之自鸣"的结果，诗情产生的缘由是"情者动乎遇者也"，认为没有抒情就没有诗歌。

李梦阳认为诗歌是抒情的，抒情是诗歌的本质特征，他对此认识相当深刻，并多方面加以强调。李梦阳在解释创作动力时，明确把情思的产生和宣泄规定为诗歌的创作动力和诗歌的内涵特征："窍遇则声，情遇则吟，吟以和宣，宣以乱畅，畅而咏之，而诗生焉。"④他认为内心的情感强烈震荡着诗人的心灵，以致造

---

① 李梦阳：《空同集·秦君佚送诗序》，《四库全书》第 1262 册，上海古籍出版社 1987 年版，第 477 页。
② 李梦阳：《空同集·缶音序》，《四库全书》第 1262 册，上海古籍出版社 1987 年版，第477 页。
③ 李梦阳：《空同集·诗集自序》，《四库全书》第 1262 册，上海古籍出版社 1987 年版，第 477 页。
④ 李梦阳：《空同集·鸣春集序》，《四库全书》第 1262 册，上海古籍出版社 1987 年版，第 473 页。

成一种不可抗拒的压迫力量,使人不得不把郁积的情感宣泄出来以求畅快,情感一旦宣泄出来形之于言便结晶为诗歌,情动吟而为诗,正如鸟遇春而鸣一样。正是在这个意义上他还说,"诗者,吟之章而情之自鸣者也"①,非常明确地把诗歌理解为"情之自鸣"的结果,即诗歌并不是刻意追求的目的,而是诗人真实而强烈的情感的盛装和蓄存。李梦阳的这一观点虽未超出"诗者,志之所之也,在心为志,发言为诗,情动于中而形于言"的范畴,但李梦阳对诗歌的这一本质特征的重新强调,在萎靡不振、鲜有佳作的明代诗坛来讲,显然具有极强的冲击力,确实是振聋发聩的。因为李梦阳强调诗歌的抒情本质实际上是对一种原始主义诗学观念的重申。所以,他又说:"夫诗,宣志而道和者也。"②"天下百虑而一致为,故人不必同,同于心。言不必同,同于情。故心者,所为懂者也;情者,所为言者也"③。李梦阳之所以否定宋诗,一个明显的理由,就是宋诗缺乏"感触突发,流动情思"④的诗性、诗质。

不仅如此,李梦阳还在"诗者情之自鸣"的基础上,从创作心理学的角度比较深层次地进一步分析了情的发生、情在写作中的作用,阐明诗情产生的缘由是"情者动乎遇者也":

> 情者动乎遇者也。幽岩寂滨,深野旷林,百卉既痱,乃有缟焉之英,媚枯、缀疏、横斜、嵚崎、清浅之区,则何遇之不动矣。是故雪益之,色动,色则雪;风阐之,香动,香则风;日助之,颜动,颜则日;云增之,韵动,韵则云;月与之,神动,神则月。故遇者物也,动者情也。情动则会,心会则契,神契则音,所谓随遇而发者也。梅月者,遇乎月者也。遇乎月,则见之目怡,聆之耳悦,嗅之鼻安。口之为吟,手之为诗。诗不言月,月为之色;诗不言梅,梅为之馨。何也?契者会乎心者也,会由乎动,动由乎遇,然未有不情者也,故曰:情者动乎遇也。……天下无不根之萌,君子无不根之情,忧乐潜之中而后感

---

① 李梦阳:《空同集·鸣春集序》,《四库全书》第 1262 册,上海古籍出版社 1987 年版,第 473 页。

② 李梦阳:《空同集·与徐氏论文书》,《四库全书》第 1262 册,上海古籍出版社 1987 年版,第 563 页。

③ 李梦阳:《空同集·叙九日宴集》,《四库全书》第 1262 册,上海古籍出版社 1987 年版,第 455 页。

④ 李梦阳:《空同集·缶音序》,《四库全书》第 1262 册,上海古籍出版社 1987 年版,第 477 页。

触应之外,故遇者因乎情,诗者形乎遇。①

李梦阳认为诗人的情感的根本爆发点是缘于现实际遇的触发,而且他认为情有两个层级:其一是因遇而动的"情",漾于心头而形之辞色,构成创作激情并直接进入诗歌表现;其二,"君子无不根之情",因遇而动的"情",它的"根"是潜藏、沉淀于诗人内心深处的情感,这种深层的情感,平时并不呈露于外,但却决定了诗人对外在事物稳定持续的态度意向,一旦受到引发就会喷涌而出。如果说诗人心理深层的情感规定了审美取向,那么审美客体则进一步造就了诗歌艺术的情态风貌,这就是结语所说"忧乐潜之中而后感触应之外,故遇者因乎情,诗者形乎遇"的主旨所在。因此诗人遭遇的不同必定造成诗人思想感情乃至诗歌风貌的千差万别:"情感于遭,故其言人人殊"②,顺理而推,诗人创作风格、创作个性的形成与其独特的生活遭际、心路历程是紧密相连的。

就诗歌与情的关系而言,李梦阳不仅认为感情和自然景物互动,感情由于景物的触动而具体化,所谓"情之动乎遇者也"。而且他还认为,自然景物之间的互动:"缟焉之英"的各种形态因为有了雪、有了风、有了日、有了云、有了月而平添了色、香、颜、韵、神。而景物之互动是因为有情,才会从中体会到色、香、颜、韵、神,情景之互动,情为关键,"情动则会","会由乎动,动由乎遇,然未有不情者也"。一切的产生都与情有不解之缘,即"遇者因乎情,诗者形乎遇"。物因为有了寄托,在诗人眼里变成了审美对象,它和其他景物的互相联系变成了诗意的关系,和诗人的情、心、神也是一种诗意的关系,而统领这三点的是"遇"。这里特别值得一提的是:较之其他诗论家,李梦阳讨论情的突出特点是他总是在考察情的运动状态。"窍遇则声,情遇则鸣。吟以和宣,宣以乱畅,畅而咏之,而诗生焉"。"情感于遇,故其言人人殊"。情是永恒的,情也是多样的,但诗歌的抒情是一个复杂的心理过程,并不是有情就可成为诗人,也不是可以随时随地都可宣泄其情。感情的抒发需要机遇,这就是"遇"。"遇"本身就是一个运动状态,但这只是起点,在"遇"的激发之下,才会产生创作心理的一系列活动。"遇"还是主客观的契合,也就是情和境象的珠联璧合、水乳交融。这里的论述与《缶音

---

① 李梦阳:《空同集·梅月先生诗序》,《四库全书》第 1262 册,上海古籍出版社 1987 年版,第 470 页。

② 李梦阳:《空同集·刻戴大理诗序》,《四库全书》第 1262 册,上海古籍出版社 1987 年版,第 479 页。

序》中"感触突发,流动情思","比、兴错杂,假物以神变"的思想一脉相承,情对诗歌的本体意义得到了更为有力的强调。

可以看出,李梦阳对于诗情之与诗歌的本质属性的理解较之前人显然是深刻得多了:诗歌是抒情的,没有情感就没有诗歌,有了情感也就有了诗歌。尽管人们对李梦阳所强调的诗歌情感的内涵的理解和认识还不尽相同:到底李梦阳所强调的情是一般的男女之爱情,是诗人之诗情,是迥异于他人的一己之真情、个人之私情,还是对腐败政治的批评,对虚伪理学的不满,对萎弱文风的抨击等儒家知识分子所特有的温婉、含蓄的代表政治理想的公共情怀? 但不管怎么说,李梦阳是基于情感的抒发来论诗歌的。所以,在文学本体论意义上,主情论是他文学思想赖以成立的除"法式"论以外的又一基石。

第二,探讨诗歌的情、乐本位特征,认为天下"无非情之音",只有情、乐紧密结合才能产生真诗。

何者为诗? 李梦阳认为情和乐构成了诗歌的两大基本要素,即诗歌不仅要抒情,而且还必须有韵律感。《缶音序》云:

> 诗至唐,古调亡矣。然自有唐可歌咏,高者犹足被管弦。宋人主理不主调,于是唐调亦亡。黄、陈师法杜甫,号大家,今其词艰涩不香色流动,如入神庙坐土木骸,即冠夫与人等,谓之人可乎? 夫诗、比、兴错杂,假物以神变者也,难言不测之妙,感触突发,流动情思,故其气柔厚,其声悠扬,其言切而不迫。故歌之心畅,而闻之者动也。①

他又说:"夫歌以永言,言以阐义,因义抒情,古之道也。"②"贵宛不贵险,贵质不贵靡,贵情不贵繁,贵融洽不贵工巧"③。从乐出发,李梦阳肯定了古诗与唐诗的韵律感,贬斥宋诗就是因为宋诗背离了诗歌的韵文特质,混淆了诗文的界限,使诗不成诗,文不成文。所以,情、乐一体说是李梦阳诗论的前提和基础,是李梦阳文学思想本体论的又一重要内容。

李梦阳认为只有情和乐紧密结合所产生的诗才是真诗,他说:

---

① 李梦阳:《空同集·缶音序》,《四库全书》第1262册,上海古籍出版社1987年版,第477页。
② 李梦阳:《空同集·送杨希颜诗序》,《四库全书》第1262册,上海古籍出版社1987年版,第478页。
③ 李梦阳:《空同集·与徐氏论文书》,《四库全书》第1262册,上海古籍出版社1987年版,第563页。

李子既为《结肠》之篇,嘉靖初,京口人陈鳌者来游于汴,而以其诗鸣之琴,著谱焉,《结肠操》者是也。……陈生曰:"鳌闻之天下有殊理之事,无非情之音,何也?"理之言常也,或激之乖,则幻化弗测,《易》曰游魂为变是也,乃其为音也,则发之情而生之心者也。……感于肠而起音,罔变是恤,固情之真也。①

李梦阳认为"乐"(音)乃"发之情而生之心者",所以天下"无非情之音","音"总是表达着某种真情。所以他非常响亮地提出"真诗乃在民间","真者,音之发而情之原也,非雅俗之辨也"的观点②,明确表示,判断是不是真诗,关键不在于雅俗,而在于具有特定风格的音调节奏是否真切的传达出了某种情绪、情感或情思。即真正的诗歌必定是情、乐紧密结合的产物。

《乐记》云:"唯乐不可以为伪。"《孟子·尽心上》云:"仁言不如仁声之入人深也。"《吕氏春秋·音初》云:"君子小人,皆形于乐,不可隐匿。"谭峭《化书·德化》云:"衣冠可诈,而形器不可诈。言语可文,而声音不可文。"③他们都意识到:人的言辞是可以作伪的,不可能成为了解一个人的基本依据,只有声音才真正是心灵的表征。元好问《论诗三十首》云:"心画心声总失真,文章宁复见为人。高情千古《闲居赋》,争信安仁拜路尘。"认为西晋诗人潘岳性格轻躁,热衷于追名逐利,谄事权贵贾谧,"每候其出","望尘而拜",但却写出了高情千古的《闲居赋》,从他的作品又怎能看出他的为人? 李梦阳在元好问思想的基础上,毫不含糊地说:"端言者未必端心,健言者未必健气,平言者未必平情。"④指出"诗者非独言者也",诗还有其他重要的部分,如声调、气脉、情思,即"声"、"律"、"调"、"气",而这些却是无法作伪的。正是从这样一个角度立论,李梦阳认同"诗者人之鉴"的说法。

可见,李梦阳对情、乐文学本体论思想的见解也极富真知灼见。也正因为如此,李梦阳才追溯《诗经》传统,指出了诗歌之情与乐的本质,尤其强调了诗歌之

---

① 李梦阳:《结肠操谱序·空同集》,《四库全书》第 1262 册,上海古籍出版社 1987 年版,第 468 页。

② 李梦阳:《空同集·诗集自序》,《四库全书》第 1262 册,上海古籍出版社 1987 年版,第 477 页。

③ 转引自陈文新:《明代诗学》,湖南人民出版社 2000 年版,第 1、73 页。

④ 李梦阳:《空同集·林公诗序》,《四库全书》第 1262 册,上海古籍出版社 1987 年版,第 469 页。

情的真挚,这也正是李梦阳扬《风》诗而抑《雅》、《颂》的原因之所在。

重乐自然属于形式论的论题中应有之意,尊情却似乎与重形式构成矛盾,实则二者之间并不矛盾。应该指出,李梦阳尊情也罢,重形式也罢,都是在一个共同的前提下进行的,那就是对诗歌审美性的思考,对诗歌诗质、诗性的维护。诗歌重情,是因为情能打动人,震撼人的心灵,使之产生共鸣,从而达到文学的审美效果。真正如前引《缶音序》所言,"比、兴"是抒情的自然产物,"比、兴"的感染力来自情感的感染力。强调情感,突出"比、兴",都是以诗歌的审美为指归。当然情感的真挚,贴近生活,关涉人生是基本前提。尊情感与重形式并不矛盾,在诗歌的审美关怀这个大前提下获得了一致。

以上,主要从诗歌的"法式"等形式特征和抒情本质两个方面对李梦阳的文学本体论思想进行了探讨。毫不夸张地说,李梦阳的文学本体论思想相当丰富,但是却被淹没到大量的诗法论述当中。李梦阳的文学本体论思想具有非常重要的意义,为当时的诗歌创作摆脱宋诗和性理诗的影响澄清了是非、理清了思路,对后来的诗歌发展产生了深远影响。如清初遗民诗的高涨,与比、兴说为遗民诗人所认同有直接的关系。清代神韵说、格调说、性灵说,都与李梦阳的诗歌本体论有不同程度的联系。当然,李梦阳的本体理论仍然是不完善的,例如限隔时代的文学史观、模拟汉魏盛唐的格调论。入清后,伴随着康乾盛世的到来,沈德潜的格调论继承了李梦阳的理论,还对李梦阳等复古派理论的一些弊端做了拨正。但无论如何,李梦阳对诗歌之"法"与诗歌之"情"的坚定认识,确实是李梦阳等"前后七子"寻找到了一条解放当时诗歌创作颓废状况的道路,那就是寻出前代优秀诗歌所尊之"法"加以学习,同时对诗歌灌注以"情"。因为在李梦阳看来,按照这一方法创作的诗歌,符合了诗歌本质所规定的要求。因此,李梦阳提出了后人概括的"诗必盛唐"的标准,积极承担了树立诗歌典范的任务,成为复古运动的发起者和倡导者。

(《甘肃社会科学》2008 年第 6 期)

李梦阳"真诗"理论探源

——"真诗乃在民间"命题的提出时间及由来

盛 敏

李梦阳,明中叶"前七子"诗文复古运动领袖,其诗歌复古的理论主张与创作实践曾经深刻影响了其时及稍后诗坛的风向。晚年,在为自己的诗集《弘德集》所作的自序中,提出了"真诗乃在民间"的诗学命题。笔者对这一命题的酝酿形成过程进行梳理,并对其提出的时间进行考辨。

一、"真诗乃在民间"的提出时间辩证

关于该序的结撰时间,目前的研究者尚无定论。陈建华根据《弘德集》所收《嘉靖元年歌二首》和其他两组诗的排列顺序,推定《弘德集》的编订在嘉靖元年(1522),《诗集自序》亦作于此时①。梁临川所著则根据《真乐翁墓碑》一文及《赠刘君按察云南》诗一首,推断《弘德集》的编订不可能早于嘉靖四年,并据李梦阳《弘德集·诗集序》论定《弘德集》编订在嘉靖四年②。笔者认为,以上两说,其证据尚嫌不足。朱安泏《李空同先生年表》称:"(嘉靖)三年甲申,公年五十三岁……以所作古今诗刊而传之,命为《弘德集》,公自为序,述曹县王叔武之论甚详。"则《年表》明确指出,《弘德集》的编订是在嘉靖三年(1524),自序亦作于是年。朱安泏在其"后记"中说:"右年表一卷,为空同李公而作也,空同幼从父宦寓汴,归老终于兹土,为余姑广武郡君之婿,接姻连戚,余素知其平生,兼采乡评之公者著之。"梦阳妻左氏之母广武郡君正是朱安泏之姑,朱安泏与左氏是

---

① 陈建华:《晚明文学的先驱——李梦阳》,《学术月刊》1986 年第 8 期。
② 梁临川:《李梦阳〈弘德集〉的编订年代》,《上海大学学报》1990 年第 2 期。

姑表亲,"余素知其平生"当不为虚言。此外,笔者赞同朱安㵪《年表》之说,亦有如下理由:

①《弘德集》编订于嘉靖年间,这不存在争议。

②作于嘉靖六年(1527)的《论学》已经载有对《诗集自序》的补充说明:"或问:《诗集自序》谓真诗在民间者《风》耳,《雅》、《颂》者固文学笔也。空同子曰:吁,《黍离》之后,《雅》、《颂》微矣。作者变正靡达,音律罔谐,即有其篇,无所用之矣。予以是专《风》乎言矣。吁,予得已哉?"那么,自序之作至迟应在嘉靖六年之前。又,《空同集》卷二十三《丙戌十六夜月》前有序云:"是夕微云,中天遂朗,因忆往时京华赋诗,有'清亏桂阙一分影,寒落江门几尺潮'之句,人多传诵。彼吾少俊,今遽老丑,并前诗忘之矣。亦以集未收载。""集未收载"之"集",应当即为《弘德集》。若无疑问,则《弘德集》编订时间的下限又可上行至嘉靖五年(丙戌)八月十五日。

③自序有云:"然又弘治、正德间诗耳,故自题曰《弘德集》。"此集只收录弘治、正德间诗,所以才有此命名。严格说来,无论该集编订于嘉靖初的哪一年,它都不应出现嘉靖年间的诗作。至于《嘉靖元年歌》二首,可能是出于偶然的不慎或因与集中之诗存在某些联系而有意选入的,决不能就此推断诗集编订于该年。《嘉靖元年歌》二首选入《空同集》卷三十五,紧接于《正德七年正月黄河清,自清河至于柳家浦九十里,清五日焉》之后。笔者没能见到《弘德集》的本子,不知两诗是否同时出现。但笔者据《空同集》推断,《嘉靖元年歌》二首的选入是有特殊原因的。正德七年(1512),黄河清,梦阳作《正德七年正月黄河清,自清河至于柳家浦九十里,清五日焉》一诗,中有"今瑞定于今帝应,世人休拟圣人生"之句。至嘉靖元年(1522),世宗肃皇帝自兴邸入继大统,梦阳乃作《嘉靖元年歌》二首,其二曰:"大明十帝转神明,天意分明赐太平。紫盖复从嘉靖始,黄河先为圣人清。"并有注云:"先是正德七年、九年黄河连清,今上入继大统之兆。"《明诗纪事》丁签卷一"李梦阳"条引《国史唯疑》:"正德七年、九年黄河连清,李梦阳诗云:'今瑞定于今帝应,世人休拟圣人生。'盖婉辞也,至嘉靖改元始直书其事,为入继大统之祥。云:'紫盖复从嘉靖始,黄河先为圣人清。'"这就是说,嘉靖诗是对正德诗的补充,梦阳很可能是故意选入予以辩讳的。至于梁临川先生因见集中有《赠刘君按察云南》诗一首,推测其为送刘濂按察云南,又推测刘濂按察云南应在嘉靖四年,据此推论此诗应作于嘉靖四年,因而《弘德集》结集不可能早

于嘉靖四年。余以为梁先生所举诗文可供再考,而如此回环的一条证据仍不足驳倒朱安泩《年表》之说。所以,笔者认为,在没有发现更有力的证据以推翻朱氏的记载之前,仍应视《诗集自序》为嘉靖三年之作。徐朔方直称该序作于嘉靖三年①,笔者赞同这种说法。当然,朱氏的记载也可能有讹误,如载梦阳"得何大复论文书,以书报之"是在正德五年(1510),就现存何、李论文书信来看,便显然是不合情理的。但我们不能因此便低估《年表》的史料价值。

二、从拟作乐府到发现民间真诗

"真诗乃在民间"诗论的提出,有一个较长时段的酝酿过程。李梦阳在其走向文学道路之初就曾尝试创作拟乐府。《年表》载:"(弘治)七年甲寅,公年二十三岁,在大梁。⋯⋯作乐府三十二篇。"汉魏乐府诗浑厚古朴,有民歌的风味。李梦阳早年的拟作乐府,固然可能有追步茶陵的因素,但其此时守母制居大梁,其慷慨率真的性情亦使其易于走近乐府诗的古朴世界。正如梦阳初至大梁即喜爱这里的民歌时调一样,这是其本乎性情的自然选择。京师十年的郎署生涯,李梦阳慷慨激昂,他倡复古学,有治平之志。弘治十八年(1505),李梦阳在《与徐氏(祯卿)论文书》中说:"夫诗,宣志而道和者也。故贵宛不贵险,贵质不贵靡,贵情不贵繁,贵融洽不贵工巧,⋯⋯三代而下,汉魏最近古。"②这里,梦阳已经表现出对诗歌质与情的重视,其所取于汉魏者,以其"最近古"。徐朔方先生《论前七子》论述了梦阳拟作汉乐府与其重视民歌的密切关系。

正德初,逆瑾乱政,李梦阳罢官居开封五年,这一时期成为他文化取向变化的转折点,其间的诗歌创作往往表现出对其人生道路与文化取向的反思。在庙堂与民间之间,平民出身的李梦阳显然对民间的文化更有一种亲切感。江西罢官后,梦阳归居开封,途中拟作了许多襄阳民歌,此时的梦阳当已开始了对诗歌取向的自觉思考。黄省曾论其:"江西以后,逾妙而化,如玄造范物,鸿钧播气,种种殊别,新新无已,而脉理骨力,无不底极,岂世之徒尚风容色泽、流连光景之

---

①　徐朔方:《论前七子》,《杭州大学学报(哲学社会科学版)》1990 年第 1 期。

②　李梦阳:《空同集》,人民出版社 1984 年版。

作者可得而测公之藩垣哉。"①黄省曾稍嫌过甚的赞誉之词至少说明了，江西以后，梦阳诗在很大程度上从之前过于生硬的模拟中解放出来，进一步走向朴素和自然，即其所谓"逾妙而化"，而决非"徒尚风容色泽、流连光景之作"。何景明则说："（梦阳诗）江西以后之作，辞艰者意反近，意苦者辞反常。"②其意虽在于批评，但毕竟透露出梦阳诗歌江西前后变化的信息。事实上，此时的李梦阳，已经不再拘泥于诗歌的辞意与格调，而开始了对何为真诗的探索。世人的务相矜诩，时俗的浮华不实，越来越使梦阳认识到真与情之可贵。《年表》载，正德十六年（1521），儒生刘德举来，言六烈女事，公闻之泫然出涕，作《六烈女传》。《六烈女传》重伤于时俗之喻，感泣于六女以至微之身而怀至情，谓其执情陨躯，巍于山岳，是对民间真情的一曲赞歌。这是梦阳将视野转向民间的重要契机。该传载于《空同集》卷五十八，同集卷五十一《遵道录序》又阐发了贵真的思想。至《缶音序》之作，梦阳向民间寻求真诗的思想逐步清晰起来："孔子曰：礼失而求之野。予观江海山泽之民，顾往往知诗，不作秀才语，如缶音是已。"明确地把视野转向民间之风诗。梦阳的思想经历更接近于下层的民众，当他失望于"文人学子韵言"的时候，便会率先走向民间。民间之诗，当然不能准之以雅调，它是民间真情的自然流露。它朴素、活泼，充满生活气息，与那些矫揉造作的文人之诗相比，正体现出难得的朴质、自然之美。至嘉靖初，李梦阳为自己的诗集《弘德集》作序，便终于响亮地提出了"真诗乃在民间"的诗学命题。

《诗集自序》引王叔武之言表达了对鲜有真情的"文人学子韵言"的否定，并回顾自己二十年的诗歌创作实践，发出了"予之诗非真也"的感叹。他以是否真诗为标准进行取舍，终于发现"诗者，天地自然之音也。今途咢而巷讴，劳呻而康吟，一唱而群和者，其真也，斯之谓风也。孔子曰：礼失而求之野。今真诗乃在民间"。序中所引王叔武之言，实际上代表了李梦阳本人的观点。

邓云霄《重刻空同先生集叙》云：王叔武之言曰真诗在民间，而空同先生有味其言，至引之以自叙。夫空同先生跨辗千古，力敌元化，乃犹称真诗在民间，而吾夫子亦曰：斯民也，三代之所以直道而行也。以吾夫子之圣不能外于斯民之直，空同先生固圣于诗也，孰能外民间真音而徒为韵语。古者，先王命太师陈诗

---

① 李梦阳：《空同集》，人民出版社1984年版。
② 何景明：《何大复集》，中州古籍出版社1989年版。

以观民风,吾夫子删《诗》,先《风》而后《雅》,里谣途咢至与清庙明堂之声同铿锽焉。即清庙明堂登歌赓唱,亦当时矢口发籁、直布胸臆,非如后世文人墨客抽黄对白、剪线隋园、学步邯郸,徒以韵语相矜诩也。自唐以诗取士而诗道寝衰,而其真而近古者往往得于佗傺无聊不平之感。故真者,音之发而情之原,从原而触情,从情而发音,故赴响应节悠悠然光景屡新与天同其气。徐而歌之畅然愀然,足以感耳入心、移风易俗、美爱而传,亦与天同其久。固知空同先生所以集大成而自谛此道者,盖有本矣①。

这里,邓云霄推许空同圣于诗,故而在以韵语相矜诩的时风之下发现民间真音,而民间真诗才真正蕴含着诗歌之真义。稍后,李梦阳在其《论学·上篇》中进一步阐明了"真诗乃在民间"的主张。他说:"或问:《诗集自序》谓真诗在民间者,《风》耳,《雅》、《颂》者固文学笔也。空同子曰:吁!《黍离》之后,《雅》、《颂》微矣。作者变正靡达,音律罔谐,即有其篇,无所用之矣。予以是专《风》乎言矣。吁,予得已哉?"除了在《诗集自序》和《论学》中反复申说自己"真诗乃在民间"的主张外,梦阳还特意在集中收录了一首民谣——《郭公谣》,并在后记中说:"世尝谓删后无诗,无者谓《雅》耳。《风》自谣口出,孰得而无之哉? 今录其民谣一篇,使人知真诗果在民间。於乎,非子期孰知洋洋峨峨哉?""真诗乃在民间"与"真诗果在民间"的表述,标志着李梦阳的"真诗"理论在经过多年的实践与思考之后,最后走向成熟。而拟作乐府诗的过程,则记录了他在"真诗"道路上的可贵探索。

三、晚年彻悟说辨析

有论者认为,李梦阳"真诗乃在民间"是为其晚年彻悟的结果。这种看法主要建立在对其诗文复古的深刻误解。陈建华已经指出②:李梦阳在主张复古的初期,就以创作具有真情的"真诗"作为追求的目标。复古的实质在于重现古代文学中的活泼的精神。并指出,《诗集自序》是李梦阳对他所倡导的复古运动的回顾与总结,而非其晚年对自己拟古道路的"追悔"或"猛省"。本文亦已指出,

---

① 李梦阳:《李空同诗集》,清光绪十五年刻本。
② 陈建华:《晚明文学的先驱——李梦阳》,《学术月刊》1986 年第 8 期。

从拟作汉乐府到"真诗"理论的提出,梦阳经历了一个漫长时段的探索过程,从本乎性情的自然选择,终于走向自觉的诗歌理论。"晚年彻悟"说,还源于对梦阳"自序"的误解。梦阳《自序》有云:"予之诗,非真也。王子所谓文人学子韵言耳,出于情寡而工之词多者也。……每自欲改之以求其真,然今老矣。"若单从字面理解,确实容易得出梦阳晚年"自悔"的意见,其实不然。余以为:

①理论与实践存在一定的距离。诗歌探索的道路是曲折而复杂的,李梦阳企图从模仿走向创新,他所采取的创作方式本身容易带来流弊。②其追随者不能真正理解李梦阳"求真诗"的精神,导致形式主义诗风蔓延,就连李梦阳本人,也写下了一些确实有着句拟自模、食古不化痕迹的篇什,以至于在晚年发出了"予之诗非真也"的感叹。③梦阳自述并不是认识上的晚年彻悟,而是在经过了数十年的努力之后,最终还是发现连自己的创作实践也不能完全达到"真诗"的理论要求。"予之诗非真也",更多的是感叹,而非"悔悟"。

四、"真诗"理论的思想意义

"真诗"理论的提出体现了李梦阳对情的尊崇。《自序》中特别阐发了诗歌的比、兴之义。其引王叔武言曰:"《诗》有六义,比、兴要焉。夫文人学子比、兴寡而直率多,何也?出于情寡而工于词多也。"这段文字意在说明,在诗歌里,重要的是比、兴,而且"文人学子"之诗还由于"出于情寡而工于词多",被贬为"比、兴寡而直率多","徒巷蠢蠢之夫"之歌,则被赞赏为"无不有比、焉、兴焉,无非其情焉"。要之,比、兴的多寡正是情之多寡的表现。梦阳推尊真情,反抗的是宋儒的所谓"天理"。程朱理学从纯粹道德理念出发,要求人抑制个人感情,服从天理,造成了人性的泯灭。梦阳猛烈抨击宋儒的偏谬,肯定人的自然感情,认为"天下有窍则声,有情则吟,窍而情,人与物同也"。作于嘉靖初的《结肠操谱序》①,梦阳虽不无惝惘,然还是充分肯定了陈鳌的看法:

> 天下有殊理之事,无非情之音。何也?理之言常也。或激之乖,则幻化弗测,《易》曰"游魂为变"是也。乃其为音也,则发之情而生之心者也。……感于肠而起音,罔变是恤,固情之真也。

---

① 李梦阳:《空同集》,人民出版社1984年版。

这里指出,理为常,情为变,文学艺术"发之情而生之心",虽乖于理,却是人之真情的表达。梦阳大胆肯定真情,不惮与理相乖背。这就在"理"一统天下的时代里,为情的生存开辟了空间。陈建华亦对李梦阳尊情抑理的时代新思想给予了充分的肯定:"李梦阳在理学的浓重包裹中提出这样的情欲观,确有振聋发聩、转移风气之功,为新的文学运动提供了理论基础。"①再加上此时社会风尚的转移,肯定自我、张扬情欲的价值取向都已初露端倪,梦阳领风气之先,其思想便率先表现出某些新变的因素。"真诗乃在民间"的诗学命题,也因此应运而生。这种文学观念的下移,无疑为中国传统文学的通俗化掀开了崭新的一页,使诗歌进一步走向民间。

(《河南工业大学学报(社会科学版)》2009 年第 4 期)

---

① 陈建华:《晚明文学的先驱——李梦阳》,《学术月刊》1986 年第 8 期。

三　诗文创作研究

李梦阳的一个侧面

——古文辞的平民性

（日）吉川幸次郎作　章培恒译

一

明代中叶,以李梦阳(即空同,成化八年 1472—正德八年 1513)为主要倡导者而兴起的所谓"前七子"的复古主义文学,以及稍后继承"前七子"的李攀龙、王世贞等所谓"后七子"的文学,曾分别风靡过他们的时代,但在今天,只是作为历史的存在,似已无人过问了。

那恐怕也是他们的文学所应该受到的当然的待遇。他们的复古主义——《明史》将其主张归纳为"文必秦汉,诗必汉魏盛唐"——至少在诗歌的范围内并没有产生好的结果。

首先,也是最重要的一点,那些诗大致是乏味的。因为,不仅语言只限于运用古代的东西,在题材和感情方面也同样如此,而且,对古代的优雅是冷淡的,仅仅热心于古代的刚健。作为这样的结果,其诗就只能在受到极其严格的限制的范围内来回踱步,终于成为千篇一律、乏味。

此外,那些诗又是把自己跟文学为描写现实(随着中国历史的进展而日益复杂化的现实)而做的努力隔绝开来的。宋诗曾经做过这样的努力,但"七子"却只把宋诗所具有的另一面,即其经常说理的一面,视为主要的,不分青红皂白地一概厌恶宋诗,其结果,就跟宋诗所做的那种努力完全隔绝开来。由于这一点,其诗成了跟现实相乖离的东西,从而沦为空疏。

在诗歌题材涉及他们的现实环境的情况下,这种空疏就更引人注目:当其跟现实相乖离的空疏的言辞使人感到时代错误时,那就不只是空疏,而且成为滑稽了,这种现象在他们的律诗里特别显著。试从李梦阳的七律中任意举一首为例,

《空同子集》卷三十("七言律"二、"赠酬"一)的第一篇,题为《郊斋逢人日,有怀边、何二子》的赠给边贡、何景明的诗中说:

> 今日今年风日动,苑边新柳弱垂垂。斋居寂寞难乘兴,独立苍茫有所思。谷暖迁莺番太早,云长旅雁故多迟。凤池仙客容台彦,两处伤春尔为谁。

这首诗几乎不能带给我们任何感动,是由于强自做着不合理的事情:不仅模仿杜甫的用语,并要使诗的感情也与杜甫一致。给作者自己,也给边、何二子安排了作为跟杜甫一样的八世纪人的感情,并勉强地咏歌这种感情。其所咏歌的,已经不是现实中的自己的感情了。无论在言辞方面怎样模仿杜甫,感情也是不丰满的,而言辞是应由感情使之充实起来的。所以就成为空疏。

然而,新的题材和新的感情的侵入(跟有意识的采用相比,那是无意识的侵入),也不是没有。

收在《空同集》第十六卷("诗类"三之八、"五言古"八)里的四十七首诗,全都注明为"效李白体",而其作为第一首的、题作《沐浴子》的诗中说:

> 玉盘两鸳鸯,拍拍弄兰汤。振衣馨香发,弹冠有辉光。岂念蓬首女,含情怨朝阳?

这可以说是李白同题诗歌的改头换面。

> 沐芳莫弹冠,浴兰莫振衣。处世忌太洁,至人贵藏晖。沧浪有钓叟,吾与尔同归。

一看就明白,用语多袭自李白。尽管这么说,主题却未必相同;而我所要指出来的最重要的一点,则是:其中出现了八世纪的李白诗里所没有出现、也难于出现的一个形象。那就是:出现了"玉盘两鸳鸯"和浴桶。那不仅是李白诗里所没有出现过的,而且恐怕是在古代诗歌、或者说梦阳以前的诗歌里所并不多见的东西。它的出现,是由于梦阳并非八世纪人,而是十五世纪的人。假如梦阳是站在这样的立场:伴随着这种非十五世纪的人所不能想象的新的形象——浴桶——而产生新的感情,并使之发展,那么,这首诗是会成为有吸引力的作品的罢。然而,这不是梦阳的立场。依据梦阳的立场,浴桶是由于不注意而出现的,是失误,从而其余部分都是毫无新意的诗句的连续。侵入的新的形象与其余部分的陈腐是调和不起来的,其结果,诗的全体给人以不和谐的、奇怪的、不相称的感觉。

他们的诗受到"优孟衣冠"的批评是不可避免的。在近时期的中国文学史家那里，他们的文学作品大抵是被漠视的。

二

然而，近来也有把再评价的目光朝向他们的文学的，那就是茅盾的《夜读偶记》。

至少是在李梦阳等的文学的出发点方面，茅盾把他们的文学看作正确的改革运动。今据加藤平八氏以《东洋的现实主义》（《东洋のリアリズム》）为题而出版的该书译本，引其若干言论于下。它们全部见于译本的第二章《中国文学史上的现实主义与反现实主义的斗争》中。

> 我之所以在韩愈之后的许多"古文运动"中间单单拣出明朝的"前后七子"来讨论，无非因为"前后七子"的运动不但有文体改革的意义，而且更重要的是，他们的反对"台阁体"是有意识地反对"台阁体"的那种平正典雅、不痛不痒、逃避现实的"考实则无人，抽华则无文"（李梦阳语）的反现实主义的文风。在反对形式主义、反对反现实主义这点上，"前后七子"的运动是有进步的意义的。

案，"考实则无人，抽华则无文"之语，见于李梦阳诸子体文章《空同子》的《论学》上篇。

至于李梦阳的创作成果，茅盾也没有给予高的评价。在创作实践上，他的诗模拟汉魏盛唐，纵横驰骋的气势、慷慨激昂的音节，在当时固然是一新耳目，但思想内容是不深刻的，他不敢触及当时政治社会的根本问题。他的散文模拟秦汉，那就诘屈聱牙，用形式上的古朴艰深来掩饰内容的贫乏。为了反对形式主义而揭起的改革运动，自己却又终于不免成为另一种形式主义，这正是"前七子"的矛盾所在，也正是他们"命定"的悲剧。

三

以上所引用的茅盾的看法——李梦阳等的文学，至少李梦阳的文学是以改革的热情为出发点而形成的——是正确的。不论他们的成果如何，出发点确是如此。关于李梦阳以前的明诗的状态，现在没有可予评述的机会。要之，以杨士奇等人即所谓"三杨"为中心的"台阁体",是最空洞无力的东西。作为对它的反拨和改革的,乃是李梦阳的文学。

而我在现今的这篇论文里所要叙述的是:由那样的改革热情所产生的他们的文学,乃是作为明代之特征的平民精神的表现之一。

成为明朝的时代特征的,是平民的势力以及随之而来的平民的精神的高涨。这在文学史上也是容易得到证明的,那就是:作为平民性最强的文学的白话小说之划时期的发展或散曲之盛行。这些现象是近时期的文学史家所喜欢指出的。

而且,在诗文的领域里,以沈周为中心,唐寅、祝允明、文徵明等身份完全为市民或与市民接近的文人,也相继涌现,尽管在地带上还偏向于南方的苏州地区。这也是其有力的证据。

不过,李梦阳等的文学,是以跟平民生活最为关系疏远的古代语连缀而成,所以,一看就好像是非平民的东西。而且,如把追求自由作为平民精神的重要条件,那么,在用语、题材、感情方面的死板的限制,也好像是跟这条件相违背的。然而,尽管这样,我仍想要说明:实际并非如此。他们的文学也是成为明代之特征的平民能量的高涨,是它的一种喷射。

在这点上,首先,梦阳的复古主张并不仅仅是要回复到古代,实际上是要回复到朴素。这是由其主张中包含着如下议论而显示出来的:作为文学,朴素的文学正是最本质的东西。更是由如下一点而显示出来的:在议论的过程中,作为重要的媒介,存在着这样的大胆见解:在现代,保持着古代的朴素的作品,乃是平民的歌曲。

如同茅盾也曾简单地提及过的那样,表述这种看法的,是梦阳的《诗集自序》。现在再稍微详细地加以介绍。在《空同子集》的卷首以及该书的五十一卷中,都可见到那篇文章。

《自序》是以这样的形式开始的:首先,友人王崇文(字叔武)告诉梦阳:今之真诗乃在民间。

> 李子曰:曹县盖有王叔武云。其言曰:夫诗者,天地自然之音也。今途号而巷讴,劳呻而康吟,一唱而群和者,其真也。斯之谓风也。孔子曰:"礼失而求之野。"今真诗乃在民间。而文人学子,顾往往为韵言,谓之诗。夫孟子谓《诗》亡然后《春秋》作,雅也。而风者亦遂弃而弗采,不列之乐官。悲夫。

根据《诗经》的分类,认为诗歌有《风》的类型和《雅》的类型的这种见解,在以后也可以看到。前者当意味着民谣式的纯粹的抒情诗,后者当意味着以社会作用为目的的知识人的诗歌。而像《诗经》的《风》那样的东西,也即民谣的抒情诗的传统,绵绵不断、生气勃勃地存在于现在的民谣之中,这就是在上文中作为王崇文之说而首先加以叙述的观点。对此,梦阳并不是立即赞成的。

> 李子曰:嗟,异哉! 有是乎? 予尝聆民间音矣。其曲俚,其思淫,其声哀,其调靡靡,是金元之乐也,奚其真?

这就是说:世俗的杂剧中的歌曲,或者散曲中的歌曲,它们听起来都只是杂有夷狄曲调的不正之歌。

对此,王崇文进一步指出:并非那样。因为是基于内心的真实,它们是真实的诗歌。

> 王子曰:真者,音之发而情之原也。

只不过在金、元时代经受了外族的侵略,从而杂有夷狄的曲调。这是"真",而不是不正常。

> 古者国异风,即其俗成声。今之俗既历胡,乃其曲乌得而不胡也? 故真者,音之发而情之原也,非雅、俗之辨也。

在这里正可以见其内容之"真",而不应该拘于所谓"雅、俗"的外形区别。

王崇文又继续说下去:

> 且子之聆之也,亦其谱而声者也。

也就是说:您所熟悉的,仅仅是诸如普通的杂剧和散曲中的歌曲,那是因袭已有的曲调而制作的。但还有着民谣这样更自由、更真实的东西,恐怕您就不熟悉了。

> 不有卒然而谣、勃然而讴者乎! 莫知所从来,而长短疾徐无弗谐焉。斯谁使之也?

至此,梦阳以对王崇文之说完全感服、完全同意的形式,在其自序之文中进而写道:

> 李子闻之,瞿然而兴曰:"大哉! 汉以来不复闻此矣。"(着重点当然是笔者所加)

而且,在那以后,仍然作为王崇文的言词——也作为以上议论的补充——而叙述说:在诗歌里,重要的是比、兴,也就是文学性的修饰。在这段文字里,"文人学子"之诗还由于"出于情寡而工于词多",被贬为"比、兴寡而直率多";"途巷蠢蠢之夫"之歌,则被赞赏为"无不有比焉、兴焉,无非其情焉"。

在该段文字以后,又进而提出了如下的意见:以上所论的,都是就《风》而言,而《雅》、《颂》则是出于"文人学子"之手的(这是李梦阳提出的意见——译者);然而,真正的《雅》、《颂》之音,久已不见于世了。——这仍然是作为王崇文的言词而述说出来的。梦阳为这位友人的言词所感动,遂废唐近体诸篇,一步进一步地向古代载籍寻求典型:从李、杜歌行到六朝诗、晋、魏诗,赋骚,琴操古歌诗,四言。如此行之二十年,所产生的就是这三十三卷诗,然后加上这样的自谦之词作为结束:

> 予之诗非真也,王子所谓文人学子韵言耳,出之情寡而工之词多者也。

四

这个自序的最后部分,即言及"雅、颂"之诗的部分,跟其前半部分的论旨的关系未必很明显。对这一点,李梦阳自己似也是感觉到的,在作为《空同集》外篇的《空同子》的《论学》上篇中做了如下的补充或说明。

> 或问:《诗集自序》谓真诗在民间者《风》耳,《雅》、《颂》者固文学笔也。
> 空同子曰:吁!《黍离》之后,《雅》、《颂》微矣。作者变正靡达,音律周谐,
> 即有其篇,无所用之矣。予以是专《风》乎言矣。吁,予得已哉?

即使根据这一补充或说明,我对梦阳的关于《雅》、《颂》之说的旨趣,也还是弄不明白。此点姑置不论。而其关于《风》之说,则是承认跟平民最接近的歌曲——通俗的歌曲具有高度价值。从而,那一看就好像跟平民关系疏远的、他的古典主义文学的动机,就极其明白了。

在这里,很自然地会使人联想到:在文学的诗文方面作为梦阳同志的康海,乃是散曲的大家,在杂剧方面还有《中山狼》之作。我不知道梦阳曾跟康海那样的有杂剧、散曲之作,然而,他在创作上也并不是完全没有显示出其对于同时的民间歌曲的关心。《空同集》卷六所收的《郭公谣》,就是这样的作品。就形式说,那是长短句的乐府体诗歌。

> 赤云日东江水西,榛墟树孤禽来啼。语言哀切行且啄,惨怛若诉闻者凄。静察细忖不可辨,似呼郭公兼其妻。一呼郭公两呼婆:各家栽禾,栽到

田塍,谁教检取螺。公要螺炙,婆言摄客。摄得客来,新妇偷食。公欲骂妇,
婆则嗔妇。头插金,行带银。郭公唇干口噪救不得,哀鸣绕枝无色黑。

想来这大概是将民谣加以修饰,并翻译成为他这一派的古文辞的。在作品之后,
附有如下的后记:

李子曰:"世尝谓(孔子)删后无诗,无者谓《雅》耳;《风》自谣口出,孰
得而无之哉?"今录其民谣一篇,使人知真诗果在民间。於乎,非子期孰知
洋洋峨峨哉?

这些言论跟自序若合符节。

作为空同的立场,是承认散曲、杂剧等为体现文学之本质的存在的。但另一
方面,他自己却对之并不染指,这恐怕是他在赞赏俗曲的精神的同时,却认为从
这种精神出发的卓越的艺术表现是在古代文学中,从而专门趋向于对它们的模
仿的罢。

五

李梦阳的文学就是这样地以对平民的文学的共感作为出发点的,从而即使
在其成熟之后,在其根底里仍然存在这样的共感的罢;可以认为,这跟他的环境
有关系。

对于把文学作为环境的产物的见解,我并不无条件地赞成,至少我并不完全
赞成那样的见解。因为我认为,文学常常具有向其所被赋予的环境争取自由的
性质,或者说,要超越、背叛其所被赋予的环境的性质,文学正是在这样的情况下
形成的。

然而,经此同时,文学不可能完全离开其所被赋予的环境而自由,不能跟其
环境全然绝缘,这也是事实。为了考察文学之各自的性质,把文学所由产生的各
自的环境提出来加以考虑,在某种场合是必要的、有效的。可以认为,在李梦阳
的场合就是如此。

梦阳生于身份很低的家庭,这对于明代的士大夫来说未必是特异的事,毋宁
可以说大抵都是那样的。但在梦阳的场合,为尤甚。

显示出这一点的,是列于《空同子集》文类的开头部分的《族谱》一卷,那是
梦阳自己叙述其家世之作。首先是《例义第一》,做了序说性质的记述;其后是

《世系第二》,载有如下的世系图。其中的黑体字,当然是出于笔者之意。

讳恩　　子讳**忠**　　子**刚**　　子麟(无嗣)

庆　　子孟春

讳**正**　　子孟和

梦阳

孟章(无嗣)

敬　　子琎　　子钊

瑄(无嗣)

然后是《家传第三》,对上面的世系图加以说明,添上生卒年、配偶、女儿等。其后是做了最详细的记述的《大传第四》。那是曾祖父李恩以下的详细的传记,是用梦阳一派的古文辞加以记述的;内容则是详细地、没有忌讳地叙述他家是西陲的一个贫贱之家。

首先,是曾祖父李恩,连其生于何处也不晓得:“不知何里人也。”所知道的仅仅是:他是扶沟人王聚的养子,随着王聚从蒲州迁居庆阳,最后在白沟河之战中战死。这以后,他的家就成为西方偏远城镇——庆阳——的居民。

其次,记述祖父李忠——或者说王忠——的事,同时呼之为“处士公”。由于曾祖父的战死和曾祖母的再嫁,作为八岁孤儿的祖父,辛苦地学习经商,从小商人发迹而为中等商人。因为他去世是在正统十二年,即梦阳诞生的成化八年的二十五年之前,所以,这些全都是梦阳从父亲处听说而记下来的。

> 往先君谓梦阳曰:贞义公(即曾祖父王恩)没时,处士公盖八岁云。是时母氏改为他氏室,而公乃因不之他氏食,零零俜俜,往来邠宁间,学贾,为小贾,能自活。乃后十余岁而至中贾云。

还叙述了跟其祖母的结婚:

> 宁州有李媪者,窃睸公,异之,乃因妻以女。而公即不知为同姓。

这虽然是受了《史记·高祖本纪》影响的、自负的笔法,但所说的却是这样的事:祖父竟然举行了知识阶级所绝对禁忌的同姓结婚。

还有从同乡长老处听来而做的记述。所记如下:

> 长老曰:处士公任侠有气人也,即少时而好解推衣食,衣食人,于是闾里人皆多处士公。

但是,在这样地具有侠气的另一方面,也擅长于治生——即理财——之道。

　　　　处士公顾愈谨治生,日厚富,有赀。郡中人用赀,无问识不识,皆与
　　赀①。于是郡中人亦无不多处士公。
祖父是个放债人,这就是此段古文辞背后的事实。又说:

　　　　处士公载盐过间里,与间里门斗盐。及载菜,即与间里菜。卒岁散盐、
　　菜数十车,于是间里率岁不复购盐、菜。而俗谓善人为佛,处士又治佛,因号
　　曰佛王忠。于是,佛王忠之名盖郡中矣。

慈善行为当也是事实,但同时又显示出:祖父是依靠贩进盐和菜蔬而获利的
商人。

　　最后,仍然以"长老曰"记述了这样的事:祖父的死,是当田氏的人被其仇家
所杀时,他出而代为诉理,遭到株连,死于狱中。这也就意味着:他是作为民间的
有势力者而包揽词讼的人物。

　　在祖父的"大传"之后,附记了祖父之弟王敬——称之为"军汉公"——的事
迹,更加显示出其家为田舍之侠。

　　　　军汉公则嗜酒,不治生。好击鸡、走马、试剑。即大仇,醉之酒辄解,顾
　　反厚。年八十余,竟无疾卒。

六

　　《族谱》里的再往下的"大传",反映了世系图第三栏的父亲一代的事迹,首
先记述了作为祖父长子的伯父李刚(或者说王刚)的事。伯父李刚(或王刚)被
称为"主文公"。因为他是"卫之主文",也即以当地驻军的书记为其职业。

　　首先说的是:伯父也跟祖父相似,是喜欢任侠的人:"好气任侠,有父风"。
由于祖父的突然死亡和放出去的债款吃了倒账,"家徒四壁立",而且,作为造孽
的放债人还遭到笑骂。在这种情况下,伯父大怒,出现了如下的行为:

　　　　主文公于是痛哭,往来里门,骂窃笑李氏者曰:"若真以李氏无人耶?"
　　骂且行,卒无应者而止。

可以认为,这含有如下的内容:表示了"亲爹的债权由我来继承"的意思。

---

　　① 吉川氏原文所引梦阳此段文字,无"郡中人用赀"至"皆与赀"十三字,以至下文"祖父是个
放债人"的论断失却根据。此当是漏排,今据嘉靖本《空同集》增补。——译者

另一方面,梦阳的家庭过文字生活也是从这位伯父开始的。而且,当他因事而去北京时,买回来了种种书籍——为了给予两个弟弟以新的职业。

> 主文公尝以事至京师,有美贽,乃尽买学士家言并历数家,归训其二弟。

"学士家言"是八股文,"历数家"当指占候星卜之类的书。其中接受占候、星卜之类的训练的,是次伯王庆,用空同的话来说是"阴阳公",他以阴阳家而出名。又,接受所为"学士家言"的训练的,是空同之父李正,留待后述。

这位伯父"主文公"王刚,也是个"武断乡曲"的土豪。城镇内需要集众,他的命令一下,人们就聚集起来;而且,(在举行有他参加的宴会时)要等他出席了才开宴。又,有一次,叔祖父"军汉公"王敬把房子抵押出去,以偿还酒钱,债权人就来要房子。伯父一面默不作声地盯着债权人看,一面磨刀。债权者感到害怕而逃出去了,伯父说:"哈,此奴走矣。"又大声叫骂,并倒在地上装作死掉了。债权人更加吓破了胆,哀诉说:"天,天,宁主文生,不愿得屋直。"

受到这位豪横狡猾的胥吏伯父的训诲的,是空同的父亲李正。

父亲李正——用梦阳的称呼法也就是"吏隐公"——的传记,首先是以其幼时于伯父"主文公"王刚处接受文字教育之事开始的。

> 吏隐公年九岁丧父,而依于伯氏。伯氏教之则严也。十二三岁时,伯氏佣书造里籍(也就是书写户籍,那是伯父的职业)。乃伯氏不自书,顾令吏隐公书。吏隐公即善造书。伯氏乃大喜,奇之,顾反严,吏隐公讹一字,伯氏乃一扑其掌。久之,掌坟赤,公啼泣。
>
> 里父老见之,为苏苏陨涕曰:"夫纸,易得耳,奈何至是?"
>
> 伯氏乃仰而窃叹曰:"嗟乎,吾宁为纸惜耶?"

这样的教育产生了效果,梦阳的父亲擅长书法。又,在十八九岁时,由伯父带着去请善于占算的邵道人预决休咎。占算者不说话,只把两手的食指置于两耳之上。领会到那是意味着纱帽翅(纱帽即官帽),从那时起就开始从事于正式的学问。二十岁成为郡学生,二十五岁成为太学的贡生。三十三岁生梦阳,三十六岁被任命为阜平县的训导,阜平是直隶正定府的一个县。及至四十二岁,成为封丘温和王属下的教授,移家开封。而在其子梦阳二十二岁进士及第的第三年——弘治八年时,以五十七岁之年而去世。那就是其父的一生。所谓封丘温和王,是明太祖第五子周定王朱橚之孙朱子垔,以成化五年袭封,弘治十五年薨,见《明史》的《诸王世表一》。

这样，其父亲好歹是个读书人了。然而，即使从情面观点出发，也不能说他是地位高的读书人。他是作为庶王身边的教官而终其身的，而明代的庶王的状况，相对于"王"的原先状况来说，已经是作为"王"的稀薄的影子而存在了，这在布目潮沨氏的论文《明朝的诸王政策及其影响》（一九四四年三、四月、五月《史学杂志》）中已曾详述所谓庶王的教授，丝毫都不是有名誉的地位。梦阳在其父亲的传记中也记载说，"公在王门十三年，沉晦于酒"，专门充当王的酒伴而消磨岁月。又，其父在担任阜平县学的训导时，曾写文章抗议提学御史阎禹锡的振兴学政的命令，说明在文化落后的当地难于急速振兴；那虽然是相当不坏的文章，但大概是由梦阳加以大力润色的罢。

在家传的末尾，记述了十九岁去世的亡弟李孟章的事，其中说：

> 弟生而巨口高颧，骨隆隆起发际，名为伏犀。七八岁时犹啖乳，有气力。然矫捷善戏，善打毬、缀幡、骑竹马，群儿莫先也。弟又好黏竿、击扑蝉、打蜻蜓，又放风鸢。父母以其有奇气，时时折辱之，不可下。乃后父母殁，弟因而省悟，始折节诵书、史，日记二千余言。①

其后弟弟一意爱好道士之言，但十九岁就夭折了。根据其弟弟的传记，也可以窥见其家庭还完全处于平民性的气氛中。

七

总之，上引的《族谱》的叙述，充分显示出：纵然其父可以说是最下级的读书人，而梦阳长大成人的环境，却是跟平民性的生活直接联系，处在平民性的气氛之中的。

而由于知道了这样的环境，可以进一步确认和理解他的文学实际上是深具平民性的存在，尽管那并不是一看就看得出的。

首先，由此表明：他诞生在容易提出革新之说的环境里，盖其所由诞生的是西陲名为庆阳的一个贫寒之邑。那是跟文学极其无缘的地方，并不是像江浙地区那样的地方：乡党先辈把文学代代相传、传统给后进以束缚。而且他是该地的平民之子，丝毫都不是所谓"诗书世家"的子弟，完全没有堆积在家庭里的传统

---

① "日记"，吉川氏原文引作"日诵"，据嘉靖本《空同集》改。——译者

的束缚。果敢的革新之说就这样自由地涌现出来。他虽在《族谱》中说(是作为训诫其弟之语而说的):"夫吾家业诗书,世有显名焉。今传汝,汝奈何弗省?"这是他这一类人的大言壮语。

可以认为,这样的环境不但形成了他的文学的出发点,而且跟成熟以后的他的文学也有密切关系。

首先要指出的是:他的复古主张除了要回到素朴自然之外,还有力地存在着要使文学简易化的一面。所谓"文必秦汉,诗必汉魏盛唐"的主张,实际上是只要读《史记》和《战国策》以及汉魏诗的一部分和盛唐(包括初唐)诗就够了的主张。那是把以宋代以后的文学为背景的烦琐的知识教养索性当作有害的东西全部抛掉的主张。

若再试作进一步的思考,那么,他的文学、或者说他们的文学失败的原因,就在于他们的愚直。在诗歌方面,不但用语,甚至题材和感情也严格地限于古代的东西,这不是机巧的人所设想的事,那也是平民的愚直、特别是农民的愚直的表现。这一点,在跟其后的清代的诗相对比时,就更其明瞭。——清代的诗由于运用了商人性的机智,从失败中挽救过来了。①

还有更加重要的是:其诗姑置不论,其文尽管是用古代语写成,却往往跟平民性的现实生活很接近。其例子也不必别寻,上面引用过的《族谱》就是。

《族谱》的内容,是如实地写出了从来的散文所没有写到过的最具有平民性质的生活。由于那是用模拟的、不适当的、夸张的文体书写的,时时伴随着滑稽感,这是事实。而且,由于使用了在秦汉文中确实绝对看不到的语词,例如其弟传记中的"善打毬"、"打蜻蜓"的"打"字等,自会招致清朝作风的古典学者的嘲笑,这也是事实。然而,在那样有着比其以前的文学更加如实、细致的叙述,却也是事实。在跟他的老师李东阳(后来由于政治关系而与他不和)为他父亲李正所写的淡而无味的传记相比较时,这点就更加显著。那篇传记就是收于《怀麓堂文后稿》卷十六的《大明周府封丘王教授赠承德郎户部主事李君墓表》。又,说起来跟他同样是贫家出身的李东阳,却并不希望语及自己家世,李梦阳的态度与此恰成对照,这也是应该作为比较重要的事情来看待的。

---

① 吉川氏在这里所指的,是清代的以王士禛为代表的诗歌。参见其所作《关于渔洋山人的〈秋柳诗〉》,收入筑摩书房版《中国诗史》。——译者

八

他成长的这种环境及其与他的文学的关系，在他自己的言论里也有说及这些的。《空同集》卷四十中他于正德七年四十一岁时，为辞去江西按察使、提学副使职务而进呈的奏疏《乞休致本》的开头说：

臣生长寒鄙，出身寒细。

又，卷六十二《与徐氏论文书》——即致徐祯卿的书简——的开头说：

仆西鄙之人也。无所知识，顾独喜歌吟。

又，同卷《与李道夫书》的开头：

仆婞直之性，孤危之行，皎然难白之心……

此书中形容自己性格的这些话，同时说出了如下的情况：跟其出身联系着的这种性格，在政治实践方面也使他屡蹈危机而决不反顾。

以上所述说的有关李梦阳的看法，想来也适用于跟他并称的何景明，因为何景明也出身寒微。而且，假如说到"后七子"，那么，李攀龙的父亲也是任侠之徒。这都是研思"七子"的文学性质的又一关键。关于此等问题，留待他日考究。

还有，在李梦阳的文章中，显示其与商人交游之作颇多，这也引起我的注意。见于卷四十五《梅山先生墓志铭》以及六十四《祭鲍子文》的歙人鲍弼，见于卷四十六《明故王文显墓志铭》的蒲人王现，见于卷四十八《潜虬山人记》的歙人佘育，见于卷五十二《缶音序》的育父佘存修，见于卷五十一《方山子集序》以及六十四《方山子祭文》的歙人郑作，见于卷五十六《赠予斋子序》的歙人鲍辅，以及作为鲍辅外舅而见于《赠汪时嵩序》里的歙人汪时嵩，与上述鲍弼、郑作共见于卷五十七《汪子年六十，鲍郑二生绘图，为之序》的歙人汪昂，见于卷五十七《鲍母八十寿序》的汴人鲍崇相，见于卷五十八《鲍允亨传》的歙人鲍允亨，都是商人。卷五十九的《贾隐》、《贾论》二篇，均为有关商贾之文。此类文章既然如此之多，这总暗示着什么情况罢。烦社会经济史家为之一考。

译者附记：吉川幸次郎（1904—1980），为日本研究中国文学的著名专家。他去世时，日本报刊上发表的哀悼文章，尊之为当代日本研究中国文学的首屈一指的人物。本文论证了李梦阳复古主义文学的"平民性",对这种文学的性质提出了跟国内的文学史家大相径庭的见解。原发表于一九六〇年出版的《立命馆文学》第一八〇期,后收入吉川幸次郎著、高桥和巳编、筑摩书房一九六七年出版的《中国诗史》。此处即据《中国诗史》译出。

(《文艺理论研究》1982 年第 2 期)

李梦阳①古文评价

南玉印

李梦阳是明中叶文坛上复古派"前七子"的领袖,力主"文必秦、汉,诗必盛唐",影响颇大,在中国文学史和文学批评史上有一定地位。有《空同集》六十六卷传世。后人较重视他的诗,清人沈德潜编的《明诗别裁集》中选了他的诗四十七首,但对他的古文却不够重视,即使有人偶尔提到,也多持贬抑态度。直至目前,尚未见较全面、较深入地研究李梦阳古文的文章。笔者试图就他的古文谈点粗疏的意见。

《空同集》中共有文 302 篇(另附有秘录 2 篇,不在此数内)。量最大的是序,共 82 篇;其次是墓志铭 37 篇;杂文总数是 74 篇,但里面形式比较驳杂,有铭、赞、箴、戒、颂、辞、诔、对、解、字义等;书 26 篇;碑文 25 篇;记 22 篇;祭文 18 篇;状疏 4 篇;上书 1 首;族谱 6 篇;传 6 篇;行实 1 篇。

在这三百多篇古文中,字义、解、对等几篇短文,内容空洞,也无艺术性可言,其余绝大多数都有比较充实的内容,更有不少篇章思想深刻,笔墨洗练,章法讲究,值得重视。和后人流行的"摹拟剽窃"或"古人影子"之类的评断是大相径庭的。

空同子古文的思想内容方面,最引人注目的有三点。

首先,敏锐的政治洞察力和深刻的政治见解。

李梦阳处在明王朝建立后一百年多一点的时代。明统治者吸取前朝倾覆的经验,为巩固自己的统治,在政治、经济上采取了一系列措施,使政治相对稳定,

---

① 李梦阳(1473—1530),字献吉,号空同子,陕西庆阳(今甘肃庆阳)人。二十一岁举陕西乡试第一,次年中进士。历官户部主事、员外郎、郎中与江西按察司提学副使。

经济有所发展。虽然农民起义时有发生,但就全国总的形势来讲,在一个较长时期内,战火消弭了。由于承平日久,官僚们多不以国事为重,只醉心于功名利禄。包括皇帝在内,多沉湎于声色狗马、酒宴玩乐之中。为了满足他们穷奢极欲的享受和无度的挥霍,就要加重对人民的盘剥。宦官专权、外戚豪强横行霸道,激烈的阶级矛盾在酝酿之中。反映在文学上,是以歌功颂德、粉饰太平为主旨,平庸乏味、空洞浮泛为特点的所谓"雍容典雅"的"台阁体"风靡文坛,萎弱沉闷、毫无生气。这种文体,只纠缠在应制唱和、颂圣与应酬题赠上,不痛不痒,无病呻吟,于政治无补,于民生无益,于教化无用,于陶冶情性无功。李梦阳在这表面一潭死水一样的现实中,看出了官场上的角逐倾轧、幽深处的暗涌潜流。政治现实使他警觉忧虑,"台阁体"萎弱文风的厚厚的气层使他窒息,这与他爽快刚直的性格是格格不入的。忠君的儒学正统教育也使他不能对这种现状无动于衷。于是,他一方面以复古为宗旨,起而反对"台阁体"文风;一方面操起如椽之笔,刺向弊政,写下了《上孝宗皇帝书稿》、《代劾宦官状稿》①等言词激切、分析深刻、言之有物、持之有据的好文章。同时在《送陈公赴贵州序》、《送右副都御史臧公序》、《送童公赴京尹序》、《送陈公序》、《送右副都御史孙公序》(以上均见《空同集》卷五十三)、《送李德安序》、《赠郭侯序》、《李君升按察司佥事兵屯颍上序》(均见卷五十四)等送别序文中集中议论政治,颇多精深的见解。

《上孝宗皇帝书稿》,是梦阳政见的荟萃。明人汤宾尹在《空同文选评林》中评这篇文:"识体如贾长沙,鲠直如汲长孺,此皇朝有用文章。"这是十分精当的。在这篇疏文中,他以直臣的忠心与政治家的胆识,慷慨陈词,指出危及国家生存的"二病、三害、六渐":元气之病,腹心之病;兵害,民害,庄场畿民之害;匮乏之渐,盗之渐,坏名器之渐,弛法令之渐,方术眩惑之渐,贵戚骄恣之渐。他认为扭转这种危险局面的原则,应是扶正抑邪:"拔廉直、奖忠鲠、斥无耻,大臣进庐扁之佐。"他提出抑制宦官权势的办法,也颇为得力:"今诚欲腹心安,莫如铲内官之权,欲铲内官之权,莫如有罪不赦,有缺不补。"他有见于阶级矛盾的日益激化,还提出了"急选良有司,恤饥赈寒,以安民心"的主张。这些都是李梦阳远

---

① 《上孝宗皇帝书稿》,见《空同集》63 卷本卷 38,《代劾宦官状稿》见《空同集》63 卷本卷 39。《空同集》有邓云霄、潘之恒搜校之 66 卷本和 63 卷本两种版本。本文引文均出自黄省曾嘉靖年间校刻之 63 卷本。

大、深邃、锐利的政治目光的反映。

他认识到教育为政治服务的重要性,在他许多涉及教育的言论中,也可以看出他的政治思想。如他注《河中书院赋》(卷三)序中说:"驱邪以端,拔怪以常,伐慝以昭,破淫以义,是故君子之于邦也,不患不从,而患弗躬。躬义布昭,敷常表端,以是而教,鲜不率矣。何也?四者其本也。然又断之以独,协之以同,行之以勇,乃奚往不济矣。"这就是他在《河中书院赋》中道出的"端物者端己,治人者自修"的警策的注脚。可见他理想中的政治家的标准是很高的,一言以蔽之,即要德才兼备。李梦阳的历史,也证明了他是自己的理论的忠实实践者。

另从他论政的言语"天下一政,因地异施。故政以位殊,位由体立,立体显用,藏诸其能"中,反映了他的辩证法思想因素,这也可和他在《河中书院赋》中所说的"二气推盪,祸福倚伏,时罔常泰,日中乃仄"的认识相印证。这当是李梦阳能有深刻的政治见解的思想基础之一。

其次,忧国忧民、以身许国的政治抱负。

李梦阳忠君爱国,秉性忠厚刚直,不阿附权贵。为了国家利益,即使对皇帝的过错,也敢于直言指出。他在疏文中指责孝宗皇帝滥赦罪犯,就是"纵罪"、"长奸",以致酿成弛法令之渐。黜陟失制,赏罚不明,则形成坏名器之渐,并义正词严地说:"盖法者,公之天下,受之祖宗者也。掌于士师,士师不得而专也;出于天子,天子不得而专也。是故士师可以执天子之父,而为舜者不可私其亲。"(《上孝宗皇帝书稿》)他敢于以尧、舜为帝王的表率去规范当今皇帝,认识到危及封建统治的根源在皇帝身上,并敢于单刀直入地挑明。其原因,正如他自白的:"盖直言之臣,秉性朴实而不识忌讳。睹事积愤,诚激于中,义形于词,故其言剀切而无回互,药石而鲜包藏。""夫易失者势,难得者时,今睹可畏之势而遇得言之时,使仍缄默退缩以为自全苟禄之计,是怀不忠而欺陛下耳"(同上)。在《代劾宦官状稿》中说:"臣等幸待罪股肱之列,值主少国疑之秋,仰观乾象,俯察物议,瞻前顾后,心焉如割。至于中夜起叹,临食而泣者屡矣!臣等伏思:与其退而泣叹,不若昧死进言,即使进言以死,不犹愈于缄默苟容乎!此臣之志,亦臣之职也。"这些言语,充分表达了梦阳的耿介之志、恳切之心。虽然,这看来是对皇帝尽忠,但是在封建时代里,忠君与爱国常常是统一的。所以有范仲淹的"居庙堂之高则忧其民,处江湖之远则忧其君"的倦倦的忧国忧民之情。李梦阳在这一点上,和出仕过他的故乡庆阳的范仲淹是很相似的。

当他看到户部尚书韩文常为宦官专权而忧愤涕泣时就说："公，大臣也，义共国休戚，徒泣何益？"（见《代劾宦官状稿》后《秘录》）以天下为己任的大丈夫胸怀，在这寥寥数语中，表露得多么充分！他在《奉邃庵先生书》（卷六十二）中自述抱负："某少耽章句，曲荷陶成，迁执忤时；中岁沦斥，无由操策辕门，侍聆边略。然金鼓之音，旌旗之色，恒若亲之。虽想象之余怀，亦闻见之素心也。"空同子虽置身义坛，但对驱驰疆场、报效国家，也是心驰神往的。他本人素谙韬略。弘治十六年，他奉命到宁夏犒军，恰值敌人来犯，守将向他请教方略，他就谈了自己的看法，结果按他的指挥打了胜仗。

李梦阳渴望有所作为，但又不以功名富贵为念。他在《答左使王公书》（卷六十二）中说："尝自负丈夫在世，必不以富贵死生毁誉动心，而后天下事可济也。于是义所当往，违群不恤；豪势苟加，去就以之。"又在《奉邃庵先生书》中说："某自沾余馥以来，廿年于兹矣，恒惧玷点名教，愆违训旨，每以不欺师君，实不以死生富贵动心。"（卷六十二）这种以身许国，大义为先的品德、气魄，是令人景仰的。

第三、关心农民疾苦，揭露社会黑暗，强烈的现实主义精神。

由于梦阳出身寒微，所以他对农民的疾苦颇为同情，能看到人民的贫穷困苦与统治阶级的盘剥有关，一些社会动乱的原因也在这里。他在《上孝宗皇帝书稿》中指出，由于天子的纵容，"贪墨在位"，皇亲家巧取豪夺，农民已处于水深火热的境地之中，"男不秉耕，女不上机，卖男鬻女，弱者转而死泥涂者过半矣"。对于官、民争地的纠纷，他认为"万无百姓侵官之理"，说得斩钉截铁，简直是在击鼓鸣钟，为百姓的冤屈大声疾呼了。

他认为盗起于民穷，穷极生变，故而竞相铤而走险。要弭盗消匪，非"恤饥赈寒"不可。又在《潏亭先生墓志铭》（卷四十三）中揭露了社会的黑暗和人民生活的悲惨。老百姓饿得无法，只好去掘尸，剥吃残留在骨头上的腐败的人肉，而统治者却要把这样的可怜人分尸弃市。李梦阳满含悲愤地责问："不能使之不饥，而能使之不觜乎？"其尖锐与精警，直可与杜甫的"朱门酒肉臭，路有冻死骨"相颉颃了。

除以上三点外，还有表现闲适情致的山水游记和一些杂文。杂文中内容包罗万象：天文、地理、历史、哲学、文学、教育、自然、音乐、美术，题材纷杂，信手拈来，纵横捭阖，议论风生，涉及面相当广，反映出梦阳渊博的学识、广泛的兴趣。

抒发了作者复杂的感情,表现出一些杰出的见解。这些,对认识当时社会现实和李梦阳其人,都是有帮助的。限于篇幅,就不絮叨了。

李梦阳古文的艺术特色,大致有以下七点:

一、简洁凝练,征信详实的史家笔法

他写文章,有明确的目的,十分珍视自己那枝笔,不为阿附权贵而自描媚态,不为牟取黄白而谀饰死人。他说过:"作史之义,昭往训来,美恶具列,不劝不惩,不之述也。其文贵约而该,约则览者易遍,该则苍末弗遗。古史莫如《书》、《春秋》,孔子删修,篇寡而字严;左氏继之,辞义精详;迁、固博采,简峡省缩。以上五史,读者刻日可了,其册可挟而行,可箱而徙。"(《论史答王监察书》,卷六十一)这通议论,是很有道理的。空同子为文,颇具这种史家笔法。再加上他学识渊博,古文功力深厚,就能以极约之文,包极博之事,使文章毫不"啴缓冗沓"(《四库全书总目》评台阁体语)这也许就是他学古的结果。先秦两汉之文,上乘之作,不少是史书。《尚书》、《春秋》、《左传》、《史记》、《汉书》,实在有许多优点,直至今天,尚有继承、借鉴的价值,何况写古文的李梦阳呢。从空同子的主张和作品看,他的学古,主要倾向是继承古代优秀的文化遗产,是吸收其有用的精华。以这样的复古廓清当时文坛上的萎弱风气,是无可厚非的。

空同子史家笔法的另一表现,是不隐恶,不溢美,即使是本族至亲也不例外。如写他叔祖:"军汉公则嗜酒不治生,好击鸡、走马、试剑。"写他堂叔:"曰珽者,军汉公子,善机诈,把持人。"写他亲叔父王庆(号阴阳公):"则日弄酒狎侮诸吏士,奴傮之。诸吏士不堪也,乃于是盛恶阴阳公。于其将……把其短,将惧,逐之还。"(以上均见《族谱·大传》,卷三十七)对他母亲"性至严重,好鞭笞奴仆"也不讳饰(《族谱·外传》,卷三十七)。在《封丘顺僖王墓志铭》(卷四十六)中,他不隐顺僖王荒淫之短。作为一个文人,如果没有气节、德行,在混沌之世,要做到这一点,是很困难的。梦阳这种求实精神,是由他刚直、诚信、爽快的性格所决定的。

二、浓烈的抒情味

李梦阳有着深厚、真挚的感情,他的不少诗、赋以感情的深厚、真挚见长。而在他的古文中,当首推《封宜人亡妻左氏墓志铭》(卷四十三)了。平时常在一起,尚不觉得妻子有多么可亲,以至须臾不可离得,一旦永别,孑然一身时,二十六年共同生活中妻子的种种好处就纷至沓来、涌上心头。梦阳仕途坎坷,妻子始终伴随着他,历尽颠沛。有了妻子,他便无后顾之忧,专心为事业操劳;而今,妻子去了,陡然一切都变了,梦阳再也控制不住感情的闸门了。

> 李子哭语人曰:"妻亡而予然后知吾妻也!"人曰:"何也?"李子曰:"往予学若官,不问家事,今事不问不举矣;留宾酒食,称宾至,今不至矣,即至弗称矣;往予不见器处用之具,今器弃掷弗收矣,然又善碎损;往醯酱盐豉弗乏之也,今不继旧矣;鸡鸭羊豕时食,今食弗时,瘦矣;妻在,内无嘻嘻,门予出即夜弗扃也,门今扃,内嘻嘻矣;予往不识衣垢,今不命之浣不浣矣;缝剪描刺,妻不假手,不袭巧,咸足师,今无足师者矣,然又假手人;往予有古今之忾,难友言而言之妻,今入而无与言者。故曰:妻亡,而予然后知吾妻也。"

这样的墓志铭,正如汤宾尹所评,是"如泣如诉,如怨如慕",说到痛切处,则"悽悽切切,似秋夜塞筕,一声一泪"。这泪,是从澄彻的感情之泉涌出的,是圣洁晶莹的,"一点泪一颗珠",读来令人肝肠绞结、心缩气咽,是痛哭,是绝唱。志铭至此,可谓情之至矣!

此外,《亡弟汝含祭文》(卷六十三)《结肠操谱序》(卷五十)《李员外祭文》(卷六十三)等篇,均属通篇充溢着作者悲悼之情的作品。还有许多篇章,时时流露出作者分明的爱憎,有衷心赞扬,有愤怒斥骂,有长吁短叹。如骂阉官为"阴性狼贪之徒";称特务机构锦衣卫为"爪牙之司";梦阳反对佛、道方术,称道人为"酒肉粗俗道士";劾寿宁侯"招纳无赖,罔利而贼民⋯⋯横行江河,张打黄旗,势如翼虎";劾宦官之罪,认为"虽将此辈齑粉菹醢,何补于事",激愤仇恨之情,多么强烈!他在《送陈汝州序》(卷五十四)中说:"孔子曰:'富与贵,是人之所欲也。'且今人孰不欲富贵?假令陈子巧诈善宦,卑卑与世浮沉,或富贵多金玉货财,无论一知州,即令立致卿相大夫,余何所喜幸焉!陈子人品,诚足为天下喜幸,即令隐约终身,予愿为之执鞭不辞,矧今为知州,矧将彰而为卿相大夫!"

作者对陈子人品道德的倾慕敬仰之情，表露得多么明朗，多么真率！这与空同子的品德正相吻合。

当写到人民爱戴少保、兵部尚书于谦时，他感叹道："予观今人论肃愍公事，未尝不酸鼻流涕焉，盖伤臣不易云。"（《少保兵部尚书于公祠重修碑》，卷四十）这其实就是梦阳自己敬仰于公、并悲叹自身而"酸鼻流涕"的写照。由于时乖运蹇，梦阳多有怀才不遇的愤懑和对世态炎凉的悚惧。《端木策序》（卷四十九）慨叹君臣遇合之难。《俱问记》（卷四十八）反映了梦阳对"叔季之世，钩织起焉"那种社会政治现状感到不寒而栗。这些都是动心荡魄之作。《尚书黄公传》（卷五十七）《封征士郎中书舍人何公合葬志》（卷四十四），则又浸透着梦阳对黄公和何景明他父亲的为人的敬仰之情。

总之，空同子为文，或褒或贬，或喜或恶，或赞成或反对，态度明朗，绝不隐晦曲折，闪烁其词。有其人必有其情，有其情必有其文，这就使他的文章一般都有较强的感染力。

三、长于叙事，善于写人

空同子是叙事的能手，他的古文，一大半是叙事体的，大都写得十分得体，铺叙自然，章法错落，形象鲜明，生动传神，意富文约，毫无杂沓之处。有许多篇幅，堪称叙事佳品、妙品。如《族谱·大传》中，状主文公其人"赪面须髯，然为人使气尚力……而军汉公在军中乃私券我产，给其直，酒之。人即持券来收我产。主文公怒，不言，第砺利刃，然色常在持券人。持券人觉之走，主文公乃怃然曰：'哈，此奴走矣！'已，复大骂跳，伏地死。券者大惧，呼天曰：'天，天，宁主文生，不愿得屋直！'顷之，主文苏，券者乃卒不敢复言直矣。"这一百多个字，把持券人来收产业，主文公如何对付的整个过程，十分生动传神的写了出来，而主文公"使气尚力"的性格也被刻画得惟妙惟肖。

写他的弟弟孟章："弟生而巨口，高颧骨，隆隆起发际，名为伏犀。七八岁时犹啖乳，有气力，然矫捷善戏，善打球缀幡、骑竹马，群儿莫先也。弟又好黏竿、击扑蝉、打蜻蜓，又放风鸢。父母以其有奇气，时时折辱之，不可下。"一个骄悍、顽皮的小孩子形象，活脱脱地朝读者扑来。

写高处士"长而喜诵书史、说先王，然不务裘马，不喜酒，不畜媵婢。尝岁暮出取负欠割券,驰一空车归。里人望见尽笑之,处士不较也。"(《高处士合葬志铭》,卷四十三)形象也颇生动可爱。

《邵道人传》(卷五十七)、《寄傲先生墓志铭》、《明故王文显墓志铭》(均见卷四十四)、《鲍允亨传》、《太白山人传》、《尚书黄公传》(均见卷五十七)、《瀔亭先生墓志铭》、《处士松山先生墓志铭》、《梅山先生墓志铭》(均见卷四十三)等篇,都是很好的记叙描写文字,颇具传奇色彩。一个个人物都有其鲜明的个性。写法上也富于变化,不拘一格。这样的文章,读来饶有兴味,不觉枯燥,值得重视。

四、个性化的人物语言,生动传神的对话

在记叙人物中,很会抓住最能体现人物性格的言语。如在《明故王文显墓志铭》中写商人王文显的为人:"文显之为商也,善心计,识重轻,能时低昂,以故饶裕。与人交信义秋霜,能析利于毫毛,故人乐助其资斧;又善审势伸缩,故终其身弗陷于窘罗。"而记王文显的言语:"文显尝训诸子曰:'夫商与士异术而同心,故善商者处财货之场而修高明之行,是故虽利而不汙;善士者引先王之经而绝货利之径,是故必名而有成。故利以义制,名以清修,各守其业,天之鉴也。'"这席话,就是王文显一生行为的准则。听其言,观其行,更能加深人们对所写人物的印象。

人物对话,在空同笔下也写得活泼有趣。如写高处士,其子高珣任东明县丞,硬把老头子接到官邸去住,老头子"蹙额曰:'吾自不入公府,今公府居邪!'"当旧县令将离任时,"问处士曰:'我孰与新令贤?'处士默默孰视之,已而曰:'君似弗如也。'令叹服其直"(《高处士合葬志铭》,卷四十三)。短短几行文字,把旧令沽名钓誉,巴望高处士说他好话的神情;高处士厌恶这庸俗之辈,欲不搭理,又觉得不能尽宣胸中鄙薄之气的神态,都恰到好处地刻画出来了。最后沉稳地吐出的这千锤百炼的五个字:"君似弗如也",像一盆冰水,兜头浇在了这个希望听到恭维话的旧令身上。读到这里,让人觉得着实痛快,不禁拍手叫绝。

又如,空同子写他和老友梅山先生的久别重逢:"秋,梅山子来,李子见其体腴厚,喜握其手曰:'梅山肥邪!'梅山笑曰:'吾能医。'曰:'更奚能?'曰:'能形家者流。'曰:'更奚能?'曰:'能诗。'李子乃大诧喜,拳其背,曰:'汝吴下阿蒙

邪！别数年，而能诗，能医，能形家者流！’”（《梅山先生墓志铭》）老朋友间那种亲密无间的情谊，诙谐洒脱的风度，谈笑风生的情趣，在对话中如汨汨清泉，欢跳着流泻出来，充满了生活气息。

有的文章，空同子甚至通篇采用对话的形式写出，一来一往，或问或答，或反复辩难，把议论写活了。如《送李德安序》（卷五十四）、《结肠操谱序》、《诗集自序》、《德安集志序》、《林公诗序》（以上均见卷五十）、《观风亭记》、《惧问记》、（以上均见卷四十八）等篇，都是采用问答体的形式，把长篇大论化整为零，步步设疑，层层剥进，针线绵密，天衣无缝。

五、精于议论，长于雄辩

空同子学富才高，精熟六艺典籍，娴于各种文体、诗体，堪称通才。作文尤其长于议论，随手撷取一个题材，便能左右逢源，议论风生，或长篇大论，或短章小析，无不如此。为节省篇幅，这里就不赘述了。需要交待一下的是，空同在议论中喜用顶针绩麻格的修辞手法。如："夫士群居则杂，杂则志乱，志乱则行荒……"（《东山书院重建碑》，卷四十一）"豪不夺则民志一，民志一则重犯法，重犯法则狱省，狱省则赋可允，赋可允则盗贼不作，盗贼不作则兵戢而无用，此大臣之业而巡抚之良也"（《送右副都御史孙公序》）。"天下有必贤者也，贤之则慕，慕之则思，思之不见则悲，悲之则吟，吟之则音，音之则诗。……"（《柏溪君哀序》，卷五十六）。这种修辞方法，环环紧套，用于议论，使推理十分严密，前因后果，清清楚楚，一丝不乱，简洁明快，紧凑自然。用得恰当，可以使文章生色，但如果思路紊乱，因果缠夹不清，就容易搅成一锅粥或得出荒谬的结论。因中间许多环节均肩负着承上启下的任务，为上句之果，下句之因，次序严格，绝对不能易位。倘若对事理审度不严、不精、不详，切忌乱用此法。而空同子驾驭得却是那么娴熟自如，在他的古文中，这类例子比比皆是。由此也可瞥见空同子为文功力之一斑。

六、篇章曹构，匠心独运。

以上是从几个侧面窥探了一下李梦阳的古文。而在整体，也很讲究谋篇章法。每篇文章,乍看似乎极其随便,其实独具匠心,字句之间,迭相承启,绾束极严,很下过一番选拣组织的功夫。如《钓台亭碑》(卷四十一):

> 李子曰:"假令以四海为壑,明月为钓,以虹霓为丝,以昆仑为盘石,凌云驾鸿,超出天地,倒视日月,钓无不获,朝醢巨鳌,暮馔修鲸,则汝愿之乎?"

这样的文字变化错综,如风云突起;词锋锐健,如剑戟森森。把那于钓、于学好高骛远的人的思想状态,用形象的比喻勾勒出来了。这与前而描写的那种整天"兀坐盘石之上","竟日而不得一鱼,神荒气沮"的"计功者"形象恰成对照,但结果却一样,即都不可得鱼。学习也是如此,"计利"和"骛远"都不行。于是引出正确的态度:"是故君子以仁义为竿,以彝伦为丝,以六艺为饵,以广居正位为盘石,以道德为渊,以尧、舜、禹、汤、周、孔相传之心法为鱼,日涵而月泳,之至而后取,不躐其等,不计不必,积久而通,小大必获,夫然后道可致也。"固然,梦阳所说的道,不能作为我们今天学习的规范,自然是封建主义的那一套,但以钓喻学的道理则是一样的。这篇短文写得相当精彩。状写众弟子在聆听梦阳的议论过程中,前后神态凡三变:初,"众皆蹙额弗怿",继而"众皆掀眉而喜",最后"乃敛色平心再拜而谢曰:'闻教矣!'"极为传神。通篇文清字爽,如白璧明镜,了无纤尘。碑文写到这种境界,可谓妙品了。可见,他绝非拘泥于"尺尺寸寸"之法,摹拟古人,"为古人影子"。他有自己的创造,有自己的风格,这是否定不了的。他的另一篇杂文《说农赠薇山子》(卷五十八),以农喻政,微言精妙,兼用对话体,与《钓台亭碑》有异曲同工之妙。

七、千姿百态、色彩斑斓

梦阳不仅娴于素描,还精于根据不同题材需要,点染出斑斓色彩,开拓了他古文的境域,丰富了表现力,增强了感染力。翻开《游庐山记》、《游辉县杂记》、《华池杂记》(均见卷四十七)这几篇游记和《宾贡图记》、《三渠陈氏家园一览图记》(均见卷四十七),就别是一番情趣,它们给人以清新、悦目、怡神的感觉。其中以《游庐山记》为最佳,洋洋一千三百八十字,详细、精确地记叙了山上胜景、文物古迹和名人传说。对山势脉络,溪水源流,有考有辨。除具有地理史料的科学价值外,字里行间还洋溢着诗情画意。如写白鹿洞:"此锁洞口者也。群峰夹涧峭立,而巨石怒撑,交加涧口。水湍激,石斗旁有罅,人伛偻穿之行,此所谓白鹿洞云。"写水帘:"水帘者,俗所谓三级泉也。然路过洞愈崄涩,行蛇径鸟道石罅间,人迹罕至矣。水帘挂五老峰,皆悬崖而直下,三级而后至地,势如游龙飞虹,架空击霆,雪翻谷鸣,此庐山第一观也。"梦阳是诗人,为文也有诗意。

《哭白沟文》(卷五十九)是一篇很出色的骈文,描写古战场的阴森愁惨、厮杀的残酷激烈,令人毛骨悚然。字里行间似乎嘈杂着刀枪剑戟的格斗撞击声,喧腾着哭喊吆喝声,堪与李华的《吊古战场文》媲美。这种浓墨重彩的渲染,给人以崇高、悲壮的美感。

由于体裁不同,题材各异,梦阳的古文中,也不乏细腻缠绵的情味,《结肠操谱序》就是最集中的代表。如他叙述写《结肠操》之作的思想状态:"曩予有内之丧,亲睹厥异,伤焉,警焉,吟焉,永焉!于是援笔而布辞,疏卤荒鄙之音,聊泄愤愤、闷闷、汶汶焉耳!……予为是篇也,长歌当哭焉矣!知其思索以悲,切别恓离,若逐臣怀沙,迷弗知其所之。"当写到睹物伤情时说:"予有琴二具,而不解一弹。内人未亡也,见琴则每短予曰:'汝不琴亦能诗邪。'内人则手自抚弄,亦每悠扬而成音。嗟,陈生,予何能听汝琴!予何能听汝琴!"这样文章,多么悽惋哀痛!回忆妻子和自己生活中的小小情节,勾起无限情思,感情细腻之极。最后连用两句"予何能听汝琴!"这不是简单的重复,而是痛哭,一句一重悲哀,一字一滴泪珠,具有搅碎心肝、撕断柔肠的艺术力量。这种哀伤、悲凉的色调,更易引起读者感情的共鸣。

总的看来,气势雄豪、表意直率、文情高雅、详略得宜是李梦阳古文的主要特色,同时,也还有哀怨柔婉、清丽活泼的另一面。这与他的诗、赋在风格、色调上的丰富多样性是正相统一的。

上面肯定了李梦阳古文的许多优点,这并不等于说,他的古文是完美无缺的。

他学富才高,议论汪洋恣肆,形成雄辩的风格。但因过于自是,和人辩论的文章中有时流露出一些霸道之气,不肯服人。在与何景明论文的信中就有这种情况,此其缺点之一。

他为人磊落坦荡,为文也观点鲜明、单刀直入。又由于他推崇史家笔法,刻意简约,加上自恃学富,有时文章中现出艰涩痕迹,此其缺点之二。

他尊崇宋儒理学,为文在法古中又主真情、变化,他的主张和作品的实际效果之间有一些矛盾之处。而文中说教意味颇浓,此其缺点之三。

李梦阳虽出身寒微,思想中有同情劳动人民的闪光的东西,但由于他受封建正统教育,尊奉孔孟之道,他的思想体系终究是封建地主阶级的,所以文中有对封建礼教的大肆宣扬,如《六烈女传》(卷五十七)对烈女的颂扬,完全站在维护封建礼教、禁锢妇女思想的立场上。又有封建迷信思想,如《祷旱文》、《谢雨文》、《咎旱飙文》(卷五十九),虽然这也体现了梦阳对百姓的同情与爱护,对农业生产的关心,对自然灾害仇恨的感情,但仍脱不出迷信、愚昧的窠臼。这也与他一向不信佛道鬼神的思想相矛盾,使他朴素的辩证法思想因素的可贵光泽被一层毒雾瘴气所笼罩。更严重的是他对镇压农民起义的封建王朝的忠臣孝子极力褒扬,推崇备至。如《江西按察司副使周君行实》(卷五十七),就是这样的文章。这是他的阶级局限性所致,自然是应当批判的了,此其缺点之四。

总之,我以为空同子古文中的一些缺点,是白璧上的几点瑕疵,不足以掩蔽其晶莹的光泽。先生晚年闲居在家,当时吏部侍郎霍韬与同僚在朝堂议论:"宋儒所谓'欧阳修,今之韩愈也';若李献吉者,非今之韩愈乎?"(见朱安泚所撰《李空同先生年表》)我认为这种评价不是没有道理的。王廷相在《空同集序》中说梦阳"能掩蔽前贤,命令当世,秦汉以来,寡见其俦矣"。虽是溢美之辞,但他记载梦阳论文之语却是可信的:"空同子往与余论文云:'学其似不至矣,所谓法上仅中也,过则至且超矣。'"这也是空同子学古而非拟古的佐证。平心而论,空同子的古文以秦汉文为师,虽未必达到"至且超"的境地,然自有其价值,在明中叶文坛上,不失为一块光彩夺目的瑰宝。

(《兰州大学学报(社会科学版)》1984 年第 3 期)

李梦阳绝句的美感范畴之分布

（韩）元钟礼

一、序论

在明中叶展开复古主义文学运动的李梦阳（字献吉，号空同子）于明宪宗成化八年（1472）生在陕西庆阳（现甘肃省庆阳县），弘治六年以二甲第十七进仕（二十二岁）。他当过户部主事（正六品）、户部员外郎（从五品）、户部郎中（正五品）、尚书按察司江西提学副使（正四品）。正德九年（甲戌，1514，四十三岁）正月被拘禁于广信府监狱，终于致仕。该年初冬回到大梁，在大梁的繁台园当一个乡绅来过日子。卒于嘉靖八年（1528，五十八岁）。

李梦阳是敢于抵抗不义的刚劲正义守护派人物，因此，他是一位积极参与社会国家当前问题的行动派诗人，他对张鹤龄和刘瑾的抵抗就是代表例子。所以，我们可以说李梦阳是一个具有高度社会化意识的人物（a man of highly socialized mind）。

李梦阳的复古主义文学运动，可以说是具有高度社会化意识的他，要建设可以按照中世的支配原理，诱导人民对社会抱有更多关心之文学的主张。他批判台阁体诗，因为台阁高官的作品没有能够增强人民对社会的关心，就是说，求心力。他重视气象，因为在他心目中的文学就是可以诱发社会发展的诗文。他批评南朝诗和宋诗，因为他认为那两个时代的文学没有把人间意识转向社会，反而让它脱离现实社会而去找另外的东西，譬如说审美的满足。

他主张对乐府诗和古诗学汉、魏诗，没有值得特别考究的微妙问题。因为汉、魏诗，则以对现实社会意识为中心。可是，他对近体主张学初唐和盛唐诗,则有值得特别考究。因为盛唐诗,不同于汉、魏和初唐诗,不是全以气象为主的,相当多的作品主要写审美经验。李、杜和高、岑的诗是以气象为主的,而山水田园诗派的诗则不是。王、孟的诗则以内向的审美意识为主。李梦阳对盛唐山水田园诗抱有什么看法?这个问题真值得考究一下,不过他没有直接谈到这个问题。所以要考究这个问题,我们只好分析他的律诗和绝句。本人首先分析他的绝句,以考究这个问题了。

笔者曾经在研究诗歌美感之美的范畴的两篇论文《援用集合和座标概念,研究中国文学批评里头风格用语之美的范畴》①、《对中国古典诗歌文艺美学之美的范畴文学社会学的研究》②中,认为决定作品美感的有作品精神和语言,其中看重作品精神(作品精神可分为作家气质和作家意识),结果以作家的气质和意识为分类尺度,划分了诗歌文艺美学之美的范畴。气质有刚柔之分,按照气质的刚柔,可把美感范畴分为气象和兴象两个。作家意识也可分为两种,一种是向社会的,另一种是向自然的。本稿也以作家的气质和意识为基准,来对李梦阳的绝句进行分类。下面表[I]就是本人曾经在《对中国古典诗歌文艺美学之美的范畴文学社会学的研究》里面作为分类基准的。

表[I]

	雄 才气	
气象(畅大风神)		气象(风骨)
神		情
空		实
兴象(不畅兴像)		兴象
	纤 才气	

---

① 《中国文学》第 27 辑,1997 年。
② 《中国学报》第 43 辑。

表[Ⅱ]表示本稿的分类李梦阳的绝句之基准：

	壮气	雄气	
	气象（李白型风神）	气象（杜甫型风神）	
神			情
自然指向			社会指向
（谢灵运型形象）		兴象	
兴象（王维型兴象）			
	纤气	柔气	

按照这个基准,本人对李梦阳的绝句诗中,抽出其美感比较值得考虑的诗,主要分类在下文中讲述。

二、表现气象宏景的风韵类型（风神风骨：壮美）

2.1 结合社会指向意识和壮气的杜甫型风神诗之雄畅

李梦阳的绝句诗当中,结合社会指向意识和壮气而成作品的美感,按照作家的情绪可分为壮丽型和悲慨遒劲型两种美感。壮丽型的作品是对肯定的社会现象的赞扬或者祈愿,悲慨遒劲型的就是对否定的社会现象悲叹和批判之混杂。"壮丽"是属于风神的美感,"悲慨遒劲"则属于风骨的。所以,我们可以知道李梦阳绝句诗当中的"杜甫型风神"其实有"风神"和"风骨"。

2.1.1 壮丽型——赞扬或者祈愿肯定的社会现象的绝句诗之美感

在李梦阳的绝句当中,壮丽型的作品一共有如下40首：

大礼类：（五言绝句8首）《东华门偶述》、《晚出禁闼二首》、《望南城》、《神京乐四首》

（七言绝句27首）《嘉靖元年歌二首》、《圣节闻驾出塞二首》、《传闻驾回有纪二首》、《正德元年郊祀歌十首》、《正德七年正月黄河清自清河至于柳家浦九十里清五日焉》、《帝京篇十首》

赠答类：（七言绝句2首）《送乐清少府二首》

杂咏：（五言绝句1首）《寄咏徐学士园诗十四首》(2)、《恩乐堂》

集古：（七言绝句2首）《景帝陵》、《功德寺》

现在我们举几篇作品来看一看这种美感的具体状况。

2.1.1.1 大礼类

2.1.1.1.1《帝京篇十首》①：

其一：古时灞水即芦沟，今代车书似水流。日间五色龙文气，天上春开五凤楼。

其二：渔阳北塞古风沙，二月春风万柳斜。蓟门转作长安苑，燕桃开出武陵花。

其三：慷慨燕云十六州，天门北极帝星头。胡尘一洗桑乾净，万载朝宗四海流。

其四：山作青龙左右盘，扶桑西影拂桑乾。日月光华朝万国，天留北海作长安。

其五：天皇按剑据金鞍，饮马追胡翰海干。归来并立擎天柱，不数刘家承露盘。

其六：胡后妆楼换上阳，春风珠箔舞垂杨。半夜开城归万马，至今迷失几鸳鸯。

其七：今朝望海海云生，五色云中白玉城。金陵巧接盘龙势，南北何如汉二京。

其八：塞上星飞化羽林，鼓音咸作管箫音。将军把剑闻鸡舞，玉女朱楼学凤吟。

其九：高鼻胡奴入汉关，皂旗千队射雕还。君看万古昏星月，洗出中华叠翠山。

其十：自从黄帝破蚩尤，涿鹿云黄黑帝愁。盘石果然为碣石，幽州常作帝王州。

这组诗写明朝的首都北京以前是未开发的土地，可是现在成为一个非常华丽的城市，"车书似水流"，"日间五色龙文气"，有很多宫阙，有漂亮的苑园如长安，桃花盛开如武陵。李梦阳的这种描写笔致很像西汉长赋，就是说像是粉饰太平盛世的御用文学，一贯保有华丽的笔锋。可是在"其三"，他提到被契丹占领过的"燕云十六州"和洗净胡尘的"桑乾河"，给这篇一贯赞扬的作品一个骨头。

自从"其四"又回到原来的赞赏论调，还有祈愿明朝和北京的发展，讲到国

---

① （明）李梦阳：《空同先生集》卷 34，伟文图书出版社 1977 年版。下同。

家和首都,所以作品所含的内容意义非常之大,所用的语言相当华丽。十首当中,只有"其三"混有沉郁的历史内容,其他九首以高扬之语调贯之。这篇作品之美感,如果用"风"和"骨"之概念,来看一看其比率的话,可以说"风九骨一",胡应麟把这篇和何景明的《明月》评为"风神朗迈",超过初唐的卢照邻和骆宾王:

> 退之《桃源》、《石鼓》,模杜陵而失之浅;长吉《浩歌》、《秦宫》,仿太白而过于深。惟献吉宗师子美,并夺其神,间作青莲,亦得其貌,然为初唐则远。仲默,李同调,气稍不如。《明月》、《帝京》,风神朗迈,遂过卢、骆。①

胡应麟评这篇诗为"风神朗迈"的理由,可能由于这篇的肯定地、赞扬地高扬的语调,写出的是社会指向的意识,不过不是含有抵抗感的苦言,而是好听的甘言(sweet language)。因此"骨"只占有10%以下,风则占有90%以上。结果全篇的美感宁说"风骨",不如说风神,因为自然指向的壮美美感占有90%以上。

2.1.1.1.2《东华门偶述》②:

> 银瓮烂生光,盘龙绣袯香。但知从内出,不省试何王。

按照《明会典》,"东华门"在"文华殿"的南边。根据《梦溪笔谈·故事一》,学士初拜时号,由东华门入,至左乘天门下马。所以我们可以知道这首诗是在弘治六年,李梦阳二十二岁及第进士后,进行初拜礼时所写的。银瓮是银制的酒瓮,《瑞应图》载:"王者宴不及醉,则银瓮呈祥。故都下有银瓮酒库,盖取此意。"笔者认为李梦阳在东华们所看到的银瓮里头,可能装着皇帝要给初拜进士们的酒。成了进士,进了东华门,只见到一个银瓮和一个人,酒瓮则特别光亮,穿着绣盘龙之衮龙袍的皇帝则很香。只知道那个人从里面出来,所以,猜想他可能是皇帝,而不敢抬头看他是不是皇帝,他的哪一点标识着他是皇帝。从三、四句,我们可以知道初拜的进士们多么敬畏皇帝。宫中物品银瓮和香气好闻的衮龙袍代表最上类消费水准,由此构成庄严而华丽的气氛。三、四句可以看成李梦阳的直率的吐露,他在最高权威者皇帝前面,失去了锐敏的判断力量。不过这种事实,按照中世的看法来解释的话,可以解释为对皇帝之权威的赞扬或者谄辞。可是,按照我们现在的看法,我们由二十二岁年轻人直率的告白,可以知道中世的、政治的、

---

① (明)胡应麟:《诗薮·内篇》卷3。
② 《空同先生集》卷36。

社会的制度在大同小异的人民之间创造了多么不公平的距离。按照这种看法的话,这篇诗就看成讽刺诗。不过,按照中世的价值观,可以忽视这种讽刺性。因此,这篇总算是甘言,而不是苦言。

2.1.2 悲慨遒劲型——又批评又感叹否定的社会现象的绝句诗之美感——悲慨遒劲

在李梦阳的绝句当中,悲慨遒劲的作品一共有如下 32 首:

感述类:(七言绝句 19 首)《汴中元夕五首》(5 首)、《诸将八首》、《忆昔六首》

赠答类:(五言绝句 10 首)《云中曲送人十首》

游览类:(七言绝句 3 首)《经行塞上二首》、《黄州》

现在我们举几篇讲到沉郁问题的作品来看一看这种美感的具体状况。

2.1.2.1 感述类

2.1.2.1.1《诸将八首》①:

其一:穆张亦是枭雄将,胶柱谈兵实可怜。力屈杀身同一地,丧师辱国在今年。

其二:诸将才猷岂尽奇,大都力战各乘时。黄毛近怕庄游击,黑面休夸李太师。

其三:闻说当时扫地王,威名朔漠阵堂堂。自称大将张旗鼓,首控骅骝出战场。

其四:但富黄金与白珠,登坛拥众镇边隅。即使勉攀貂玉贵,终然不类将门趋。

其五:国公承袭惟纨裤,侯伯虽多大抵同。旧典此中抡大将,平江英保是元戎。

其六:紫塞长城万古悲,堑山还复见今时。臊奴只益轻专制,老耄何堪锐出师。

其七:天下军储尽海头,材官郡国偏防秋。若道成功无造伪,岂应屠贾坐封侯。

其八:黄河青海入狼烟,汉将胡兵杀气连。安得即时寻魏绛,务农休甲

报皇天。

李梦阳认为穆张是不会融通而失败将帅；黄毛则临到危机就会变通的，是比较好的将帅；扫地王虽然愚钝到靠势镇压边隅而终于不像喝取百姓的将军门阀出身的，所以总算是也有还可以的地方。自从"其五"以下则指摘当局者，说他们不防秋而把兵力集结于海边，结果不能终止频发的局部战斗。李梦阳提到不会融通而失败的将军穆张和会融通的黄毛，不太喝取百姓的扫地王的理由，可能因为为了要求国防政策当局者发挥融通，保障百姓的幸福。这篇诗里头混杂对否定的现实的悲慨感和愤怒与主张而发生的遒劲感，结果很像杜甫的社会诗。

2.1.2.1.2《忆昔六首》①：

其一：己巳蒙尘数郭登，驰驱国难有杨弘。如今岂乏熊黑辈，比较元非击搏能。

其二：北望黄云想翠华，千官徒跣哭清箛。安危社稷惟司马，天下车书又一家。

其三：石亨善战真无比，跋扈飞扬却累身。佩剑岂宜恩死士，拖金终要作诚臣。

其四：王竑犯阙虽恩懟，舍命临危亦丈夫。犹胜须眉为妇女，更怜冠剑学儿徒。

其五：吉祥宠幸反称兵，一夜达官尘满城。悖逆天诛终不赦，此曹王法更须明。

其六：半夜飞章入凤楼，寇公流血李公忧。尔曹作逆同蒿草，臣节江河万古流。

这篇作品好像要冲动或者鼓励抵抗刘瑾一派的。其一说问题人物不是可以看不起的，其二说只有司马一个人能够制压他们的。底下都说历来谋叛的人们，即石亨、王竑、吉祥、飞章等等都被平定过的事实，以鼓励司马也会成功。笔者认为这篇诗所谓的司马可能是当时户部尚书韩文。因为韩文主动弹劾刘瑾一派，李梦阳起草韩文的弹劾文，结果削夺官职。

这篇作品由素材的特性，又沉痛又悲慨，所以笔者认为这篇作品带有"沉郁悲慨"的美感。

---

① 《空同先生集》卷35。

2.1.2.2 游览类

《黄州》①：

> 其一：浩浩长江水，黄州那个边。岸回山一转，船到堞楼前。
>
> 其二：日落清江远，光摇赤壁山。无人说吴魏，来往钓舟闲。

浩浩茫茫的长江，垂直巍峨的赤壁，都是雄壮的自然景观。这首诗由此作出"雄建"的气氛，并且谈到给人无常的历史教训之吴、魏之间的赤壁大战，加以悲哀感。所以这篇诗，由自然要素之"雄"和历史要素之"沉郁"之错综而有"雄深"美感。如果要看重人间历史的意义的话，可以说也有"悲慨"感。

2.2 结合自然指向意识和宏气的李白型风神诗之高华

在李梦阳的绝句当中，结合自然指向意识和宏气的作品一共有如下 81 首：

赠答类：(七言绝句 14 首)《江上逢郑南溟》、《寄郭帅》、《寄别陶生》、《别达生》、《仆思李白落雁之游徐子亦有知章鉴湖之请念人悲离申此短赠徐子者祯卿也》、《谢子馈笋答以驼布》、《送王韬》、《送熊进士入朝三首》、《酬姚员外龙兴见寄》、《月夜过访王子》、《嘲陆子二首》、《赠罗氏》、《赠丁生》、《赠鲍激兄弟》

游览类：(五言绝句 20 首)《江行杂诗七首》、《开先寺五首》、《门前溪》、《宿苏门》、《是夜雨》、《风雩石》、《寄咏徐学士园诗十四首》之《石假山》

(七言绝句 26 首)《麻姑泉》、《望上清山三首》、《杜峰歌》、《徐汉即事四首》、《归途览咏古迹并追记百泉游事八首》、《登啸台三首》、《灵山》、《山阁》、《舟次石头口》、《太平寺》、《湖行二首》

感述类：(七言绝句 5 首)《少年行》、《睹小儿吟诗戏作绝句》、《松鹤寿歌》、《寿歌二首》

大礼：(七言绝句 1 首)《皇陵歌》

杂咏：(五言绝句 1 首)《咏潇湘八景》之《远浦归帆》

现在我们举几篇作品来看一看这种美感的具体状况。

2.2.1 赠答类

2.2.1.1《酬姚员外龙兴见寄》②：

> 龙兴龙沙一里余，江风吹落锦双鱼。君览浙潮须尽海，赤霞飞袂过

---

① 《空同先生集》卷 36。

② 《空同先生集》卷 34。

匡庐。

到了九江,长江的江幅非常之广,刮了大风,吹落了两条锦鱼,江水还在像海水一样涨潮。匡庐山上边的天空,有赤霞飞袂过去。大风和涨潮是有力量的,海水一样雄广的江水和匡庐山所作出的印象是"宏荡"的,加上赤霞飞袂的半透明意象,更加滋味。我认为这首诗带有庄子所谓鹏鸟之"逍遥快感"。

2.2.1.2《赠丁生》①:

　　海凉秋水净芙蓉,青天倒悬五老峰。眼见排风生羽翼,行空那辨有

真龙。

江西提学副使时的李梦阳好像在庐山频繁尝过道家的逍遥快感,被带有绝俗意象的芙蓉花和摩碧空的五老峰等招隐景物诱导,李梦阳就觉得好像生羽翼而飞行天空,御龙远游天界。这种假想可以看是潜在无意识层的神话的思维之一端。这首诗含有李白诗的"飘逸"感。

2.2.2 游览类

2.2.2.1《登啸台》②:

　　其一:阳翟看山二月回,蓬池登啸九天开。晚立长风摇海色,东西日月

照孤台。

　　其二:万古春城碧草还,苍台只在白云间。竹林北望风烟动,寂寞苏门

更见山。

　　其三:白日红云拂地流,醉乡吾亦步兵游。登台左盼黄河转,绿水洪波

不尽愁。

这首诗,多用指示大规模的辞汇,九天、长风、海色、万古、白日红云、黄河、绿水洪波等等都是。"风烟动"和"拂地流"等的描写谓语带有动态感,因此成了"宏而动荡"的意象。就是说这首诗蕴含有钟嵘所谓"左史风力"、"飞流直下三千尺"之李白的风神力量。

2.2.2.2《太平寺》③:

　　曾在东林思虎溪,太平徒在玉渊西。孰能勌力长攀陟,石壑长林日

---

① 《空同先生集》卷34。
② 《空同先生集》卷36。
③ 《空同先生集》卷34。

易低。

虎溪在江西省九江县庐山东林寺的前面,晋时住在东林寺的慧远法师送客,绝对不过虎溪。有一天他送陶渊明和陆修静的时候,谈笑之间,不觉过了虎溪,就听到老虎大声叫起的声音。李梦阳在这所谓的东林寺曾经想过的可能是这个故事,由这首诗,来猜想虎溪地形的话,可能有好多树木和岩石。太平寺在玉渊西边,玉渊在虎溪上面,所以要到太平寺,必须爬虎溪。李梦阳在第二句用"徒"字,原因可能是对这爬山之难抱冤怨恨之缘故。让我们联想到李白的《蜀道难》的这首诗,不让我们把大自然看为障碍,而让我们感叹那巨大的气象,让我们升起爬那险路而征服的愿望。其实这首诗是李梦阳爬山而到太平寺写的,所以诗人表现征服山顶上以得的宏放气氛。这首诗所表现的其实是"登高能赋"之传统文化所保有的中国男性型精神,所以带有李白的《庐山瀑布》和杜甫的《望岳》所有的"风力"。

2.2.3 杂咏类

《远浦归帆》(《咏潇湘八景》)①:

　　　　秋风五两席,点点聚复散。不信小小鸟,飞飞速征雁。

楚人叫"候风"为"五两","候风",我认为是帆。李梦阳好像看到风刮来,让帆布膨胀起来,觉得发动壮志,实际上台风刮下大雨的话,小鸟不会飞,只有骨筋发达的大鸿或者松鹘等大鸟可以飞。看着不管恶天飞云的大鸿,李梦阳好像想到庄子在《逍遥游》讲过的寓言。不太管危险,对不义大胆抵抗过的李梦阳可能对冒着激风继续飞去而远征的大鸿觉得有志同道合的意识。不管外在的条件多么不好,坚强而走自己之路的大鸿和同情它的诗人在一起,这篇诗让读者脱离现实眼界而得到"旷荡"的快感。

三、表现兴象小景的兴象神韵类型

李梦阳的绝句当中,以柔气或者纤气为中心,形成小景的作品可以分为如下四种:

甲．谢灵运型:清新清丽

---

① 《空同先生集》卷36。

在李梦阳的绝句当中,清新清丽作品一共有如下 72 首:

游览类:(五言绝句 15 首)《望龟峰》、《钓台》、《上方寺》、《枕流桥》、《泉上独酌二首》、《白塔寺》、《圣泽泉》、《宿开先寺》、《新庄漫兴四首》、《吴溪》、《井》

(七言绝句 2 首)《望龟峰》、《白鹿洞》

感述类:(五言绝句 12 首)《九月见花》、《大堤曲》、《晚出大堤侄叶来迓》、《龙沙见新月》、《龙沙晚行》、《月夜吟》、《采莲曲》、《村夜三首》、《春曲二首》

(七言绝句 24 首)《闻桃花盛开》、《张池春日即事》、《喜雨三首》、《雪中见枯树似梅二首》、《京师春日漫兴五首》、《牡丹五首》、《牡丹绝句二首》、《步庭中海棠下四首》、《咏庭中千瓣榴花三首》

赠答类:(五言绝句 3 首)《寄徐子二首》、《送郑生》

(七言绝句 3 首)《东园赠鲍演》、《送王呈贡赴县》、《春日东庄要杭子》

杂咏类:(五言绝句 12 首)《名花》、《莺晓》、《咏李花》、《咏萤》、《寄咏徐学士园诗十四首》中(1)《薜荔园》、(12)《通泠桥》、(14)《钓矶》、(6)《蕉石亭》、(9)《荷池》、(11)《留月峰》、(13)《花源》,《咏潇湘八景》之《潇湘夜雨》

杂诗:(七言绝句 1 首)《秋风曲》

乙.陶渊明型:清闲

在李梦阳的绝句当中,清闲型作品一共有如下 40 首:

感述类:(七言绝句 15 首)《客有欲除我东园草者诗以止之》、《狂风三首》、《郊园步花二首》、《东园漫兴之作》、《东园花树下二首》、《漫兴二首》、《暮春余庄》、《新水至二首》、《渔父》、《葡萄》

游览类:(七言绝句 4 首)《城南塘泛舟二首》、《春暮过洪园二首》

赠答类:(七言绝句 25 首)《柬郑生二首》、《寄谢卿》、《对菊怀邻菊子三首》、《己巳年闰月三首》、《陶子见过草亭遂以留云名之大书刻木我亭增色爱赋二诗酬陶亦兼自意二首》、《东双溪方伯》、《送修武知县》、《送吴生》、《送友人》、《送人之南郡三首》、《雨侯屠君不至》、《二月望丘翁林亭二首》、《赠李沔阳二首》《赠陈氏》、《赠黄州牧》

集古类:(七言绝句 1 首)《翠华岩》

丙.王维型:清空清远

在李梦阳的绝句当中,清空清远型作品一共有如下 13 首:

赠答类:(七言绝句 3 首)《寄钱户部》、《晚过序公戏赠并喜徐编修缙迹访二

首》

感述类:(七言绝句 1 首)《绝句》

游览类:(五言绝句 1 首)《白鹿洞》

杂咏类:(五言绝句 7 首)《寄咏徐学士园诗十四首》之(4)《水鉴楼》、(5)《风竹轩》、(8)《蔷薇涧》,《咏鹭》、《咏潇湘八景》之《洞庭秋月》、《山寺晚钟》、《山市晴岚》、《平沙落雁》

集古类:(七言绝句 1 首)《望湖亭》

丁.结合社会指向意识和纤柔气质的:沉郁悲哀

在李梦阳的绝句当中,沉郁悲哀作品一共有如下 29 首:

游览类:(七言绝句 2 首)《春日丘翁同游三山之陂酌天王寺二首》

感述类:(七言绝句 24 首)《河上》、《登台》、《城南别业》、《浔阳歌》、《狱雨二首》、《异景》、《夷门十月歌》、《钱园二绝句二首》、《痔不可车旬日乃造于东园春葩向残夏英欲起慨焉动于老怀再赋绝句十首》、《七夕》、《黄河风雪词》、《除前五更闻习仪鼓角感而有作二首》

赠答类:(七言绝句 3 首)《寄赠珙县何氏夫妇》、《别李生》、《夏口夜泊别友人》

3.1 结合自然指向意识细气的谢灵运型兴象诗之清新清丽

这类诗是诗人以纤细气质(纤气)对待自然(自然指向意识),惊叹自然物(客体)之美丽的结果,在这些作品里头,主客之间尚存界线,没有达到物我一体,诗的记述止于形似,所以多有形似丽句。现在我们举几篇作品来看一看这种美感的具体状况。

3.1.1 游览类

3.1.1.1《望龟峰》①:

龟峰归遇雨,彻夜鸣不歇。起望昨游处,惟见满山雪。

这首诗是在游览龟峰回来的第二天早上,看着白雪蒙着的龟峰而写的。中心内容在于最后一句,就是说在龟峰有积雪,蒙雪的龟峰和诗人自我之间,没有发生一体化现象。从第一句到第四句,都记述着自己的先后动作,主体突出得很明显。不过,诗人所看到的龟峰之雪带有很清凉而清洁的意象,因此这首诗留下很

---

① 《空同先生集》卷 36。

清新的余韵。

3.1.1.2《枕流桥》①：

> 峡急岂有心，临桥石相激。蓦惊桥上听，夕阳人独立。

一、二句的中心是白鹿洞的急流，三、四句的中心是诗人的自我。诗人的自我，好像是包有旺盛的好奇心的小孩子，把自己的触觉完全向外锐敏地移动。在主客之间还保留不一致的情况下，主动的是溪流，诗人的自我则比较从属的，好像是装月之水、映花之镜，透明而空的。因为没有达到主客一体，我不以"心"而以感觉(听觉器官耳朵)倾听着急流流走的声音。不过，形成美感的是溪流而已，因为诗人的自我如镜、如水透明，在美感没有自己的份儿。溪流的急流不能等同于诗人的精神状况，可是因为透明的诗人自我不要参加形成美感的过程，所以作品的美感只依靠溪流之意象，溪流带有清新、轻快的意象，所以这首诗也带有清新、轻快的美感。

3.1.2 杂咏类

《潇湘夜雨》②：

> 夜响起秋竹，浩浩楚云白。晓来看沙觜，新水添一尺。

这首诗里诗人只以听秋竹吹磨的声音，以看白云，以看出新水添一尺的感觉和知觉主体者的资格存在。诗人的心水是透彻地透明，如镜、如水映出外物，没有屈折，没有歪曲，所以比镜子、比湖水把这客体写真，没有作主观解释，没有移入自己的感情。所以这首诗是写真的，就是形似的，其美感则由竹叶相磨的清凉之声音，悠悠的白云，非常之清新。

3.2　结合自然指向意识和柔气的陶渊明型兴象诗之清闲

这类诗是诗人由柔气和自然指向意识造成主客相和的"安闲"美感的。现在我们举几篇作品来看一看这种美感的具体状况。

3.2.1 感述类

《暮春佘庄》③：

> 暇即来游困即眠，玉杯长醉彩云前。春风暮起杨花乱，疑是梁园雪

---

① 《空同先生集》卷36。
② 《空同先生集》卷36。
③ 《空同先生集》卷35。

里天。

这首诗的重点不在于发现玉杯、彩云或者杨花之美,而在于记述隐居生活之闲乐。梁园是汉梁孝王所建设的宫室和苑园。李梦阳说自己的庄园好像是那漂亮的梁园,听起来容易认为他的意识往外,注意到景物之美。不过,其实他的意识是内向的,所以记述自己里面的和平和满足。这类诗不像谢灵运的诗那么透彻玲珑,也不出现清辞丽句。苏轼认为陶渊明的诗"散缓",我认为这首诗的美感也可以说"散缓"。

3.2.2 游览类

《春暮过洪园》:

> 其一:峨冠白首恋金鱼,甲胄红颜水竹居。墙上久悬平虏剑,床头新置种桃书。

> 其二:出林春笋故当门,榆荚杨花乱扑樽。客到剪蔬聊作馔,近城栽柳自成村。

其一把做官时的生活和现今隐居生活对比记述,其二记述现在隐居生活之可爱快活。以生活为中心素材的这首诗不像吟咏修行者空灵之情的诗那么透彻清空,所以虽然淡白而不太澄清,也不太淡远。

3.2.3 赠答类

《赠李沔阳》①:

> 其一:云梦茫茫绕一州,滔滔江汉古今流。问俗不须乘五马,画船箫鼓水乡游。

> 其二:楚人抽棘霸江湖,万载孤城剖一符。从此沔阳为渤海,直教云梦作蓬壶。

所谓李沔阳可能是沔阳太守,这首诗是李梦阳跟这个人在云梦湖坐船游览时写给李沔阳的。其二说明云梦湖成为游览地的来源,其一则说出坐船游览之别致。这首诗不是田园诗,而是游兴诗,可是悠悠清闲之感非常之大。

3.3 表现自然指向意识之齐物境的王维型兴象诗之清空清远

这类诗是诗人由柔气和自然指向意识,达到主客相齐的齐物境,而表现神似、神韵。现在我们举几篇作品来看一看这种美感的具体状况。

---

① 《空同先生集》卷34。

3.3.1 感述类

《绝句》①：

> 将军铁骑战金微，八月长安尽捣衣。砧声欲落三更月，翡翠楼头雁
> 却飞。

这首诗由历史意识(第一句)，感觉的记述(第二句)，和对审美经验的记述(第三、四句)而构成的，作品的全体美感由一、二句的悲慨美和三、四句的清空美，升华成悲哀美。不过三、四句部分单独形成清空美。

3.3.2 游览类

3.3.2.1《钓台》②：

> 终日钓石坐，清波闲我钓。掷竿望山月，回见众鱼游。

这首诗的重点不在于钓鱼活动，也不在于月亮或者众鱼之游戏等客体；而在于看月、观赏众鱼游戏的诗人心绪。月亮反映心的静寂，众鱼之游戏代演诗人心理之自由逍遥。因此，这首诗描写出诗人的精神心情平安静寂而自由，所以有淡远的神韵之味。

3.3.2.2《白鹿洞》③：

> 白鹿昔成群，鹿去谁复来。樵子暮行下，洞中云自开。

这首诗所说的是白鹿洞没有白鹿，而只有白云自开。白云由于其悠悠自来自往的特性，往往象征着自由。所以，历来很多诗人把自己向往自由的愿望投射到白云。到了白鹿洞，没有看到白鹿。不过在天空有白云慢慢浮来浮去，由那白云，读完这首以后，可以得到一些安慰，得到悠悠而淡远的情绪，这样的读完之后残存的余韵，有人叫做神韵。

3.3.2 赠答类

3.3.2.1《寄钱户部》④：

> 春城鸡啼月欲没，西雁东飞迟明发。风里杨花不定飞，震泽迢迢限
> 吴越。

这首诗好像在叫做"震泽"的湖边小村里头清晨时写的，所有的事物发出静寂的

---

① 《空同先生集》卷35。
② 《空同先生集》卷36。
③ 《空同先生集》卷36。
④ 《空同先生集》卷34。

声音或者作出缓慢而轻轻的动作,从远地闻来之静寂的鸡鸣,无声而落的月亮,无声而飞去的雁子,无声而飞散的杨花,都跟诗人心里的静寂一起步走,所以内外都像修行者的敬虔或者严肃,这种气氛之美感大概叫做"清远"。

3.3.4 杂咏类

这里以《咏潇湘八景》为例,做以分析。这套作品由《渔村夕照》、《山寺晚钟》、《平沙落雁》、《江天暮雪》、《洞庭秋月》、《潇湘夜雨》、《远浦归帆》、《山市晴岚》构成。

3.3.4.1《洞庭秋月》①:

> 天水本自空,圆月况秋映。晶晶起霜色,千里一悬镜。

观赏洞庭湖,又举头仰看碧空上的月亮,又几次反复那两种动作,从中可能觉得湖水空,天空也空。水清的洞庭湖,清透的秋天之天空,下霜深秋之秋月都带有又清又静的意象。因此,诗人之心情也可能得到周围自然环境之清静。这首诗,其实可以算是歌咏诗人心水之清静境界。由于歌咏绝对静寂状态之心状,显现出李梦阳在后期所嗜好的狭义之清寒、清远、清秀的神韵系列美感。

3.3.4.2《山市晴岚》②:

> 峰晴堆夜岚,晨炊翠犹湿。但闻山鸟鸣,不见鸟出入。

"峰晴"、"夜岚"、和"鸟鸣"都形成新鲜清新的美感,森林里头的烟雾朦胧不清,形成"幽淡"感。可是这种清新和"幽淡"不全是来自外在事物。诗人在看清明的清晨碧空,在听清脆的鸟鸣声,达到一种神秘境界,同化于审美的自然,达到这种诗人的清淡神秘境界就是神韵美之主体。这可能是所谓言外之言,或者意外之意的具体内容。

3.4 结合社会指向意识和纤柔气质的兴象诗之沉郁悲哀

这类诗是由诗人之纤气或者柔气和社会指向意识的结合而来的作品,现在我们举两篇作品来看一看这种美感的具体状况。

3.4.1 感述类

《除前五更闻习仪鼓角感而有作》③:

---

① 《空同先生集》卷36。
② 《空同先生集》卷36。
③ 《空同先生集》卷35。

其一:苍龙阙动朝元日,玉笋班齐舞蹈时。枕上忽传新鼓角,眼中如闪旧旌旗。

其二:两朝旧是含香吏,豹隐俄惊二十年。犹记习仪端笏地,朝天宫里听鸣鞭。

这首诗可能在罢官以后,他在大梁隐居已有二十年左右的时候所写的。诗的内容就是听到新鼓角,怀念以前在京城的生活,除夕行事训练之各种风景,怀念宫中除夕风景的理由,可以从三个方面找其原因:第一,可以说因为他怀念自己最得意的时节;第二,可以说因为他怀念自己青春和青春时候的朋友;第三,可以说因为他怀念自己希望又回到原来的地位。总而言之,作品的味道就归于沉郁。

3.4.2 赠答类

《夏口夜泊别友人》:

黄鹤楼前日欲低,汉阳城树乱鸟啼。孤舟夜泊东游客,恨杀长江不向西。①

此诗表达了诗人与友人离别时的依依不舍的心情,整首诗弥漫着非常浓厚的沉郁气氛。

五、结 论

从以上讨论可见,李梦阳的绝句当中"结合社会指向意识和壮气的杜甫型风神诗",总共有72首(壮丽型有40首,悲慨遒劲型有32首);"结合自然指向意识和宏气的李白型风神诗",有81首;所以李梦阳的绝句425首当中,含有李白和杜甫式的风神诗总共有153首,这153首可以说是含有北方型美感的。

表现兴象小景的作品,清新清丽型有72首,清闲型有40首,清空清远型有13首,沉郁悲哀型有29首,所以,我们可以说李梦阳的绝句诗425首当中,谢灵运型72首,陶渊明型40首,王维型13首。"沉郁悲哀"是差不多所有的中国诗人都有的共通风格,所以不能说是谁的风格类型。包括沉郁悲哀型29首,总共154首含有南方型美感。

最后对李梦阳的绝句诗之美感分布,得到如下的表格:

① 《空同先生集》卷34。

北方型　气象风神 153 首(36%)	杜甫型(16.9%)	壮丽型 40 首
		悲慨遒劲型 32 首
	李白型(19%)	高华型 81 首
南方型　兴象神韵 154 首(36.2%)	谢灵运型(16.9%)	清新清丽型 72 首
	陶渊明型(9.4%)	清闲型 40 首
	王维型(3.0%)	清空清远型 13 首
	(6.80%)	沉郁悲哀型 29 首

从表格中的数据可知,最多的是李白型,谢灵运型和杜甫型次之,王维型最少。

对李梦阳的绝句,历来评论家看重他的李白型诗,或者李、杜型诗:

元题画书五言小诗,虞伯生《柯氏山水图》,揭曼硕《潇湘八景图》,丁鹤年《长江万里图》等篇,皆颇天趣,然意调浅促,句格未超。五言绝二十字,须飞动奇逸,若数百千言,乃称上乘。古今擅此,独太白、献吉、元美、宋、元诸子殊不解,老铁较铮铮耳。①

七言绝,以太白、江宁为主,参以王维之俊雅,岑参之浓丽,高适之雄浑,韩翃之高华,李益之神秀,益以弘正之骨力,嘉隆之气韵,集长舍短足为大家。②

论势者曰:尺有万里之势,一势字宜着眼,若不论势,则缩万里于咫尺,直是广舆记前一天下图耳,五言绝句以此为落想时,第一义。唯盛唐人能得其妙,如"君家住何处,妾住在横塘。停暂船借问,或恐是同乡",墨气所射,四表无穷。无字处皆其意也。李献吉诗"浩浩长江水,黄州若个边。岸回山一转,船到堞楼前",固自不失此风味。(《夕堂永日绪论》)

献吉五古,源本陈王、谢客,初不以杜为师,所云杜体者,乃其摹仿之作,中多生吞语,偶附集中,非得意诗也。至效卢、骆、张、王诸体,特游戏耳。惟七古及近体,专仿少陵,七绝则学供奉,盖多师以为师者也。③

献吉五言古诗,康乐以后一人;七言近体,少陵以后一人;七言绝句,太白以后一人。

惟五言近体少逊,前人颇有多才之恨,然"江从树里断,山入雨中无"、

---

① 《诗薮·外编》。

② 《诗薮·外编·周汉》。

③ 《静志居诗话》卷 10,人民文学出版社 1990 年版。

"扬鞭指河洛,回旆陵高崖"、"楚越窗中地,江山战后容"、"风云余霸气,吴楚混前朝"、"塞口孤城断,峰腰细涧分"、"林疏山尽出,风顺橹齐开"、"暮雨津城树,春帆水国楼"……"江山百战后,登眺两人初",爽气固殊伦也。

《国风》《雅》《颂》,温厚和平;《离骚》《九章》,怆恻浓至;东西《二京》,神奇浑璞;建安诸子,雄赡高华;六朝俳偶,靡曼精工;唐人律调,清圆秀朗。此声歌之各擅也,必由才气,近体之攻,务先法律,绝句之构,独生风神。①

高、岑明净整齐,所乏神韵,王、李精华秀朗,时觉小疵。学者步高、岑之格调,含王、李之风神;可以工部之雄深变幻,七言能事极矣。②

初唐七言古以才藻胜,盛唐以风神胜,李、杜以气概胜,而才藻风神称之。③

国朝学杜若袁景文、郑继之、熊士选,其表表者。要之所得,声音相貌耳,又皆变调。惟李观察得其风神,王太常得其骨干,汪司马得其气格,吴参知得其体裁。李之高华,王之沉实,汪之整健,吴之雄深,皆杜正脉法门,学者所当服习也。④

历代批评家们,譬如说胡应麟、俞汝言、王夫之、朱彝尊等人都非常重视李梦阳的绝句,承继李白或者李、杜的绝句。不过由本研究我们可以知道,雄壮风格在李梦阳绝句当中只占有三分之一左右。

(何永康、陈书录主编,沙先一副主编:《首届明代文学国际研讨会论文集》,南京师范大学出版社 2004 年版)

---

① 《诗薮·内编》卷 1。
② 《诗薮·内编》卷 2。
③ 《诗薮·内编》卷 3。
④ 《诗薮·内编》卷 5。

明诗研究方法举隅

——以"李、何之争"为例

余来明

明诗在近年中国古代文学研究界受到很大关注,产出了一系列有影响的成果。作为古典文学后兴的研究领域,相关研究如何做进一步推进? 本文以论析李梦阳、何景明间的文学论争入手,强调通过阅读、梳理原始文献,在明代诗歌演进的具体历史情境中展开研究,而不是以清人评论作为建构明代诗史的依据。

一

在具体研究中,明代诗歌发展历史的叙述困境,主要来自两个方面:(一)研究资料的掌握。从已有的研究来看,无视基本"事实"的现象所在皆是,面对明、清两代丰富的历史资料,论者在谈论某一问题时,涉及的文献往往大同小异,丰富的史料被束之高阁,相关讨论很少深入到文学事件内部,对某些文学现象的理解常以清人的评论为依据,未能摆脱故有的陈套。(二)以术语、观念的对比替代历史的叙述。术语、观念的变迁固然是文学研究的重点,然而如果为了彰显某一文学思潮的优越性、进步性,将不同文学观念和理论术语的对比简化成对"落后"文学思想的批判,文学史叙述的合理性就不免受到损害。从"五四"时期扬公安、竟陵而贬复古,到上世纪 80 年代以后为复古所做的辩护,无不从这一角度予以立论。而对明代诗歌演进的具体历史情境,却置而不论、避而不谈。例如,在经历了第一次"失败"的复古之后,代表复古的文学思潮何以一而再地在诗坛复兴? 公安派、竟陵派这类在当今文学史叙述中被视作"优秀"、"进步"的文学思潮,何以在明末清初的话语世界中却常与明亡的主题联系在一起? 前后评价呈现的巨大反差,是否仅出于文学观念的变迁? 诸如此类一系列问题的解答,有赖于明诗研究的进一步深入。

从明代诗歌演进的轨迹来看,同一问题在不同时代的展开,包含了不同时期诗人对各自时代文学思潮所做的当下思考,诗学观念的变迁建构了不同时代的诗学性格;同一诗学概念的提出,往往有各自不同的文学文化背景,包蕴不同的时代内涵。例如,"前七子"与"后七子"核心复古主张的契合,一方面是出于文学观念的前后承继,师法前人以开创新的文学发展道路,在中国文学的历史进程中普遍存在;另一方面,二者所处文学环境(即"前七子"之前的成化、弘治文坛和"后七子"之前的正德后期、嘉靖前期文坛)存在某种相似之处,是他们选择同一理论体系的内在原因。由此出发,文学研究须切入历史的具体形态,在文学演进的历史情境中理解文学现象,解读文学事件,把握文学进程。对于资料丰富的明清文学,这一研究理念的确立显得尤为重要。

关于在具体历史情境中理解文学的必要性,《复斋漫录》对陶渊明诗歌的解读,不无借鉴意义:

> 《文选》五臣注《辛丑岁七月赴假还江陵夜行途中》诗云:"渊明晋所作者,皆题年号;入宋所作,但题甲子而已。意者耻事二姓,故以异之。"思悦考渊明诗,有以甲子题者,始庚子,距丙辰凡十七年间,只九首耳,皆晋安帝时所作也。后一十六年庚申,晋禅宋,恭帝元熙二年也。宁有晋未禅宋,辄耻事二姓,所作诗但题甲子而自取异哉?矧诗中又无有标晋年号者。余观《南史》渊明传,亦云:"所著文章,皆题其年月,义熙以前,明书晋氏年号,自永初以来,惟云甲子而已。"乃知《南史》之失,有自来矣。①

《复斋漫录》所论尽管只是事实的考辨,却为具体的文学研究提供了启示:对作品立意、作家品格的把握,涉及的不仅是艺术分析问题,其中包含了对作家的生活时代、处世理念和政治立场等诸多因素的综合考察。换句话说,对于文学创作的正确理解,离不开对文学展开情境的把握,惟有在具体历史情境中把握文学进程,论析文学现象,方能获得正确的解释。

清人章学诚以史家眼光,立足历史研究的普遍原则,强调以"统同年谱"的方法展开文学史研究的重要价值:

> 鄙意欲仿唐、宋诗文别集各著年谱之义,将入选之诗,作一统同年谱。取汉

---

① 胡仔:《苕溪渔隐丛话后集》卷3引,人民文学出版社1962年版,第20页。

讫明凡二千年,横排甲子干支,而以朝代年号系之。其入选诗人生卒年月有可考者,附于其下;不可考者,取其姓名见于史鉴何年,或其诗题、诗序有年月者,附于谱文;再取其年时事,裁取大纲,约略为辞,以列于格,可与诸家之诗互相印证,不特为诗家证明义旨,亦兼可为史传正其流讹,为功艺林,亦自不鲜。①

章学诚所说的"统同年谱",与后人所谓的文学编年史颇为类似。在他看来,以系年方式综括诗人、诗作的"统同年谱"在"为诗家证明义旨"和"为史传正其流讹"方面都有重要意义。对此,陈寅恪也持相同看法,认为文学编年史的编纂对文学史研究的拓展和深入有重要意义:"苟今世之编著文学史者,能尽取当时诸文人之作品,考定时间先后,空间离合,而总汇于一书,如史家长编之所为,则其间必有启发,而得以知当时诸文士之各竭其才智,竞造胜境,为不可及也。"②就文学史研究而言,这一方法涉及的不仅是"知人论世"的理念,具体而言,是要求文学史研究须在准确把握作家生活时代、作品创作年代、作家相互间交往唱和等历史状貌的基础上展开,对作家作品的认识、分析和解读,须立足于具体历史情境。进一步说,作家在文学史发展中并非孤立的个体,一方面要受时代风气的影响,另一方面又创造和改变着时代风气。具体历史情境的建构,正是以描述文学演进的轨迹为基本依据和立足点的。

在明诗研究中,钱谦益是个关键人物。他研究明诗,采取的方法之一就是"深思论世,置身于百年以前",通过梳理第一手材料,在具体历史语境中把握诗人诗作。《列朝诗集小传》丁集上"皇甫金事涍"条云:

> 自王元美《艺苑卮言》记吴中盛事,谓太原兄弟并擅菁华,汝南父子嗣振骚雅,至今海内流为美谭。而中表因依,研席应求,文章问学,风气密移,非深思论世,置身于百年以前,未能或知也。余故详著之,以表微焉。③

诗坛风会流衍变迁,在时间之流中,那些引领时代风尚的诗人诚然应为诗史所铭记,而那些身处时代风尚之外、高标独立的诗人同样不应被历史所遗忘。钱谦益在明诗研究中对皇甫涍、黄省曾这类作家予以详著而表微,固然是要借以批评李梦阳、李攀龙等复古诗人,但他提出的"非深思论世,置身于百年以前,未能或

---

① 章学诚:《文史通义新编·外篇二·吴澄野太史〈历代诗钞〉商语》,仓修良编,上海古籍出版社 1993 年版,第 475 页。

② 陈寅恪:《元白诗笺证稿》第一章《长恨歌》,《陈寅恪集》,三联书店 2001 年版,第 9 页。

③ 钱谦益:《列朝诗集小传》,上海古籍出版社 1983 年版,第 413 页。

知"的见解,却对后人研究诗史具有方法论意义。只有在深入考析历史文献的基础上体贴、观照研究对象,把握明诗发展的脉络,才能正确理解明诗演进过程中产生的各种现象。

本文拟通过对"李、何之争"进行厘析,说明进入文学演进的历史情境对于理解具体文学事件的典范意义。

二

因为发生在"前七子"复古运动两位重要领袖之间,"李、何之争"从一开始就引人瞩目。对于二人论争的解读,大致存在两种认识:

(一)文坛权力下移之后,李、何二人为争夺文坛盟主而走向对立。明代以来的论者多持此种看法。如汪道昆云:"人言李、何故相欢,卒以名高为敌国。"①王世贞云:"何仲默与李献吉交谊良厚,李为逆瑾所恶,仲默上书李长沙相救之,又画策令康修撰居间,乃免。以后论文相掊击,遂致小间。盖何晚出,名遽抗李,李渐不能平耳。"②即便是关系密切的朋友,也可能为了名利而倒戈相向。李、何二人早年一起共倡复古,一起与刘瑾集团作斗争,关系颇为密切,后来却变得疏远。二人关系转变发生在何时? 其中原因何在? 不排除为争夺文坛盟主的可能。

(二)李、何二人发生论争,缘于文学观念的分歧。在王世贞看来,才性差异造成文学观念的分歧,是二人发生论争的重要原因:"仲默才秀于李氏,而不能如其大。又义取师心,功期舍筏,以故有弱调而无累句。诗体翩翩,俱在雁行。"③李、何二人尽管都提倡复古,但在创作风格上存在显著差异。随着复古运动的深入,他们在认识上产生了不小的分歧。所谓因论文而"遂致小间",确有其事。李梦阳、何景明二人文集中,保存了二人反复论难的书信。其间语气,显得不那么平和。由文学观念之争而引发意气之争,在中国文学史上也是常有之事。对此,胡应麟的解释是:何景明之所以提出"舍筏"之说,对复古理论予以修正,原因在于李梦阳"多拟则前人陈句",模拟之弊多于式则之功。何景明所要

---

① 徐中行:《青萝馆诗》卷首,《四库全书存目丛书》本,齐鲁书社1997年版。
② 王世贞:《艺苑卮言》卷6,《历代诗话续编》本,中华书局1983年版,第1046页。
③ 王世贞:《艺苑卮言》卷6,《历代诗话续编》本,中华书局1983年版,第1045页。

舍弃的,并非"前七子"作诗的基本规范,而是李梦阳诗文理论、创作中的"刍狗糟粕"①。胡应麟的辩护,与后来袁中道所谓"中郎已不忍世之害历下也,而力变之,为历下功臣"②之意相近,完善"前七子"复古理论使之更趋合理,是何景明与李梦阳反复论难的根本原因。

《明史·文苑传》综合以上两种看法,概述说:"景明志操耿介,尚节义,鄙荣利,与梦阳并有国士风。两人为诗文,初相得甚欢,名成之后,互相诋诃。梦阳主摹仿,景明则主创造,各树坚垒不相下,两人交游亦遂分左右袒。说者谓景明之才本逊梦阳,而其诗秀逸稳称,视梦阳反为过之。"③这大体承袭了王世贞的看法。类似观点,在今人研究中颇为普遍④。

就对事件本身的认识而言,这些看法都有其合理的一面,但立足于整个明诗发展进程来理解,类似解读显然忽略了更重要的问题:"李、何之争"是在何种背景下发生的? 二人的论争,对"前七子"复古运动的走向产生了怎样的影响? 从整个明诗进程来看,二人之间的这一论争,对于"后七子"尤其是王世贞在复古理论的建构方面是否有借鉴意义? 这些问题所涉及的不仅是李、何二人文学观念的差异,更与诗坛风尚的变迁和明代中后期诗史的演进有着密切联系。李、何二人关于复古核心理论的争论,是在诗坛复古风尚转变的大背景下发生的;而这一发生在复古阵营内部的争论,又无形中加速了诗坛风尚迁移的进度,导致了正德后期至嘉靖前期诗坛"非复古"和"反复古"思潮的兴起⑤。

"前七子"提倡复古,于古诗推尊汉、魏,律诗推尊盛唐,六朝、初唐诗歌不在其学习范围之内。杨慎曾对何景明不读六朝、初唐诗歌提出批评:

> 何仲默枕藉杜诗,不观余家,其于六朝、初唐未数数然也。与予及薛君采言及六朝、初唐,始恍然自失,乃作《明月》《流萤》二篇拟之,然终不若其效杜诸作也。⑥

薛君采即薛蕙,他与何景明相识,在武宗正德八、九年(1513—1514)间。正德八年,薛

---

① 胡应麟:《诗薮·内编》卷5,上海古籍出版社 1979 年版,第 101 页。
② 袁中道:《珂雪斋集》卷10《阮集之诗序》,上海古籍出版社 1989 年版,第 462 页。
③ 张廷玉等:《明史》,中华书局 1974 年版,第 7350 页。
④ 见饶龙隼:《李何论衡》,《文学评论》2007 年第 3 期。
⑤ 具体论述,在笔者博士学位论文《嘉靖前期诗坛研究:1522—1550》中有详细展开。此处限于篇幅,不另作阐释。
⑥ 杨慎:《升庵诗话》卷13"萤诗"条,《历代诗话续编》本,第 901—902 页。

蕙由亳州往北京参加会试,期间前往拜谒时任中书舍人的何景明,二人由此结交。薛蕙正德九年考中进士后旋即回乡,直到翌年十月才由亳州返回京城,出任刑部福建司主事。四年后,何景明由吏部员外郎出任陕西提学副使,此后再也没有回京。正德十六年(1521),何景明病重辞归,抵家六日即去世,年仅三十九岁。据此,何景明与杨慎、薛蕙等人相与论诗,当在正德十一年(1516)至正德十三年(1518)间。他那首著名的七言歌行《明月篇》以及篇首的短序,即写于与杨、薛等人论诗之后。在《明月篇序》中,何景明将杜诗置于《诗经》以至唐初的诗学背景中重新予以审视:

> 仆始读杜子七言诗歌,爱其陈事切实,布辞沉著,鄙心窃效之,以为长篇圣于子美矣。既而读汉魏以来歌诗及唐初四子者之所为而反复之,则知汉魏固承《三百篇》之后,流风犹可征焉。而四子者,虽工富丽,去古远甚,至其音节,往往可歌,乃知子美辞固沉著,而调失流转,虽成一家语,实则诗歌之变体也。夫诗本性情之发者也,其切而易见者,莫如夫妇之间。是以《三百篇》首乎《雎鸠》,六义首乎《风》,而汉魏作者,义关君臣朋友,辞必托诸夫妇,以宣郁而达情焉,其旨远矣。由是观之,子美之诗,博涉世故,出于夫妇者常少,致兼《雅》、《颂》,而风人之义或缺。此其调反在四子之下与?暇日为此篇,意调若仿佛四子,而才质猥弱,思致庸陋,故摘词芜蔜,无复统饬。①

正德三年以后,“前七子”成员由于政治原因而各处异地,何景明虽然在中书舍人任上“九年不调”,却始终在京为官。正德六年,杨慎考中进士,徐祯卿在这一年因病去世;正德九年,薛蕙登进士第。此时复古思潮虽仍是诗坛主流,但事实上只有何景明一人身在京师,而李梦阳、康海、王九思都远处陕西、江西、河南等地。何景明与杨慎、薛蕙等人相与论诗,所接触的自然与当年和李梦阳、康海等人一起砥砺复古时不同。在论诗过程中,何景明曾因为不读宋诗而受到杨慎的讪笑②。杨慎

---

① 何景明:《何大复先生全集》卷14,《明代论著丛刊》本,台北伟文图书出版社有限公司1976年影印版。

② 如《升庵诗话》卷12“莲花诗”条云:“张文潜《莲花》诗:‘平池碧玉秋波莹,绿云拥扇青摇柄。水官仙子斗红妆,轻步凌波踏明镜。’杜衍《雨中荷花》诗:‘翠盖佳人临水立,檀粉不匀香汗湿。一阵风来碧浪翻,真珠零落难收拾。’此二诗绝妙。又刘美中《夜度娘歌》:‘菱花炯炯垂鸾结,烂学宫妆匀腻雪。风吹凉鬖影萧萧,一抹疏云对斜月。’寇平仲《江南曲》:‘烟波渺渺一千里,白苹香散东风起。惆怅汀州日暮时,柔情不断如春水。’亡友何仲默尝言宋人书不必收,宋人诗不必观,余一日书此四诗讯之曰:‘此何人诗?’答曰:‘唐诗也。’余笑曰:‘此乃吾子所不观宋人之诗也。’仲默沉吟久之,曰:‘细看亦不佳。’可谓倔强矣。”善意嘲弄背后,显示了杨慎与何景明等人不同的阅读趣味和文学观念。

通过对李梦阳、何景明等人倡言专读盛唐以前诗表示不满,以此部分否定复古理论的合理性。可以想见,在这种情况下,何景明关注六朝、初唐甚至宋诗,也是情理中的事。其间情势,即所谓"各相为偶,其声自有不得不同者"。与杨慎、薛蕙等人的交游,是何景明扩大阅读范围进而调整复古主张的一个重要原因。

《升庵诗话》卷十记述了杨慎、何景明、薛蕙等关于唐人七律排行的一次讨论,可以作为何景明复古主张发生转变的又一佐证。此次讨论的焦点,集中在是以崔颢《黄鹤楼》还是以沈佺期《古意呈补阙乔知之》(一作《古意》,又作《独不见》)作为唐人七律的压卷之作:

> 宋严沧浪取崔颢《黄鹤楼》诗为唐人七言律第一。近日何仲默、薛君采取沈佺期"卢家少妇郁金堂"一首为第一。二诗未易优劣。或以问予,予曰:"崔诗赋体多,沈诗比、兴多。以画家法论之,沈诗披麻皴,崔诗大斧劈皴也。"①

沈佺期(650—713),字云卿,相州内黄人,是初唐重要的宫廷诗人之一。严羽论诗宗盛唐,七律以崔颢《黄鹤楼》为第一;"前七子"论诗,七律以盛唐为宗,与严羽一致。何景明早年论诗,七律也以盛唐为准的,后来发生转变,转而以初唐为宗。作为典型的初唐诗人,沈诗风格与盛唐主体诗风之间存在较大差异。胡应麟论及此诗,认为:"七言律滥觞沈、宋。其时远袭六朝,近沿四杰,故体裁明密,声调高华,而神情兴会,缛而未畅。'卢家少妇',体格丰神,良称独步,惜颔颇偏枯,结非本色。"②胡应麟所谓"本色",当是指"调高格正"的盛唐诗而言③。何景明前后宗尚的转变,通过唐人七律评选反映得十分明确。

站在复古立场,李梦阳以盛唐诗、杜诗为取法对象,才是复古的正途,而何景

---

① 杨慎:《升庵诗话》卷 10"黄鹤楼诗"条,《历代诗话续编》本,第 834 页。

② 胡应麟:《诗薮·内编》卷 5,上海古籍出版社 1979 年版,第 82 页。

③ 如他论李攀龙云:"'紫气关临天地阔,黄金台贮俊贤多'、'万里悲秋长作客,百年多病独登台',少陵句也。'九天阊阖开宫殿,万国衣冠拜冕旒'、'云里帝城双凤阙,雨中春树万人家',王维句也。'秦地立春传太史,汉官题柱忆仙郎'、'南川粳稻花侵县,西岭云霞色满堂',李颀句也。'三山半落青天外,二水中分白鹭洲'、'瑶台含雾星辰满,仙峤浮空岛屿微',青莲句也。'万里寒光生积雪,三边曙色动危旌'、'沙场烽火侵胡月,海畔云山拥蓟城',祖咏句也。'千门柳色连青琐,三殿花香入紫微'、'花迎剑佩星初落,柳拂旌旗露未干',岑参句也。凡于鳞七言律,大率本此数联。今人但见'黄金'、'紫气'、'青山'、'万里',则以'于鳞体',不熟唐诗故耳。中间李颀四首,尤是济南篇法所自。"(《诗薮·续编》卷 2)在气象上,复古派的代表作品与初唐诗有明显不同,他们所认可的律诗,是以杜诗等为代表的盛唐诗作。

明改以沈诗为七律范型,显然已偏离了复古的轨道。鉴于此,王世贞对何景明以沈诗为唐人七律第一的看法提出异议:

> 何仲默取沈云卿《独不见》,严沧浪取崔司勋《黄鹤楼》,为七言律压卷。二诗固甚胜,百尺无枝,亭亭独上,在厥体中,要不得为第一也。沈末句是齐梁乐府语,崔起法是盛唐歌行语。如织官锦间一尺绣,锦则锦矣,如全幅何?老杜集中,吾甚爱"风急天高"一章,结亦微弱;"玉露凋伤"、"老去悲秋",首尾匀称,而斤两不足;"昆明池水",秾丽况切,惜多平调,金石之声微乖耳。然竟当于四章求之。①

贬低沈诗,也就从根本上否定了何景明转变以后诗学理论的合理性。而即便对于杜诗,在王世贞看来,也有不尽合于复古理论的地方,"结亦微弱"、"斤两不足"、"惜多平调"等批评背后,显示出复古派在七律风调方面以"雄放峻急"、"豪劲峭拔"为正体的诗学取向。何景明伴随唐诗观的改变而对复古理论所做的调整,是在和杨慎、薛蕙等人交往中通过阅读范围的扩大完成的。因此,他在给李梦阳的信中,才会提出与复古派正统观念不同的取法策略。理解了这一点,就不难明白何景明在《明月篇序》中对杜诗所做的重新审视。正因如此,何景明受到了王世贞的批评。

关于何景明诗学观念的前后变化,许学夷(1563—1633)用何景明不同作品中文学主张的差异予以说明:

> 仲默《海叟集序》云:"景明自为举子,历宦十年,日觉所学非是。李、杜歌行、近体诚有可法,而古作尚有离去。景明学歌行、近体有取二家,旁及初、盛,古作必从汉、魏求之,虽迄今一未有得,而执以自信,弗敢有夺。"愚按:此论虽于李、杜古诗有不相契,然与前"舍筏"之说及所云"子美歌行不及初唐"意甚相反。盖此言"自为举子,历宦十年",乃三十以后言,而前所云则三十以前见也。②

许学夷虽然准确区分了《海叟集序》和《与李空同论诗书》、《明月篇序》所体现诗学观念的差异,却弄错了二者时间的先后。根据陆深和李梦阳的记载,何景明

---

① 王世贞:《艺苑卮言》卷4,《历代诗话续编》本,第1008页。
② 许学夷:《诗源辩体·后集》卷2,人民文学出版社1987年版,第406页。

与陆、李二人一道编选袁凯诗集在前,撰写《明月篇》及与李梦阳往复论诗在后①。对于何景明诗学观念的变化,许氏由于在确定相关书、序撰写时间的先后方面发生了误差,因此做出了前后倒置的判断。这一误判的发生,同时也与许氏自身论诗以复古为宗不无关系。在许氏看来,何景明作为复古运动的倡导者,其诗学路径应该和他所拟定的转变是一致的。然而,事实正好与此相反。

以上将"李、何之争"置于正德末年的历史情境中予以观照,使我们对于"前七子"内部发生的这次争论有了更深刻的认识:作为一个文学流派的领军人物,"李、何之争"产生的影响不仅局限于复古阵营内部,在整个诗坛复古思潮逐渐弱化的背景下,何景明诗学观念发生的变化,启示着一种新的诗学思潮的兴起;二人由论诗而演变成意气之争,预示了"前七子"复古运动迅速消歇的命运。"后七子"恢复一度中断的文学复古运动,既是对"前七子"复古运动的进一步深入,也是对嘉靖前期反复古文学思潮的反拨。

本文通过具体分析"李、何之争"这一文学现象,意在说明:研究者对明代诗史的理解,须在其展开的具体历史情境中去完成。笔者关于研究方法的探讨,只是明诗研究的开始,具体的研究能达到怎样的深度,却并非确立研究方法就可以完成。明诗研究的进一步深入与拓展,有待后继者的不断努力。

(《文艺研究》2008 年第 1 期)

---

① 陆深:《俨山集》卷25《诗话》云:"袁御史海叟能诗,国朝以来未见其比,有《海叟集》。予为编修时,尝与李献吉梦阳、何仲默景明校选其集,孙世祺继芳刻在湖广。"李梦阳《海叟集序》云:"翰林陆吉士子渊,叟同郡人,间道前事,令人侃侃生气,夫斯亦足以传矣,而况于诗乎? 叟名行既晦,集亦罕存,子渊购得刻本于京师士人家。"(《海叟集》卷首)陆深(1477—1544),弘治十八年(1505)进士,选庶吉士,授翰林编修。由上述记载看来,何景明、李梦阳、陆深三人对袁凯诗集发生兴趣是在弘治十八年、正德元年间,《海叟集》卷首陆深所作题识,即署正德元年。何景明在序中说"自为举子,历宦十年",他考中举人在弘治十一年(1498),考中进士在弘治十五年(1502)。而根据前面考论,何景明写作《明月篇》在正德十一年(1516)以后。

试论李梦阳对杜甫七律的追摹及创获

郝润华 邱 旭

唐初杜审言、沈佺期等对七律的艺术形式做了探索和创新,取得了巨大成就。但杜甫以前的七律名篇绝少,诗人偶有所作也多是应制、唱和之作,粉饰太平,流连光景,内容窄狭,境界不高。至杜甫横空出世,以集大成手,使七律在题材上突破了传统格局,在艺术上臻于纯熟,并达到炉火纯青的艺术境地,被后世褒美备至。李重华说:"七律法至子美而备,笔力亦至子美而极。"①黄子云亦称:"杜之五律、五七言古,三唐诸家亦各有一二篇可企及;七律则上下千年无伦比。其意之精密,法之变化,句之沉雄,字之整炼,气之浩瀚,神之摇曳,非一时笔舌所能罄。"②正是由于杜甫七律的极高造诣,后世诗人无不崇奉师法,李梦阳即是其中的佼佼者。

李梦阳(1473—1530)③,字献吉,庆阳(今属甘肃)人,明代文学流派"前七子"领袖,与何景明、康海、边贡、王守仁等有很深的交游④,有《空同集》六十六卷传世。李梦阳一生刻意学习杜甫,曾明言"诗至子美,如至圆不能加规,至方不能加矩矣"⑤。清代沈德潜亦说李梦阳"七言近体开合动荡,不拘故方,准之少

---

① (清)李重华:《贞一斋诗说》第 6 条,载《清诗话》。

② (清)黄子云:《野鸿诗的》第 18 条,载《清诗话》。

③ 关于李梦阳生卒年,可参看唐景绅:《关于李梦阳的生卒年代》,《甘肃社会科学》1980 年第 3 期。

④ 关于李梦阳交游情况,可参看王公望:《李梦阳空同集人名笺证》(一、二、三、四),载《甘肃社会科学》1993 年第 6 期、1994 年第 5 期、1995 年第 5 期、1996 年第 5 期。

⑤ (明)何良俊:《四友斋丛说》卷 26,中华书局 1959 年版,第 234 页。

陵,几于具体,故当雄视一代"①。俞汝言更称李梦阳"七言近体,少陵以后一人"②。笔者阅读李梦阳七言律诗,以为其对杜甫七律的确多有继承,在继承之余亦多有创新,以下试就此问题分三点做出论述。

一、诗歌题材:宪章少陵,畛域稍阔

莫砺锋先生对七律的题材范围之演变有精辟的阐述,他说:"在初、盛唐时期,题材范围最狭窄的要算是七律,它一开始主要是以应制诗的面目出现的。稍后,它的题材渐渐扩大到文人唱酬、流连光景等等,但是畛域甚小。"③杜甫在题材方面为七律开疆拓土,使其扩大到与古体诗同样广阔的程度。据清浦起龙分体编辑的《读杜心解》,杜甫七律共一百五十一首,除赠答、宴集、感时、咏物、山水、行旅、边戍等外,还有叙写时事,发表议论,模写日常琐事等内容,题材无所不备,对后世产生了深远影响。李梦阳也创作出了不少七言律诗,载其《空同集》六十六卷中,共计约三百四十余首,其中大礼六首,感述六十四首,酬赠一百三十六首,时序四十首,杂诗四十首,怀古十首,游览四十二首,咏物二十九首,悲悼三首。从对题材挖掘的深度看,李梦阳显然是难以追攀杜甫的,但他"宪章少陵"④,琢磨学习杜诗的长处,所以,在赠答、咏物、怀古等题材方面有意模拟杜甫,甚至用七律叙写日常琐事也与杜甫一脉相承,并在题材的扩展方面做了一些有益的尝试。

杜甫入蜀前的七律多为宴游、赠答之作,以其典丽精工、音情顿挫而倾动一时,更以其纯熟的艺术形式垂范后世,如《城西陂泛舟》、《赠田九判官梁丘》、《赠献纳使起居田舍人澄》等名作。李梦阳将杜诗作为其取法的楷模,其七律酬赠之作最多,有酬赠一百三十六首,其中不乏优秀之作。如《楚望望襄中形势》、《限韵赠黄子》、《别徐子祯卿》等诗,表现出富丽娴雅,声律齐整,音节顿挫的特点,在用字、音律上与杜甫前期七律极为相似。如《别徐子祯卿》:

我爱南州徐孺子,明瑶美璧世无双。新从北极看南极,便自吴江下楚

---

① (清)沈德潜、周准:《明诗别裁集》,中华书局 1975 年版。
② 朱彝尊:《明诗综》卷 34 引俞右吉语,文渊阁《四库全书》本。
③ 莫砺锋:《论杜甫晚期近体诗的贡献》,《唐宋诗歌论集》,凤凰出版社 2007 年版,第 72 页。
④ (清)沈德潜:《说诗晬语》卷下,载《清诗话》。

江。日落鹧鸪啼庙口，水清斑竹映船窗。祢衡王粲俱尘土，千载何人复此邦。

这是李梦阳在江西任提学副使时送别同是"前七子"好友的徐祯卿（字昌谷）的一首诗，诗的颔联"新从北极看南极，便自吴江下楚江"，是化用杜诗"即从巴峡穿巫峡，便下襄阳向洛阳"（《闻官军收河南河北》）一联而来。尾联以祢衡、王粲衬托诗人对徐祯卿的褒扬，与首联以徐孺子比喻祯卿遥相呼应。诗虽模拟杜诗，但气韵流畅，用典贴切，对仗工整，音律谐和。

杜甫一生游历了许多地方，无论是青年时的游学齐、赵，还是中年以后的流离陇、蜀，都使得他创作出了许多优秀的游览写景之作，陆时雍《诗境总论》说杜甫诗有"情中有景，景外含情"的特点，施补华也说："前半写光景，后半写感慨，少陵七律每有此体。然必光景中隐含感慨，即《三百篇》之兴体也。"① 七律名篇如《秋兴八首》、《登高》、《狂夫》等即是此种体格。李梦阳写景七律，体物细致精微，诗境开阔，含蓄蕴藉、情景交融，颇得杜诗写景诗之妙。兹举《快阁临眺》一首：

江上冥冥风浪生，阁中清眺会儒英。野舟冒险只自渡，汀鸟避人时一鸣。四海登临吾白发，万山迴合此孤城。剧谈转切忧时念，日暮浮云况北征。

这首诗也是诗人在江西任官期间所作，前半模写在快阁上所见赣江景色，后半抒发临眺感慨，整首诗诗境壮美，笔力雄肆，感慨深挚，大有杜诗的韵味。

杜甫怀古诗非常有特色，他往往将怀古与咏怀相结合，达到纵横千古的至高境界，既能反映现实，又能抒发情怀，代表作如《咏怀古迹五首》等。李梦阳也有意模习，在怀古七律创作中，将怀古与咏怀二者有机融为一体，如被杨慎称为"空同七言律第一首"的《朱仙镇》诗：

水庙飞沙白日阴，古墩残树浊河深。金牌痛哭班师地，铁马驱驰报主心。入夜松杉双鹭宿，有时风雨一龙吟。经行墨客还词赋，南北凄凉自古今。

由朱仙镇的景色联想到抗金英雄岳飞，由岳飞的不幸想到自己报国无门，一腔热血付诸东流，只能以写作度过平凡的生涯。层层深入，看似怀古，其实咏怀，写景

---

① （清）施补华：《岘佣说诗》第153条，载《清诗话》。

中隐含感慨,发抒自己的心迹。

杜甫七律不仅着意反映重大历史事件,也常常以日常琐事入诗。如《卜居》、《南邻》等,虽则平凡,但描写细腻,感受真挚,风格疏朗,得到后人的称赞。李梦阳中年以后也留意日常生活中的细节,将其写入诗中,在其七律中就有反映,如《和李大隔墙见余家海棠》、《喜雨命酌》、《晚晴步园》、《日照》、《夜风堂前冬青架仆折其二干晓雪骤至》等较具代表性。如后一首:"冬青手植年真久,冷日寒姿颇映堂。追悔木阑晴未补,忍教风干夜俱伤。乱阶朱实离离静,仆雪青条蒨蒨长。翘首高云忆松柏,后凋溪壑转苍苍。"首联写冬青树的寒姿,颈联说冬青被伤,颔联写院中冬景,尾联借景抒情。描写颇为细致,于平凡中感受到作者对生活的热爱与体贴。

李梦阳七律在选题方面有刻意模拟杜诗之处。如杜甫在夔州写下晚年追忆之作《秋兴》八首,每首诗似写一个主题,但合而观之,又是一组主题统一、结构完整的作品,意脉贯通,隐含着杜甫忧国的情怀。李梦阳模仿杜甫写成《秋怀》八首,全诗如下:

> 龙池放舶他年事,坐对南山忆往时。紫阁峰如欺太白,昆吾山自绕皇陵。双洲菡萏秋堪落,乱水蒹葭晚更悲。谷口子真今得否?攀云骑马任吾之。

其二

> 庆阳亦是先王地,城对东山不窟坟。白豹寨头惟皎月,野狐川北尽黄云。天清障塞收禾黍,日落溪山散马群。回首可怜鼙鼓急,几时重起郭将军。

其三

> 宣宗玉殿空山里,野寺霜黄锁碧梧。不见虎贲移大内,尚闻龙舸戏西湖。芙蓉断绝秋江冷,环佩凄凉夜月孤。辛苦调羹三相国,十年垂拱一愁无。

其四

> 苑西辽后洗妆楼,槛外芳湖静不流。乱世君臣那在眼,异时松柏自深愁。雕阑玉柱留天女,锦石秋花隐御舟。万古中华还此地,我皇亲为扫神州。

其五

> 胡奴本意慕华风,将校和戎反剧戎。遂使至尊临便殿,坐忧兵甲不还

宫。调和幸赖惟三老,阅实今看有数公。闻道健儿多战死,暮云羌笛满云中。

其六

大同宣府羽书同,莫道居庸设险功。安得昔时白马将,横行早破黑山戎。书生误国空谈里,禄食惊心旅病中。女直外连忧不细,急将兵马备辽东。

其七

曾为转饷趋榆塞,尚忆悲秋泪满衣。沙白冻霜月皎皎,城孤哀笛雁飞飞。运筹前后无功伐,推毂分明有是非。西国壮丁输辇尽,近边烟火至今稀。

其八

昆仑北极转天河,独马年时向此过。渥洼西望迷龙种,突厥南侵牧橐驼。黄花古驿风沙起,白雪阴山金鼓多。况是固原新战斗,居人指点说干戈。

据明人朱安淝《李空同先生年表》记载,正德八年(1513),李梦阳在江西提学副使任上因性格正直而得罪巡按江万实等权臣,又差点受到宁王朱宸濠反叛事件的牵连,因此,被拘诏狱,幸而有何景明、杨一清等人相助,才得以无罪归乡。这组诗似写于正德十五年以后,嘉靖三年(1524)之前。因为,诗"其三"特指正德十四、十五年明武宗讨伐朱宸濠反叛事件。嘉靖三年,李梦阳将自己在弘治、正德年间的诗歌作品结集成《弘德集》三十二卷,这组《秋怀》诗也在其中。由此,可以断定写这组诗时梦阳已在大梁(今河南开封)家中,他不由想起过去的往事。诗的第一首借谷口郑子真事迹隐喻自己修身自保的志向。"双洲菡萏秋堪落,乱水兼葭晚更悲"二句,与杜诗"玉露凋伤枫树林,巫山巫峡气萧森"一样,以写景的形式交待时间、地点,点明主题,只不过,李诗在表达上远不如杜诗蕴藉。第二首是诗人为思念自己的家乡而作,与杜诗"孤舟一系故园心"异曲同工,尾句由家乡想到收复失地的郭子仪。第三、四首写武宗亲自带兵讨伐朱宸濠事,为神州又复安宁而欣慰。后面几首诗为蒙古人对明朝的侵扰以及边疆的不宁而担忧,反映了戍边战争的残酷。整组诗在对人事史实的叙写中,透露出诗人爱国的情怀。整组诗情景交融,气象雄阔。看上去每首诗单独成题,但却首尾连贯,空间相接,将八首诗统摄在一个主题下面,那就是对国家安定的忧虑与关注,

"女直外连忧不细,急将兵马备辽东",在担忧东北局势的同时,暗含着对朝廷的讽刺。尽管整首诗整体艺术效果不如杜诗,但其中也有精彩的句子,如以"天清障塞收禾黍,日落溪山散马群"写故乡的景色,以"闻道健儿多战死,暮云羌笛满云中"写边疆战争的阴影,表现出李梦阳的诗歌造诣。

李梦阳尽管在题材方面对杜诗有所追摹,但他也尽力扩大七言律诗的题材范围,如他以大量的篇幅反映时序即是例证。在李梦阳七言律中,仅时序类就有四十首,几乎每个节令都写有作品,其中较有艺术特色的有《己巳守岁》、《九月七日夜集》、《辛巳元日》等诗。如《九月七日夜集》写道:

> 此夜邀宾过草堂,实因佳节重壶觞。时侵巨奈灯前菊,老去谁抛镜里霜。草暗微寒催蟋蟀,云门片月下沧浪。明朝好趁登高伴,木落天空望帝乡。

此诗作于正德二年(1508)大梁家中。武宗正德元年,李梦阳在朝廷任职,户部尚书韩文上疏弹劾阉宦刘瑾,刘瑾得知奏章出自李梦阳之手,于是矫诏夺官,降梦阳为山西布政司经历,继而又勒致仕。梦阳回到家乡后,潜居大梁,并于黄河之壖筑河上草堂,课子弟,聚生徒,怡然自乐,诗中的草堂即指此。整首诗流畅自然,音律婉谐,中间四句对仗工稳,意境悠然,尾联"木落天空望帝乡",与唐常建"玉帛朝回望帝乡"(《塞下曲》)意义相同,表明诗人重返朝廷建功立业的心愿。李梦阳之所以创作大量时序诗,除了欲以不同时节的作品反映时间的延续与季节的交替以表现自然理趣外,可能也与其喜欢以民歌入诗有关。时序诗与农令有关,古代就有四季调或十二月歌之类的民歌。这也正是李梦阳"真诗乃在民间"文学观点的具体体现,可谓是其优点与创新之处。

二、创作手法:遣词造句,得杜精髓

李东阳说:"唐诗类有委曲可喜之处,唯杜子美顿挫起伏,变化不测,可骇可愕,盖其音响与格律正相称,回视诸作皆在下风。"[①]明代"前、后七子"推尊杜甫,主要倾心于杜诗的声调顿挫与音节变化之美。正如许总所总结:"这种对诗歌音节'顿挫起伏'的要求,不仅成为'前后七子'诗学主张的主要内容,而且成

---

① (明)李东阳:《麓堂诗话》,载《历代诗话续编》,中华书局 1983 年版。

为其尊杜、学杜的主要途径。"①李梦阳作为"前七子"领袖人物,学杜自然十分注意诗的开阖变化,能在字句、音调等形式技巧方面登堂入室,表现在三个方面:

首先是句法。杜诗中有大量的倒装句,如"香稻啄余鹦鹉粒,碧梧栖老凤凰枝"(《秋兴八首》其三)便是最典型的一例。读来生新奇警,劲健峭拔,铿锵有力。李东阳谈到杜甫倒装句法的使用时说:"诗用倒字倒句法,乃觉劲健。如杜诗'风帘自上钩','风窗展书卷','风鸳藏进渚','风'字皆倒用。至'风江飒飒乱帆秋',尤为警策。"②李梦阳七律也学杜甫倒装句法,造出了许多别开生面的诗句,如"曾游舟楫思南国,未返锦旗望北辰"(《己卯立春》)、"返照高楼横欲敛,宿云孤树静难移"(《人日》)、"峰高瀑布天齐落,峡静星河夜倒垂"(《瀑壑晚坐》)等诗句,起伏顿挫,开合动荡,读来音韵铿锵,能借倒装取势,尤觉劲健。

李梦阳诗用倒插法、突接法也深得杜诗章法之妙。这一点,前人很早就认识到,如《明史·李梦阳传》云:"华州王维桢以为,七律自杜甫以后,善用顿挫、倒插之法惟李梦阳一人。"③究竟何谓"倒插法"、"突接法"?沈德潜举例说:"少陵有倒插法,如《送重表侄王砅评事》篇中'上云天下乱'云云,'此云最少年'云云,初不说出某人,而下倒补云:'秦王时在座,真气填户牖'此其法也。……又有突接法,如《醉歌行》突接'春光淡沲秦东亭',《简薛州醉歌》突接'气酣日落西风来',上写情将尽未尽,忽入写景,激壮苍凉,神色俱王,皆此老开生面处。"④李梦阳诗如《专赠林公》一首,先言"南伐经年驾北还,丽云迟日蔼燕关",也不先说出某人,而写久经战阵与边关奇景为之造势,后云"新有越裳供雪雉,更闻飞将夺天山",其人威名勋业自然写出,此即用倒插之法。至于突接法,如李梦阳《逢吉生汴上》诗,首联云"汴上相逢俱白头,秦中却忆少时游",写相遇之情,颇多今昔盛衰之感;情语未尽,颔联"烟花楼阁春风日,锦绣山河百二州",以景语突接,情真景新,顿觉诗境开阔,诗意排荡。

李梦阳七律造句也有取法杜甫之处。七律造句一般是上四下三,而杜甫才高学赡,作诗格老句奇,为求得律诗的意律深严,常打破常式造出一些别开生面的诗句,如大量使用上二下五句式。如"支离东北风尘际,漂泊西南天地间"

---

① 许总:《杜诗学发微》,南京出版社1989年版,第132页。
② (明)李东阳:《麓堂诗话》,载《历代诗话续编》。
③ (清)张廷玉等:《明史》卷286,中华书局1974年版。
④ (清)沈德潜:《说诗晬语》卷上第91条,载《清诗话》。

(《咏怀古迹五首》之一);"花径不曾缘客扫,蓬门今始为君开"(《客至》),"新松恨不高千尺,恶竹应须斩万竿"(《将赴成都草堂途中有作寄严郑公五首》之四)等等。像这样上二下五的句式,在七律中大量出现,可以说是杜甫开其先。那么,这样造句的妙处又何在呢?金启华谈到:"这是先一顿,然后一气呵下,在音节上使促节与曼声巧妙配合。"①可见,杜甫运用这种上二下五的句法是通过节奏的疾徐变化实现诗歌音节的跌宕顿挫之美。李梦阳学杜重视学习其音调、声韵,当然也写了不少上二下五句式的七律,如"气早冷随云雨入,地幽人与松竹邻"(《于公庙会王帅以其防秋北行》)、"堆积实增春照耀,传看直至日黄昏"(《谢南陵折赠牡丹十头咸楼子重瓣》)、"兵后忍闻新乐曲,月前真愧旧宫袍"(《元夕》)、"何缘五柳嘶骢马,忽有群公到竹扉"(《东庄谢臬司诸公携酒见过》)等等。当然,李梦阳七律句法变化尤多,还有上三下四句法,如"望乡心逐关云起,怀国情将汴柳新"(《辛巳元日》)、"仙人阁在银河上,嬴女箫从碧落来"(《夜别王检讨九思》)。亦有上一下六句式,如"喜即系舟临秀浦,恨犹挂笏背铃岗"(《题严编修东堂新成》),可谓继承中有所变化。

其次是语言。杜甫七律,字面精巧,下字妥帖,显示出语言锤炼的精深功力,可以说炼字在杜诗技巧中占有很重要的地位。杜诗炼实字,亦炼虚字;炼单字,更炼叠字,俱能各臻其妙,达到一字不可移易的地步,令后人叹服。李梦阳七律也非常注重炼字,除炼单字外,还大量炼双字,受杜诗影响很大。杜诗炼双字如"穿花蛱蝶深深见,点水蜻蜓款款飞"(《曲江二首》)、"客子入门月皎皎,谁家捣练风凄凄"(《暮归》)、"娟娟戏蝶过闲幔,片片轻鸥下急湍"(《小寒食舟中作》)、"可怜处处巢居室,何异翩翩托此身"(《燕子来舟中作》)等,俱是以炼双字取胜。李梦阳七律中出现了大量的双字,如"内庭赠来人人羡,进市收来颗颗匀"(《柑至》)、"杨花欲尽村村雪,梅子先传树树金"(《立夏后晴游我庄》)、"源泉乱石涓涓溢,削壁孤云袅袅胜"(《出辉县城望石门山其上有仙潭玉鲤》)、"阴坡气触涓涓雪,暖泽冰分细细流"(《正月望日繁台寺集》)、"不雨风云常袅袅,入春江汉转悠悠"(《早春酬张客见赠》)、"沙白冻霜月皎皎,孤城哀笛雁飞飞"(《秋怀》其七),诸如此类,俯拾皆是。虽炼双字深得杜诗雍容和缓韵致,但有滑易熟滥之嫌。

---

① 金启华:《论杜甫的七律》,载《杜甫诗论丛》,上海古籍出版社 1985 年版,第 201 页。

最后是笔法。杜诗善用赋法，即以文为诗，这一点对李梦阳影响也很大。由于杜甫处乱离之朝，又遭遇时变，颠沛流离，崎岖兵戈盗贼间，这样重大时事与个人遭际便成了杜诗的重要题材。而重大历史事件与诗人忧时悯乱之情，非用赋法不足以倾情发之。正如李重华所云："作诗善用赋笔，惟老杜为然。其间委婉顿挫，总非平直，须善学始得。"①杜甫古诗常用这种以赋笔作诗的方法，晚年五、七言律亦多用之，如《诸将》、《暮归》等。李梦阳七律喜用赋笔，如《狄梁公宁州有庙》等，写来局面宏大，纵横排荡，已诣古文妙境，兼有音韵流转之美。兹举《辛巳生日》为例：

> 吾今五十头半霜，大儿已壮孙已长。力田颇自识草木，出门每与忧豺狼。风清野水白森森，腊近山日寒苍苍。但能草泽射猛虎，岂须熊馆夸长扬。

这首诗是李梦阳写自己年过半百、山居躬耕的生活。其中儿壮孙长，草木豺狼，野水寒山，山居景象无不悉备。诗人居有儿孙之乐，出罹豺狼之忧，寓目有山林美景，陶情有野逸之趣。诗歌细致洒脱，有一派遗世脱俗的冲澹风神。全诗用赋笔铺陈，末则以比、兴寄慨，辞气流畅婉转，颇得杜甫以赋笔作诗之妙。

三、诗歌风格：沉郁顿挫，悲壮雄浑

对于杜诗风格，后人基本是以"沉郁顿挫"来定性，一是杜甫诗重在反应"安史之乱"那段悲壮的历史，二是杜诗语言沉峻苍凉、抑扬顿挫。三是杜诗主题多存忧患意识、感时伤事。李梦阳诗歌风格也被誉为"雄浑悲壮，鼓荡飞扬"②。王世贞《艺苑卮言》更称其"七言雄浑豪丽"。其七律多气象雄阔之作，呈现出与杜诗相似的风格。究其原因有三：第一，二人有着相似的人生经历和坎坷遭际。杜甫一生坎坷，仕途不顺，晚年漂泊东南。李梦阳也因权贵的排挤陷害，一生跌宕失意。第二，由于时代的影响，他们都有一腔忧时爱国的热血与民胞物与的胸襟。杜甫遭遇安史之乱，国破家亡，而李梦阳则遭遇外戚、阉宦当道的黑恶时期。由此，他们共同关心的是国家的前途与百姓的命运。杜甫将其忧国忧民之心贯

① （清）李重华：《贞一斋诗说》第83条，载《清诗话》。
② （清）沈德潜：《说诗晬语》卷下第21条，载《清诗话》。

穿于诗歌创作之中,李梦阳在诗中亦反复表达自己的忧时之念、济世之志。李梦阳七律之忧国,如"十年放逐同梁苑,中夜悲歌泣孝宗"(《限韵赠黄子》)、"忧国未收南望泪,思家犹阻北来鸿"(《初度玉山有感》)、"时世艰危需共济,此生杯酒任东西"(《谷日酬郑屠二声使见访》)。自伤遭际,如"谪宦贾生元独远,抗言刘向果谁知"(《寄华韵州》)。勉励同志匡时济世,如"亦知匡济诸君事,勿羡东皋早拂衣"(《早春酬内弟玑》)、"安危异日须公等,文雅于今是吾师"(《答太仆诸公见赠》),诗中展现的襟抱与杜甫十分相似。薛雪说:"作诗必先有诗之基,胸襟是也。"①胸襟与抱负相同,所创作诗歌风格也自有相似之处。第三,源自二人相同的性格。史载杜甫"性褊躁"②,而李梦阳亦气尚刚傲。杜甫疏救房琯,仗义执言,几遭不测;而李梦阳先是上书孝宗弹劾皇后之兄二张,甚至以马鞭击落皇后之兄张鹤龄牙齿,武宗时期又在刘瑾等"八虎"威势正炽时,敢于劾奏排击,几次遭罢职入狱,甚至险些丧命。可见杜、李二人都遭遇磨难,均怀思君王、忧社稷、悲时世之心,又有清刚、正直之气,这种胸怀与思想境界发而为诗,一为"沉郁顿挫",一为"雄浑悲壮",可谓同源异派,都足以震动古今。

李梦阳诗歌风格雄浑健拔,主要体现在感述和游览两种题材的诗歌中。如其《秋怀八首》、《朱仙镇》、《亘岳篇》、《晚过禹庙之台》等,不仅音律顿挫,文字铿锵,而且思虑深沉,内涵丰富。以《晚过禹庙之台》为例:

> 暮行群过禹王宫,瑟飒松林静入风。步竞石梯秋独健,眼收沙海月还空。声名北上青骢客,潦倒中原白发翁。杯酒重伤分手地,古今踪迹本飞鸿。

禹庙之台,即大梁禹王宫的古吹台,传说是春秋晋国乐师师旷学艺弹琴的地方。黄昏时分,诗人路过长满青苔的古吹台,秋风吹过萧瑟的松林,在秋月笼罩下与朋友分别,顿起无限的感慨,为友人担忧,加之世事沧桑,前程渺茫,意绪千端,孤寂与落寞不觉涌上心头。这首诗对仗工整,意境含蓄、隽永,感情深沉,是李梦阳七言律中的代表性作品。又如《台寺夏日》:

> 古台高并郁岧峣,断塔稜层锁寂寥。积雪洞门常惨惨,热天松柏转萧萧。云雷画壁丹青壮,神鬼虚堂世代遥。惆怅宋宫偏泯灭,二灵哀怨不

---

① (清)薛雪:《一瓢诗话》,载《清诗话》。

② (后晋)刘昫:《旧唐书·文苑列传下·杜甫传》,中华书局1975年版。

堪招。

这首诗对大梁繁台寺做了描绘,台高、寺静、塔古、林森,整首诗气势磅礴,灵动变化,在对宋朝往事的回忆与惋惜中,蕴藏着诗人怀古鉴今的油然情思。

值得注意的是:李梦阳的七律并非全是雄浑阔大之作,还有少数兴象飘逸、风韵悠然的作品,如《泰和南行罗通政舟送》"贪数岸花杯不记,已冲江雨缆犹牵"、《南溪秋泛三首》之一"东舍刈禾摇夕浦,西邻决水溜秋渠"等。用词精警而自然,情趣横生而不落俗套,另具一种风致。说明李梦阳在追求与杜甫神似之外,也在诗歌风格的丰富多样方面做了许多尝试。

杜甫七律在思想艺术方面达到了极高造诣,有一点不容忽视,那就是注重向民歌学习。如"吴题诗"《小寒食舟中作》、《愁》等都注有"强戏为吴体"字样,这种"吴体"就是当时的民歌,形式上以拗见称。杜甫在形式上学"吴体",进而创造出了拗体律这一律诗之变体,峭拔奇险,别开生面。而李梦阳主倡"真诗乃在民间",学习民歌之法较杜甫更进一步。他晚年认识到自己的诗是"出于情寡而工于词多"①,终于悟到自己推崇的"真诗"乃在民间。李梦阳吸收民歌入诗主要体现在古体之中,但在其七律中也偶有出现,如"前月到寺萱草香,今月到寺葡萄长"(《题环上人精舍》)、"广文先生骑马来,胶东胶西花欲开"(《送胶州学职》)等。其学民歌主要借民歌的情真意切来挽救诗歌缺乏真情的弊病,使诗歌创作向文质兼重的方向健康发展。

李梦阳学杜在形式技巧方面取得了极高成就,但对杜诗过于袭其形貌,求其形肖,故《明史》本传中说他"得少陵、史迁之似,而失其真"。如在其诗句中大量化用杜甫诗句,如"丹橘黄柑世所珍"(《柑至》),直接来自杜甫"丹橘黄柑北地无"(《寒雨朝行视园树》);"二仪高下皇舆建,三极西南玉玺来"(《灵武台》),本之杜诗"二仪清浊还高下,三伏炎蒸定有无"(《又作此奉卫王》);"安危异日须公等,文雅于今是吾师"(《答太仆诸公见赠》),脱胎于杜诗"摇落深知宋玉悲,风流儒雅是吾师"(《咏怀古迹五首》其三);"往来饮马时寻窟,弓箭行人各在腰"(《出塞》),将《兵车行》中"行人弓箭各在腰"前四字颠倒而成。此外,如《秋怀》"宣宗玉殿空山里,野寺霜黄锁碧梧",申涵光评杜甫《暮归》诗"霜黄碧梧白鹤栖,城上击柝复夜啼"时说道:"此偷用杜句,黄碧之中,隔一锁字,而文意

___

① (明)李梦阳:《诗集自序》,载《空同集》卷首,明万历三十年邓云霄、潘之恒刻本。

却难通矣。"①钱牧斋谓其模拟剽贼，黄子云讥其优孟衣冠，并非虚语。因此，叶嘉莹曾说："'前后七子'，惟知以拟古为事，其七言律诗，虽一意学初唐的杜甫，但只能袭其形貌，一如宋初西昆体之学义山，貌人衣冠，根本没有自我境界之创造，更遑论意象化的拓展。"②这种看法代表了绝大多数人的意见。然而也不尽然。李梦阳在《缶音序》中批评宋人学杜，谓："黄、陈师法杜甫，号大家，今其词艰涩，不香色流动，如入神庙坐土木骸即冠服与人等，谓之人可乎？"他进一步认为作诗要像杜甫一样"感触突发，流动情思，故其气柔厚，其声悠扬，其言切而不迫，故歌之心畅，而闻之者动也"。因此，梦阳学杜大体可谓入门甚正，取法亦高，尽量避免因形似而造成的生涩呆板，并在学杜基础上有自己的创获，后人称其七律"雄奇高古，律法严整"③，是当之无愧的。所以，其诗歌成就仍值得后人进一步关注。

（《甘肃社会科学》2009 年第 4 期）

---

① （清）仇兆鳌：《杜诗详注》卷 22，中华书局 1979 年版。
② 叶嘉莹：《杜甫秋兴八首集说》，河北教育出版社 1999 年版，第 57 页。
③ （清）朱彝尊：《明诗综》卷 34，引穆敬甫语，文渊阁《四库全书》本。

模拟与新变：李梦阳骚体赋的创作特点及成就

郝润华　许　琰

李梦阳(1473—1529)，字献吉，号"空同子"，庆阳(今甘肃庆城县)人。是明代著名的文学流派"前七子"领袖。其诗文有《空同集》六十六卷传世①，收录各体诗文两千余篇，其中收录赋作约三十五篇，与其所有作品相比，在数量上并不占有优势，但却颇具特色。尤其是骚体赋的创作值得我们进一步关注。因此，本文试对其骚体赋作品进行如下讨论。

一、究心于唐、汉之上：李梦阳多作骚体赋的原因

笔者依据一定的分类法，将李梦阳《空同集》中所收录的三十五篇赋，按其形式特点大体分为三种类型②：第一类是骚体赋，共二十篇，大约占全部赋作的57%；第二类是诗体赋，共四篇，大约占全部赋作的11%；第三类是文体赋，共十一篇，大约占全部赋作的32%，其中骋辞大赋一篇，骈赋八篇，散文赋二篇。从以上分类可以看出：李梦阳对骚体赋创作比较用心。当时人也已注意到这个问题，李梦阳的好友何景明就说他"著书薄子云，作赋追屈原"③。究其原因，表现在三个方面：

首先，与当时的社会文化背景有关。明代中叶，阉宦、外戚横行，政治黑暗，社会动荡，当时正直的士大夫和有所作为的知识分子，忧患意识开始上升，审美

---

① （明）李梦阳：《空同子集》66卷，有明万历年间邓云霄、潘之恒刻本，文渊阁《四库全书》即据该本抄入。

② 文中赋体分类标准参照马积高：《赋史》分类方法，上海古籍出版社1987年版。

③ （明）何景明：《大复集》卷8《李户部梦阳》，影印文渊阁《四库全书》本。

心理也随之发生变化。他们对当时盛行的"台阁体"歌功颂德、粉饰太平的诗文深感不满,要求变革现状,寻求文学艺术发展的新出路,于是以李梦阳为首的"前七子"的复古运动应运而生。一时间,学术和文学思潮都出现了复古倾向,影响了赋体及其他文学体裁的变化。明人开始对唐代律赋的浮华与宋代文赋的尚理表现出不满,在赋坛弥漫着一种倡为古赋、"祖骚宗汉"的复古风气,许多作家都热衷于骚体赋的写作。

其次,与李梦阳的文学主张有关。李梦阳在文学理论上不仅主张"文必秦、汉,诗必盛唐",而且还提出"汉无骚"、"唐无赋"和学赋者须"究心骚赋于唐、汉之上"的赋论观点。他说:"山人商宋、梁时,犹学宋人诗,会李子客梁,谓之曰:'宋无诗。'山人于是遂弃宋而学唐。已问唐所无,曰:'唐无赋哉!'……山人于是则又究心赋骚于唐、汉之上。山人尝以诗视李子,李子曰:'夫诗有七难:格古、调逸、气舒、句浑、音圆、思冲,情以发之。七者备而后诗昌也。'"①李梦阳的这一文学主张在其创作实践中得以充分贯彻,其骚体赋的创作就是明证。由此,李梦阳的赋作中既无律赋,也无议论赋。

再次,与李梦阳的个人遭遇有关。李梦阳性格正直耿介,一生五次因得罪权贵而下狱,因此,其一生仕途生涯坎坷不平。李梦阳为户部郎中时,草拟《上孝宗皇帝书》,揭露时弊,将矛头直指皇亲,被下狱,幸得孝宗保全。后武宗立,朝政为宦官刘瑾把持,户部尚书韩文上疏请诛刘瑾,其奏疏出自李梦阳之手。事败,韩文等诸大臣皆被斥逐贬谪,梦阳也为刘瑾"矫旨谪山西布政司经历,勒致士",寻被刘瑾矫旨逮捕,下锦衣卫狱。在朋友康海等人营救下,被释放归家。刘瑾伏诛后,梦阳复官为江西提学副使,因孤傲待人而得罪御史江万实及其同僚,被拘刑部监狱,经何景明、杨一清等奔走营救,终被削籍。回到家乡后,广交朋友,卖文为生,直至病逝。由于仕途的不顺以及跌宕起伏的人生遭际,他对现实生活有了深切体会,对屈原充满了同情与理解,由此,对骚体赋发生了浓厚兴趣。"抒情性之所以成为骚体赋的重要特征,有两个方面的原因。从作者主观方面看,是因为屈原的身世使他的作品具备了一种悲壮怨愤的文化品格,并将这种文化品格延伸到了'骚体'体式之上,人们选择骚体,是为了调动读者先在的审美经验,使作品产生更好的抒情效果。从体式特点方面看,相对四言诗和文体

---

① (明)李梦阳:《潜虬山人记》,载《空同子集》卷48,万历三十一年邓云霄、潘之恒校刻本。

赋,骚体参差错落的句式具有更大的自由度和灵活性,特别是句中反复出现的语气词'兮'字,含有特别强烈的抒情咏叹意味,尤其适合表现那种怨愤凄楚、缠绵悱恻的个人情绪"①。李梦阳继承屈赋传统,生平创作出二十篇骚体赋,以此抒发内心的抑郁愤懑之情与不平之鸣。

以上三个方面是李梦阳大量创作骚体赋的主要原因。那么其骚体赋的特点与成就究竟如何呢? 以下试作分析。

二、作赋追屈原:李梦阳骚体赋对前人的模拟

骚体赋是赋体发展的第一阶段,又称屈赋、骚赋等,以屈原的《离骚》、宋玉的《九辨》、贾谊的《吊屈原赋》等为代表。它在内容上主要是批判现实、抒发愤懑哀怨之情;在形式上采用楚骚的文体形式,即以"兮"字句为其基本的句型。李梦阳的骚体赋在形式上多继承屈赋,表现在三个方面:

第一,作品形式多仿《离骚》。

李梦阳骚体作品中如《钝赋》、《思赋》、《述征赋》、《省愆赋》、《宣归赋》、《绪寓赋》、《寄儿赋》、《俟轩子赋》、《送河东公赋》、《吊申徒狄赋》、《吊康王城赋》、《吊于庙赋》、《吊鹦鹉洲赋》、《哀郢赋》、《泛彭蠡赋》、《观瀑布赋》、《泊云梦赋》、《放龟赋》、《河中书院赋》、《观禁中落叶赋》等,几乎全文都是"骚体"句式。如《省愆赋》:

> ……闵芳华之零落兮,秋风至而改期。飙萧飒以摧容兮,天淫淫又阴雨。幽屋破而下淋兮,床一夜而十徙。恦蕴恜以省故兮,冀一见之不可得。日昧昧以将入兮,掩衾裯而太息。惜余年之强壮兮,常坎轲而滞留。怜冀黔之渐变兮,恐芳草为之先秋。情有感而难忘兮,性有纠而不释。念昔者之周渥兮,孰坚忍而抛掷。阅纤壹以怅瞀兮,窃陈诗以自抒。惧言弱而道阻兮,恒潜隐而思虑。②

不仅以"兮"字结尾,而且句式的分布也是骚体的固有形式。

第二,抒情性强。

---

① 郭建勋:《先唐辞赋研究》,人民出版社2004年版,第99页。
② (明)李梦阳:《空同子集》卷1,明万历邓云霄、潘之恒刻本。

上文已说过屈原赋的主要特征是抒情,李梦阳在创作中也融注了自己强烈的思想感情,这不仅与其身世有关,也与其文学理论有关。李梦阳一生积极主张文学要表现真情实感,他所提倡的复古,一方面是要文学创作祖述先秦两汉,另一方面要学习像屈骚那样蕴涵真情的作品。因此,在李梦阳的文章中多次强调情的作用。如他在《梅月先生诗序》中指出:"情者动乎遇者也。……故遇者物也,动者情也。……天下无不根之萌,君子无不根之情。忧乐潜之中,而后感触应之外,故遇者因乎情,诗者形乎遇。"同时,他还进一步论及情与理的关系,主张情可以突破理的束缚,否认理对情的统辖。李梦阳对文学创作中情感的高度重视,无疑是对自宋以来萎弱平庸文风的有力矫正,而且也是他在文学领域对于宋明理学窒情明性的抗争。

李梦阳的这一文学主张,在他的骚体赋创作中得到了很好表现。现存二十篇骚体赋,篇篇感情真挚,流露着为求正义而燃烧的炽烈情感。其中有怀才不遇之情,如《钝赋》、《省愆赋》、《述征赋》、《宣归赋》、《观瀑布赋》等;有伤古感世之情,如《吊申徒狄赋》、《吊康王城赋》、《吊于庙赋》、《吊鹦鹉洲赋》、《哀郢赋》等;有托物寄怀之情,如《放龟赋》、《观禁中落叶赋》等;有与亲友离别之情,如《送河东公赋》、《思赋》、《河中书院赋》等;有批判现实,对民生疾苦充满同情之情,如《疑赋》、《寄儿赋》、《泛彭蠡赋》等;有失意后的自我安慰之情,如《绪寓赋》等;还有修身言志、展示抱负之情,如《俟轩子赋》等。并且这些骚体赋多写有小序,明确表白自己的创作主旨与背景,如:

> 钝者何,伤时之锯也,亦自怃也。(《钝赋》小序)

> 有子,不及见其成立;为子,生无以养,死无以葬,仕也无以褒。斯三者,天下之至悲也。死者已,生者思,兀然黯然。於乎,骆子!胡以塞汝悲?于是为骆子作《思赋》。(《思赋》小序)

> 余过解佩滩,忆交甫遇女之事,于心感焉。作《汉滨赋》。(《汉滨赋》小序)

> 正德九年,是岁甲戌,厥月辛未,臣以居官无状,得蒙宽谴罢归,乃作《宣归》之赋。(《宣归赋》小序)

> 将超野猪之湖,风西而阻。乙丙丁戊,兖飐飓飓,旬余转迅,问之老人,曰:"此南阳之风也。厥阴始生,应诸少阴之方。"(《泊云梦赋》小序)

可见这些赋作都是作者有感而发的产物,倾注了作者的真情实感。如《钝赋》:

余以往哲为冶兮,以隐子为模。镕礼乐以为钰兮,淬仁义而内娱。进既匪我愿兮,又何必昭此锋也。儋徜徉以往来兮,聊秣吾之骏骁。策驽骀而追骐骥兮,余故知路之邈远。按六辔而游康庄兮,亦何必逞羊肠与九坂。舍余驷于丘之旁兮,又捐刃乎水裔。准闭户而削迹兮,效完身而远害。惟山路之艰崄兮,丛篁郁而蔽天。物过盛而易霣兮,势阽危而必颠。吾宁楞腾屋簌蒙诟笑兮,不愿为文锦之牺牛。宁与蹇驴齐轨埋没于尘土兮,终不与凡马而竞先。

这篇赋作于正德十年(1515),作者从江西返回大梁(今河南开封)家中不久。正德九年(1514),江西巡按御史江万实等陷害李梦阳,李梦阳被拘广信(今江西上饶)狱,在何景明、杨一清等好友解救下,才被释放。此时的李梦阳正处于义愤与消极的矛盾情绪中,因此,在赋中不仅揭露官场相互倾轧、陷害忠良的卑劣行径,讽刺群小的趋炎附势、投机取巧,还言明了藏用以自完、砺身以自洁的志向,自然流露出对混乱时政的不满和怀才不遇的悲痛心情。通篇用《离骚》句式,抑扬顿挫,感情激愤。

第三,与屈赋同样或相似题材与主题的作品不少。

李梦阳骚体赋中有许多作品与屈赋同题,如《哀郢赋》题材取自《哀郢》。《泛彭蠡赋》、《泊云梦赋》题材与《涉江》相同。《疑赋》、《寄儿赋》、《泛彭蠡赋》主题同是关注民生疾苦、伤时感世。《放龟赋》、《观禁中落叶赋》的托物兴寄,则直接受到屈原"香草美人"艺术手法的影响。《疑赋》语意多来自《卜居》等等。

第四,作品中有许多化用屈赋的语句。

李梦阳骚体赋化用《离骚》语句不少,如"春秋奄其代续"(《述征赋》),化用《离骚》"春与秋其代序"一句。"焉孰导余以前路"(《省愆赋》),化用《离骚》"来吾导夫先路"一句。"哀民生之多蹙"(《省愆赋》),化用《离骚》"哀民生之多艰"一句。"燕雀乌鹊噪堂阶兮"(《吊申徒狄赋》),化用《涉江》"燕雀乌鹊巢堂坛兮"一句。"览往古谁不然兮,吾又何怨乎今之遭"(《钝赋》)和"自前代乃已然兮,吾又何怨乎人心"(《述征赋》),化用《涉江》"与前世而皆然兮,吾又何怨乎今之人"一句。"放子吟而掩涕兮"(《省愆赋》),化用《离骚》"揽茹蕙以掩涕兮"一句。诸如此类还有不少,都是李梦阳模拟屈赋,刻意学习屈赋的表现之一。

第五,在语言上喜用迭字表现强烈情感。

屈原作品使用了许多迭字,如《九歌》中的"灵偃蹇兮姣服,芳菲菲兮满堂;五音纷兮繁会,君欣欣兮乐康"(《东皇太一》);"抚余马兮安驱,夜皎皎兮既明"(《东君》)。"灵连蜷兮既留,烂昭昭兮未央"(《云中君》)。"石濑兮浅浅,飞龙兮翩翩"(《湘君》)。"帝子降兮北渚,目眇眇兮愁予;袅袅兮秋风,洞庭波兮木叶下"(《大司命》)等,这些迭字回环往复,铿锵有力,使语言更加生动,感情更加深沉。李梦阳赋中也大量运用迭字,如:

闷踽踽以潜处兮,情寋产而画一。(《钝赋》)

愬枭牢而若饥兮,若皇皇求而未得。食侊侊而罔甘兮,寝辗转而反侧。步踽踽而有望兮,坐默默而自语。傻裼裼而有闻兮,肃容声之接予。(《思赋》)

极终古而长愤兮,羌炯炯其犹未昧。翼绵绵之无聊兮,眇翩翩莫知所骋。忧悄悄之闷督兮,历山川余弗省。(《述征赋》)

汗籁籁以零案兮,风薄肌之瑟瑟。(《宣归赋》)

望原野之涤涤兮,薰臭奄而并烧。善踽踽以奚恃兮,愤壅蔽皎然莫闻。(《绪寓赋》)

役车载路而班班兮,觏旆旐之翩翩。(《寄儿赋》)

一篇《思赋》二十五句,就出现了十对迭字。

此外,李梦阳骚体赋在对偶、排比、比拟、叶韵等修辞手法上也反映出对屈赋的模拟,显示出李梦阳对屈原的崇尚与热爱。然而,李梦阳的骚体赋创作,不仅继承和发扬了屈赋的表现手法和基本精神,也展现出自己鲜明的特点,寄予自己的深沉心曲,在艺术上有所创新与突破。

三、颇存汉、魏风骨:李梦阳骚体赋的特点及新变

1. 内容题材的丰富

比起屈原的赋作,李梦阳骚体赋的内容更加丰富,或反映民生疾苦,或反映国家安危,或描写仕途不遇,或表达个人悲愤,或借古以感时伤世,或描写祖国壮丽河山,或思念亲人朋友,或咏物状景……不一而足。尤其是忧民伤时的题材在作品中占很大比重。"自诗骚以来,中国古代文学对社会问题的批判,总是把国运民生整合为一,总是把对人民生活的关注、对民生疾苦的同情作为重要主题加

以表现,可以说这是包括赋文学在内的中国古代文学创作的优秀传统。这一点,明代的赋体创作体现得非常突出"①。这一点李梦阳骚体赋表现得尤为明显,其骚体赋几乎篇篇都有关注民生、感时伤怀的内容。如,"怆侘傺余隐轸兮,哀民生之多蟊"、"何民生之错杂兮,纷既有此多难"(《省愆赋》)。"生掇直俾之曲兮,民炎门碛而肉鱼"(《宣归赋》)。"春迟迟以方阳兮,民背乡而颠越"(《寄儿赋》)。情绪忧怨而愤慨,充满了忧患意识。反映出李梦阳的儒家思想及忧国忧民情怀。如《疑赋》:

> 下乾上坤,高卑易矣;星辰在下,江河逆矣。天乔乔天,雉鸣求牡矣;鱼游于陆,冠苴履矣。呜呼噫嘻!

> 当昼而夜,宵中日出;我黑彼白,妇须男裼。铅刀何铦,湛卢何钝;丈则谓短,谓长者寸。凤鸣翩翩,群唾众怨;鸱鹠胡德,见之慕焉。呜呼噫嘻!

> 贞莹内精,谗嫉孔彰;乖滑泓澯,名崇智成。软诡歁歁,驰骋爽达;奸良媚势,光烂门闼。彼曰昧昧,人则攸知;上帝板板,鬼神邈而。昔之多士,犹或畏疑;今之多士,脯肆罔怀。呜呼噫嘻!

> 民殊者形,厥心则一;威挤利啗,曰伊我粜。血流于庭,酣酒归室;友朋骨嬉,同声德色。窜彼罔识,巧我攸极。昔之执衡,视权与星;今之执衡,惟我重轻。古道坦坦,今眩东西;指晨谓暮,目鸢为鸡。邻牛茹虎,冀虎德予;厉莫察阶,倒靡究所。呜呼噫嘻!

> 盗跖横行,回宪则贫;上官尊荣,原陨厥身。直何以仇,佞何以亲,或何以颠,操何以振,飞何以屈,桧何以伸。西子何恶,嫫母何姝。乘黄瘠弱,御者骀驽;舍彼灵明,溺任胡涂。皎皎者忌,怜彼浊污;水清奚无鱼,而泥淖以成良霤。

这篇赋通过对宇宙人间诸多不平现象的罗列,揭露了当时宦官当道,倒行逆施、乱政误国的罪行,抒发了作者的愤慨仇恨之情。武宗正德初年,宦官刘瑾当权,时户部尚书韩文上疏请诛刘瑾,事败,韩文等皆被斥逐贬谪,李梦阳也为刘瑾"矫旨谪山西布政司经历,勒致士"。这篇赋就写于被谪而西归之时。赋开篇描写自然界人世间改变了固有存在形态和性质的众多现象,如天在下,地在上,星

---

① 毕万忱:《论明赋的社会批判精神——明赋主题研究二题》,《社会科学战线》1999 年第 5 期。

辰在地,江河倒流,铅刀锋利,宝剑迟钝,凤凰被唾弃,猫头鹰为人羡慕,赋作以如此鲜明意象比喻原本是内宫侍臣之微者,而今把持朝政,恣意横行,造成朝纲紊乱,民穷盗起,国势日衰,道德沦丧,所以作者以"疑"名赋,对此怪异变乱大声疾呼,直接揭露了朝政的腐败,愤慨之情,溢于言表。《寄儿赋》中更表达了作者对百姓困苦的关注:

> 悲时世之艰难兮,讪乱离而争夺。兄嗟弟而殷忧兮,轸汝曹之饥渴。终风霾而四流兮,冬不雪至于三月。春迟迟以方阳兮,民背乡而颠越。择末耜而介胄之兮,青草错而白骨郁。郁余怀以邅回兮,纷涕零兮如霰。

该赋小序曰:"正德七年秋,儿枝以《离思赋》来献,余则作此寄焉,亦教之焉。"可见这篇《寄儿赋》是对儿子李枝所作的《离思赋》的回复之作。赋中不仅抒发了远在江西为官时的孤独和对亲人的无限怀念之情,更以大量篇幅描写了江西盗乱、民生凋敝的景况。痛失亲人、流离失所的百姓,不仅受山贼流寇的侵扰,更承受着企图以暴制暴的当权者和以讨寇为名横行抢夺的军人的杀戮与迫害。作者身为官吏却无能为力,只能如实地进行记录,表达对民生疾苦的同情,并教导儿子"奉前德以创则兮,肇孙谋而奠家",虽面对艰险时局,还应修身齐家。

李梦阳一生广交朋友,珍视友情,因此,他的赋作中有相当一部分是描写友情的内容,最典型的就是《送河东公赋》。前有"小序"介绍创作背景:"正德元年冬十月,河东公以谴放还,属吏郎中李梦阳作赋送焉。"这篇赋写给与他一起草拟弹劾刘瑾奏疏的韩文,李梦阳被矫诏夺官。"又黜刘公健、谢公迁、韩公文等四十八人,榜为党人禁锢之"[1]。赋写道:

> 惟先生之贞嫭兮,幼崇方而嗜修。则英贤之遗蠖兮,志皋伊而愿仇。跹泰阶以承列兮,奉钧陈而布耀。……太行吟之迤逦兮,岩壤卢而起伏。践桑干之嶵凌兮,冒涤雾之绰约。爰十步而九顾兮,九门嶄而造天。霓连蜷以上骧兮,烂躔纬之错连。轸紫庭之多丽兮,冠佩者至三千人,步微风之珊珊。娥眉入室女斯妒兮,厥亦世之故也。宠移者訾必加兮,矧吾皓首之怒也。企降览之中反兮,又鲜女弋为余之容。思伊昔之来堲兮,内崩刿而自讼。沿易滨以彳亍兮,泝金台兮邅遭。嘅于期之皎节兮,鄙荆氏之沉志。

自己也是戴罪失势之人,但却以一颗赤诚之心宽慰朋友。展现了作者与韩文的

---

① (明)朱安泚《李空同先生年表》,《空同子集》附录,明万历三十一年邓云霄、潘之恒刻本。

深厚情谊,表达了作者的离别伤感之情。

李梦阳还创作出了一些咏物赋,如《石竹赋》、《观禁中落叶赋》、《朱槿赋》、《螺杯赋》、《贡禽赋》、《水车赋》等,扩大了赋的创作题材,以歌咏自然之物来寄托作者自己的志向与情怀,也体现了他对汉、魏、六朝赋的继承。《河中书院赋》是一篇写给友人吕经以描写蒲州书院的典型骚体赋。"帝炎氏之蝉联兮,厥岳四而布分。龙九川以蕴根兮,中敷叶而竟芬。翊华盖以陟降兮,遘白日之既夕。忿挽枪以抗言兮,帝乃怒而退斥。揽余辔以周游兮,登峨眉而纵观。睇巍庙而增欷兮,忾下浮而上残。曰岩岩鲁所瞻兮,嗒胡为平蒲之壤。非其鬼而祭之谄兮,曾谓泰山不如林放"。虽情节造语模仿《离骚》,但题材却比较特别。序中说:"余为吕作赋,将以比音摘调,泛弦流管,俾大者歌、小者哦,观者采焉。陈之太师,爰知蒲政。"可见其对骚体赋题材的发展。

2. 艺术手法的多样

李梦阳骚体赋在艺术表现手法上虽继承屈赋传统,但也体现出自己的特点与成就。首先,与屈原相比,他更擅长运用比兴手法,托物兴寄。如《放龟赋》:

歌曰:丑混混以流形兮,孰厥龟而副嘉。外负介以昭武兮,内文柔而静退。体穹窿以则乾兮,履坤方而祛愿。鄙饕餮之谀世兮,宁吞浮而饮息。沐澄泠以栖寂兮,戢潭荷而保身。文于列以布象兮,色苍古而玢璘。景至人之赴义兮,将刳中以效诚。怨穆卜之靡谐兮,惧捐躯而莫明。

赓歌曰:江滔滔以东下兮,蒹葭苌而波涛。幸已縻而终逝兮,划顺泛而长逃。念曩昔以中惕兮,数惟拘纵之所殊。思范橶以依徙兮,愿附孔而海桴。鸟故林以悲鸣兮,兽踯躅于前丘。轸宿蓁以回透兮,跃瀴溟而涕流。

从序言可知,李梦阳结束官旅生涯,前往襄阳途中,思宋代赵抃放龟之事,于是在李坪驿放二龟于江潭,并与子同题所赋,欲"比兴诸义,聊抒郁志"。赋中作者用歌与赓的形式,托物兴寄,以洁身自持、忠诚赴义的龟形象来寄托作者的理想。又如,正德六年(1511),刘瑾伏诛,梦阳任江西按察司提学副使,作《述征赋》以示自己的志向与抱负。赋中大量运用比、兴手法,"殆箕子狂而悲歌兮,彼比干固以菹醢",先以箕子、比干自喻,表现自己的坎坷遭遇与怀才不遇。最后说:"已矣哉!凤鸟之不时,与燕雀类分;横海之鲸,固不为蝼蚁制兮。诚解三面之网,吾宁溘死于道路而不悔兮!"又以凤鸟与鲸自喻,表达自己以身殉道而不悔的决心。

其次，李梦阳擅长用典。灵活用典可使语句达到出神入化的程度，以便更深入地体现作者的微言大义，更生动地反映作者的创作意图，由此，汉、魏、六朝以后，赋体文学特别擅长用典，李梦阳对此有所继承。如其《疑赋》中有"或何以颠，操何以振，飞何以屈，桧何以伸"四句，连续运用荀彧、曹操、岳飞、秦桧的典故来突显历史上的不平现象，抒发作者自己的愤慨之情。又如《绪寓赋》"尼圣尚有兹郑门兮，矧吾庸鄙而过颜"，典出《史记·孔子世家》，"孔子适郑，与弟子相失，孔子独立郭东门，郑人或谓子贡曰：'东门有人，其颡似尧，其项类皋陶，其肩类子产，然自要以下不及禹三寸。累累若丧家之狗。'子贡以实告孔子，孔子欣然笑曰：'形状，末也，而似丧家之狗，然哉！然哉！'"据朱安泩《李空同先生年表》记载，李梦阳作《绪寓赋》时正是正德九年（1514）出广信狱离开江西，居襄阳而无所适从之时，"途路艰阻渺以浩兮，遘皇天之昧幽。涉襄樊而濡滞兮，时寒凉而雨霖"。因此，以孔子如"丧家之犬"的典故比喻自己的艰难处境，聊以自慰。

3. 语言风格的雄丽

清人称李梦阳"诗才力富健，实足以笼罩一时"①。其实其赋作也是如此。由于从小生长于西北，一生大多时间生活在北方②，同时又受到儒家正统思想的濡染以及汉、魏文学的影响，因此，李梦阳的赋虽抒情性强，但却很少缠绵悱恻，显示出气韵雄浑、豪放激昂的风格特征。这在其骚体赋中表现得尤为明显。他曾在《驳何氏论文书》中总结了众善具备的四种文章风格："沉著"、"雄丽"、"清俊"、"娴雅"，而李梦阳骚体赋的风格主要是沉著雄丽，慷慨悲壮。前文已述，他的骚体赋的内容大多反映社会现实，同情民生疾苦，讽刺辛辣，言辞犀利，气势沉著雄丽，情调慷慨悲壮。《疑赋》是典型之作，"这虽自《楚辞·卜居》出，然语多为现实而发，构思亦有变化。'血流于庭，酾酒归室'等语，说得极为沉痛，倘非作者累经困厄是写不出的"③。这是一篇"堪与王廷陈《左赋》比美的妙文，而忧愤的深广则过之"④。再如，李梦阳《观瀑布赋》中极力铺陈的瀑布之势：

---

① （清）纪昀：《四库全书总目》，中华书局 1965 年版，第 1497 页。
② 有学者认为李梦阳复古文学与西北派文脉有关，其创作风格亦受地域影响。参见黄卓越：《明中后期文学思想研究》，北京大学出版社 2005 年版，第 22 页。
③ 马积高：《赋史》，上海古籍出版社 1987 年版，第 522 页。
④ 马积高：《赋史》，上海古籍出版社 1987 年版，第 523 页。

诵银河之逸句兮,精陟天而九征。挟岩潭以上气兮,接神汉而并垂。积云左右以传彩兮,霞表里而秀姿。沫霏霏之昼雾兮,崖丹翠涤而蒇蒇。光金黛而亘霄兮,浩呼汹之涌涌。龙朝帝以潮从兮,虹为梁之总总。辇若华以西曜兮,东扶木兮倚明。星辰涵而布错兮,岳渎影之其中。绚练恍惚百怪潜兮,势明晦而无恒。目帝之若住忽奔喷兮,石雷壑而骤崩。

气势雄壮激昂,形容瀑布雷霆万钧,读之令人震撼并心生畏惧,可与李白形容瀑布悬流百丈之势的诗句——"飞流直下三千尺,疑是银河落九天"的意境相媲美。又如《泛彭蠡赋》开头:

仲夏慆慆兮,湖水汹涌,戒舲舟而逆进兮,志定意恐。朝发湖口兮,巉石缆牵,抢帆午张兮,陵急洋而纵船。洪涝吞吐兮,杳莫界际,淡漫沪洗,神精摇兮,浪起伏而来曳。……彼何怪弗之潜兮,抑何摧而靡殛。射者万鼓之千兮,丛溪壑之凑趋。澎霆崩以箭疾兮,势岳颓而电舒。汇莫究始兮,散孰察其终。龙蛇逐之何载兮,至今窟而以宫。祈之锡嘏兮,侮之掇青,怒之风雷,愉之霁兮,亦厥灵之攸逞。潮岵峈峉以隁阔兮,倏当昼而忽阴。上下既颠置兮,孰又辨晨昏与北南。

铺陈排比,描述出雄伟澎湃的彭蠡湖风光,气势富丽壮美,言辞慷慨激昂,语言酣畅淋漓,气象雄浑壮阔。后人称其赋"上拟屈宋,下及六朝"①,现代学者也评价其赋"颇存汉、魏风骨"②,可谓允当。

综上所述,李梦阳的骚体赋既继承屈骚传统,同时又受到其地域文化及汉魏风骨的影响,以其感情真挚、内容丰富、表现手法多样、风格雄浑等特点显示出较大成就,代表了李梦阳赋作的最高水平,并在明代的赋体创作中占有一席之地,是骚体赋在后代创作中的延续与新变。

(《首都师范大学学报(社会科学版)》2010年第5期)

---

① (明)王世贞:《艺苑卮言》卷5,《历代诗话续编》本,中华书局1983年版。
② 马积高:《赋史》,上海古籍出版社1987年版,第521页。

模拟与被模拟:李白七言歌行及其
对李梦阳的影响

郝润华　　杨旭东

现存李白作品中有近二百三十首的七言歌行作品,其中著名者如《梦游天姥吟留别》、《将进酒》、《宣州谢朓楼饯别校书叔云》等,脍炙人口,相沿不衰,说明李白擅长七言歌行创作。值得注意的是,这些歌行体作品大多为李白模拟汉魏六朝乐府而来。在唐代诗人中李白创作的乐府诗最多,并且这些乐府诗中汉魏六朝古诗占 80% 以上①,这都与李白早年对乐府诗的追摹有关。根据有学者研究,李白早年曾三拟《文选》,他所作赋、乐府和古诗都留下明显的模仿痕迹②。因此,李白善模拟,杜甫善创新这一点,目前已成为学界定论。无独有偶,明代诗人李梦阳在七言歌行创作方面,也受到后人重视。据笔者考察,这是李梦阳有意追宗并模拟李白诗歌创作的结果。

一、缘起:李梦阳模拟李白的初步考察

李白以古题创作的乐府诗歌几乎都属歌行体,有近一百五十首之多。宋敏求所编《李太白文集》"歌吟"一类收录李白诗作中明显带有"歌"、"行"、"吟"、"曲"、"引"等歌行体的七言歌行计有三十首③,现存诗题没有明确标志的七言

---

① 周勋初:《李白评传》,南京大学出版社 2005 年版,第 295 页。
② 周勋初:《李白评传》,第 279—284 页。
③ 宋敏求所编《李太白文集》收录有遗漏,其中七言歌行遗五首,即《庐山遥寄卢侍御舟》、《霸陵行送别》、《梦游天姥吟留别》、《万愤词投魏郎中》、《陪侍御叔华登楼歌》。

歌行约有近四十五首①。前者如《襄阳歌》、《江上吟》、《梁园吟》、《玉壶吟》、《扶风豪士歌》、《邠歌行上新平长史兄粲》、《西岳云台歌送丹丘子》、《鸣皋歌送岑征君》、《金陵城西楼月下吟》、《峨嵋山月歌送蜀僧晏入中京》、《怀仙歌》、《临路歌》等,后者如《上李邕》、《驾去温泉宫后赠杨山人》、《梦游天姥吟留别》、《将进酒》、《宣州谢朓楼饯别校书叔云》等。因此,仇兆鳌《杜诗详注》引计东说:"长句,谓七言歌行,太白所最擅长者。"

李白之所以对七言歌行情有独钟,究其原因与这一体裁的特点有关。马承五先生在对历代学者关于歌行的阐释进行总结和归纳后,对"歌行体"的基本艺术特征得出了一个比较全面的结论:1. 立题方式的多样性。概括而言,主要有两种,一是沿用乐府古题,其中包括以古题咏古意和以古题写新意两个类型;二是自创新题,其中也包括两类,即模拟乐府题者和自制非乐曲性题者。2. "放情长歌(言)"。即歌行可以尽情宣泄诗人的主观情感,充分展示自己的内心世界,具有鲜明的、强烈的"主体性"。3. 体势"错综阖辟"、"自然超逸"、"宕往奇变"。4. 其句式基本是七言,或以七言为主的杂言②。正是"歌行体"这种鲜明的、强烈的主体性情感和特殊体势,才使李白这样禀赋超群,狂傲不羁的天才诗人有广阔的发挥余地,能够自由舒展其胸中情愫。

相隔七百余年之后的明代诗人李梦阳,也创作出了不少七言歌行。据笔者统计,李梦阳生平创作出约一千八百多首诗,其中七言歌行约一百二十余首,其中以"歌"命名者五十五首,以"行"命名者四十首,以"篇"命名者十一首,以"引"命名者六首,以"叹"命名者三首,以"吟"命名者一首,以"词"命名者一首。虽然数量不占优势,但其成就却受到后人重视,王世贞就说:"献吉才气高雄,风骨遒利,天授既奇,师法复古,手辟草昧,为一代词人之冠。……七言歌行纵横如意,开阖有法,最为合作。"③又称李梦阳七言歌行:"如金鸡擘天,神龙戏海,又如韩信用兵,众寡如意,排荡莫测。"④沈德潜也说:"空同……七言古雄浑悲壮,纵

---

① 薛天纬统计有41首,见《李杜歌行论》,载《李太白论》,太白文艺出版社2002年版,第173页。

② 马承五:《李白歌行特征论——兼论歌行的诗体定义与形式特点》,载《唐诗论集》,上海古籍出版社2006年版,第215页。

③ (明)王世贞:《艺苑卮言》卷6,《历代诗话续编》本,中华书局1983年版,第1045页。

④ (明)王世贞:《艺苑卮言》卷5,《历代诗话续编》本,中华书局1983年版,第1036页。

横变化。"①一般认为李梦阳古诗多追步杜甫，如胡应麟说："古诗，杜少陵后，汉、魏遗响绝矣，至献吉而始辟其源；韦苏州后，六朝遗响绝矣，至昌毂而始振其步。故谓杜之后便有北地可也，谓韦之后便有迪功可也。"②其实，经笔者考察，李梦阳模拟杜诗主要在律诗方面③，在七言歌行创作方面，李梦阳恰恰是受到李白的影响。梦阳在其生前所编的诗集中明确有十五篇题名"效李白体"的七言歌行作品。如：《洛阳道》、《野田黄雀行》、《苦寒行》、《结交行》、《梁园歌》、《梁园雪歌》、《世不讲曹李诗尚矣内弟会余河上能章章道也惊有此赠》、《酬钱水部锡山之招》、《寄钱水部》、《十四夜翛然台》、《十五夜》、《十六夜》、《十七夜》、《客有笑余霜发者走笔戏之》、《戏作放歌寄别吴子》等，这些诗有与李白内容相同的同题之作，如《洛阳道》、《野田黄雀行》、《梁园歌》等；当然也有其他题材的作品，如《苦寒行》以天寒引出生活之艰辛，"野田稚子寒无衣"，以鸟禽表达人生的失意，"微禽效体樽俎光，秃鹜驾鹳当檐翔"。又如《结交行》以古事作对比，以"坟上连理树，变为两鸳鸯"表达出对友情的看法，"君不见郦吕结交日，朝为刎颈暮抛掷"，折射出当时的世态炎凉。这些诗中同样能找到李白诗的影子。因此，与李梦阳同时的吴中诗人黄省曾说："先生（指李梦阳）古赋《骚》、《选》、乐府古诗，汉、魏，览朓诸篇，逼类康乐。近体歌行，少陵、太白，往匠可凌，后哲难继。明兴以来一人而已。"④冯时可更说："空同歌行，纵横开阖，神于青莲。"⑤李梦阳的七言歌行超过李白，这种称赞显然过于溢美，但也证明李梦阳七言歌行创作确与李白有着某种渊源关系。

李梦阳之所以要追步李白七言歌行创作，首先是他认准了李白在这方面的巨大成就，取法乎上，坚守名家，这是李梦阳创作思想的主旨。所以，他倡扬"诗必盛唐"。其次，他要借助七言歌行这一体裁施展其诗歌才能，并借以表现他狂放正直的品格。

---

① （清）沈德潜：《明诗别裁集》，中华书局 1971 年影印本。

② （明）胡应麟：《诗薮·内篇》卷 2，上海古籍出版社 1979 年版，第 39 页。

③ 参看郝润华、邱旭：《试论李梦阳对杜甫七律的追摹及创获》，《甘肃社会科学》2009 年第 4 期。

④ （明）黄省曾：《空同先生集序》，载嘉靖九年刻《空同先生集》卷首。

⑤ （明）冯时可：《元成选集》，明刻本。

二、正论:对"二李"七言歌行创作的比较

关于李梦阳对李白七言歌行的追摹,本节试从三个方面展开论述。

(一)诗歌题材

周勋初先生总结李白七言歌行在创作风格方面的特点,认为大体有二,其中之一是李白歌行体虽有模拟前人的痕迹,但其突破原来诗体命意的地方很多。如《玉壶吟》、《江上吟》即与原来"吟"体抒发悲情之意不同。的确如此,李白以乐府古题写作之歌行,经常以古题为目但又突破原来的诗体命意,使诗歌题材有所创新突破。如"《梁甫吟》历来抒写寒暑相难、年命不久的悲哀,李白却用来抒发'风云感会起屠钓'的豪兴。《远别离》……由古诗句衍生,以游子思妇为传统题材。李白的《远离别》则明喻'君失臣兮龙为鱼,权归臣兮鼠变虎'"①。身处明中叶的诗人李梦阳,作为"前七子"领袖,明代中期诗坛盟主,开有明一代诗风,其"复古"之切入点就是大量拟作乐府古题,虽是拟作但又要表现自己鲜明之个性,这同李白"以大规模的乐府创作全面恢复汉、魏兴寄的传统,将陈子昂《感遇》诗的精神移植到乐府诗中来,把古风当乐府来创作"②是一样的。李梦阳"效李白体"的拟乐府歌行中,同样也有突破原来诗体命意的作品,如《洛阳道》,这个题目最早始于南朝梁简文帝,他用来描写游春时的喜闻乐见,表达的是愉快心情,后来诗人也多写游春踏青,一派悠然自得之态,而李梦阳写此题,却毫无闲情雅致,一副感时伤怀的怨情,"沟水东流不记春,花开花落几回新",表达的是"愁杀高楼独倚人"的寂寥孤寂,好像世事不如意,发抒一腔牢骚无人倾诉的感伤之情。再如《苦寒行》,据宋人郭茂倩说:"晋乐奏魏武帝《北上篇》,备言冰雪溪谷之苦。其后或谓之《北上行》,盖因武帝辞而拟之也。"③此诗最早是写曹操北上征伐一路上所见所闻,写北方边地的艰险,表达一种苍凉之感。虽是以叙事性的实写为主,却是以景寓情。而李梦阳的《苦寒行》虽也是营造凄冷的意境,但却是以虚构的意象抒发自己怀才不遇的忧愤,读来同样有苍凉之感。这

---

① 葛晓音:《李白乐府的复与变》,载《诗国高潮与盛唐文化》,北京大学出版社1998年版。

② 葛晓音:《李白乐府的复与变》,载《诗国高潮与盛唐文化》,北京大学出版社1998年版。

③ (宋)郭茂倩:《乐府诗集》,中华书局1979年版,第96页。

不能不说李梦阳拟古而不阈于古,借古题而发自己的情怀,与李白确是有相同之处。

李白还以七言歌行创作了不少组诗,如《行路难三首》、《横江词六首》、《永王东巡歌十一首》。同样,李梦阳也以七言歌行写了许多组诗,如《襄阳歌》(四首)、《岁暮四篇》、《结肠篇》(四首)等。这既是二人的创造,也是对"行"体本身的回归。后世"歌行"体是指同一种诗体,但根据葛晓音先生的考证,在汉代"'歌'与'行'的差别仍不难见出:歌可入乐府也可不入乐府,而'行'一定属于乐府;乐府中的'歌'都是抒情短歌……而'行'则有'歌'所不备的四大特点:……有的同一题目下有若干篇内容不同的作品;篇幅一般较长,大多是可分解分章演奏的乐诗"。"行","从它萌生时起即初步具备了语意复迭,节奏分明的基本特征"①。所以,李白和李梦阳七言歌行组诗的创作,都是在形式上以复古而达到创新的目的。

以上两点属于二李在题材上模拟古诗的具体表现。他们模拟的根本,是对诗歌发展中优秀传统的继承,尤其是关注表现诗歌的精神实质。生活在大唐盛世,一心想大展宏图、建立伟业的李白借助诗歌表达自己的人生抱负和政治理念是必然的事,也正因如此,李白诗歌才具有了能代表唐诗风格的风骨特点。

由此,李白歌行中有大量关心现实、充满对劳动人民同情的作品,如《丁都护歌》。清人王琦于本题下引《宋书》说:"《督护歌》者,彭城内史徐逵之为鲁轨所杀,宋高祖使府督护丁旿收敛殡埋之。逵之妻,高祖长女也,呼旿至阁下,自问敛送之事,每问辄叹息曰:'丁督护!'其声哀切,后人因其声广其曲焉。"王琦又说:"太白拟其歌调而意则另出。"②从中可以看出,此诗古曲"哀切",这就很容易引起他人共鸣。王琦在诗后解诗时认为,李白写此诗时"官司取石……傭舟搬运,适当天干水涸,牵挽而行,期令峻急,役者劳苦,太白悯之而作此诗"。其曲"哀切",其诗悲悯,所咏之事凄惨,所写之人艰辛,表达了诗人的博爱精神,暗含了诗人渴望济世安民的宏愿。而生活在明代弘治、正德、嘉靖这一时期的李梦阳,同样是想以诗歌振起一代之风气,诗中风骨自然不可缺少,他也时时关注着

---

① 葛晓音:《初盛唐七言歌行的发展——兼论歌行的形成及其与七古的分野》,载《诗国高潮与盛唐文化》,北京大学出版社 1998 年版。

② (清)王琦注:《李太白集》,中华书局 2006 年版,第 331 页。

百姓的生活。由于天灾人祸,造成"斗米可以换娇女,牛马饿死枯蒿侧。比来官吏守空印,拖男抱女尽向北"①。再如《冰车行》,以运冰者"道傍喝士僵阑干,唇干口燥真大难",与"侯门宴罢夜乌起,朱残粉落明星里"作对比,烘托出下层人民的苦难,反映出社会等级间巨大的差异。

"歌行体"最适合表现的是诗人的强烈个性。李白豪情满怀,自信有盖世之才、改天换地之能,但实际上却总是事与愿违,常有英雄无用武之地的感叹。不过,李白不同寻常的自信,却是他心灵强有力的砥柱,所以他在抒发自己雄心的同时,也时时带有对人生的无奈与超然。如《宣州谢朓楼饯别校书叔云》,他既有"俱怀逸兴壮思飞,欲上青天揽日月"的豪迈,又有"抽刀断水水更流,举杯销愁愁更愁"的无奈和愁苦,最终出之以"人生在世不称意,明朝散发弄扁舟"的超然心态,当然这种超然的背后是深深的苦涩。同样,李梦阳不光有振兴有明一代诗风之壮志,也有再兴大明王朝盛世之怀抱,但一生五度身陷囹圄,坎坷跌宕,虽与李白具体遭遇有别,但心愫必有相通之处,感怀也有不期之遇,故李梦阳有《梁园歌》的"功成不显涕滂沱,青蝇白璧一何多"的苦闷,但一样出之以"英雄际会各有时,人生岂必皆如愿"的旷达(《送人还关中》),这都是他最真实的人生感慨。正是与先贤有相通的情感和思想,后人才能理解和学习前人,并在某些方面有所超越。

(二)诗歌语言

李白七言歌行在语言方面的特色,古人已有所察觉。如胡应麟在《诗薮》中说:"太白笔力变化,极于歌行;少陵笔力变化,极于近体。""笔力"的变化即是指其语言的变化。周勋初先生进而总结李白七言歌行的语言特点,认为能打破文体之间的界限,诸体并用②。如《鸣皋歌送岑征君》,本为骚体歌行,而语言却四、五、六、七均用,句式错落不一,有些句子如散文笔法,有些甚至"是一般的散文作品中也难得见到的长句了"。而"这些长句,很好地表达了李白的胸怀。他的激情,他的愤郁,若用一般的五言句、七言句来表达,显然力度不够"。"这样的表达方式,才能表达他激越的感情"③。只有打破文体之间的界限,诸体并用,达

---

① 《鸣呼行寄康子以其越货之警》,载《空同子集》卷20,万历三十一年邓云霄、潘之恒校刻本。
② 周勋初:《李白评传》,南京大学出版社2005年版,第279页。
③ 周勋初:《李白评传》,第326页。

到语言的错综变化,才能造成"窈冥恍惚、漫衍纵横"的艺术风格。李白七言歌行语言的这一特点,也就是后来韩愈所谓"以文为诗"的诗歌创作方法。如在《战城南》一诗中写道:"去年战,桑干源;今年战,葱河道。洗兵条支海上波,放马天山雪中草。万里长征战,三军尽衰老。匈奴以杀戮为耕作,古来惟见白骨黄沙田。秦家筑城备胡处,汉家还有烽火燃。"可以明显看出三言、五言、七言、八言、九言诸句式并杂,造成句式长短不一的外部形态。句式的复杂必然打乱一首诗歌中单一而又统一的韵律规则,形成韵文与散文交相出现的现象,但这反而增强了诗歌的节奏感,声律的跌宕起伏与情感的大开大合相得益彰。

有学者将李梦阳称为"技巧概念与拟古主义的结合"①,主要是对李梦阳的语言技巧加以关照。李梦阳七言歌行的语言同样也表现出句式长短不一、韵散结合的特点。如《十四夜翛然台》其二即较典型。在此诗中,开头"蓬池有啸台,夷门有吹台",虽以五言句起,但并非严格意义上的对仗句,"有"和"台"在上下句中的相同位置两次出现,不是韵体,倒像是散体。紧接着"二台突兀眼前一抔土,英雄落莫成今古。我今有台不啸复不歌,月高霜白如夜何"中,九言与七言杂陈,但最末一字又确实押韵。再后面"临洪河,望四海。山川悲,月不改"又为三字句,但又于"海"和"改"字上押韵。最后以"昔日芒砀五色气,烟销浪灭今安在"的七言句形成古今对照,也非严格意义上的对仗句。再如"汝登凤台念老夫,为我致一凤之雏,我不敢玩亦不敢狎。诚心馁饲毛羽全,使听箫韶翔舜都"(《寄殷给事中歌》)。开头徒具七言诗形式,实是以文入诗。李梦阳效李白,在歌行的外部形式上就已惟妙惟肖。

(三)艺术手法

关于李白七言歌行的艺术表现特点,古人多有所总结,如《唐宋诗醇》卷六说:"白诗天才纵逸。至于七言长古,往往风雨争飞,鱼龙百变;又如大江无风,波浪自涌;白云从空,随风变灭,诚可谓怪伟奇绝者矣。"《唐诗镜》卷十七曰:"太白七言乐府接西汉之体制,掩六代之才华,自傅玄以下,未睹其偶。至赠答歌行,如风卷云舒,惟意所向,气韵风华,种种振绝。"《诗源辨体》卷十八曰:"太白歌行,窈冥恍惚,漫衍纵横,极才人之致……此皆变化不测而入于神者也。"又曰:"太白歌行,虽大小短长,错综无定,然自是正中之奇。"《钝吟杂录》云:"李太白

---

① (美)刘若愚著,杜国清译:《中国文学理论》,江苏教育出版社 2006 年版,第 137 页。

之歌行,祖述《骚》《雅》,下迄齐、梁七言,无所不包,奇中又奇,而字字有本,讽刺沉切,自古未有也。"以上评论主要是针对其语言与风格的变化,大意谓错综变幻、昏默窈冥、无拘无束、任意挥洒、大气雄浑、飘逸豪放,是李白七言歌行的风格特点。

王世贞比较李梦阳与李攀龙的诗歌风格说:"若以献吉并论,于鳞高,献吉大,于鳞英,献吉雄,于鳞洁,献吉冗,于鳞艰,献吉率,令具眼者左右袒,必有归也。"①他以大、雄、冗、率概括李梦阳的诗歌成就,这一点似乎与李白诗歌风格极其相似。试以李白《蜀道难》和李梦阳《雪山歌送万子》为例做具体分析。

"《蜀道难》的体调在乐府中最为新奇,随景色的变化和感情的起伏长吁短谈,惊呼咨嗟"②。在诗中以三次感叹"蜀道之难,难于上青天",极言入蜀的艰险,大规模地运用比喻、夸张、对偶、排比、复沓、顶针等修辞手法,可以说是借鉴了汉大赋的铺陈手法,但又无汉大赋繁冗、堆砌词藻之弊。此诗是以作者澎湃的心潮左右着对蜀道艰险的刻画,心潮起伏波荡,久久不平,所写之物自然也是跌宕纵横,随情感波澜而充满动感。虽是极力在将自然的奇秀营造成使人望而却步的人间险境,闭塞险恶,无法涉足,但在诗人满怀的豪情面前又显得不足为虑,必会被征服。李白如果要将自己充塞天地间的雄心借助现实的实物表现出来,那么所选的参照物必须不同寻常才有可比性,才足以烘托作者本人的卓尔不群、傲视天地的豪迈。蜀道原本就艰险,而李白不仅要极言其形貌,还要再造成不可逾越、令人闻之胆战心惊甚至是恐怖的意境,越是如此,诗人的凌云之志才会自然而然被彰显出来。"在753年,殷璠评价李白的《蜀道难》为'奇之又奇'"③。这两个"奇"字包括字句章法之奇和意境之奇。李白笔调宏肆,纵横捭阖,读此诗,使人领略到"敢教日月换新篇"的激情和李白冲霄凌云的浩然之气及雄浑悲壮的感情。

李梦阳的《雪山歌送万子》,在艺术手法上模仿《蜀道难》的痕迹很重。从内容来讲,都是写山川之巍峨。从字句和章节上看,开头的"雪山高哉,岌乎岌兮"和中间的"岌乎岌哉!雪山之高"有化用"蜀道之难,难于上青天"的迹象;《蜀道

---

① (明)王世贞:《艺苑卮言》卷7,《历代诗话续编》本,中华书局1983年版,第1067页。
② 葛晓音:《李白乐府的复与变》,载《诗国高潮与盛唐文化》,北京大学出版社1998年版。
③ (美)宇文所安著,贾晋华译:《盛唐诗》,生活·读书·新知三联书店2004年版,第132页。

难》以"蜀道之难,难于上青天"三次感叹,诗意层层深入。《雪山歌送万子》则是以"峞乎岌兮"和"岌乎峞哉"作为诗意递进的标志。在艺术手法也颇为相似,比喻、拟人、夸张、对偶、排比、复沓等修辞手法对"云峰之崔巍"大肆地渲染,其中既有"大峰如老翁,冕佩凌紫埃。诸峰似儿孙,罗列芙蓉开"运用拟人手法造成的亲切之感,也有"斧斤不入松柏如麻,霜干翳蔽云根槎枒,渗膏结苓实,轮囷走龟蛇"的奇异瑰丽。李梦阳以营造出的高山仰止、冰雪高洁的意境称赞友人而为之送行,虽没有李白《蜀道难》所营造出的艰险甚至恐怖的意境,但所写之景确是非同一般,有寒风凛冽之感,望而止步之叹。毕竟是为赞人,描写越是奇诡险峻,万子之品格越是凸现。整首诗挥洒自如,苍凉劲拔,读来有肃然起敬之感。

再如李白《战城南》,开头"去年战,桑干源;今年战,葱河道"是实写,"洗兵条支海上波,放马天山雪中"则是虚写,其中想象和夸张的成分较大,分明是边战征伐之苦的再现。同样,李梦阳的《十四夜翛然台》其二中"蓬池有啸台,夷门有吹台"为实写,交代地点和实物,至"临洪河,望四海。山川悲,月不改",则是将自然的风物打上强烈的个人情感烙印,而为虚写。但不管是实写还是虚写,作者所抒写的事件和表达的情感,读者却是可以真实感受到的。

三、余论:"二李"异世同音的文化背景考察

李白创作诗歌虽是从模拟前人诗作开始,但最终凭借自己的个性和才力将中国古代的诗歌推向了顶峰;李梦阳同样以模拟开始,也曾被后世归狱为"摹拟剽贼"之元凶,但"倡言复古,使天下毋读唐以后书,持论甚高,足以竦当代之耳目,故学者翕然从之,文体一变"①。可见,李梦阳对整个明代的诗歌发展还是做出了很大贡献。二人都是以模拟作为彰显个性和振作诗风的手段,都取得了令人瞩目的成就,并且李梦阳学习李白的七言歌行作品又确有成功之处。究其原因。首先,二人在性格上就本就有相同点。根据文献记载,李梦阳的性格是"负气凌物",与李白恃才傲物十分相像。李白令唐玄宗宠信的太监高力士脱靴,表现出傲岸不屈、桀骜不驯的性格,而李梦阳则不仅路击外戚寿宁侯张鹤

---

① 《空同集》提要,影印文渊阁《四库全书》本,第 1262 册。

龄，而且上书直斥宦官刘瑾，也体现出不畏权贵的精神，"气节震动一世"。正因为性格上的相似，李梦阳倡言"诗必盛唐"，他对李白和杜甫尤其心仪，他在作品中多次提到他们，如"城隅落落一堆土，千年谁继白与甫"（《梁园歌》）。"不见昔时杜甫与高李，三子者气压百代今尘埃"（《相逢行赠刘按察麟》）。"李白世人欲杀之，苏轼能诗遭贬斥。雷剑虽埋光在天，卞玉未剖终为石"（《寄寄庵子》）。他曾写下《世不讲曹李诗尚矣内弟会余河上能章章道也惊有此赠》一诗，中有"曹植《白马篇》，李白《飞龙引》，流光耀千古，不与日星陨"几句（《空同集》卷十八），对李白充满景仰之心。

再者，在诗歌创作思想和艺术追求方面，二人都有要继承汉、魏诗歌传统的主张和意图，绕有风骨气象。李白有诗叹曰："自从建安来，绮丽不足珍。"而李梦阳也是"古体必汉、魏"①。他们诗歌同源，创作旨趣相同。从前面对李白《蜀道难》和李梦阳《雪山歌送万子》的比较，二人诗歌确实有汉、魏风骨之慷慨悲凉之气，诗中所流露出的都是诗人豪迈的气势、俊逸的品格和傲立天地之气概。李梦阳在《刻阮嗣宗诗序》中云："夫《三百篇》虽逖绝，然作者犹取诸汉、魏。予观魏诗，嗣宗冠焉。……李白为古风，咸祖籍词。"（《空同集》卷五十）李梦阳倡一代诗风，他要同李白一样恢复诗歌传统中最为后人器重、最需要继承的优秀传统，以自己的身体力行来开创大明王朝之新诗风。明人何元朗赞曰："至空同出，遂极力振起之；仲默、廷实、昌毂诸人，相与附和，而古风遍域中矣。"②李梦阳确有先导开创之功。因此，其诗歌与李白有异曲同工之妙。李白与李梦阳相隔数百年，却气质相通，虽时过境迁，李梦阳仍有惺惺相惜之感，所以对李白七言歌行的效法也是在情理之中，并且也确实取得了成绩。李梦阳七言歌行在艺术上是否超过李白，不敢妄自评价，但至少可以说明，李梦阳七言歌行可追配李白。

然而，二人诗歌在风格上的差异也是很明显的。首先，李白痴迷成仙学道，造成诗歌的浪漫主义风格，意境奇特，自然天成，而李梦阳是正统的儒家知识分子，因此，其七言歌行在艺术风格方面比较单一，浪漫性较弱，创作的痕迹较重。李白诗歌是与自身独有的个性紧密连在一起的，诗品如人品，个性张扬的李白情感本就是他人难以捉摸的，再加上受道教中"逍遥"观的影响，诗中的感情基调

---

① 《空同集》提要，影印文渊阁《四库全书》本，第1262册。
② （清）朱彝尊：《明诗综》卷34李梦阳诗前附录，中华书局2007年版，第1480页。

当然也就大起大落。而李梦阳虽豪气凌云，但以模仿作为手段而开风气之先河又不如李白纵横洒脱，难免会缩手缩脚，雕琢痕迹过重的弊病难免会发生。在上文中讲到《雪山歌送万子》模仿《蜀道难》确有成功之处，但气势确是比太白稍逊一筹，"大峰如老翁，冕佩凌紫埃。诸峰似儿孙，罗列芙蓉开"一句创作的痕迹也较重。其次，李白与李梦阳生活的时间相距数百年，生活环境毕竟有很大差别。李梦阳虽身处社会相对稳定阶段，但明代正德、嘉靖年间政治黑暗，宦官专权，少数民族起义，加之个人屡次遭受政治迫害及中年以后的仕途不遇，致使李梦阳关注现实的愿望非常强烈，这就造成他七言歌行具有极大的现实性。无论在题材的扩大、数量的丰富还是艺术造诣上，李梦阳的七言歌行都呈现出巨大的成就，有些甚至超越了李白。李白过于自信，自我意识甚重，虽有关注现实之作，但却总好像在表达自己的治世主张，诗中所流露出悲悯情感却让人有居高临下之态。而李梦阳虽也个性张扬的时候，但毕竟一直身处下僚，对社会的阴暗面感受更深，再加上一生坎坷，这些感情很容易合为一体，所以他关注现实的诗作就会使人感觉更为深切，这一点又与杜甫有着相似之处。所以，二人诗作之差异在所难免。

在中国诗歌的发展历程中"复古"的旗帜不止一次地被高扬，模拟前人的典范诗作是后世文学得以进步的初步举动。当然这种模拟不是简单抄袭，而是对前人在诗歌发展历史中所树立起的具有典范意义的艺术手法和精神实质的借鉴和学习，这是对诗歌发展中前贤传递过来的优秀传统的接受。李白曾说："圣代复元古，垂衣贵清真。"[1]正是因为对这种优秀传统的继承和发展，才使李白在中国诗歌史中获得了至高荣誉；同样，在整个明代一朝都声名显赫的诗坛领袖李梦阳，他所追求的同样是对这种优秀诗歌传统的接受和发扬，虽然后世对其贬大于褒，但总体来说其诗歌成就是无法被抹杀的。这也说明，正是一代代诗人对前人优秀传统的继承，才使中国古典诗歌不断继续与发展下去。

（《西北师范大学学报（社会科学版）》2011 年第 3 期）

---

[1]　李白：《古风》之一，（清）王琦注《李太白集》卷 1，中华书局 2006 年版。

四　文献考证及其他研究

李梦阳与明代江西的文化教育

黄长椿

　　李梦阳是明朝有名的诗人,他和何景明、徐祯卿、边贡,号称弘(治)正(德)四杰。这四人加上康海、王九思、王廷相,人称七才子,也就是文学史上所称的明朝"前七子"。李梦阳不仅是一个文学家,他还是一个不畏强暴,敢于和豪门显宦作斗争的官吏,他的政绩斐然可观。

　　李梦阳字献吉,号空同子,庆阳(今甘肃庆阳)人,生于一四七二年(成化八年),卒于一五三〇年(嘉靖十年)①。弘治六年进士,弘治十一年,任户部主事。弘治十四年,得罪势要,加以榆河驿仓粮事之罪被逮下狱,不久释放。弘治十八年,任户部员外郎时,他弹劾寿宁侯张鹤龄"罔利贼民,势如翼虎",被逮捕下锦衣卫狱。经大臣解救出狱后,李梦阳路遇张鹤龄,用马鞭打落张鹤龄二个门牙。正德初年,刘瑾专政,李梦阳代尚书韩文草疏弹劾刘瑾,被列为奸党,罢了官,并下狱问罪,经康海营救得免。刘瑾被诛后,起用李梦阳为江西提学副使。李梦阳在江西"不肯同流俗",得罪了淮王和布政使等官僚,被送进广信狱审问。李梦阳不屈服,竟被判处冠带闲住,丢了官回到开封闲居。后宁王宸濠造反失败,李梦阳因在江西做提学副使时,给他写了一篇《阳春书院记》,受到牵连,差一点被治罪。李梦阳自正德六年六月到江西督学,到正德九年秋离开江西,在江西整整三年的时间。他主要的政治生涯是在江西度过的,他回到开封后,在家闲住了十六年,被排斥不用,直到他病卒。

　　李梦阳在江西做提学副使,虽然只有三年的时间,但是由于他言传身教,工作深入,促进了江西文化教育事业的发展。江西被称为文章节义之邦,人文之盛

---

① 黄长椿:《李梦阳年里考》,《江西师院学报》1982 年第 2 期。

超越前代,主管江西全省文教工作的李梦阳也是有一份功绩的,本文试从李梦阳与江西的文化教育,加以论述。

李梦阳是江西按察司的提学副使,是主管江西文化教育的最高官员,负有培养和选拔人才的职责。他正德六年六月到江西任职后,席不暇暖,便风尘仆仆,亲临各府、县视察学校和书院。各府、县学校的生员名额不多,不能随意增加。因此,李梦阳对书院的培养教育人才非常重视。正德六年夏天,他就到庐山白鹿洞书院去视察,亲自撰文和书写《白鹿洞书院宗祠记》的碑文,并树立碑石(碑今存白鹿洞书院内)。正德七年十一月,李梦阳还为白鹿洞书院石坊书写了"白鹿洞书院"五个大字(这块石扁现嵌在新修的白鹿洞书院的院门上)。他在正德八年又到白鹿洞书院,在白鹿洞书院讲学,还同学生游览开先寺(即今之秀峰寺)、青玉峡等名胜。他离开白鹿洞书院时,写了一首《白鹿洞别诸生》的诗①。李梦阳在白鹿洞修建了钓台亭、六合亭,写了《钓台亭记》、《六合亭记》,独对亭铭还刻了碑②。他修理了白鹿洞书院。《江西通志》记载,白鹿洞书院经过李梦阳等人"相继修,增置田庐有差"③。正德六年秋天,李梦阳到了余干县的东山书院,东山书院被官兵毁坏后,在李梦阳倡议下,得到任汉等大员的捐款,修复了东山书院④。

李梦阳到各府县视察时,命令府、县官拆毁神庙鬼祠,将它们改建为书院。他的愿望并没有完全实现。他感慨地说:"顾郡县吏不皆才,毁之率亦不大力也。"⑤正德七年十一日,李梦阳到建昌府(南城)视察。建昌府的盱江书院,原是宋代李觏讲学的地方,毁于元代,学田湮没。在李梦阳的命令下,知府安奎、推官赵汉志、知县杨清一天之内"毁其城内外鬼祠尽,盖十有五处"⑥。其中十四座小的用来办社学,另一座建为盱江书院。这座祠庙是东岳庙,《建昌府志》记李梦阳"毁东岳庙,改建书院……仍故构而增饰之,名前堂曰正经,后堂曰上达,旁列学舍各十楹。正经堂之左曰志伊堂,右曰学颜堂,上达之右,曰会文堂,正经堂

---

① 《空同诗集》卷 17。
② 《白鹿洞书院志》卷 1。
③ (光绪)《江西通志》卷 81《书院》。
④ 《空同子全集》卷 42《东山书院重建碑》。
⑤ 《空同子全集》卷 42《盱江书院碑》。
⑥ 《空同子全集》卷 42《盱江书院碑》。

之前有亭有台……额曰盱江书院。城凡毁淫祠有籍田业,并归书院,以养俊士之试优等者"①。李梦阳对重修盱江书院这件事,感到很重要。他下令拆毁东岳庙,把它改建为盱江书院,还将建昌府城内外拆毁淫祠神庙的田产,一起拨归书院作为奖学金。盱江书院建成后,李梦阳感到很欣慰。他写了一块盱江书院碑,记重建盱江书院事。他离开江西几年后,送一个朋友回建昌府时,想起盱江书院。他在赠友人的诗中说:"曾修书院盱江侧,君去怀予试一游。当日山水应更好,别来松桂几经秋。"②从诗意中,可看出他对盱江书院是很有感情的。

铅山鹅湖书院在宋代江西的书院中素负盛名,朱熹、陆九渊在鹅湖的学术辩论,传为佳话。经过宋朝末年的战争,书院已毁废。正德六年十一月,李梦阳到铅山寻鹅湖书院的故址,而故址已"鞠为荆榛久矣"。李梦阳无限感慨,赋诗云:"山到东南极,溪怜闽越分。峻峰晴冒雪,交水暮蒸云。石象空遗迹,鹅湖尚作群。古祠荆棘里,驻马恸斯文。"③李梦阳决定在故址重建鹅湖书院,他"命县令秦礼重建正堂五间,外门三间,祠前立石坊,扁曰鹅湖书院,岁举祀事如旧"④。李梦阳还命知县秦礼改建铅山县儒学的大成殿,"规制视旧加崇严焉"⑤。贵溪的象山书院是陆九渊讲学的地方,建于南宋。元末兵毁,明景泰年间重建。正德六年冬,李梦阳"增建门堂,立牌坊,命知县谢宝建仰止堂于其后"⑥。玉山县的怀玉书院建于南宋,"怀玉之名,与四大书院相埒,宋末废"⑦。明成化时,复建,不久又废。李梦阳到玉山视察时,重新建立⑧。怀玉山的会起书院,在正德六年冬天李梦阳到怀玉山时已颓坏,李梦阳命令重修。在施工中,李梦阳到当地视察。当时有诗咏道:"沿途意已困,睹构色颇展。故堂改颓制,新筑负幽巘。伐材但旁谷,砻石况非远。"⑨

李梦阳在正德七年拆毁进贤县的南岳庙,准备把它改建为书院,后经福胜寺

---

① (正德)《建昌府志》卷7《学校》。
② 《空同诗集》卷28《送杨子返里》。
③ (嘉靖)《铅山县志》卷5。
④ (嘉靖)《铅山县志》卷5。
⑤ (嘉靖)《铅山县志》卷5。
⑥ (嘉靖)《江西通志》卷10《广信府·书院》。
⑦ (光绪)《江西通志》卷82《书院》。
⑧ (光绪)《江西通志》卷82《书院》。
⑨ 《空同诗集》卷34《至怀玉山会起书院》。

僧的请求,将福胜寺改建为钟陵书院①,而将南岳庙改为福胜寺。同年,进贤县还将东坛庙,改建为征士书院。正德八年,瑞州府建立筠阳书院,也是由寺庙改建的。李梦阳将迷信神鬼的祠庙改建为发展文化教育的书院,这是有进步意义的,是应予肯定的。

李梦阳除修复、重建原有的一些有名的书院外,也新修了一些书院,这些新修的书院中,李梦阳对新淦的金川书院更为重视。正德七年,李梦阳为了纪念新淦的练子宁,在新淦县修建金川书院,"祀忠臣练子宁书院之后,扁曰浩然堂"②。李梦阳在《新立金川书院练公父子文碑幸成》的诗中说:"力修书院缘楼主,碑石新成颇慰心。薄劣实惭文太减,特书应不待如今。"③他对练子宁父子的忠节极力表彰。书院里有练子宁祠,他建书院来奉祀练子宁,认为练子宁这样的忠臣早就应该大书特书了。

书院虽然可以在府、县学校生员名额外,招收一部分士人到书院学习,但毕竟人数有限,而且不是一般人都可以进书院肄业的。我国古代除府、州、县设有学校外,县以下也有学校,早在明代以前,县以下就设有社学,一里设一社学。明朝建立以后,县以下的乡,大也多设有社学。社学请有教师,负责对学童的教育工作。可是到后来,社学中的教师不以教育者自居,不尽心教育学生,只是每月向学生索取课金、鸡米、酒食。学生的经济负担很重,没有人愿进社学。社学办不下去,越来越少了。到李梦阳到江西提学时,社学已停废殆尽了。李梦阳认为"今既不教之乡,以为养蒙敛才之地,而县、州、府学势又不得尽蓄其才,如此欲视化以观治难矣"④。所以他对社学很重视,力图振兴社学,改革过去社学的弊端。他首先在省城的南昌、新建办了六所社学,树立榜样,先近后远,推广到全省。他说:"夫先其近,则远可届,举乎大,则细易力,规画详,则循之可久。"⑤并且要求管理学校的官长吏,按照规定,精选教读的教师,免除他们的徭役,尊重和敬礼他们,不准他们向学生家征收课金、鸡米、酒食,以加重学生家长的负担,以免使人民感到入学是一种苦役而设法逃避,对社学教师教学好的提升,不好的开

① 《空同子全集》卷42《钟陵书院碑》。
② (嘉靖)《江西通志》卷22《临江府·书院》。
③ 《空同诗集》卷34。
④ 《空同子全集》卷42《南昌新建社学碑记》。
⑤ 《空同子全集》卷42《南昌新建社学碑记》。

除,有奖有罚,有利于办好社学。同时,为了使人们对社学的重视,李梦阳还规定今后不是社学出来的学生不能进入县、州、府学。经过李梦阳的努力,社学在各县、州、府蓬勃地发展起来,普遍地建立了社学。

李梦阳很重视人才的培养和选拔,对明代江西文教事业的兴盛作出了贡献。明人顾璘说他"视江西学政,文教郁兴"①。乾隆《南安府志·事纪》记载:"正德六年,内监刘瑾诛,起前户部郎中李梦阳任江西按察副使,选郡之俊秀者,授以秦、汉文及《骚》、《选》,使诵之,示以作法,人文以兴。"提学副使是负责考试选拔各府、州、县学的学生,李梦阳到各府去对府、州、县学生进行考试,评阅试卷,决定等第。他在《冬日抚州别友》的诗中,说在抚州"校阅才及旬,劳拙遗安枕",以至没有时间去游观拟岘台这一抚州的名胜。李梦阳不辞辛劳地到江西各府去按试。他善于识别人才,对才学高超的能破格提拔。罗洪先说:"空同李先生督学江西,负文而知人……是时吉水田心张氏居高等者三人,其一即署学生,越序而给廪以宠之者,野塘张公凤仪也。一时士人既以空同行法,不守故常为可骇,又皆慕公不知出何等语,乃令主司破调相待若此,争传以为奇。"②又说他"督学江右,尚气节,精裁鉴,诸生入品题者,才能无毫发爽失"。吉水周仕"为古文诗歌,不屑举业,与先生意合,试而奇之,进以加等。未几,举江西癸酉乡试,乡试故以举业,而公之取,独以古文诗歌。……先生亦以得公自庆,遇所知辄延誉之"③。周仕在李梦阳选拔下,后来仕至南京工部主事。李梦阳求贤若渴,到处访求人才。如永丰(今广丰)人潘润,李梦阳"以人才为问,诸生佥举润,梦阳致礼欲见之"④。玉山人吴学,有志濂洛关闽之学,进了县学,李梦阳很赏识他说:"吴生,程朱之流,不可量也。"吴学"不幸早卒,所著有《正义解》、《井田图》、《拟古乐府》诸稿"⑤。

李梦阳接近群众,他的群众主要是读书人。他和诸生谈论诗文,游览山水,他还了解风俗民情,访问民间疾苦。他的诗集中,有很多诗是赠给没有官衔的秀才、儒生,或和他们酬答的。李梦阳爱护士人,敢于站在士人一边和权贵斗争。

① 顾璘:《国宝新编》。
② 罗洪先:《念庵先生文集》卷16《明故野塘张公墓志铭》。
③ 《念庵先生文集》卷16《明故承直郎南京工部虞衡清吏司主事羊同周公墓志铭》。
④ (光绪)《江西通志》卷158《潘润传》。
⑤ (光绪)《江西通志》卷158《吴学传》。

淮王的官校一贯欺压人民,作恶多端。有一次"淮王校与诸生争,梦阳笞校,王怒,奏之。下御史按治"①。李梦阳被逮下狱后"诸生万余为讼冤"②。这说明李梦阳在江西是得到广大诸生的爱戴的。

李梦阳提倡读书人的气节,反对卑躬屈节逢迎长官,反对出入官府,奔走权门。《江西通志》说他:"奖介挺,励顽钝,以振作士气,敕诸生毋谒上官,即谒长揖毋跪。"③他自己也是以身作则,不奉承讨好上司,"监司五日会揖巡按御史,而李梦阳又不往揖"④。李梦阳是按察副使,按照旧例,每隔五天,左右布政使、按察使、按察副使要去拜会巡按御史,而李梦阳却不去。他和左都御史、总管江西军务的陈金、御史江万实、布政使郑岳不合,而得罪了他们,而被控告受审,最后被加上"凌轹同列,挟制上官"的罪名而免职。其实李梦阳是不肯同流合污,敢于和他们斗争而被排挤下台的。

李梦阳在江西"振起古学,力变士习",他大力提倡节义,他一到江西后,就给皇帝上了一个《请表节义本》,以改正不良的礼俗。他每到一地,就"采访谣俗,诸笃行、义士、贞妇、烈女悉奏,风教大行"⑤。他的治绩为人民所称道,虽然他罢官离开江西了,"然江右士子犹诵义至今云"⑥。这《宦绩录》中的记载是根据《(万历)南昌府志》的。可知到万历年间,李梦阳的治绩还在士人中传诵。

李梦阳督学江西时,有一士人恰好和李梦阳姓名相同。李梦阳叫他前来,对他说:"你不知我名叫李梦阳,而竟敢犯讳吗?"士人回答说:"我的名字是我父亲取的,不敢更改。"李梦阳沉思了一会说:"我出一个对联考你,你能对得出来,我就原谅你。"于是口里念道:"蔺相如,司马相如,名相如,实不相如。"那个士人想了一下,就说:"魏无忌,长孙无忌,彼无忌,此亦无忌。"李梦阳满意地笑了,点点头叫士人回去⑦。古人是最忌讳触犯名讳的,从这件轶事中,可见李梦阳的度量和爱才了。

李梦阳在江西时,有一次渡江,当地的官吏请求李梦阳祭祀水神,李梦阳听

---

① 《明史·李梦阳传》。

② 《明史·李梦阳传》。

③ (光绪)《江西通志》卷127《宦绩录·李梦阳》。

④ 《明史·李梦阳传》。

⑤ (光绪)《江西通志》卷127《宦绩录·李梦阳》。

⑥ (光绪)《江西通志》卷127《宦绩录·李梦阳》。

⑦ 冯梦龙:《古今谭概·谈资》。

了很生气,命令他的随从将庙里的水神捆缚起来,抬到江边,抛在江水中。李梦阳对这些官吏说:"以水神投水,得其所哉!得其所哉!"①李梦阳是不信鬼神,敢于破除对鬼神的迷信,对崇拜鬼神的祠庙,撤去神灵的偶像,除改建为书院外,有的改为纪念文化名人的祠堂。如他在丰城矶头冈将一座供奉鬼神的祠庙,撤去神像,改为曲江祠,纪念李商隐、姚勉和朱熹三位文人学者②。李梦阳这种行动,促进了文化教育事业的发展。

李梦阳认为诗歌出自民谣,他在江西采录民谣,在他的诗集中有一首经他稍加修饰的抚州民谣《叫天歌》,还收录了一首《郭公谣》,并说:"今录其民谣一篇,使人知真诗果在民间。"③他在江西工作时,游览了江西各地的名胜古迹,写了很多咏怀古迹和风土人情的诗篇。其中不少诗歌是反映人民疾苦的史诗。他在江西讲学和诗文的创作,对江西文化的发展是有影响的。

李梦阳在江西时,还发现陶渊明的坟墓和祠堂遗址,将靖节祠遗址断归陶渊明的后裔,修复了陶渊明的坟墓。他还刊刻了《陶渊明集》④。在庐山还修建了钓台亭和六合亭,以及诗碑、石刻题记等。总之,李梦阳在江西的三年中,做了不少有益的工作,对江西的文化教育的发展是有贡献的,对江西的文风和士气是起了积极作用的。

(《江西社会科学》1983 年第 3 期)

---

① 冯梦龙:《古今谭概·越情》。
② 《空同子全集》卷 42《曲江祠亭碑》。
③ 《空同诗集》卷 3。
④ 《空同子全集》卷 45《刻陆谢诗序》、《刻陶渊明集序》。

李梦阳的两篇佚文

梁临川

据我所知,梦阳诗文集(《空同集》)的版本不下十五种,即使收罗作品最多的万历三十年邓云霄、潘之恒搜校本(《四库全书》即据此编录)也有遗漏。为编写《李梦阳年谱》,我在调查梦阳生平撰述时发现两篇佚文,现抄录于此,公诸同好。

《徐氏别稿序》辑自上海图书馆藏万历四十七年周文萃序刻《徐昌谷全集》(《全集》原题《录李献吉题徐迪功别稿序》,今据序文正文改名《徐氏别稿序》)。《海叟集序》辑自北京图书馆藏汪森裘杼楼抄本《海叟集》。

徐氏别稿序

《徐氏别稿》五卷,吴郡徐昌谷所著,皆未第时语也。予见昌谷《谈艺录》及古赋歌颂,谓其有自得之妙;及览斯稿,顾殊不类,何也?木之始必萌,泉之始必灖者,势使然也,斯稿殆其权舆乎?夫然,则何以不删?古者考德以言,文者,言之华也——斯殆以自考乎?间问诸昌谷,曰:"噫,子其知予哉!请书之,以警予志。"予曰:"诺。"遂书之。卷各有名,曰《鹦鹉》、曰《焦桐》为上帙,曰《花前》、曰《野兴》、曰《自惭》为下帙。为诗凡二百二十有七,为文凡一十有八云。弘治乙丑秋九月一日北郡李梦阳题。

海叟集序

《海叟集》,云间袁凯氏所著。海叟,其自号也。会稽杨廉夫尝作《白燕》诗,及览叟作,惊叹,以为不及。叟诗法子美,虽时有出入,而气格韵致不在杨下,其耿耿于叟者,要非一日矣。按集中《白燕》诗最下最传,诸高者顾不传。云间故吴地,叟亦不与四杰列,皆不可晓者。夫毁誉可尽信哉?洪武间叟为御史,上将戮一人,太子固谏而止。上以问叟,对曰:"陛下创业之义,东朝守成之仁。"上意遂解。未几以病免归。翰林陆吉士子渊,叟同郡人,间道前事,令人侃侃生气——夫斯亦足以传矣,而况于诗乎?叟名行既晦,集亦罕存。子渊购得刻本于京师士人家,楮墨焦烂蠹涅者殆半,乃删定为今集;仍旧名者,著叟志也。夫韩退之,唐之闻人也,其文至宋欧阳修始暴于世,然则如叟者尚奚尤哉?仲默谓国初诗人叟为冠,故子渊表扬甚力,君子以为知言。正德元年秋八月八日北郡李梦阳序。

(《文献》1992 年第 3 期)

甘肃庆阳发现明李梦阳之母高氏墓志铭

刘得祯　王　春

　　甘肃省庆阳县城关镇十里坪村西农民解放前夕在马莲河左岸台地内挖出一座古墓，据说出土有彩绘陶俑等多件器物，均已散失、毁坏，唯存有一方墓志，1990 年 5 月交送到县博物馆收藏。

　　墓志为陕西富平青石质，合口式，正方形，边长五十、厚六厘米。志盖内打磨平整，阴刻篆书三行九字："明故李母高氏之圹志"（图一）。底内平整，刻楷书共二十七行，满行二十六字。为："先妣姓高氏，庆阳安化之赤城里人，世德朴信力农事。我外大父讳成，娶刘氏。正统庚申五月丙子日，我先妣生焉。襁褓许李氏，二十有一归我家。君大人名正，字惟中。后十五年，家君得训导，随任之阜平。又七年，升周府封丘王教授，随在汴。弘治癸丑八月二十九日，卒于京师官邸，寿止五十四。性重厚端淑，明敏识事。于归不及舅氏，我家中衰，处之如固，有其事我先祖妣，相我家君力学，交娣姒，修内职，无不尽善，家道盖骎乎振作矣。比从游仕，以勤慎率人，虽闺门严畏、仆妾奉命，而慈爱荡然，闻谈穷困流落者，痛加怜惜，恨莫能助，饮食赢余必给丐者。先仲父有子曰孟春，两岁失怙，恃取抚为己子，俾成立有室。女奴既长，则置箱奁以嫁之。故家君仁厚之德，特介之节，人谓得内助焉。教子弟随事戒谕，与严师比。弘治壬子，梦阳竟赖发陕西乡解，癸丑登毛澄榜进士，被留。家君尤手示敬君、勤事、处人之宜，曰：'此我之意，亦汝母之意，不可忽也。'梦阳去膝下既久，先妣苦思一见，是岁六月，拿舟至京师，意倚慈训，用图报忠万一，无何，天宥顽恶，不夺之寿，而祸我所恃矣。自途中遘疾，几百日医虽罔，却而拳拳以命，自处分嘱后事，若有所前知者，梦阳泣涕请，惟曰：'忠孝不两尽，汝竭力事汝君，吾目瞑矣。'子三：长孟和，义官；次梦阳，次孟章。女三：一适曹经，一适王玺，一先夭。孙男四：曰根、曰木、曰枝，亲见其长曰叶，但见其生属犷，时梦阳与幼弟、幼子枝在左右。敛后一日，孟和兄奔始至。家君与诸孙在汴，诸女、诸外孙在庆阳。呜呼！痛哉！梦阳等攀号哀苦，舆衬至汴，衰贫莫济。后二年乙卯春三月，始得西还故里，秋七月壬午朔，始安厝于庆阳之南向十里铺西原。呜呼！身负淑德而中道殒摧，家隔关山而魂气以之视天。梦梦一至此雪邪，而致之者谁之罪也，滥有一官而褒宠不逮，又不克速葬而虞焉。兹地永安，兹石不朽，兹恨则与天悠久也。大明弘治乙卯正月十五日镌石。"（图二）

图一　高氏墓志盖拓片

李梦阳（1472—1529），明史有传。举进士后，任户部主事；中因忤权阉刘瑾，几死；后官至江西提学副使。工诗古文，首倡复古，主张文必秦、汉，诗必盛唐，与何景明、徐祯卿等号称十才子。有《空同集》六十六卷传世。对他的家世，《明史》、《庆阳府志》均无详细记载。现根据李梦阳《空同集》有关篇章和他为其母高氏所书墓志铭记述，得知李梦阳曾祖名李恩，曾入赘河南扶沟王聚之家，冒王姓。洪武初年以军户转戍庆阳，家属亦随军屯戍，家居府城（今庆阳县城）。后

图二　高氏墓志铭拓片

来王恩在战斗中阵亡。祖父王忠初为商人，后遭人陷害，含冤死于狱中。王忠有三子，长名刚，次名庆，皆随王姓，三名正，即梦阳父，始复李姓。李正九岁丧父，依兄成长。二十一岁娶妻庆阳赤城高成之女，三十五岁成贡生，出任河北阜平县学训导，后起为河南封丘温和王教授。在任十年，卒后与妻高氏葬于庆阳县城南十里坪。

　　梦阳十岁随父居开封，十九岁在开封娶妻。次年偕妻左氏回庆阳。又次年，

即弘治五年(1492)应陕西乡试,以第一名中举。六年登进士第,观政于通政司。不久,父母相继去世,他又回庆阳守制,其间因"盗警"而避居华池县将近三年。弘治十一年(1498),梦阳守制期满,起任户部主事。

这方墓志的出土,对考究李梦阳的家世及增补正史不足均有重要的价值。

(《文物》1993 第 10 期)

甘肃庆阳李梦阳之母高氏墓志录文辨误

毕昭杰

本刊(指《文物》——本书编者)1993 年第 10 期刊出《甘肃庆阳发现明李梦阳之母高氏墓志铭》一文后,接到读者毕昭杰、周铮、张虎刚同志来信,指出该文墓志铭录文标点、辨字之误,现摘登毕信,作为补正。并向三位热心读者致谢。

——编者

1. 录文"二十有一归我家。君大人名正……",应为"二十有一归我家君。大人名正……"。古籍中从没见过称父亲为"君大人"的;而且儿子叙述母亲结婚,被写成"归我家",语意不恭。

2. 录文"我家中衰,处之如固,有其事我先祖妣……",应为"我家中衰,处之如固有。其事我……"。这是说高氏对家道中途变衰,看成像素来衰微(固有)一样,没有怨苦,不应从"处之如固"断句。其后"家道盖骎乎振作矣",录文脱去一"骎"字。

3. 录文"先仲父有子曰孟春,两岁失怙,恃取抚为己子……",应为"先仲父有子曰孟春,两岁失怙恃,取抚为己子"。因为侄儿孟春失怙又失恃(母死)才"取抚为己子"。

4. 录文"几百日医虽罔,却而拳拳以命,自处分嘱后事……",应为"几百日医虽罔却,而拳拳以命自处,分嘱后事"。这是说虽经近百天的治疗病势未退("却"),高氏只看作有命运主宰,处之泰然。至于"分嘱后事",是因她丈夫李正在开封、媳妇、女儿等在庆阳,大儿孟和尚在来京途中,身边只有梦阳、孟章和一个孙子李枝,故说"分嘱"。

5. 录文"孙男四:曰根、曰木、曰枝,亲见其长曰叶,但见其生属圹,时梦阳与幼弟、幼子枝在左右……",应为"孙男四:曰根、曰木、曰枝,亲见其长;曰叶,但见其生。属纩时,梦阳……"。叙述四个孙子,用的是排比句式:李根、李木、李枝,是在高氏身边成长的,李叶则只看到他出世就离别了。

6. 志文"舆榇至汴"录作"舆衬至汴","衬"字误,应写简化字"榇",指棺材。

7. 录文"家隔关山而魂气以之视天。梦梦一至此雪邪"。应为"家隔关山而魂气以之,视天梦梦,一至此虐邪!""视天梦梦"是《诗经》的句子,意为老天昏愦不明,不可分拆。下句"一至此雪邪",检视墓志拓片。"雪"本作"霅",推理应是"虐"字,上部"虍"误刻作"雨","虐"即酷虐。两句连起来就是老天爷不明,酷虐至此,全不保佑我母。

志文中"之"字费解。是否"乏"字?谓母亲思家心切,精气因而乏绝。

(《文物》1994 年第 4 期)

李梦阳诗文东传朝鲜半岛及对
古代朝鲜文学的影响考论

曹春茹

　　李梦阳(1473—1530),字天赐,又字献吉,号空同(也作崆峒),甘肃庆阳人。因庆阳在汉代属北地郡,故也有人称他为"北地"。李梦阳为弘治六年进士,任过户部主事,迁员外郎、郎中,因直言敢谏曾四次下狱。李梦阳是明代"前七子"领袖之一,无论在诗歌理论还是在诗歌创作上都有杰出成就。如王世贞在《艺苑卮言》卷五中说:"李献吉诗如金鸡擎天,神龙戏海;有如韩信用兵,众寡如意,排荡莫测。"胡应麟在《诗薮》中说:"李献吉诗文山斗一代,其手辟秦汉、盛唐之派,可谓达摩西来,独辟禅教;又如曹溪卓锡,万众皈依。"

　　李梦阳不仅在中国很有影响,而且名播海外,还对古代朝鲜、日本、越南等亚洲国家的文学产生了一定的影响。在现存的古代朝鲜、日本、越南等国家的诗话及杂著中有一些论及李梦阳诗文理论及创作的内容,国内少数学者在研究亚洲诗话的论文中偶有提及。如王小盾、何仟年二位先生发表在《文学评论》2002年第5期的论文《越南古代诗学述略》中,引用了越南古典诗论家绵审(1820—1897)《苇野合集·论诗札子》中的一段评论:"成化、弘治之间,李东阳崛起,标引而导之正,而李梦阳、何景明、徐祯卿继之,为极盛焉。"谭雯女士在2005年复旦大学博士学位论文《日本诗话及其对中国诗话的继承与发展》中,引用了山本信有《孝经楼诗话》中"剽窃者,彼邦则李、何、王、李,吾邦则白石、南郭"的论述。李圣华先生发表于《中州学刊》2007年第4期的《论韩国诗人对明诗的接受与批评——以韩国诗话为中心》一文,引用了中国使臣唐皋在朝鲜评说李梦阳的一段话(见375页脚注②)。遗憾的是,国内还没有人专门撰文研究李梦阳的域外影响,所以笔者撰此文专门探讨李梦阳诗文及理论对古代朝鲜文学创作及改革的影响,以期为扩大李梦阳研究领域抛砖引玉。

比较而言,李梦阳对古代朝鲜文学的影响最为广泛和深远,古代朝鲜文人认为:"迨李梦阳出而诗学大振。"①又说他"诗文两极其至"②,还将他和何景明一并称颂:"何李文章自作家,射人光艳纵天葩。"③因此李梦阳诗文对古代朝鲜文学创作及改革起到了积极的促进作用。

一、李梦阳诗文东传朝鲜的时间及原因

李梦阳诗文传到朝鲜的具体时间已经无法考证,但据现存的一些资料可推测出大致时间。朝鲜官方最初了解李梦阳是在 1521 年(正德十六年,即嘉靖登极年),据《月汀漫笔》记载:"辛巳年嘉靖登极,诏使唐修撰皋初来时,远接使容斋李公问于天使曰:'当今天下文章谁为第一?'唐答曰:'天下文章以李梦阳为第一。'其时崆峒致仕,家居汴梁,而名动天下。我国不知……"④而在此之前,一些文人很可能已经知道李梦阳甚至还看过他的某些作品。如比李梦阳还大一岁的朴祥(1474—1530),曾在《靖节陶征士诗集跋》中说:"右靖节先生诗集康州须溪本,不但文集之不具,而其所载且有阙失,是岂陶氏之全书耶? 余尝得国朝李梦阳所校定诗文两帙。……皇明嘉靖元年壬午秋七月上澣,通训大夫忠州牧使朴某,谨跋。"⑤朴祥作此文在嘉靖元年即 1522 年,此前,他既然能得到李梦阳校订的陶渊明集,也就有可能得到李梦阳的部分诗文,但可惜没有记录。

由此可以推知,李梦阳至晚在去世的前十年已经名扬海东了。在李滉(1501—1570)的文集中有如下记载:"《怀麓》:李梦阳文集。李号崆峒,又号怀麓。"⑥《怀麓》是李东阳的文集,李滉显然将二人弄混了,但说明李梦阳在当时的朝鲜已经有了一定的名声。据柳希春(1513—1577)《眉岩日记》记载,"壬申

---

① 李圭景:《历代诗体辨证说》,《五洲衍文长笺散稿》(上),(韩)国明文堂 1982 年版,第927 页。

② 尹根寿:《月汀漫笔》,《月汀集·别集》(韩国民族文化推进会编《韩国文集丛刊》47 辑,以下简称《丛刊》),1989 年版,第 369 页。

③ 郑弘溟《送韩元之令公朝京》,《畸庵集》(《丛刊》87 辑),1992 年版,第 101 页。

④ 尹根寿:《月汀漫笔》,《月汀集·别集》(《丛刊》47 辑),1989 年版,第 369 页。

⑤ 朴祥:《讷斋集》(丛刊 19 辑),1988 年版,第 71 页。

⑥ 李滉:《与寗寗真等》,《退溪先生文集考证卷》(《丛刊》31 辑),1989 年版,第 408 页。

（隆庆六年我宣庙六年）……见昨日谢恩使贸来书册《文苑英华》一百卷、《濂溪周元公集》五卷、《敬轩先生集》八卷……《崆峒集》三卷……"①隆庆六年即1572年，朝鲜政府派到中国的谢恩使就将《崆峒集》买了回去，而能被朝鲜政府认可，说明李梦阳在文人中已经有一定影响了。又据《眉岩日记》载，"丁丑（万历五年我宣庙十一年）……（元月）二十七日，余以梁应鼎为圣节使将赴京；理山来人参二斤，可买中国书册。修简送之，令景濂持人参往谒托之。所最望者，《皇朝名臣编录》、《欧阳公集》、《空同集》（即李梦阳）、《致堂管见》，其次……"②也就是说在万历五年（1577），李梦阳的作品在朝鲜已经非常受文人的欢迎了。到了1580年（万历八年），尹根寿（1537—1616）就在朝鲜用活字刊印了李梦阳的诗集。他现存的文集记载了此事："右崆峒七言古诗六十一首，律诗一百五十首。余之居守松都，用活字印之。……万历八年腊月下浣，谨书。"③据以上资料可以推知，李梦阳的诗文集应该在十六世纪中期传到朝鲜，之后马上流传开来并产生了深远影响。

　　根据以往的情况看，由于地域、信息等因素的影响，中国文人的作品东传朝鲜并受到关注、产生影响往往要滞后一些。如朝鲜朝后期著名文学家李德懋（1741—1793）曾形象地说："大抵东国文教，较中国每退计数百年后始少进。东国始初之所嗜，即中国衰晚之所厌也，如岱峰观日，鸡初鸣，日轮已腾跃，而下界之人，尚在梦中；又如峨眉山雪，五月始消。"④而在明代，情况则有所不同。当时，朝鲜是中国藩属国之首，一直将结好明朝当作自己的外交重心，一切以中国为大为尊。中国也鉴于朝鲜的"事大之诚"，将其列为十五个不征国家的首位。两国的政治交往达到高峰，经常互派使臣，使臣在完成政治任务的同时也进行文化交流，将大量中国典籍带到朝鲜，这其中也包括一些明代著名文人的作品。而李梦阳本人作为明代弘治、正德年间"前七子"的领袖，"倡言复古，使天下无读唐以后书，持论甚高，足以竦当代之耳目，故学者翕然从之，文体一变"（《四库全书总目》）。这自然也使李梦阳成为当时整个中国文坛的领袖人物，所以中国使臣在朝鲜说"天下文章以李梦阳为第一"。正是这两方面的原因使得李梦阳的

① 柳希春：《眉岩集》（《丛刊》34辑），1989年版，第314页。
② 柳希春：《眉岩集》（《丛刊》34辑），1989年版，第407—408页。
③ 尹根寿：《月汀漫笔》，《月汀集·别集》（《丛刊》47辑），1989年版，第239页。
④ 李德懋：《孤云论儒释》，《青庄馆全书》（《丛刊》259辑），2000年版，第245页。

作品很快传到朝鲜并大受欢迎。

二、李梦阳诗文在朝鲜的深远影响

李梦阳的诗文一到朝鲜就受到极大关注,迅速、广泛传播开来,对朝鲜文坛产生了深远影响。其影响主要由朝鲜文人接受李梦阳诗文的情况以及众多评家的评论反映出来。

首先,文人们以阅读、次韵、刊印等各种方式接受了李梦阳的作品。

"次韵",又称"步韵",是"和诗"的一种,必须完全按照原诗次序使用原韵字。古代诗人经常以次韵的方式作诗,而所次之诗多为自己所钟爱者。朝鲜的许多诗人,就将李梦阳的诗歌作为模范来效仿、次韵。如崔锡鼎(1646—1715)、李玄锡(1647—1703)等很多文人都有《次李梦阳〈小至〉》诗,赵泰采(1660—1722)有《夜坐次李崆峒韵》、李真望(1672—1737)有《人日次李崆峒韵》等等。《小至》是李梦阳《时序》四十首之一,也是他的一首代表作,诗歌描写了冬至日的温暖和美丽,韵字为"饶"、"遥"、"条"、"樵",朝鲜的崔锡鼎也以此四字为韵字作诗曰:"阳生至日常多暖,却到今年暖未饶。魏阙颁矍看已近,汉宫添线想非遥。葭灰隔晓风催律,梅萼偷春雪勒条。深巷闭关空咄咄,几家寒径有晨樵。"①次韵诗首句即概括了李梦阳《小至》诗的主要内容,而后文又和李诗完全不同,既有模仿痕迹,又有些新意。像这类次李梦阳韵的诗歌在朝鲜还有很多,模拟李梦阳散文创作的也大有人在。

在朝鲜,由中国刊刻或朝鲜文人手抄的李梦阳文集供不应求,一些人就想到了更快捷的方式——刊印。1580 年,尹根寿最先用活字刊印了李梦阳的诗集,并在《跋》中交代了刊印的原因:

> 右崆峒七言古诗六十一首,律诗一百五十首。余之居守松都,用活字印之。印且讫,或有言之:"唐、宋来,以诗名家不下数百,莫不尽发精华,垂耀终古,而子独印崆峒诗何意?"余应之曰:"诗至于杜,集厥大成,非古人语乎? 夫以有唐诗道之盛,彷佛夫杜者盖鲜。迨义山始造其藩篱,而半山老人为之叹赏不置,黄、陈各得其一体而已冠于宗派。然此则全集具在,夫人而

---

① 崔锡鼎:《次李梦阳〈小至〉》,《明谷集》(《丛刊》153 辑),1995 年版,第 431 页。

能见之百代之后而宛得遗韵,俯视诸家,卓然独契如崆峒子者,世尚有斯人乎?且又王、杨数子,老杜之所许也。今观集中唐初体者,方驾并驱,功与之齐,才全能巨,信此之云。后来操觚者,争自濯磨竞慕,无不曰崆峒子。崆峒子固已大行于中土,而在吾东得见者寡矣,不亦可着乎?而余不此之印以薪其传,而尚谁印乎?夫以先生之才之文,如凤瑞世,而顾乃巫雁颠蹶,未究诸用,遗文散落,耿光宇宙,良可悲矣。然则先生所谓名高毁入者,无亦其所自状乎?先生所著诗若文甚富,斯特其概焉耳。"①

在《跋》中,尹根寿说明了刊印李梦阳诗集的原因,从总体上肯定了李诗的地位。首先,他认为杜甫之所以被称为"集大成者",是因为他吸收了以往各代诗语的精华,而杜甫之后又出现了一些大家,到了李梦阳的时代,诗人有更多的前代优秀诗歌可借鉴,因此李梦阳的诗歌是吸收了百代诗歌的精华,是真正的集大成者。然后,尹根寿又认为如此优秀的诗歌已经在中国广为流传,而朝鲜文人得见者甚少,这是一件憾事,所以自己刊印是为了让朝鲜文人都能读到,让李梦阳诗歌也能在朝鲜流传下来。最后,他将李梦阳其人其诗联系起来,表达了虔诚的敬慕之情。

而李梦阳诗文更深远的影响,则体现在朝鲜文人对其创作风格、总体成就、具体诗文以及在文学史地位的评论上。

李梦阳的创作重格调、主气骨,有豪雄之风。如陈子龙《明诗选》曰:"献吉志意高迈,才气沉雄,有笼罩群俊之怀……"无独有偶,朝鲜正祖的《诗观五百六十卷》一文说:"李梦阳才气雄高,风骨遒利,鏖百战而拥赤帜,力追古法,能成雄霸之功。"②两国评家的评语可谓遥相呼应、异曲同工。在诗歌创作上,李梦阳诗法杜甫,如沈德潜《明诗别裁》指出:"(李梦阳)七言近体开合动荡,不拘故方,准之杜陵,几于具体。故当雄视一代,邈焉寡俦。"而朝鲜的李植(1584—1647)在沈氏之前已经说过:"大明诗,惟李崆峒梦阳善学杜诗,与杜诗参看。"③因此,在李梦阳学杜且成就颇高这一点上,两国评家又一次达成了一致。

李梦阳的一些具体作品在朝鲜文人中极有影响。比如他的"十年放逐同梁

① 尹根寿:《月汀漫笔》,《月汀集·别集》(《丛刊》47辑),1989年版,第239—240页。
② 正祖李祘:《诗观五百六十卷》,《弘斋全书》(《丛刊》267辑),2001年版,第512页。
③ 李植:《学诗准的》,《泽堂先生别集》(《丛刊》88辑),1992年版,第518页。

苑,中夜悲歌泣孝宗"(《限韵赠黄子》)就得到了高度的评价,申钦(1566—1628)《晴窗软谈》说:"空同之'十年放逐同梁苑,中夜悲歌泣孝宗',激昂顿挫,咏之泪下,后少陵也。"①赵泰亿(1675—1728)在《辞判决事疏》中说:"每诵明人李梦阳'十年放逐同梁苑,中夜悲歌泣孝宗'之句,未尝不三复流涕,适会此时,得睹当日云汉之章。"②李梦阳此诗当作于孝宗去世之后,表达了对孝宗去世的悲痛之情。朝鲜有很多诗人都对此句很感兴趣,这和在朝鲜流传的李梦阳上书孝宗一事有关。据黄景源(1709—1787)的《江汉集》记载:

> 寿宁侯张鹤龄,无人臣礼。梦阳上疏极言之,皇后母夫人金氏,愬孝宗,遂系梦阳锦衣狱,止夺其俸。金夫人泣愬不已,孝宗不听。后鹤龄侍燕南宫,酒半,皇后起更衣,孝宗独召鹤龄语,中贵人皆不得闻。唯见鹤龄免其冠,以首触庭。有司请予梦阳杖,孝宗谓刘大夏曰:"朕岂杀朝廷直臣,快外戚心乎?"遂不许。……于君臣朋友之际,能致其义,则文章之精粗得失,不当论也。③

此事和《明史·李梦阳传》的记载基本一致,使李梦阳不仅以一个文学家,还以一个直言敢谏、忧国忧民的"一代大儒"形象被朝鲜人所接受。让诗人们都深深感动的,主要是李梦阳忠君爱国的耿耿丹心以及和孝宗之间深厚的君臣情意,这也使得朝鲜文人更愿意接受李梦阳的作品。

李梦阳还有一首《夏口夜泊别友人》,颇有唐诗遗韵。申钦《晴窗软谈》说:"空同之诗:'黄鹤楼前日欲低,汉阳城树乱鸦啼。孤舟夜泊东游客,恨杀长江不向西。二月扁舟过浙西,楚云何日渡浯溪。滇南小郭青山绕,花发流莺一样啼。'置之翰林、拾遗之间,何让焉。"④翰林、拾遗即李白、杜甫,将李梦阳的诗歌与李杜相提并论并认为其不次于李、杜,这其实已经把李梦阳定位于中国一流诗人的行列了。

也有评家将李梦阳与中国其他大家相比较,在比较的基础上称颂他。金昌协(1651—1708)说:"弇州辈虽宗尚空同,而其论常若有所不满,盖以其淘洗刻削之功未尽也。然今观空同之长,在于莽苍劲浑、倔强疏卤,正以其淘洗刻削之

---

① 申钦:《象村稿》(《丛刊》72 辑),1991 年版,第 338 页。
② 赵泰亿:《辞判决事疏》,《谦斋集》(《丛刊》189 辑),1997 年版,第 465 页。
③ 黄景源:《策进士制》,《江汉集》(《丛刊》224 辑),1999 年版,第 515 页。
④ 申钦:《象村稿》(《丛刊》72 辑),1991 年版,第 338 页。

功未尽而真气犹有不丧耳。至弇州诸人，揣摩愈工，锻炼愈精，而真气则已丧，此所以反逊于空同也。"①金氏以诗文之"真气"的有无为尺度将李梦阳与王世贞作比较，认为王逊于李。而李德懋不仅将李梦阳和欧阳修比较，更是将创作与人品修养联系起来褒扬他："韩愈，唐之董仲舒。欧阳修，宋之韩愈。李梦阳，明之欧阳修。皆不独以文章比也，气节相似。而献吉不背朱子之学，不害为儒者也。"②李德懋将李梦阳比作明代的欧阳修，认为不仅文章可比，而且气节相似。朱子学是南宋以后的新儒学，在朝鲜朝被尊为国学，李德懋以此为标准评价李梦阳，已经超出了文学的范畴，和前文所引的"中夜悲歌泣孝宗"一样，实际是扩大了李梦阳在朝鲜的影响。

南龙翼（1628—1692）和李裕元两位评家则进一步肯定了李梦阳在明代文坛的宗主地位。南龙翼说："李空同（梦阳）有大辟草莱之功，后来诗人皆以此为宗。"③这种评价是有一定道理的，以李梦阳为首的"前七子"的出现，对扫荡当时诗坛台阁体、理学、八股文等等的芜杂诗风和思想禁锢发挥了重要作用，得到当时和后代许多诗人的应和。李裕元有一首《李梦阳》诗曰："七子才号盛中州，嘉靖初年谁上头。可惜阳春书院记，生平留作文垣羞。"④这首小诗前两句对李梦阳以"前七子"之首称雄当时文坛表示赞赏；后两句说他因为替谋反的宁王朱宸濠作《阳春书院记》而受到牵连入狱一事，抒发了愤愤不平的感慨。

然而，任何大家的创作都会有或多或少的瑕疵，李梦阳也不例外。比如他在诗文复古方面"盛气矜心，矫枉过直"（《四库全书总目》）。可谓功过参半，后人对他也是毁誉参半。如《四库全书总目》既说其"持论甚高，足以竦当代之耳目"，又说其"古体必汉魏，近体必盛唐，句拟字摹，食古不化，亦往往有之。所谓武库之兵，利钝杂陈者也"。同样，在朝鲜众多诗家的赞誉声中，也出现了对李梦阳的指瑕。如李晬光（1563—1628）指出："按李梦阳诗云：'白日孤帆隐，青天一鸟飞。'……李梦阳亦全用李白：'天清一雁远，海阔孤帆迟'句语尔。"⑤如此

---

① 金昌协：《农岩杂识》，《农岩集》（《丛刊》162 辑），1996 年版，第 376 页。
② 李德懋：《耳目口心书［一］》，《青庄馆全书》（《丛刊》258 辑），2000 年版，第 378 页。
③ 南龙翼：《壶谷诗评》，邝健行等编《韩国诗话中论中国诗资料选粹》，中华书局 2002 年版，第 145 页。
④ 李裕元：《皇明史咏四十五首》，《嘉梧稿略》（《丛刊》315 辑），2003 年版，第 94 页。
⑤ 李晬光：《芝峰类说》，（韩）赵钟业编《韩国诗话丛编（2）》，（韩）大学社 1996 年版，第 755 页。

作诗便没有了新意,李晬光显然不赞成李梦阳的做法。金昌协说:"献吉劝人不读唐以后书,固甚狭陋,然此尤以师法言,可也。"①又说"明之文弊,始于李、何,深于王、李,转变于钟、谭而极矣。"②李宜显(1669—1745)也分别从优缺点两方面评价李梦阳:"至李空同,始以先秦诸子为准则,刻意摹仿,其才力固雄鸷,而所就颇乖雅驯。……北地沉鸷雄拔,有山西老将之风。而心粗材驳,欠平和之致。"③这两位评家对李梦阳的复古理论以及个性文风都予以辩证的评说,这也符合文学批评的准则。而且这些责难和褒奖一样,都是对中国李梦阳研究的补充和丰富,有重要参考价值。

三、李梦阳诗文东传朝鲜的重要意义

李梦阳诗文东传并在朝鲜产生了广泛而深远的影响,对弘扬中华文化、促进中朝文学的友好交流都起了很大作用,而最重要的意义还在于促进了朝鲜文学风气的改革。

李梦阳带领"前七子""倡言复古,使天下无读唐以后书,持论甚高,足以竦当代之耳目,故学者翕然从之,文体一变"(《四库全书总目》)。这也影响到了朝鲜文坛,因为一直以来,"朝鲜诗学的变化是深受中原影响的"④。从高丽中期至李朝前期,朝鲜文学创作主要学宋,到了李朝中期,一些文人对此开始表现出不满。如许筠(1569—1618)说:"近日中朝人,文学西京,诗祖老杜,故虽不能臻其闽团,所谓刻鹄类鹜者也。本朝人,文则三苏,诗学苏、黄,故卑野无取。"⑤因此一部分文人开始学唐,如"往在弘、正间,忘轩李胄之始学唐诗"⑥。而"文必秦、汉,诗必盛唐"的主张更如催化剂一般加速了这种过渡和转变。对此,朝鲜的评家是认同的,如朴世采(1631—1695)在《知中枢玄谷先生赵公墓表》中说:"皇朝自弘、正之际,文道再兴,北地为之首,骎骎东渐于海外。至我宣祖时,诗有芝川

① 金昌协:《农岩杂识》,《农岩集》(《丛刊》162 辑),1996 年版,第 376 页。
② 金昌协:《农岩杂识》,《农岩集》(《丛刊》162 辑),1996 年版,第 378 页。
③ 李宜显:《云阳漫录》,《陶谷集》(《丛刊》181 辑),1997 年版,第 428—429 页。
④ 张伯伟:《朝鲜古代汉诗总说》,《文学评论》1996 年第 2 期。
⑤ (韩)成均馆大学校大东文化研究院编:《许筠全集》,成均馆大学校出版部 1981 年版,第 358 页。
⑥ 许筠:《苏谷集序》,李达《苏谷诗集》(《丛刊》61 辑),1991 年版,第 3 页。

黄公,专学杜诗,文有月汀尹公,倡崇马史,实为同文之化。"①学杜诗、学《史记》正是李梦阳所极力倡导的,朝鲜文人与其遥相呼应,正是李梦阳的影响"东渐于海外"的结果。

朝鲜朝中期以后,文坛上出现了著名的以学唐诗为主的"三唐诗人"崔庆昌、白光勋、李达,他们的诗歌"同盛唐之诗一样纯熟……可称为千古绝唱"②。这既受到了李梦阳、何景明等"前七子"的影响,又和其遥相呼应,互为表里,共同成就了中国和朝鲜文风改革的盛况。正如申翊圣(1588—1644)《题东溟槎上录》所概括的那样:"盖中朝以草昧之功,归之北地、信阳。而本朝崔、白始倡三唐,荷谷起而雄鸣于一时,则诗道之变,与中朝相为表里者为盛。"③

此时,在朝鲜的散文创作领域,也出现了以学秦汉古文为主的一批大家,这也和李梦阳的倡导有一定关系,柳梦寅(1559—1623)就是其中最有成就者之一。他极力倡导复古,曾在《答南都宪季献书》中反复重申:"仆学古诗古文,又好古人书法,皆从十五岁始。文自三代两汉止韩、柳,目不窥宋以下之作。"④这除了和他个人喜好有关,也在一定程度上受了李梦阳的影响,他在《题汪道昆副墨》一文中说:"空同、弇州诸杰先倡此道立旗鼓,发号于文坛,天下之士靡然从风。谛视其文字,出入经、传、左、国、庄、马者多,至于班史以下,略不及焉。其着意于古,能自树立,尽高大矣"⑤,"先倡此道"即指"复古"。柳梦寅这段话有两层含义,其一,认为李、王"着意于古",却"能自树立,尽高大矣"。这是肯定了李、王复古的成就。其二,认为李、王复古影响之大。"天下之士",当然也包括朝鲜之士。所以,李、王的复古之风不仅影响了中国,还影响到了朝鲜。

因此,可以说在朝鲜李朝中期文风改革的过程中,李梦阳"文必秦汉,诗必盛唐"的理论及创作实践发挥了先导和促进的作用。

（《甘肃社会科学》2009 年第 4 期）

① 朴世采:《南溪集》(《丛刊》142 辑),1995 年版,第 500 页。

② (韩)金台俊著,张琏瑰译:《朝鲜汉文学史》,社会科学文献出版社 1996 年版,第 124—125 页。

③ 金世濂:《东溟集》(《丛刊》95 辑),1992 年版,第 194—195 页。

④ 柳梦寅:《於于集》(《丛刊》63 辑),1996 年版,第 411 页。

⑤ 柳梦寅:《於于集》(《丛刊》63 辑),1996 年版,第 442 页。

李梦阳诗文集流传及版本考辨

郝润华　李如冰

李梦阳(1473—1530),字天赐,又字献吉,号空同(一称崆峒)山人,庆阳(今甘肃庆城县)人,生于明成化八年十二月(1473),十岁时随父徙大梁(今河南开封)。家世寒微,祖父由"小贾"而致富。父习儒,曾任封丘王府教授。弘治五年(1492),举陕西乡试第一①。弘治六年,中进士。十一年(1498),入朝任户部主事,后迁户部郎中。弘治十四年,"奉命监三关招商,公见边储日匮,奸蠹岁滋,戚里宦寺豪横无忌,包揽者赂通当道,上下相蒙,是以利归权要,士有饥色,前监临者,皆依违其间,或充私橐,至持法严峻,请托不行,嬖幸不便,媒蘖诬奏,致下诏狱。公依然就理,指陈利病,辞气不挠,事遂得白,释,复职"②。弘治十八年(1505),草拟上孝宗皇帝书,"应诏陈二病、三害、六渐之弊,末言皇亲横则外戚骄恣之渐,为掩义之害"③。不仅揭露时弊,更将矛头直指皇亲寿宁侯张延龄与弟鹤龄,寻被下狱,幸得孝宗保全。后武宗即位,朝政为宦官刘瑾把持,"八虎"横行。正德元年(1506)户部尚书韩文上疏请诛刘瑾,其奏疏出自李梦阳之手。事败,韩文等诸大臣皆被斥逐贬谪,梦阳也为刘瑾"矫旨谪山西布政司经历,勒致士"。解职西行回乡,还未到家,又被刘瑾矫旨逮捕,下锦衣卫狱,后在朋友康海等人的营救下被释放。正德六年(1511),刘瑾伏诛,李梦阳复官为江西提学副使,治理江西学政卓有绩效,但因孤傲待人,得罪御史江万实及其同僚,受陷

---

① 按,(明)袁袠《李空同先生传》、(明)朱安㳫《李空同先生年表》记载,梦阳举陕西乡试第一时间为弘治五年,惟《明史》本传载是弘治六年,似误。

② (明)朱安㳫:《李空同先生年表》,载万历邓云霄刻本《空同子集》卷末"附录"。

③ (明)崔铣:《明江西按察司提学副使空同李公墓志铭》,载万历邓云霄刻本《空同子集》卷末"附录"。

害,被拘刑部广信狱,经何景明、杨一清等营救才得释放。不久又被诬陷与宁王朱宸濠交结,刑部尚书林俊为之解脱,才以削籍处理。正德九年(1514),李梦阳取道襄阳回到大梁家中,自后十六年间再未入仕,专心从事文学创作。《明史·李梦阳传》记载:"梦阳既家居,益跅弛负气,治园池,招宾客,日纵侠少射猎繁台、晋丘间,自号空同子,名震海内。"直至明世宗嘉靖八年十二月(1530)病逝,享年五十八岁。卒后弟子私谥"文毅"。天启初年追谥"景文"。

梦阳性刚直,敢触犯权贵,故一生五次下狱,仕途坎坷。中年居家后,一心致力文学创作,传世诗文众多,包括诗、赋二千二百余篇及各体文章五百余篇,收入其《空同集》。李梦阳是明代重要文学流派"前七子"领袖,在中国文学史上占有举足轻重的地位。

关于李梦阳著述情况,明黄虞稷《千顷堂书目》卷十著录其《尚书黄公传》二卷,卷十一著录《空同子》一卷,卷二十一著录《弘德集》三十三卷、《空同全集》六十六卷。并注云:"字献吉,扶沟人,江西提学副使。天启初,追谥景文。"卷三十又著录《奏议》一卷,卷三十一著录《文选增定》二十二卷。《明史·艺文志》亦著录《空同全集》六十六卷,此处《空同全集》六十六卷及《续通志》、《续文献通考》著录《空同集》六十六卷,都是指李梦阳的诗文集。《四库全书总目》子部杂家类存目著录《空同子》一卷,集部别集类著录《空同集》六十六卷。考其流传情况,《尚书黄公传》、《奏议》收入其文集,《文选增定》一书今已不存,《弘德集》、《空同集》与《空同子》皆存。

关于其诗文集在明代刊刻情况,学术界已有所考述①,《中国古籍善本总目》(线装书局出版)、《中国古籍善本书目》(上海古籍出版社出版)均做了著录,这里将《空同集》重要版本、流传情况以及其中一些问题作些考辨。

(一)《弘德集》(《李氏弘德集》)

李梦阳诗文,在其生前就已结集。嘉靖三年(1524),李梦阳将五十三岁之前所作诗歌结集,"嘉靖三年甲申,以所作古今诗刊而传之,命为《弘德集》。公自为序,述曹县王叔武之论甚详"②。收诗"凡三十三卷,赋三卷三十五篇,四五言古体一十二卷,四百七十篇,七言歌行五卷二百一十篇,五言律五卷,四百六十

---

① 王公望:《李梦阳著作明代刻行述略》,《图书与情报》1998 年第 3 期。
② (明)朱安淮:《李空同先生年表》。

二篇,七言律四卷二百八十三篇,七言绝句二卷二百二十七篇,五言绝句并六言、杂言一卷一百二十篇。凡一千八百七篇"(《诗集自序》),命为《弘德集》,并撰《诗集自序》说明结集原委及经过。今国家图书馆藏有《弘德集》残卷,收诗一千八百七首,半叶十行,每行二十字,以吏、户、礼、兵、刑、工分为六册,缺吏、兵二册,有"长乐郑振铎西谛藏书"朱文印。上海图书馆藏有《李氏弘德集》三十二卷,即该本。《中国古籍善本书目》著录浙江图书馆藏明嘉靖四年(1525)张元学刻本。

(二)《嘉靖集》

国家图书馆、南京图书馆有《嘉靖集》胶片一卷,原书藏美国国会图书馆。半页十一行,一行二十字。首页有"尧鼎(卿)"朱文印。卷首有"嘉靖集元年、二年、三年"及"空同山人撰"字样。收诗二百一十一首,组诗均为"一"、"二"、"三"之类,与万历三十年(1602)邓云霄刻本"其一"、"其二"、"其三"有异。书末有"吴郡朱整校"字样。从书名可知,该集之刻当晚于《弘德集》。

(三)《崆峒集》

今国家图书馆藏有李梦阳《崆峒集》二十一卷,卷首、尾均无序跋,也无校刻人姓名,有"南林刘氏求恕斋"、"刘承干"印,可见其为清末刘氏嘉业堂收藏过。至于刻行于何时,据李梦阳老师杨一清生前所撰《督府稿》(嘉靖刻本)辑人之《再与献吉宪副函》中称,正德十一年(1516),杨一清第二次致仕,返回京口(今江苏镇江)之归途中,曾在中牟(今河南中牟)作短暂休息,当时得到李梦阳托人馈赠之诗集,后来"舟中取《崆峒集》阅之",①由此来看,大概在此年以前《崆峒集》已经梓行。其次,复古派成员康海之好友李开先之《李崆峒传》记载:李梦阳有《崆峒集》二十二卷刻于晋②。另,明姑苏(今苏州市)沈兴文野竹斋书坊,亦曾刻行二十一卷本《崆峒集》。

(四)黄省曾刻《空同先生集》

嘉靖七年(1528),李梦阳将一生所写之诗文整理芟删修订后,取名《空同集》,欲觅人梓刻。梦阳临去世前,将自己的文集全稿交予苏州黄省曾。省曾,字勉之,号五岳山人,苏州吴县人。明中期诗人、学者兼刻书家,好古而善文学,

---

① 朱国祯:《皇明史概·皇明大政记》卷 24,1991 年江苏广陵古籍刻印社据台湾原刊本影印。
② 《李中麓闲居集》,《续修四库全书》本。

并刊刻过多部善本书。《明史·文苑传》称其"从王守仁、湛若水游,又学诗于李梦阳"。梦阳《致黄勉之尺牍六首》其三有"五岳言欲刊鄙作于吴中","会自邑复下吴,因遂以全稿付之,诗文凡五十九卷"之句。《尺牍》其四又曰:"六月廿一日始获五岳书,始知刊校迟速之详并委曲。"黄省曾也说:"先生于戊子之冬,以手编全集寄我姑苏,殷勤札书,屡贻叠受。"①《明儒学案》卷二十五亦载,"李空同就医京口,先生(黄省曾)问疾,空同以全集授之"。又顾璘《国宝新编传赞》云:"《空同集》六十三卷可谓富矣,姑苏黄省曾诠次。"又,霍韬《赠黄子省曾序》云,省曾从姑苏过访霍氏,韬"读《空同集》,见空同与黄子往复札书,又见黄子所为《空同集序》"。于是,梦阳卒后的嘉靖九年(1530),黄省曾在苏州将《空同先生集》六十三卷刻成行世,并在序中说:"先生于戊子(嘉靖七年)之冬,以手编全集寄我姑苏,殷勤札书,屡贻叠受。……岁之除夕,先生告徂。呜呼!缅惟邂逅,已然季子之许;自顾浅肤,莫称阳冰之托。"此《空同先生集》为梦阳诗文集的初刻本。黄省曾序称:"先生风节凝持,卓立不惧,卒能浣学囿之污铅,新彤管之琐习,起末家之颓散,复周、汉之雅丽,彬彬乎天下学士大夫莫不趋风而宗之,自是埏宇之内,倡和镕钧,文章经纬,与三代同驱矣。""由是品拟先民,则铨情播义,酿浸于洙典;星离绮贯,幅尺于丘明;约畅渊绮,橐钥于宋、荀;骋顿激昂,陶垆于迁、固;缘方形似,合步于相如;体新挥述,齐能于杜甫;祖辙求源,法同于康乐;抉衰续古,功并于拾遗。诚游艺之巨工而摛翰之鸿匠也"。对李梦阳的文学创作及思想推崇备至。黄本刻前对收录诗文有删削,因为李梦阳生前有所交待,"集中文或无甚要义如柬札、祭文之类,删之可也。童谣既采民俗,不宜杂之"②。

黄省曾所刻六十三卷本为《空同集》最早之刻本,有人以为其已散佚③,其实并非事实,据笔者考察,今国内仍有藏,略考如下:

(1)国家图书馆藏《空同先生文集》

该本六十三卷,线装三函二十册。封面纸黑色。最先,五岳山人吴郡黄省曾撰《空同先生文集序》,落款"嘉靖九年春三月十六日",无其他序,无目录。第一册封面为一般无色宣纸,似是后来补上。次即正文"《空同先生

---

① 黄省曾:《空同先生文集序》,载《空同先生集》嘉靖九年刻本卷首。
② 李梦阳:《致黄勉之尺牍》"其五",载邓云霄刻《空同子集》卷末附录。
③ 王公望:《李梦阳著作明代刻行述略》,《图书与情报》1998年第3期。

集》卷第一,北郡李梦阳撰",在"北郡李梦阳撰"字面上有两方印鉴,分别是"钱基博"、"子泉"字样,"子泉"即钱基博,是钱钟书的父亲,此书乃钱先生捐赠,故有此印。版式为:半叶十一行,行二十字,每页版心单黑鱼尾下依次是"空同集卷几",再下是卷页,再下是刻书人姓名,如第一册有"章悦"、"陆明"、"宅"、"敖"、"淮"、"袁电"等字。内容是:卷一至卷三"赋",为第一册;卷四至卷三十六"诗",为第二册至第十二册中;卷三十七至卷六十三"文",为第十二册中至第二十册。疑该本即为明黄省曾刻本。

(2)西北师范大学图书馆藏《空同先生文集》

该本六十三卷,一函八册(另有十二册,版式、纸张同)。卷首只有黄省曾《空同先生文集序》。无目录,每卷之前有本卷篇目。半页十一行,一行二十字。上下单边,左右双边。单黑鱼尾,上鱼尾下方有"空同集卷×"字样,白口,下方是内容,如卷一至卷三,下写"赋";卷四至卷三十六,下写"诗";卷三十七至卷六十三,下写"文"。每卷前列本卷诗文目录。书口最下方写"章悦"、"唐"、"宅"、"敖"、"章祥"、"先"、"宣"、"仁"、"王"、"王师禹"、"马"、"思"、"南"、"安"、"陆朝"等刻工姓名。纸张白色(似开化纸或皮纸)。首页有"晓霞"、"徐钥之印"、"马曰琯藏印"、"灵兰馆图书馆"数枚藏印。该本即为黄省曾刻本。

此外,柏克莱加州大学东亚图书馆编《柏克莱加州大学东亚图书馆中文古籍善本书志》(上海古籍出版社 2005 年版),也著录一《空同先生集》六十三卷本,十六册,半叶十一行,一行二十字,左右双边,白口,单鱼尾,卷端题"北郡李梦阳撰",卷首有五岳山人黄省曾序。版心下方有"章悦"、"陆朝"、"宅"、"敖"、"淮"、"唐"、"章祥"、"宣"、"先"、"仁"、"王"、"马"等刻工姓名。有吴仲培"仲培"、"中培"、"吴大本印"、"椿荫书屋珍藏"等藏印,卷末有长洲(即苏州)吴仲培藏书跋文。卷一至三赋,卷六至三十六诗,卷三十七至六十三文,显系黄省曾嘉靖九年吴中刻本。

台湾伟文图书出版有限公司影印《空同先生集》六十三卷,即该本。可见,台湾也藏有黄省曾刻本。

检有关刻工姓名,资料,以上几种版本的刻工姓名均为明中期苏州地区刻工,版式也基本相同。综合以上,黄刻本已亡佚之说完全是错误的说法。

(五)曹嘉刻《空同集》

嘉靖十年(1531),李梦阳外甥曹嘉在任安徽凤阳太守时,据黄省曾所刻苏州本重梓《空同集》六十三卷。曹嘉,字仲礼,扶沟(今河南周口)人。正德十二年(1517)进士,改庶吉士,授御史。以言事谪禹城知县,降茂州判官,后升山西提学副使,终江西右布政使。著有《漫山集》。曹嘉刻《空同集》,请王廷相为之序,吕枏为之跋。王廷相,字子衡,号浚川,兰封(今河南兰考县)人。弘治十五年(1502)进士。初为翰林院庶吉士,后改兵科给事中。曾任监察御史,巡按陕西。因得罪镇守中官被诬下狱,贬谪赣榆县丞。后历任山东提学副使、右布政使、兵部侍郎、右副都御史,加兵部尚书,官至正二品。嘉靖二十年(1541),因处理郭勋事不力,革职为民。王廷相推崇李梦阳,认为"秦、汉以来,掩蔽前贤,牢笼百代,独空同一人"①,为复古思潮起了推波助澜的作用。诗文兼擅,有《王氏家藏集》六十八卷。李梦阳与王廷相有交游,李梦阳写有《论史答王监察书》、《答左使王公书》等。嘉靖十一年,曹嘉重刻李梦阳集,王廷相为之《序》,称梦阳"时则有若空同李子献吉,以恢闳统辩之才,成沉博伟丽之文,厥思超玄,厥调寡和,游精于秦、汉,割正于六朝,执苻于《雅》、《谟》,参美于诸子,以柔澹为上乘,以沉著为三昧,以雄浑为堂奥,以蕴藉为神枢。会诠往古之典,用成一家之言"。吕枏,字仲木,号泾野,陕西高陵人。生于明成化十五年(1479),卒于明嘉靖二十一年(1542),生活时间大致属于明代前半期。吕枏一生以讲学闻名,先后在解州(今山西解县)、南京、北京等地的多所书院讲学。在学术上,吕枏以"尚行"著称,始终"把儒学的精神实质看作是实践问题"②,一生倡导躬行实践,反对不切实际的作风。有《泾野子内篇》二十七卷。曹嘉在凤阳所刻《空同集》六十三卷,今国家图书馆、上海图书馆均有藏,十六册,白口,半叶十一行,一行十八字。据篇目,似在《弘德集》基础上增补而成。有明嘉靖三十一年朱睦㮮增修本,并题识曰:"初,右使曹君刻其舅氏空同李公集凡六十三卷,藏于家塾,及右使殁,镂版散……余乃取吴本补其阙者,正其讹者,增其所未刻者……"。这里的"吴本",即指黄省曾刻本。

此后,《空同集》六十三卷本系统,还有嘉靖十二年(1533)京兆慎独斋刻本、嘉靖三十一年(1552)刻本等。至万历间刻本更多,除万历二十九年(1601)李思孝在陕西主刻《空同集》为六十四卷本外,其余均为六十三卷本,有万历六年

---

① 王廷相:《空同集序》,载曹嘉刻本卷首。
② 郭琦、史念海、张岂之:《陕西通史·思想卷》,陕西师范大学出版社1997年版,第280页。

(1578)高文荐刻本(该本王重民《中国善本书提要》有著录,二十四册,半叶十一行,一行二十字,言藏于北图,有"守瓶斋珍藏印"、"沧浪渔父"、"孝感丁氏"等印)、万历七年东山堂徐廷器刻本(上海图书馆藏有清闵麟嗣、汪右湘批点本,二十册)、思山堂徐应瑞刻本、万历十年李梦阳孙李四维刻本等。这些版本,有的据黄本刻,有的据曹本刻,基本属于一个版本系统。

(六)李思孝刻《空同集》

陕西监察御史李思孝于万历二十九年(1601)春,又在长安刻《空同集》六十四卷。十六册,半叶十行,一行二十字,白口,四周双边。从行款、篇目、文字上看,似在曹嘉刻本基础上分为六十四卷而成,此外,曹嘉本在有些作品后附曹嘉本人"同赋"、"次韵"之作,此本亦照录。该本前有李思孝《空同集序》,说:"海内刻献吉集者甚夥,以余所见,盖有姑苏、汴梁、晋阳数种,关西实献吉故里,何独兹集无刻也?"于是"出笥中藏本付督学臧君订其豕亥,捐赎镂刻于京兆"。该本前有李思孝所撰写《空同集序》,卷末有陕西提刑按察司副使臧尔劝的《空同集后序》。该本国家图书馆、复旦大学图书馆均有藏。

(七)邓云霄、潘之恒校刻《空同子集》

万历三十年(1602)至三十一年,广东东莞人邓云霄又在苏州搜辑刊刻《空同子集》六十六卷,附录二卷。刊前由安徽歙县学者潘之恒为之校勘,并增补李梦阳晚年所撰《空同子》八篇,包括化理篇二,物理篇一,治道篇一,论学篇二,事势篇一,异道篇一,凡六目八篇,《四库全书总目》卷一二四子部杂家类存目《空同子》提要评曰:"乃后人摘出别行。梦阳文摹拟秦、汉,多艰深诘屈之语,为后人所诋訾。此书亦仿扬雄《法言》之体,其发明义理,乃颇有可采,不似其他作之赝古。"该本前有李梦阳"诗集自序"、嘉靖九年黄省曾序、嘉靖十年(1531)王廷相序、万历三十年邓云霄序、冯梦祯序、潘之恒笺语。另辑入聂豹为梓刻《空同子》八篇所撰之序。该书每卷之后有校勘或刊刻者姓名,如卷十五之后有"云间董其昌、陈继儒铨次"。卷十九后有"壬寅仲秋宣城梅守箕、永嘉何白参校"等。校订者皆当时名人,故可谓精刻精校本。《中国善本书提要》称:"此本为校辑群本而成,较嘉靖间各本为独备,故《四库全书》据以著录。卷内较旧本新增篇什,均题'补录'二字……卷一记:'万历壬寅孟夏日长洲归隆裔阅梓',《附录》记'癸卯南昌刘一燝参阅',则剖厥之功,周年方竣。"该本为明以来最佳版本,今国内多家图书馆有藏。文渊阁影印《四库全书》本即据此抄录,但文字略有异,是抄前有所雠校,后附校勘记可证,可惜删去了李梦阳及诸人之序与二卷附录。邓云霄、潘之恒校刻《空同子集》,有明曹大章重修《崆峒集》六十六卷本。

综合以上,从文字上看,黄省曾本从李梦阳稿本而来,诗歌部分承袭《弘德集》较多。曹嘉本虽据黄本所刻,但又有所修订。《四库》本虽据万历本抄录,但在文字上多与黄本同,似据黄本校过。如万历本《空同子集》卷二十四有《咏史》一首,《望极》二首,从内容看,显然有误,黄本、《四库》本均沿袭《弘德集》而误,只有曹本做了校改,改为《咏史》二首,《望极》一首。可见,曹本在刊刻之前进行了严格校勘。

(八)明、清时期其他版本的李梦阳诗文集

李梦阳诗文在明、清时期还有明沈植繁露堂刻《崆峒集》二十一卷本、明杨慎批选嘉靖二十二年(1543)张含白花书舍刻《空同诗选》四卷本、明丰坊辑嘉靖四十四年(1565)屠本畯刻《空同精华集》三卷本、明汤宾尹评书林詹霖宇刻《新锲会元汤先生批评空同文选》五卷本等。国图尚藏有清宣统二年(1910)扫叶山房石印本《李空同诗集》三十三卷,线装一函十册。书前录有李梦阳"诗集自序"、邓云霄"重刻空同先生集叙"(万历壬寅年),书后附有"诸家评论",显然是万历本的选本。

综合以上,李梦阳诗文集在明代流传甚盛,故其主要刻本均为明刻,清刻本似甚少。今人研究李梦阳,大多据文渊阁影印《四库全书》本《空同集》,该本据邓云霄本而抄,但不仅删去原有序跋,且时有改窜。如梦阳《从军》诗:"胡虏互胜负,边塞无休兵。壮丁战尽死,次选中男行。白日隐碛戍,胡沙惨不惊。交加白骨堆,年年青草生。开疆愁未已,召募何多名。萧萧千里烟,狼虎莽纵横。哀哉良家子,行者常吞声。"首联"胡虏",《四库》改为"主客";第三联,胡沙,《四库》改为"尘沙";第四联后,《四库》衍"月黑夜鬼哭,铁马声铮铮"一句。故研究者当以万历三十年(1602)至三十一年,邓云霄、潘之恒校刻本为主,参以其他明刻嘉靖、万历本。

(《古典文献研究》第 12 辑,凤凰出版社 2009 年版)

20 世纪以来李梦阳研究论著目录索引

一、论文

胡适:《文学改良刍议》,《新青年》1917 年第 2 卷第 5 号。

陈独秀:《文学革命论》,《新青年》1917 年第 2 卷第 6 号。

罗崇璞:《明代复古派与唐宋文派之潮流》,《学衡》1922 年第 9 期。

朱东润:《何景明批评论述评》,《文哲季刊》1930 年第 3 卷第 3 号。

中书君:《〈中国新文学的源流〉书评》,《新月》1932 年第 4 卷第 4 期。

周作人:《〈中国新文学的源流〉序》,《苦雨斋序跋文》,天马书店 1934 年版。

王礼培:《论明代诗派》,《船山学报》1935 年第 10 期。

王蘧武:《明清两代学术转变关系国家兴衰论》,《安雅学刊》1935 年第 1 卷第 8 期。

曹聚仁:《明代前后七子的复古运动有着怎样的社会背景》,傅东华编《文学百题》,上海生活书店 1935 年版。

方孝岳:《中国文学批评(三六)》,刘麟生主编《中国文学八论》,世界书局 1936 年版。

周作人:《〈中国新文学大系散文一集〉导言》,《中国新文学大系导论集》,上海良友复兴图书印刷公司 1940 年版。

郁达夫:《〈中国新文学大系散文二集〉导言》,《中国新文学大系导论集》,上海良友复兴图书印刷公司 1940 年版。

杨即墨:《明代之文艺思潮》,《东方文化》1942 年第 1 卷第 6 期。

郭绍虞:《明代文学批评的特征》,《新语》1945 年第 5 期。

宋佩韦:《明文学史》,《中法汉学研究所图书馆馆刊》1946 年第 2 期。

吴重翰:《明代文学复古之论战》,《广大学报》(复刊)1949 年第 1 卷第 1 期。

袁世硕:《明代中叶文学的浪漫主义运动》,《文汇报》1961 年 6 月 29 日。

马茂元:《略谈明七子的文学思想与李、何的争论》,《江海学刊》1962 年第 1 期。

杨天石:《晚明文学理论中的"情真"说》,《光明日报》1965 年 9 月 5 日。

薛祥生:《关于〈中山狼传〉的几个问题》,《齐鲁学刊》1978 年第 4 期。

敏泽:《明代前后七子的诗文理论》,《文学评论丛刊》1979 年第 3 辑。

焦文彬:《康海评传》,《陕西师范大学学报(哲学社会科学版)》1980 年第 3 期。

张中:《关于李梦阳的生卒年代》,《甘肃社会科学》1980 年第 3 期。

陈志明:《李梦阳的为人及其文学事业述评》,《兰州大学学报(社会科学版)》1980 年第 4 期。

姚学贤、祝恺:《略谈何景明》,《信阳师范学院学报(哲学社会科学版)》1981 年。

李泽厚:《关于明清文学思潮的短记》,蒋孔阳主编《中国古代美学艺术论文集》,上海古籍出版社 1981 年版。

付开沛:《何大复年谱》,《信阳师范学院学报(哲学社会科学版)》1982 年第 2 期。

黄长椿:《李梦阳年里考》,《江西师范大学学报(哲学社会科学版)》1982 年第 2 期。

张中:《为李梦阳辨诬——谈明杂剧〈中山狼〉》,《西北师大学报(社会科学版)》1982 年第 2 期。

付开沛:《何大复年谱(续)》,《信阳师范学院学报(哲学社会科学版)》1982 年第 3 期。

蒋星煜:《康海〈中山狼〉杂剧并非为讥刺李梦阳而作》,《中国戏曲史钩沉》,中州古籍出版社 1982 年版。

杨忠:《康海及其剧作〈中山狼〉》,《当代戏剧》1983 年第 2 期。

黄长椿:《李梦阳与明代江西的文化教育》,《江西社会科学》1983 年第 3 期。

陈词:《试论我国历代文论中的民间文学理论》,《广西大学学报(哲学社会科学版)》1983 年第 2 期。

傅开沛:《何景明简论》,《中州学刊》1983 年第 6 期。

李叔毅:《何景明问题初探》,《信阳师范学院学报(哲学社会科学版)》1984 年第 1 期。

顾易生:《明代诗文批评中的拟古与反拟古论争》,《文史知识》1984 年第 2 期。

南玉印:《李梦阳古文评价》,《兰州大学学报(社会科学版)》1984 年第 3 期。

陈永标:《明前七子文学主张及李何之争》,《信阳师范学院学报》1984 年第 3 期。

邓绍基:《略谈明代文学》,《文史知识》1984 年第 3 期。

章培恒:《对古典文学研究的展望》,《复旦学报》1984 年第 5 期。

徐寿凯:《前后七子的文学复古主张》,《古代文艺思潮漫话》,浙江文艺出版社 1984 年版。

裴树海:《论明代文学的流派》,《雷州师专学报》1985 年第 1 期。

田守真:《杂剧〈中山狼〉本事与李梦阳、康海关系考》,《西南师范大学学报(人文社会科学版)》1985 年第 1 期。

付瑛:《李梦阳与何景明论争时间初探》,《信阳师范学院学报(哲学社会科学版)》1985 年第 2 期。

郭预衡:《“前七子”的“复古”与何景明的文风》,《信阳师范学院学报(哲学社会科学版)》1985 年第 3 期。

李叔毅:《何景明问题再探(代〈大复集〉点校序)》,《信阳师范学院学报(哲学社会科学版)》1985 年第 3 期。

赵建新:《李梦阳诗论述评》,《兰州大学学报(社会科学版)》1985 年第 3 期。

侯毓信:《略论李梦阳的“情真”说》,《古代文艺理论研究丛刊》1985 年第 10 辑。

冯天瑜、周积明:《明代文学复古主义的历史评价》,《文艺论丛》1985 年第 21 辑。

周寅滨:《明代的茶陵诗派》,《学林漫录》第 10 集,中华书局 1985 年版。

任访秋:《何景明简论》,《信阳师范学院学报》1986 年第 1 期。

齐鲁青:《明代民歌理论概说》,《内蒙古大学学报(人文社会科学版)》1986 年第 1 期。

马积高:《明代中期学术的变化和诗文复古运动》,《中国文学研究》1986 年第 2 期。

刘国盈:《论何景明的文艺思想》,《信阳师范学院学报》1986 年第 2 期。

苏育生:《王九思、康海及其杂剧》,《唐都学刊》1986 年第 2 期。

王立言:《信阳俊逸人中带含风流——论何景明的诗歌理论和创作》,《信阳师范学院学报》1986 年第 3 期。

刘诚:《何景明与李梦阳》,《信阳师范学院学报》1986 年第 3 期。

章培恒:《李梦阳与晚明文学新思潮》,《安徽师大学报》1986 年第 3 期。

陈建华:《晚明文学的先驱——李梦阳》,《学术月刊》1986 年第 8 期。

陈文新:《明代前后七子与公安派的对立互补关系及其融合》,《长江大学学报(社会科学版)》1987 年第 2 期。

曾良:《李梦阳〈秋望〉"汉宫"考及其它——兼与裴效维同志商榷》,《内江师范学院学报》1987 年第 2 期。

马积高:《谈模拟——文章写作杂谈之一》,《殷都学刊》1987 年第 2 期。

陈书录:《明代前后七子的审美情感论——从"因情立格"到"发抒性灵"的流动性结构》,《学术月刊》1988 年第 3 期。

范志新:《何景明的诗歌理论——兼论何李之争》,《信阳师范学院学报(哲学社会科学版)》1988 年第 3 期。

夏咸淳:《明代散文流变初探》,《上海社会科学院学术季刊》1988 年第 3 期。

范志新:《关于〈中山狼传〉的两个问题》,《明清小说研究》1988 年第 4 期。

曹必文:《〈中山狼传〉本事系出自民间故事》,《淮阴师范学院学报(哲学社会科学版)》1989 年第 1 期。

马美信、韩结根:《〈中山狼〉杂剧与康、李关系考辨》,《复旦学报(社会科学版)》1989 年第 1 期。

金启华:《明代文坛的复古与宗派》,《盐城师专学报》1989 年第 2 期。

梁临川:《李梦阳中进士年份辨》,《上海大学学报(社会科学版)》1989 年第 2 期。

黄仁生:《论康海的杂剧创作》,《中国文学研究》1989 年第 3 期。

陈茂山:《试论明代中后期的社会风气》,《史学集刊》1989 年第 4 期。

石麟:《李梦阳三考》,《湖北师范学院学报(哲学社会科学版)》1989 年第 4 期。

曾良:《李梦阳〈秋望〉诗注释考辨》,《社会科学辑刊》1989 年第 5 期。

赵永纪:《清初诗坛与明七子》,《江淮论坛》1989 年第 6 期。

汤书昆:《"前后七子"新论》,《学术界》1989 年第 6 期。

陈书录:《"宏襟宇而发其才情"——明代前后七子自赎性反思散点的聚焦》,《学术月刊》1989 年第 9 期。

王忠阁:《明代理学的演变与文学复古》,《信阳师范学院学报(哲学社会科学版)》1990 年第 1 期。

徐朔方:《论前七子》,《浙江大学学报(人文社会科学版)》1990 年第 1 期。

王新亚:《李梦阳故里考辨》,《兰州学刊》1990 年第 2 期。

梁临川:《李梦阳〈弘德集〉的编定年代》,《上海大学学报(社会科学版)》1990 年第 2 期。

汪正章:《徐祯卿文学思想浅探》,《盐城师范学院学报(人文社会科学版)》1990 年第 2 期。

汪正章:《李梦阳文学思想简论》,《兰州学刊》1990 年第 3 期。

臧诗成:《李梦阳文论管见》,《贵州师范大学学报(社会科学版)》1990 年第 3 期。

刘致中:《关于〈中山狼〉杂剧的作者问题》,《文学遗产》1990 年第 4 期。

刘明今:《对明代中期前七子文学复古运动的再认识》,《明代文学研究》,江西人民出版社 1990 年版。

章伟:《明七子文学思想论稿》,复旦大学 1990 年博士论文。

李旭:《从"苍古以蓄词"到"文章代口舌"——明后期美学趣味变革之一语言工具和文体风格的变化》,《荆门大学学报》1991 年第 1 期。

朱易安:《格调派唐诗观的形成和发展——明代唐诗批评史研究之一》,《上海师范大学学报(哲学社会科学版)》1991 年第 1 期。

黄仁生:《明代〈中山狼〉杂剧三题——兼与朱迎平同志商榷》,《中国文学研究》1991 年第 2 期。

石麟:《明代诗坛的复古倾向与复古派中坚李梦阳》,《湖北师范学院学报(哲学社会科学版)》1991 年第 2 期。

廖可斌:《茶陵派与复古派》,《求索》1991 年第 2 期。

陈兰村:《论明代中后期传记文学观的新突变》,《浙江师大学报》1991 年第 3 期。

黄果泉:《论李梦阳诗学思想的理学倾向》,《河南师范大学学报(哲学社会科学版)》1991 年第 3 期。

穆甲地:《李梦阳〈石将军战场歌〉探讨》,《唐都学刊》1991 年第 4 期。

夏咸淳:《晚明文人的情爱观》,《天府新论》1991 年第 4 期。

陈书录:《明代诗文创作与理论批评的交叉演进》,南京大学 1991 年博士论文。

石麟:《李梦阳何景明诗论诗风比较谈》,《咸宁学院学报》1992 年第 1 期。

廖可斌:《关于李梦阳的"晚年悔悟"问题——前七子文学理论研究之一》,《文艺理论研究》1991 年第 2 期。

廖可斌:《李何之争:复古主张的二律背反——前七子文学理论研究之二》,《中国文学研究》1992 年第 1 期。

梁临川:《李梦阳的两篇佚文》,《文献》1992 年第 3 期。

高小康:《精神分裂的时代——明代文人社会形象分析》,《天津社会科学》1992 年第 3 期。

董晓萍:《论明七子在诗论复古中对民间"真诗"的发微》,《北京师范大学学报(社会科学版)》1992 年第 4 期。

范嘉晨:《论"前后七子"对"公安派"的启迪》,《陕西师大学报》1993 年第 1 期。

黄果泉:《李梦阳诗学思想的尚法观》,《河南师范大学学报(哲学社会科学版)》1993 年第 1 期。

叶幼明:《元明清辞赋的历史地位》,《中国文学研究》1993 年第 2 期。

陈书录:《"因情立格"——徐祯卿在诗歌创作与理论批评上的追求》,《南京师大学报(社会科学版)》1993 年第 3 期。

鄢传恕：《清代诗论家论明代前后七子》，《华中师范大学学报（人文社会科学版）》1993 年第 3 期。

史小军：《明代七子派复古运动新探》，《陕西师大学报》1993 年第 4 期。

陈寒鸣：《明代中后叶的平民儒学与异端运动》，《浙江学刊》1993 年第 4 期。

梁临川：《李梦阳全集初刻本辨说》，《上海大学学报（社会科学版）》1993 年第 4 期。

马美信：《阳明心学与文学复古运动》，《复旦学报（社会科学版）》1993 年第 6 期。

王公望：《李梦阳〈空同集〉人名笺证（之一）》，《甘肃社会科学》1993 年第 6 期。

刘得祯、王春：《甘肃庆阳发现明李梦阳之母高氏墓志铭》，《文物》1993 年第 10 期。

吴兆路：《性灵文学思想探源》，《学术月刊》1993 年第 12 期。

张仁健：《古文名篇译析——李梦阳〈禹庙碑〉钟嗣成〈录鬼簿序〉》，《名作欣赏》1994 年第 1 期。

于兴汉：《李梦阳诗学思想辨析》，《山西师大学报（社会科学版）》1994 年第 1 期。

李勤西：《诗文大家李梦阳》，《丝绸之路》1994 年第 1 期。

黄果泉：《李梦阳诗学思想的格调说》，《河南师范大学学报（哲学社会科学版）》1994 年第 2 期。

余嘉华：《杨一清在明代诗坛上的地位》，《云南师范大学学报（哲学社会科学版）》1994 年第 2 期。

羊春秋：《重估明代诗歌的价值》，《中国韵文学刊》1994 年第 2 期。

周明初：《明代文学思潮研究的力作：评廖可斌〈复古派与明代文学思潮〉》，《浙江社会科学》1994 年第 3 期。

乔力：《明诗正变论——有关衍展进程的描述与文化特质之剖析》，《天府新论》1994 年第 3 期。

毕昭杰：《甘肃庆阳李梦阳之母高氏墓志录文辨误》，《文物》1994 年第 4 期。

陈书录:《明代前七子"宗汉崇唐"心态膨胀的诱因》,《南京师大学报(社会科学版)》1994 年第 4 期。

许结:《明代"唐无赋"说辨析——兼论明赋创作与复古思潮》,《文学遗产》1994 年第 4 期。

王公望:《李梦阳〈空同集〉人名笺证(之二)》,《甘肃社会科学》1994 年第 5 期。

龚喜平:《甘肃历代文学作品与历代咏陇篇章简论》,《西北师大学报(社会科学版)》1994 年第 5 期。

沈检江:《明诗拟古主潮:格调禁锢下才情的毁灭》,《学习与探索》1995 年第 1 期。

金荣权:《何景明年谱新编》,《信阳师范学院学报(哲学社会科学版)》1995 年第 1 期。

余嘉华:《张含对明前七子的呼应与突破》,《云南师范大学学报(哲学社会科学版)》1995 年第 1 期。

史小军:《明代七子派与中国文艺复兴》,《人文杂志》1994 年第 6 期。

田守真:《康海事略》,《四川师范大学学报(哲学社会科学版)》1995 年第 4 期。

李华年:《明代文艺思潮与明末清初的印风》,《艺文论丛》1995 年第 4 期。

王乙:《徐祯卿年谱简编》,《云南教育学院学报》1995 年第 4 期。

王公望:《李梦阳〈空同集〉人名笺证(之三)》,《甘肃社会科学》1995 年第 5 期。

饶龙隼:《明代隆庆、万历间文风的转变》,《文学评论》1996 年第 1 期。

卜松山:《中国文学艺术中的"法"与"无法"》,《东南文化》1996 年第 1 期。

杨晓景:《略论前后七子文学思想的内在矛盾》,《郑州大学学报(哲学社会科学版)》1996 年第 2 期。

王承丹:《前七子衰微的内部原因探析》,《南都学坛》1996 年第 2 期。

丁国强:《墨家"兼爱"论的荒诞亮相——兼论杂剧〈中山狼〉之喜剧结构》,《枣庄师范专科学校学报》1996 年第 2 期。

林启柱:《试论吴伟业的文学思想及其渊源》,《重庆师院学报》1996 年第 3 期。

史小军:《试论明代七子派的诗歌意象理论》,《陕西师范大学学报(哲学社会科学版)》1996 年第 3 期。

王公望:《李梦阳生平若干史实的考索辨误》,《社科纵横》1996 年第 3 期。

王承丹:《略论李梦阳诗文理论的矛盾性及其影响》,《伊犁师范学院学报》1996 年第 3 期。

陈书录:《尊崇气节,致力于儒雅文学的复壮——由茶陵派向前七子过渡的杨一清》,《南京师大学报(社会科学版)》1996 年第 4 期。

郭英德:《论明代的文学流派研究》,《求是学刊》1996 年第 4 期。

黄洽:《李开先文学思想嬗变管窥》,《烟台师范学院学报(哲学社会科学版)》1996 年第 4 期。

何法周:《论侯方域的诗歌理论和诗歌创作(续)》,《周口师范学院学报》1996 年第 4 期。

张兵:《论清初三大儒对明七子复古之风的批评》,《西北师大学报(社会科学版)》1995 年第 5 期。

王公望:《李梦阳〈空同集〉人名笺证(之四)》,《甘肃社会科学》1996 年第 5 期。

吴世永:《李梦阳文学主张简论》,《台州学院学报》1996 年第 5 期。

田同旭:《从演鬼到演人之间的艺术过渡——论明中叶三部影射杂剧》,《晋阳学刊》1996 年第 6 期。

孙书磊:《从矫枉过正到自我修正——明代文论中的一个特异现象》,《江西师范大学学报(哲学社会科学版)》1997 年第 1 期。

陆凌霄:《中国古代诗法叙论》,《广西民族学院学报(哲学社会科学版)》1997 年第 2 期。

王公望:《李梦阳生平考辨二题》,《兰州教育学院学报》1997 年第 2 期。

刘守安:《论钱谦益对明代文学的评价和总结》,《学习与探索》1997 年第 3 期。

漆子扬:《科举、书院与陇右学术》,《中国典籍与文化》1997 年第 3 期。

王公望:《李梦阳与康海》,《甘肃社会科学》1997 年第 4 期。

徐宗文:《深化研究思路 开拓新的格局——评陈书录著〈明代诗文的演变〉》,《社会科学战线》1997 年第 6 期。

伯伟:《文学创作与理论批评交叉研究的力作》,《文学遗产》1997 年第 6 期。

乔先之:《宦途猛士和文苑雄才——李梦阳》,《文史知识》1997 年第 6 期。

曾中辉:《浅论明代文学尊情观的发展脉络》,《江西师范大学学报(哲学社会科学版)》1998 年第 1 期。

马启俊:《民歌对明代散文创作的影响》,《皖西学院学报》1998 年第 1 期。

景宏业:《〈中山狼传〉的创作时间及本事考》,《文学遗产》1998 年第 2 期。

李科友:《白鹿洞书院明至民国重建维修碑记综述》,《南方文物》1998 年第 2 期。

金荣权:《何景明的复古理论与文学思想》,《信阳师范学院学报(哲学社会科学版)》1998 年第 2 期。

梁中效:《明代蜀道沿线文化复兴述论》,《成都大学学报(社会科学版)》1998 年第 2 期。

穆甲地:《杂剧〈中山狼〉思想实质剖析》,《唐都学刊》1998 年第 2 期。

王公望:《李梦阳著作明代刻行述略》,《图书与情报》1998 年第 3 期。

刘俐俐:《民间之于真诗:新诗的思考——由"今真诗乃在民间"谈开去》,《兰州学刊》1998 年第 3 期。

黄洽:《李开先与通俗文学》,《烟台师范学院学报(哲学社会科学版)》1998 年第 3 期。

高翔:《明代文艺生态学思想史论》,《社会科学辑刊》1998 年第 3 期。

乔力:《明诗正变论:有关衍展进程的描述及文化特质之剖析》,《东岳论丛》1998 年第 3 期。

何懿:《严羽与明代诗论尊唐黜宋倾向》,《安徽教育学院学报》1998 年第 4 期。

杨德贵:《关于李梦阳与何景明的文学论争》,《中州学刊》1998 年第 6 期。

腊月牛:《李梦阳戏对试才"天然居"妙对有偶》,《中学语文》1998 年第 12 期。

史小军:《明代七子派及其文学复古运动研究》,陕西师范大学 1998 年博士论文。

陈正宏:《明代诗文研究史》,复旦大学 1998 年博士论文。

王公望：《李梦阳生平考辨二题》，《甘肃社会科学》1999 年第 1 期。

钟尚钧：《明代诗文概说》，《阿坝师范高等专科学校学报》1999 年第 1 期。

殷满堂：《试论明清时期两种诗学的对立与互补》，《荆州师范学院学报》1999 年第 1 期。

史小军：《文学复古与儒学复兴——中国文学复古现象论略》，《人文杂志》1999 年第 2 期。

史小军：《试论明代七子派的诗歌格调理论》，《陕西师范大学学报（哲学社会科学版）》1999 年第 2 期。

李凤畋：《文学与仕途的双重轨迹——薛正昌〈李梦阳全传〉读后》，《固原师专学报》1999 年第 4 期。

高峰：《略述白鹿洞书院的匾与联》，《南方文物》1999 年第 4 期。

陈卓：《李梦阳〈风雅什〉之我见》，《四川商业高等专科学校学报》1999 年第 4 期。

毕万忱：《论明赋的社会批判精神——明赋主题研究二题》，《社会科学战线》1999 年第 5 期。

李才栋：《白鹿洞书院志考述》，《江西社会科学》1999 年第 9 期。

程建忠：《李梦阳"复古"别议》，《成都大学学报（社会科学版）》2000 年第 1 期。

姬建敏：《王廷相的文章和文章观》，《洛阳师范学院学报》2000 年第 1 期。

赵克生：《钱谦益反复古思想与〈明史·文苑传〉》，《皖西学院学报》2000 年第 1 期。

黄卓越：《论明中期文权的外移——弘治朝文学振兴活动考略》，《中国文化研究》2000 年第 2 期。

陈文新：《论诗文体性之异——明代诗学的一项重要建树》，《武汉大学学报（人文社会科学版）》2000 年第 3 期。

周远斌：《论明代诗学的诗性化》，《齐鲁学刊》2000 年第 6 期。

姚正武：《试论明代复古与反复古运动的一体化倾向》，《学术研究》2000 年第 7 期。

查清华：《明代格调论诗学研究》，上海师范大学 2000 年博士论文。

陈文新：《明代诗学的逻辑进程与主要理论问题研究》，武汉大学 2000 年博士论文。

高小康:《文学观念:时代特征与文体分野 近古文学观念中的古典主义精神》,《江海学刊》2001 年第 1 期。

段学红:《质劲其文 率真其人——明代作家郑善夫研究》,《石家庄职业技术学院学报》2001 年第 1 期。

徐艳:《世纪之交与文学发展——论"十五—十九"四个世纪之交作为诗文理论重要发展阶段的意义》,《中州学刊》2001 年第 1 期。

钱茂伟:《论明中叶史学风气的变化》,《史学史研究》2001 年第 2 期。

史小军:《"偏狭":明代七子派文学复古运动的致命伤》,《陕西师范大学继续教育学报》2001 年第 2 期。

孙学堂:《王世贞前期的文学思想》,《聊城师范学院学报(哲学社会科学版)》2001 年第 2 期。

陈文新:《明代格调派的演变历程及其对意图说的否定》,《武汉大学学报(人文科学版)》2001 年第 2 期。

金荣权:《何景明及其诗文创作简论》,《陕西师范大学继续教育学报》2001 年第 3 期。

金荣权:《李梦阳的复古理论与诗文创作》,《信阳师范学院学报(哲学社会科学版)》2001 年第 3 期。

史小军:《明代七子派文学复古运动与儒学复兴》,《人文杂志》2001 年第 3 期。

陈文新:《明代诗学论诗乐关系》,《南昌大学学报(人文社会科学版)》2001 年第 4 期。

陈文新:《明代诗学论时代风格与作家风格》,《孝感学院学报》2001 年第 4 期。

陈文新:《论前后七子的诗学祈向》,《洛阳师范学院学报》2001 年第 4 期。

陈文新:《近二十年来明代诗学研究综述》,《青海社会科学》2001 年第 4 期。

夏咸淳:《明代文学史学述要》,《天府新论》2001 年第 5 期。

查清华:《明代格调论诗学的范型文本》,《江海学刊》2001 年第 5 期。

王公望:《李梦阳与何景明》,《社科纵横》2001 年第 5 期。

陈文新:《"真诗在民间"——明代诗学对同一命题的多重阐释》,《杭州师范学院学报(人文社会科学版)》2001 年第 5 期。

纪锐利:《边贡的诗学理论与创作》,《东岳论丛》2001 年第 5 期。

陈文新:《从格调到神韵》,《文艺研究》2001 年第 6 期。

段宗社:《明代"七子派"诗学思想研究》,陕西师范大学 2001 年硕士论文。

张海龙:《李梦阳的诗歌创作及其对晚期文学思想的影响》,山东大学 2001 年硕士论文。

李孝弟:《格调论——"汉唐气象"的审美余韵》,复旦大学 2001 年博士论文。

黄卓越:《明弘正间审美主义倾向之流布》,《中国文化研究》2002 年第 1 期。

王碧瑶:《论明李东阳的"格调"论和七子之"才"》,《楚雄师范学院学报》2002 年第 1 期。

白汉坤:《从明七子派看〈沧浪诗话〉》,《广西社会科学》2002 年第 2 期。

魏青:《略论茶陵派在明诗史上的地位》,《萍乡高等专科学校学报》2002 年第 3 期。

陈文新:《明代诗学的逻辑进程与主要理论问题》,《文学评论》2002 年第 3 期。

李奕:《明代"七子派"拟古原因探析》,《湖南税务高等专科学校学报》2002 年第 3 期。

熊礼汇:《康海散文复古论刍议》,《中国文学研究》2002 年第 3 期。

查清华:《明七子派"格调高古"的美学特征》,《上海师范大学学报(哲学社会科学版)》2002 年第 4 期。

陈文新:《诗"贵情思"——明代主流诗学论诗的音乐性》,《社会科学战线》2002 年第 5 期。

谢谦:《复古与创新:寻找失落的"真诗"——论明诗的道路及其历史启示》,《西南师范大学学报(人文社会科学版)》2002 年第 6 期。

陈良运:《论"真"的美学内涵》,《东南学术》2002 年第 6 期。

孙学堂:《论明七子的文化人格》,《兰州大学学报(社会科学版)》2003 年第 1 期。

段宗社:《"诗必盛唐"臆说》,《新疆大学学报(社会科学版)》2003 年第 1 期。

段宗社:《"妙悟"与"诗法"——试论唐宋以来古典诗歌理论的发展》,《西安联合大学学报》2003 年第 1 期。

林启柱:《论明代复古文学的几个问题》,《重庆工商大学学报(社会科学版)》2003 年第 1 期。

章伟:《文论往来高义伸——论明七子的文学复古运动》,《中山大学学报(社会科学版)》2003 年第 1 期。

董迎春:《明中期文坛上的"宗杜"和"抑杜"》,《广西师范学院学报(哲学社会科学版)》2003 年第 2 期。

陈洁:《〈沧浪诗话〉与明代复古、拟古诗潮》,《钦州师范高等专科学校学报》2003 年第 2 期。

黄卓越:《前七子乐府诗制作与明中期的民间化运动》,《中国文化研究》2003 年第 3 期。

李双华:《徐祯卿〈谈艺录〉写作时间考》,《苏州大学学报(哲学社会科学版)》2003 年第 3 期。

周玉波:《明代民歌的地域特征和演进轨迹》,《盐城师范学院学报(人文社会科学版)》2003 年第 3 期。

党万生:《从"筏喻之争"看明代"前七子"复古运动的失败》,《河西学院学报》2003 年第 3 期。

孙之梅:《明代复古派的文学本体论》,《求是学刊》2003 年第 4 期。

纪锐利:《前七子复古运动之功过刍议》,《山东省农业管理干部学院学报》2003 年第 4 期。

郭瑞芳:《试论明代前后七子的理论贡献》,《中国文学研究》2003 年第 4 期。

邓程:《明代复古与创新的理论根源》,《辽宁师范大学学报(社会科学版)》2003 年第 4 期。

查清华:《格调论唐诗学的复兴》,《厦门教育学院学报》2003 年第 4 期。

周玉波:《"我明一绝"是民歌》,《古典文学知识》2003 年第 5 期。

王公望:《论〈中山狼传〉和〈中山狼〉杂剧并非讽刺李梦阳——兼论〈中山

狼传〉之作者及李梦阳同康海、王九思之关系》,《甘肃社会科学》2004 年第 1 期。

钱明:《王阳明与明代文人的交谊》,《中华文化论坛》2004 年第 1 期。

邓程:《明清诗歌衰落的根本原因》,《山东大学学报(哲学社会科学版)》2004 年第 1 期。

李清宇:《明代中期文坛的"四变而六朝"——以黄省曾与李梦阳文学观念之异同为中心》,《北方论丛》2004 年第 2 期。

吴世永:《文艺思潮中的"古今之争"谈片》,《辽宁大学学报(哲学社会科学版)》2004 年第 3 期。

刘化兵:《论成化至正德时期吴中与外界的文学交流》,《苏州大学学报(哲学社会科学版)》2004 年第 5 期。

查清华:《格调论唐诗学体系的建立》,《河南大学学报(社会科学版)》2004 年第 5 期。

蔡仪:《李梦阳教育实践及其现实意义》,《江西教育》2004 年第 6 期。

陈书录:《士商契合与明清性灵思潮的演变》,《南京师大学报(社会科学版)》2004 年第 6 期。

刘化兵:《徐祯卿"因情立格"诗论的形成背景和意义》,《西华师范大学学报(哲学社会科学版)》2004 年第 6 期。

秦川:《李梦阳登高赋诗》,《咬文嚼字》2004 年第 12 期。

韦庆远:《试论李东阳》,中国社会科学院历史所明史研究室编《明史研究论丛》第六辑,黄山书社 2004 年版。

冯小禄:《明代诗文论争研究》,北京师范大学 2004 年博士论文。

周玉波:《明代民歌研究》,南京师范大学 2004 年博士论文。

陈昌云:《中明诗学"诗文之辨"命题述论》,《安徽技术师范学院学报》2005 年第 1 期。

黄卓越:《前七子文复秦汉说的几个意义向度》,《中国文化研究》2005 年第 1 期。

蒋鹏举:《明代前期、中期的乐府诗创作与世风诗运》,《南都学坛》2005 年第 2 期。

邓新跃:《李、何之争的诗学内涵》,《唐都学刊》2005 年第 2 期。

邓新跃:《李梦阳的诗学辨体理论》,《社科纵横》2005 年第 3 期。

李瑞卿:《朱彝尊论明代主要作家和群体》,《嘉兴学院学报》2005 年第 4 期。

周玉波:《明代民歌的诗学解读》,《淮阴师范学院学报(哲学社会科学版)》2005 年第 5 期。

阮国华:《文学的社会参与不能违背自身规律——对李梦阳文学思想的反思》,《文艺理论研究》2005 年第 5 期。

冯汉亭:《陇东才子李梦阳》,《民主协商报》2005 年 7 月 15 日。

刘化兵:《论明代成化、弘治时期郎署文学的兴起》,《聊城大学学报(社会科学版)》2005 年第 6 期。

周勇军:《李梦阳妙对师联》,《对联·民间对联故事》2005 年第 6 期。

史小军:《论明代前七子的关学品性》,《文艺研究》2005 年第 6 期。

张晓静:《〈沧浪诗话〉与明代复古派诗论》,山东师范大学 2005 年硕士论文。

焦中栋:《论钱谦益的明代文学批评》,浙江大学 2005 年博士论文。

刘化兵:《明代成化至正德前期士人与诗派研究》,山东大学 2005 年博士论文。

孙春青:《明代唐诗学》,南开大学 2005 年博士论文。

陈再文:《民歌与明代散文创作》,《安徽教育学院学报》2006 年第 1 期。

谢欣:《明代文学民间化走向初论》,《安徽农业大学学报(社会科学版)》2006 年第 1 期。

冯小禄:《试谈古代文学论争的内容及其分类》,《思茅师范高等专科学校学报》2006 年第 1 期。

陈良运:《"真诗在民间"——民歌理论发生初探》,《萍乡高等专科学校学报》2006 年第 1 期。

史小军:《明代文人书信体文论探究》,《广西民族学院学报(哲学社会科学版)》2006 年第 2 期。

雷磊:《明代六朝派的演进》,《文学评论》2006 年第 2 期。

杨连民:《论钱谦益对前后七子的批评(下)》,《聊城大学学报(社会科学版)》2006 年第 2 期。

张金环:《相似人格的不同哲学内涵——李贽与李梦阳文学思想对立的根源》,《齐鲁学刊》2006 年第 3 期。

史小军:《论明代前七子之儒士化》,《文学评论》2006 年第 3 期。

邓新跃:《王世贞对前七子诗学辨体理论的发展》,《船山学刊》2006 年第 3 期。

刘化兵:《明代洪武至正德时期的士风与文风》,《中华文化论坛》2006 年第 3 期。

傅承洲:《明代文人对民歌的认识——以冯梦龙为中心》,《苏州大学学报 (哲学社会科学版)》2006 年第 4 期。

盛敏:《李梦阳与阳明心学》,《商丘师范学院学报》2006 年第 4 期。

查清华:《格调论视野中的声调:情感运动的方式》,《上海师范大学学报(哲学社会科学版)》2006 年第 4 期。

刘化兵:《明代成化至弘治中期郎署文学的初步振兴》,《西华师范大学学报 (哲学社会科学版)》2006 年第 5 期。

李双华:《吴中派与七子派——略论明中叶吴中诗派的文学史意义》,《学术论坛》2006 年第 7 期。

胡建次:《明清文论视野中的法度论》,《宝鸡文理学院学报(社会科学版)》2006 年第 6 期。

林冬梅:《明代格调派诗学理论辨析》,山东大学 2006 年硕士论文。

盛敏:《李梦阳诗歌研究》,郑州大学 2006 年硕士论文。

梁娟:《明清文人书信体文论研究》,暨南大学 2006 年硕士论文。

王海燕:《从冯梦龙编纂民歌时调看明代"民间真诗"理论》,暨南大学 2006 年硕士论文。

陈昌云:《明成化至隆庆末诗文辨体理论研究》,广西师范大学 2006 年硕士论文。

杨海波:《李梦阳诗歌艺术渊源论——以创作实践为例》,《甘肃联合大学学报(社会科学版)》2007 年第 1 期。

杨海波:《李梦阳复古主义观考论》,《信阳师范学院学报(哲学社会科学版)》2007 年第 1 期。

蔡一鹏:《郑善夫与弘、正诗风的新变》,《漳州师范学院学报(哲学社会科版)》2007 年第 1 期。

高小慧:《杨慎论唐宋诗之争》,《中州学刊》2007 年第 2 期。

冯小禄:《李何论争的明代言说述评》,《信阳师范学院学报(哲学社会科学版)》2007 年第 2 期。

赵红艳:《明代前七子复古运动的酝酿及形成》,《聊城大学学报(社会科学版)》2007 年第 2 期。

杨海波:《论李梦阳诗歌的思想内容与艺术特色》,《陇东学院学报(社会科学版)》2007 年第 2 期。

饶龙隼:《李何论衡》,《文学评论》2007 年第 3 期。

陈书录:《商贾的忏悔与元明文人的自赎》,《南京师范大学文学院学报》2007 年第 3 期。

鲍乐:《"二李"恩怨与李梦阳的诗论演变》,《中文自学指导》2007 年第 4 期。

杨海波:《论李梦阳的咏陇诗》,《西北民族大学学报(哲学社会科学版)》2007 年第 4 期。

郭明:《明清大梁书院考》,《天中学刊》2007 年第 4 期。

张静:《〈元好问全集〉误收宋、明诗四首》,《江海学刊》2007 年第 5 期。

雷磊:《前七子派的兴起及其发展的阶段性》,《求索》2007 年第 12 期。

周效柱:《明代文学复古发微》,《科技经济市场》2007 年第 11 期。

饶龙隼:《李何分异及其意义》,廖可斌主编《明代文学论集(2006)》,浙江大学出版社 2007 年版。

李琳:《李梦阳文学思想的发展与演变》,首都师范大学 2007 年硕士论文。

汪如润:《明代河南作家研究》,上海师范大学 2007 年硕士论文。

郝润华、武国权:《20 世纪以来国内外李梦阳研究述评》,《第十一届明史国际学术讨论会论文集》,天津古籍出版社 2007 年版。

余来明:《明诗研究方法举隅——以"李、何之争"为例》,《文艺研究》2008 年第 1 期。

孙海洋:《论前后"七子"的辞赋复古》,《中国文学研究》2008 年第 2 期。

于海鹰:《试论徐祯卿诗歌创作的艺术风格》,《东南大学学报(哲学社会科学版)》2008 年第 2 期。

盛敏:《李梦阳晚年心态管窥》,《河南工业大学学报(社会科学版)》2008 年第 2 期。

盛敏:《李梦阳与中州诗风的演变》,《语文知识》2008 年第 2 期。

张燕波:《论明代金陵六朝派的发端与发展》,《南京大学学报(哲学人文科学社会科学版)》2008 年第 3 期。

王兴亚:《明代李梦阳的籍里与两地乡试》,《黄河科技大学学报》2008 年第 3 期。

李圣华:《文学复古与中原文化传统——从韩愈到李梦阳》,《文艺争鸣》2008 年第 3 期。

魏强:《李、何之争时间考》,《苏州大学学报(哲学社会科学版)》2008 年第 3 期。

莫真宝:《论张溥对前后七子文学思想的扬弃》,《求索》2008 年第 3 期。

刘化兵:《明代成化至正德时期士人的政治理想与哲学反思》,《时代文学(双月上半月)》2008 年第 3 期。

胡建次:《明代诗学理论批评视野中的诗气论》,《唐山师范学院学报》2008 年第 3 期。

王顺贵:《明代格调派诗学所遗留的矛盾与问题辨析》,《齐鲁学刊》2008 年第 4 期。

周效柱:《明代后七子复古诗学探究》,《兰州学刊》2008 年第 4 期。

郭平安:《论明代前七子李何之争》,《西北大学学报(哲学社会科学版)》2008 年第 4 期。

崔秀霞:《徐祯卿诗歌转变与其在前七子中的地位》,《语文知识》2008 年第 4 期。

丁功谊:《钱谦益与云间派的文坛公案——兼论钱谦益对七子派的批判》,《求索》2008 年第 8 期。

于展东:《论李梦阳的文学本体观》,《人文杂志》2008 年第 5 期。

郭平安:《李梦阳文学复古思想的时代意义》,《西安交通大学学报(社会科学版)》2008 年第 5 期。

蒋寅:《朱彝尊的明诗研究》,《北京大学学报(哲学社会科学版)》2008 年第 5 期。

池小花：《明代格调论诗学"格"、"调"、"情"的内涵》，《重庆交通大学学报（社会科学版）》2008 年第 5 期。

史小军、杨毅鸿：《试论李梦阳评点〈石淙诗稿〉的诗学价值》，《暨南学报（哲学社会科学版）》2008 年第 5 期。

陈昌云：《李攀龙"视古修辞，宁失诸理"说的历史解读——兼论七子派的散文文体观念》，《阜阳师范学院学报（社会科学版）》2008 年第 5 期。

杨海波：《李梦阳文学思想本体论》，《甘肃社会科学》2008 年第 6 期。

许苏民：《明代文艺启蒙的三次冲击波》，《云南大学学报（社会科学版）》2008 年第 6 期。

陈昌云：《李攀龙"视古修辞，宁失诸理"说的历史解读——兼论七子派的散文文体观念》，《宿州学院学报》2008 年第 6 期。

周建渝：《〈列朝诗集小传〉的明诗批评及其用意》，《复旦学报（社会科学版）》2008 年第 6 期。

闫霞：《论明人的反宋诗情结》，《兰州学刊》2008 年第 12 期。

张锦绣：《〈中山狼传〉研究》，苏州大学 2008 年硕士论文。

高宏洲：《以李梦阳、何景明为典型的前七子复古诗学的文化阐释》，陕西师范大学 2008 年硕士论文。

李树军：《明代诗歌文体批评研究》，辽宁大学 2008 年博士论文。

崔秀霞：《徐祯卿诗学思想研究》，北京语言大学 2008 年博士论文。

石麟：《康李之交与〈中山狼〉杂剧》，《古典文学知识》2009 年第 1 期。

程圃芳：《明清两代"格调论"之比较》，《语文学刊》2009 年第 1 期。

张明明：《论〈升庵诗话〉对明代中期文学复古思潮的修正》，《皖西学院学报》2009 年第 1 期。

罗浩刚：《论杜甫"诗圣"誉称在明代的逐步确立》，《平顶山学院学报》2009 年第 1 期。

邓红梅：《论"格调"》，《文学遗产》2009 年第 1 期。

李树军：《论李梦阳、何景明论争的文体学意义》，《辽宁大学学报（哲学社会科学版）》2009 年第 2 期。

张正学：《也说〈中山狼传〉与〈中山狼〉杂剧的作者与寓意》，《重庆师范大学学报（哲学社会科学版）》2009 年第 3 期。

崔秀霞:《徐祯卿、李梦阳论辩考析》,《时代文学》2009 年第 3 期。

付琼:《明代文学复古运动与〈文选〉的再度盛行》,《广西师范大学学报(哲学社会科学版)》2009 年第 3 期。

张德建:《学术分裂与明代复古文学的"道"论》,《中国文化研究》2009 年第 3 期。

盛敏:《李梦阳"真诗"理论探源——"真诗乃在民间"命题的提出时间及由来》,《河南工业大学学报(社会科学版)》2009 年第 4 期。

魏强、马卫中:《明中叶秦陇文人集团及其诗学观》,《深圳大学学报(人文社会科学版)》2009 年第 4 期。

郝润华、邱旭:《试论李梦阳对杜甫七律的追摹及创获》,《甘肃社会科学》2009 年第 4 期。

曹春茹:《李梦阳诗文东传朝鲜半岛及对古代朝鲜文学的影响考论》,《甘肃社会科学》2009 年第 4 期。

邓雅心:《李梦阳复古理论中的"格调"与"真情"》,《丝绸之路》2009 年第 14 期。

张浩逊:《论徐祯卿的诗歌与诗论》,《常熟理工学院学报》2009 年第 5 期。

曹春茹:《朝鲜文人对明清诗歌批评的价值》,《楚雄师范学院学报》2009 年第 5 期。

姜晓霞:《张含文学交游考》,《昆明学院学报》2009 年第 5 期。

杨波:《中州豪俊馆阁遗才——论明代李濂的文学创作》,《黄河科技大学学报》2009 年第 5 期。

陆嘉淇:《李梦阳痛苦内容与解脱方式》,《陇东学院学报》2009 年第 6 期。

李燕青:《〈唐诗品汇〉与前七子》,《北京工业大学学报(社会科学版)》2009 年第 6 期。

郝润华、李如冰:《李梦阳诗文集流传及版本考辨》,《古典文献研究》第 12 辑,凤凰出版社 2009 年版。

张建霞:《论李梦阳文中的商人形象》,《成才之路》2009 年第 32 期。

郭平安:《李梦阳研究》,陕西师范大学 2009 年博士论文。

魏强:《李梦阳何景明诗学研究》,苏州大学 2009 年博士论文。

冯婉:《试论盛唐绝句对李梦阳诗歌创作的影响》,《四川烹饪高等专科学校学报》2010 年第 1 期。

王小恒：《"前修或未密，后出当转精"——评张兵、冉耀斌新著〈李梦阳诗选〉》，《甘肃联合大学学报（社会科学版）》2010 年第 1 期。

高宏洲：《"前七子"复古诗学兴起的历史语境》，《山西大同大学学报（社会科学版）》2010 年第 1 期。

师海军、郝润华：《李梦阳早年二三事考辨》，《理论界》2010 年第 2 期。

沈从文：《李梦阳〈诗集自序〉管窥》，《大家》2010 年第 15 期。

潘玥：《简论明代"诗非史"观的流变》，《杜甫研究学刊》2010 年第 3 期。

汤大民：《四读〈中山狼传〉》，《中华读书报》2010 年 6 月 30 日。

李士军：《复古思潮视野中的文人现世情怀》，《民办教育研究》2010 年第 4 期。

杨帆：《从李何文学论争看何景明的文艺思想》，《泰安教育学院学报岱宗学刊》2010 年第 2 期。

张如安：《不以门户论是非 且承学统求正路——论黄宗羲的明文批评》，《浙江社会科学》2010 年第 9 期。

江立员：《"李何"并称辨义》，《河南师范大学学报（哲学社会科学版）》2010 年第 4 期。

徐伯鸿：《"前七子"中李、何之争起始时间辨》，《广东技术师范学院学报》2010 年第 8 期。

闫霞：《李梦阳、何景明诗"调"之争的审美解读》，《电影评介》2010 年第 14 期。

郝润华、许琰：《模拟与新变：李梦阳骚体赋的创作特点及成就》，《首都师范大学学报（社会科学版）》2010 年第 5 期。

焦蜊钠：《浅谈李梦阳诗歌的思想艺术》，《科技创新导报》2010 年第 29 期。

陈广宏：《明代文学东传与江户汉诗的唐宋之争》，《上海师范大学学报（哲学社会科学版）》2010 年第 6 期。

陈萌：《前后七子复古主张的继承和发展》，《美与时代（下）》2010 年第 11 期。

白一瑾：《北方"正统"与江南"变体"——论明七子在清初传承的两条主线》，《河南师范大学学报（哲学社会科学版）》2010 年第 6 期。

李涛:《明代前后七子骚体文学研究》,河北大学 2010 年硕士论文。

黄湘琴:《明代中期辞赋研究》,湖南大学 2010 年硕士论文。

包筱璐:《顾璘与明中叶文学思潮》,复旦大学 2010 年硕士论文。

卢荻:《明诗在朝鲜的传播》,延边大学 2010 年硕士论文。

易果林:《陈子龙与明代格调派诗学》,湖南科技大学 2010 年硕士论文。

师海军:《明中期关陇作家群研究》,西北大学 2010 年博士论文。

石麟:《从出身寒门到联姻左氏——李梦阳研究之一》,《湖北师范学院学报(哲学社会科学版)》2011 年第 1 期。

杨海波:《论李梦阳的咏怀诗》,《宁夏大学学报(人文社会科学版)》2011 年第 1 期。

师海军:《教育、科举的发展与关陇作家群的兴起——明代中期关陇作家群形成原因探析之一》,《西北大学学报(哲学社会科学版)》2011 年第 1 期。

谢旭:《七子派文学复古理论的再认识》,《西北大学学报(哲学社会科学版)》2011 年第 1 期。

王海燕:《李梦阳的辞赋创作和赋学思想》,《乐山师范学院学报》2011 年第 2 期。

师海军:《商业的发展与关陇作家群的兴起——明代中期关陇作家群形成原因探析之二》,《上海财经大学学报(哲学社会科学版)》2011 年第 2 期。

郝润华、杨旭东:《模拟与被模拟:李白七言歌行及其对李梦阳的影响》,《西北师范大学学报》2011 年第 3 期。

郭平安:《李梦阳的诗歌创作论》,《西北农林科技大学学报》2011 年第 3 期。

昝圣骞:《诗歌文本解读商榷四则》,《名作欣赏》2011 年第 8 期。

魏强:《建国以来李梦阳研究综述》,《青年文学家》2011 年第 4 期。

魏强、赵国政:《李梦阳与何景明人生观比较初探》,《人民论坛》2011 年第 17 期。

二、著作

李维:《诗史》,北平石棱精舍 1928 年版。

钱基博:《明代文学》,商务印书馆 1933 年版。

宋佩韦:《明文学史》,商务印书馆 1934 年版。

容肇祖:《明代思想史》,开明书店 1941 年版。

嵇文甫:《晚明思想史论》,商务印书馆 1944 年版。

朱维之:《中国文艺思潮史略》,开明书店 1949 年版。

刘大杰:《中国文学发展史》,中华书局 1949 年版。

郑振铎:《插图本中国文学史》,人民文学出版社 1957 年版。

茅盾:《夜读偶记》,百花文艺出版社 1958 年版。

中国科学院文学研究所编:《中国文学史》,人民文学出版社 1962 年版。

游国恩等主编:《中国文学史》,人民文学出版社 1964 年版。

郭绍虞:《中国文学批评史》,上海古籍出版社 1979 年版。

敏泽:《中国文学理论批评史》,人民文学出版社 1981 年版。

朱东润:《中国文学批评史大纲》,上海古籍出版社 1983 年版。

罗根泽:《中国文学批评史》,上海古籍出版社 1984 年版。

王运熙、顾易生主编:《中国文学批评通史》,上海古籍出版社 1985 年版。

成复旺等:《中国文学理论史》,北京出版社 1987 年版。

马积高:《宋明理学与文学》,湖南师范大学出版社 1989 年版。

袁震宇、刘明今:《明代文学批评史》,上海古籍出版社 1991 年版。

吴志达:《明清文学史(明代卷)》,武汉大学出版社 1991 年版。

李叔毅等:《何景明研究》,中州古籍出版社 1992 年版。

王健:《中国明代思想史》,人民出版社 1994 年版。

赵景云:《中国明代文学史》,人民出版社 1994 年版。

宗志罡:《明代思想与中国文化》,安徽人民出版社 1994 年版。

廖可斌:《明代文学复古运动研究》,上海古籍出版社 1994 年版。

廖可斌:《复古派与明代文学思潮》,台湾文津出版社 1994 年版。

陈书录:《明代前后七子研究》,江西人民出版社 1994 年版。

饶龙隼:《明代隆庆、万历间文学思想转变研究》,西南师大出版社 1995 年版。

郑利华:《明代中期文学演进与城市生活形态》,复旦大学出版社 1995 年版。

周伟民:《明清诗歌史论》,吉林教育出版社 1995 年版。

陈良运:《中国诗学批评史》,江西人民出版社 1995 年版。

萧华荣:《中国诗学思潮史》,华东师范大学出版社 1996 年版。

陈书录:《明代诗文的演变》,江苏教育出版社 1996 年版。

章培恒、骆玉明主编:《中国文学史》,复旦大学出版社 1996 年版。

左东岭:《李贽与晚明文学思想》,天津人民出版社 1997 年版。

谢桃坊:《中国市民文学史》,四川人民出版社 1997 年版。

周明初:《晚明士人心态及文学个案》,东方出版社 1997 年版。

韩经太:《理学文化与文学思潮》,中华书局 1997 年版。

许总:《宋明理学与中国文化》,百花洲文艺出版社 1999 年版。

袁行霈等著:《中国文学史》,高等教育出版社 1999 年版。

薛正昌:《李梦阳全传》,长春出版社 1999 年版。

陈正宏:《明代诗文研究史 1368—1911》,上海文化出版社 2000 年版。

陈文新:《明代诗学》,湖南人民出版社 2000 年版。

左东岭:《王学与中晚明士人心态》,人民文学出版社 2000 年版。

黄卓越:《明永乐至嘉靖初诗文观研究》,北京师范大学出版社 2001 年版。

史小军:《复古与新变——明代文人心态史》,河北教育出版社 2001 年版。

杨永康:《李梦阳年谱》,新华出版社 2001 年版。

邓绍基、史铁良主编:《明代文学研究》,北京出版社 2001 年版。

李圣华:《晚明诗歌研究》,人民文学出版社 2002 年版。

朱易安:《中国诗学史·明代卷》,鹭江出版社 2002 年版。

吴承学,李光摩编:《晚明文学思潮研究》,湖北教育出版社 2002 年版。

徐子方:《明杂剧史》,中华书局 2003 年版。

熊礼汇:《明清散文流派论》,武汉大学出版社 2003 年版。

孙之梅:《中国文学精神(明清卷)》,山东教育出版社 2003 年版。

周寅宾:《明清散文史》,湖南人民出版社 2004 年版。

周玉波:《明代民歌研究》,凤凰出版社 2005 年版。

黄卓越:《明中后期文学思想研究》,北京大学出版社 2005 年版。

何坤翁编:《中国文学编年史·明前期卷》,湖南人民出版社 2006 年版。

陈文新编:《中国文学编年史·明中期卷》,湖南人民出版社 2006 年版。

冯小禄:《明代诗文论争研究》,云南人民出版社 2006 年版。

罗宗强:《明代后期士人心态研究》,南开大学出版社 2006 年版。

孙春青:《明代唐诗学》,上海古籍出版社 2006 年版。

徐朔方、孙秋克:《明代文学史》,浙江大学出版社 2006 年版。

孙海洋:《明代辞赋述略》,中华书局 2007 年版。

陈文新:《明代诗学的逻辑进程与主要理论问题》,武汉大学出版社 2007 年版。

邓新跃:《明代前中期诗学辨体理论研究》,上海古籍出版社 2007 年版。

刘化兵:《士风与诗风的演进——明代成化至正德前期士人与诗派研究》,社会科学文献出版社 2007 年版。

王文生:《中国美学史——情味论的历史发展》,上海文艺出版社 2008 年版。

廖克斌:《明代文学复古运动研究》,商务印书馆 2008 年版。

陈斌:《明代中古诗歌接受与批评研究》,上海三联书店 2009 年版。

罗宗强:《晚学集》,南开大学出版社 2009 年版。

余来明:《嘉靖前期诗坛研究(1522—1550)》,武汉大学出版社 2009 年版。

张兵、冉耀斌:《李梦阳诗选》,人民文学出版社 2009 年版。

杨海波:《李梦阳及其诗歌创作研究》,甘肃人民出版社 2010 年版。

吴志达:《明代文学与文化》,武汉大学出版社 2010 年版。

三、海外论著

(日)铃木虎雄:《李梦阳年谱略、王阳明との交渉及空同集に就て》,《艺文》1929 年第 20 卷第 1 号。

王贵苓:《明代前后七子的复古(一)(二)》,《文学杂志》1958 年第 3 卷第 5 期。

(日)横田辉俊:《何景明の文学》,《广岛大学文学纪要》1965 年第 25 卷第 1 期。

(韩)车相辕:《明人诸派文学理论과批判(其二)》,《汉城大学校论文集》1969 年。

（日）吉川幸次郎：《李梦阳の一侧面——古文辞の庶民性》，《吉川幸次郎全集》第 15 卷，筑摩书房 1969 版。章培恒译：《李梦阳的一个侧面——古文辞的平民性》，《文艺理论研究》1982 年第 5 期。

（日）桥本尧：《倒立の构图——李梦阳と古文辞の原点》，《岛根大学法文学部纪要文学科编》1975 年第三号。

龚显宗：《明代七子派诗论之研究》，《台南师专学刊》1975 年第 8 卷第 9 期。

（日）青木正儿著，郑樑生、张仁青译：《中国文学思想史》，台湾开明书店 1977 年版。

龚显宗：《明七子派诗文及其论评之研究》，台湾师范大学中文研究所 1978 年博士论文。

（韩）元钟礼：《明清格调诗说研究》，台湾大学中国文学研究所 1978 年硕士论文。

魏子云：《明朝的文风》，《台湾新闻报》1980 年 7 月 8 日。

简锦松：《李何诗论研究》，台湾大学 1980 年硕士论文。

陈国球：《唐诗选本与明代复古诗论》，《东方文化》1983 年。

邵红：《明代前七子的时代背景及文学讨论》，《幼狮学志》1984 年 5 月。

邵红：《明前七子文学理论研究》，《台北学海》1984 年 12 月。

颜婉云：《明清两朝有关前七子（王九思·李梦阳·王廷相·康海·边贡·徐祯卿·何景明）生平文献目录》，《中国书目季刊》1984 年。

简锦松：《论明代文学思潮中的学古与求真》，《古典文学》1986 年。

（日）吉川幸次郎著，章培恒等译：《中国诗史》，安徽文艺出版社 1986 年版。

（日）吉川幸次郎著，章培恒等译：《中国文学史》，四川人民出版社 1987 年版。

（日）吉川幸次郎著，李庆等译：《元明诗概述》，中州古籍出版社 1987 年版。

黄锦珠：《李梦阳何景明文学论战》，《书和人》1987 年 11 月。

黄雅娟：《明代诗情观研究——论"七子"与"公安"诗论之异同》，台湾私立东海大学中文研究所 1987 年硕士论文。

吴瑞泉：《明清格调诗说研究》，台湾私立东吴大学中文研究所 1987 年博士论文。

简锦松：《明代中期文坛研究》，台湾大学 1987 年博士论文。

黄锦珠:《一场各说各话的论战:李(梦阳)何(景明)诗文论争底蕴的探究》,《中国文学研究》1988 年 5 月。

王贵苓:《明代前后七子的复古》,卢兴基选编《台湾中国古代文学研究文选》,人民文学出版社 1988 年版。

陈国球:《明代复古诗论的文学史意识》,《文艺理论研究》1989 年第 2 期。

简锦松:《明代文学批评研究》,台北学生书局 1989 年版。

(日)铃木虎雄著,许总译:《中国诗论史》,广西人民出版社 1989 年版。

陈国球:《唐诗的传承——明代复古诗论研究》,台湾学生书局 1990 年版。

简恩定:《明代拟古派的困境》,Proceedings of the National Science Council. Part C, Humanities and Social Sciences 1994 年第 4 卷第 1 期。

(日)松村昂:《李梦阳诗论》,京都大学《中国文学报》1997 年第 51 期。

白瑞德(Daniel Bryant):《何景明汇考》,台湾学生书局 1997 年版。

(日)沟口雄三著,索介然、龚颖译:《中国前近代思想的演变》,中华书局 1997 年版。

李素冰:《李梦阳(1473—1529)散文研究》,香港大学 1998 年硕士论文。

黄如焄:《明代诗学精神与神韵传统》,"国立"中正大学中文研究所 1999 年博士论文。

简锦松:《李梦阳诗论之"格调"新解》,《古典文学》2000 年。

(日)西村秀人:《李梦阳の复古理论の根据》,《笠征教授华甲纪念论文集》,台湾学生书局 2001 年版。

(日)大木康:《中国明清时代的文学》,放送大学振兴会 2001 年版。

王欣慧:《论李梦阳的文学复古理论与拟骚作品》,《亲民学报》2004 年 8 月。

朱怡菁:《李梦阳辞赋研究》,台湾"国立"政治大学 2004 年硕士论文。

简锦松:《从李梦阳诗集检验其复古思想之真实义》,王瑷玲主编《明清文学与思想中之主体意识与社会——文学篇》,"中央研究院"中国文哲研究所 2004 年版。

(韩)元钟礼:《李梦阳绝句的美感范畴之分布》,何永康、陈书录主编,沙先一副主编《首届明代文学国际研讨会论文集》,南京师范大学出版社 2004 年版。

侯雅文:《论李梦阳以"和"为中心的诗学体系(之一)——以"和"为依据所

规制的诗歌本质与功能》,《东华人文学报》2006 年第 6 卷第 4 期。

萧家怡:《李梦阳〈空同子〉叙录》,《东方人文学志》2007 年第 6 卷第 4 期。

陈国球:《明代复古派唐诗论研究》,北京大学出版社 2007 年版。

陈英杰:《论明代"诗学盛唐"观念的新异性——一个"理论实效"的思考脉络》,《汉学研究》2008 年第 26 卷第 3 期。

侯雅文:《李梦阳以"和"为中心的诗学体系(之二)——以"二元对立调和"的法则为基础而规创的诗歌创作理论》,《东华人文学报》2008 年第 12 期。

白瑞德(Daniel Bryant):《何景明的世界(The Great Recreation Ho Ching - ming(1483 - 1521)and His World)》,Brill Academic Publishers 2008 年版。

曾秀云:《李梦阳作品评议——以〈明诗纪事〉为考察对象》,《孔孟月刊》2009 年 6 月。

侯雅文:《李梦阳的诗学与和同文化思想》,台湾大安出版社 2009 年版。

黄韦云:《明代"真诗"观念研究》,淡江大学中国文学系 2010 年硕士论文。

后 记

我的李梦阳研究始于本世纪初。2001年,我申报的"李梦阳诗文集校笺"项目获教育部全国高校古委会资助,正式开始接触李梦阳其人其文。在整理与考察李梦阳作品的同时,也逐渐关注国内外李梦阳研究情况,2007年我与弟子武国权撰写发表《20世纪以来国内外李梦阳研究述评》(载《第十一届明史国际学术讨论会论文集》,天津古籍出版社2007年7月出版)一文,对上个世纪的李梦阳研究概况做了一些总结性探讨。去年夏天,恰有机会赴甘肃庆阳考察,在那里不仅感受到曾经孕育过一代文豪李梦阳的庆城的山山水水,且有幸得遇重视庆城文化的解平县长与热心宣传李梦阳的刘文戈先生,在他们的策划与鼓励下,此书的编纂开始纳入我的工作计划。弟子师海军受到我学术研究领域的影响,近年来一直致力于明代关陇作家群的研究,对明中期关陇作家如李梦阳、康海、王九思等均有较深入研究,有自己的研究心得与见解。因此,本书的编辑工作由我们师徒二人共同承担完成。

本书是一部论文选集,它的完成出版,首先得到原论文作者的积极支持。为了尊重作者的著作权,对于外地作者,我们均以挂号信的方式征求本人意见;对于本地作者,则采取打电话的方式取得对方的同意。由于不少学者已从原单位退休,我们首先尽力与原单位取得联系,多方打听作者的通讯地址,然后一一写信征询;也有个别作者,由于与原单位已无任何关系,实在无法联络上,我们在收到退信后只好作罢。希望书付梓后,他们能通过各种渠道见到该书,并能主动与我们联系,我们始终期待着!

庆阳市委组织部阎晓辉部长与庆城县解平县长对于庆城县乃至庆阳市的文化事业十分关注,没有庆城县委、县政府领导以及二位的支持与帮助,就没有此书的出版。人民出版社的詹素娟女士热情促成该书的出版,并给予了许多帮助。弟子程萍、李凤菲、李雨蔚、王燕飞、王福元在学习之余帮忙做了许多工作,在此一并致以衷心的感谢!

郝润华

2011 年 4 月 28 日

责任编辑:詹素娟

封面设计:肖　辉

图书在版编目(CIP)数据

20世纪以来李梦阳研究/郝润华 师海军 主编. −北京:人民出版社,2011.9
ISBN 978−7−01−010112−5

Ⅰ.①2… Ⅱ.①郝… ②师… Ⅲ.①李梦阳(1473～1530)−文学研究
Ⅳ.①I206.2

中国版本图书馆 CIP 数据核字(2011)第 154755 号

20 世纪以来李梦阳研究
20SHIJI YILAI LIMENGYANG YANJIU

郝润华 师海军　主编

人民出版社 出版发行
(100706　北京朝阳门内大街 166 号)

北京市文林印务有限公司印刷　新华书店经销

2011 年 9 月第 1 版　2011 年 9 月北京第 1 次印刷
开本:710 毫米×1000 毫米 1/16　印张:26
字数:500 千字

ISBN 978−7−01−010112−5　定价:50.00 元

邮购地址 100706　北京朝阳门内大街 166 号
人民东方图书销售中心　电话 (010)65250042　65289539